Cook Island
Lark Island
Jimmy Island
IMMY SLOUGH
YUKON RIVER
GALENA
FAIRBANKS
ANCHORAGE
River

ANKERHERZ

GUY GRIEVE

EINE BÜROKLAMMER IN ALASKA

WIE ICH MEINEN SCHREIBTISCH GEGEN
DIE WILDNIS EINTAUSCHTE

EINE BÜROKLAMMER IN ALASKA

Wie ich meinen Schreibtisch gegen die Wildnis eintauschte

Deutsche Erstausgabe, Oktober 2016

Gekürzte Ausgabe der englischsprachigen Originalausgabe »Call of the Wild«, erschienen 2006 bei Hodder&Stoughton, London.

Übersetzung: Olaf Kanter, Hamburg
Fotografien: Guy Grieve, Isle of Mull, Schottland;
Thorsten Schmitt/Fotolia (Seite 110, rechts unten); Chad Zuber/Dreamstime (Seite 165);
Quakingaspen/Dreamstime (Seite 172); Justin Reznick/Getty Images (Seite 216);
Foto von Guy Grieve in der Umschlagklappe: Andree Kaiser, Freiburg
Illustration: Hans Baltzer, Berlin
Gestaltung: Daniela Greven, Berlin
Lektorat: Stefan Kruecken, Hollenstedt
Korrektorat: Patrick Schär, Berlin; Wolfgang Sand, Landsberg
Herstellung und Satz: Peter Löffelholz, Berlin

Druck und Bindung: Friedrich Pustet, Regensburg
Gedruckt auf FSC-zertifiziertem, holz- und säurefreiem Papier
der Firma Munkedals, Schweden.
Printed in Germany

Bibliografische Informationen der Deutschen Nationalbibliothek:
Die Deutsche Nationalbibliothek verzeichnet diese Publikation
in der Deutschen Nationalbibliografie; detaillierte bibliografische
Angaben sind im Internet unter http://d-nb.de abrufbar.

Ankerherz Verlag GmbH, Hollenstedt
info@ankerherz.de
www.ankerherz.de
ISBN: 978-3-95898-011-2

Inhalt

TEIL 1

TEIL 2

TEIL 3

TEIL 4

Inhalt

TEIL

1

Wenn die Wirklichkeit
einen Traum zerstören kann,
warum sollte dann nicht auch ein Traum
die Wirklichkeit zerstören können?

George Moore

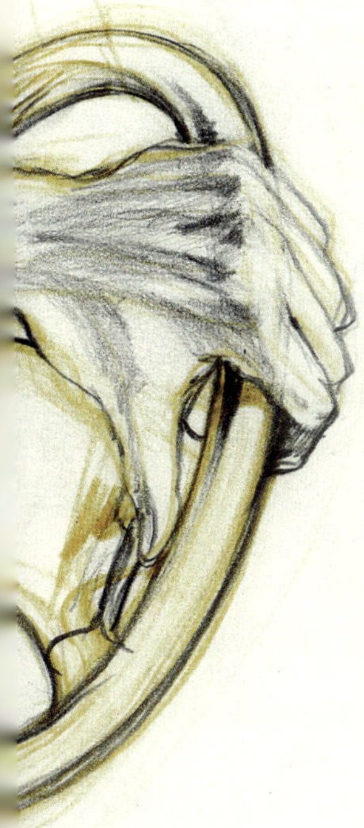

Kapitel 1

TRÄUMER

Die Stimme am anderen Ende der Leitung klang geschäftsmäßig. Kurz und trocken, aber nicht unsympathisch. »Hier ist die Redaktion des *Scotsman,* mein Name ist Sonja – wie kann ich Ihnen helfen?« Ich stotterte los wie ein rostiger Außenborder: »Ah ja, äh ... Könnte ich Iain sprechen? Ich bin's, Guy, aus dem zweiten Stock.« Ich hoffte, meine Taktik, nach *Iain* zu fragen, würde Eindruck machen. Aber Sonja war eine erfahrene Sekretärin. Sie kannte alle Tricks.

»Darf ich fragen, was Sie von Iain wollen?« Höflich, aber ich konnte ihre Verwunderung hören, dass sich ein einfacher Mitarbeiter aus dem Vertrieb beim Herausgeber der ehrwürdigsten Tageszeitung Schottlands meldete.

»Wäre es möglich, einen Termin bei Iain zu bekommen?«

»Er hat gerade sehr viel zu tun, Guy. Worum geht es denn?«

Kurz überlegte ich, ob ich ihr nicht einfach die Wahrheit sagen sollte. Dass ich nämlich kurz davor war durchzudrehen und den Punkt erreicht hatte, an dem es kein Zurück mehr gab. Dass ich nur noch eine Möglichkeit sah, den Kerker meiner Existenz in diesem Büro hinter mir zu lassen: nämlich die Flucht an einen der einsamsten, wildesten Orte der Erde, Welten entfernt von meiner Familie und mit der Aussicht, dabei womöglich draufzugehen.

Stattdessen sagte ich: »Sonja, es mag vielleicht seltsam klingen, aber könnten Sie ihm bitte ausrichten, dass er einen Termin mit mir nicht als totale Zeitverschwendung sehen wird?«

Sie lachte, ein gutes Zeichen. »Guy – um was geht es denn eigentlich?«

»Weiß ich auch nicht so genau, um ehrlich zu sein. Aber ich glaube, dass mir Iain weiterhelfen kann.«

»Warten Sie bitte.« Im Hintergrund klingelten Telefone, es raschelte kurz, Sonja blätterte im Kalender ihres Chefs. Dann war sie wieder dran: »So. Morgen um halb sechs könnte gehen. Kommen Sie einfach rauf, dann sehen wir weiter. Ich kann aber nichts versprechen ...«

»Danke, Sonja! Ich werde pünktlich da sein.«

Ich legte auf und erkannte die Gestalt meines Vorgesetzten vor meinem Schreibtisch. Er fixierte mich mit einem seltsamen Gesichtsausdruck. »Sagen Sie, Guy, was ist eigentlich aus der Kalkulation geworden, die Sie mir versprochen hatten?«

Mit einem Blick, der professionelle Konzentration demonstrieren sollte, schaute ich kurz auf und hackte ein dynamisches Stakkato in meine Tastatur. »Bin mittendrin. Kriegen Sie morgen, okay?«

»Morgen. Aber das ist Ihre letzte Chance, Guy. Haben wir uns verstanden?«

Zu diesem Zeitpunkt hatte ich seit fünf Jahren in der Marketingabteilung des *Scotsman* in Edinburgh gearbeitet und auf verschiedenen Posten, nicht ohne Erfolg, daran mitgewirkt, neue Wege zu erschließen, wie das Unternehmen auch in Zeiten sinkender Auflagen Gewinn machen konnte. 2002, rund zweieinhalb Jahre nach meinem Einstieg beim *Scotsman,* entschloss sich ein wohlmeinender Geschäftsführer (der möglicherweise ebenso ratlos war, was meine Zukunft betraf, wie ich selbst) auszuprobieren, ob ich auch in der Lage sein würde, eine leitende Position zu übernehmen.

Man beförderte mich von meinem Posten als niederer Vertriebsangestellter zum »Leiter der Abteilung Marketingstrategien« und richtete mir eines der kleinen, aber schicken Büros im obersten Stockwerk ein. Eine Zeit lang war ich tatsächlich hochmotiviert: Vielleicht war dieser Wechsel ja der Anfang von etwas Größerem. Ich schmiedete Pläne, tüftelte an Strategien und fühlte mich wie zu Hause in der Chefetage. Regelmäßig hielt ich Meetings ab an meinem Konferenztisch aus Mahagoni-Imitat und servierte meinen Kollegen stolz Kaffee und Kekse.

Die Zeit verging, Wochen wurden zu Monaten, und die Manager warteten geduldig auf meine neuen Impulse. Man munkelte, dass ich an einem Bonusprogramm arbeiten würde, und dabei lag die Gerüchteküche gar nicht so weit daneben. Tatsächlich hatte ich mit Bauhäusern und Gartenmärkten verhandelt und Rabatte für unsere neuen Abonnenten herausschlagen können. Zusätzlich sollte es für jeden neuen Leser ein Geschenk geben: einen Buddelhund aus Porzellan, also eine von diesen Deko-Figuren für den Garten, die scheinbar mit dem Kopf im Sand stecken und wühlen. Der Schwanz unseres Buddelhunds war beweglich, er wedelte im Wind.

Wenn ich mich abends auf den Weg nach Hause machte, drehten sich meine Gedanken um nichts anderes als Bonusprogramme und Abo-Prämien. Zum Glück wohnten wir weit draußen, und bis ich zu Hause war, hatte ich den Tag weitgehend abgehakt. Ich saß jeden Tag drei Stunden im Auto, aber das war mir das Leben auf dem Land wert. Meistens kam ich gerade noch pünktlich, um unserem zweijährigen Sohn Oscar eine Gutenachtgeschichte vorzulesen. Dann verschlangen meine Frau Juliet und ich ein spätes Abendessen, und viel mehr Zeit blieb uns nicht. Am folgenden Morgen schlüpfte ich in aller Frühe aus dem Bett und verließ das Haus auf Zehenspitzen, während meine Familie noch schlief.

Der Startschuss für meine Abo-Aktion kam – und sie entpuppte sich sofort als spektakulärer Flop. Mein Büro war fortan nicht mehr die erste Station auf der Karriereleiter eines jungen Managers auf dem Weg zum Ruhm. Sondern eine Abstellkammer für mehr als tausend Kartons mit der Aufschrift: *Buddelhund.* Unauffällig wurde ich zurück in die Vertriebsabteilung komplimentiert.

Und das war der Moment, wo ich anfing zu träumen – von meiner Flucht in die Wildnis.

Juliet stand kurz vor der Geburt unseres zweiten Kindes, die Darlehenszinsen für das Haus und die Rückzahlungen für die Kreditkarte machten uns fertig. Wir waren mit solchen Sorgen nicht allein, fast allen unseren Freunden ging es so oder sogar noch schlimmer, aber ich wollte nicht akzeptieren, dass es aus dieser Tretmühle kein Entkommen gab. Es schien, als ob alles, was wir erreicht hatten, auf einem Schuldenberg aufgebaut war, und diese Schulden ließen mir keine andere Wahl, als mich jeden Tag wieder auf den deprimierenden Weg zu meiner kleinen Ecke in der Hölle des Großraumbüros zu machen. Ich stand in der Blüte meines Lebens und verbrachte jeden Tag acht Stunden damit, an einem vollklimatisierten Arbeitsplatz auf einen Computerbildschirm zu starren. Dazu kamen weitere drei Stunden, die ich im Auto saß. Ich fühlte mich wie ein Gefangener.

In meinen Mittagspausen ging ich in den Fitness-Club auf der anderen Straßenseite, wo ich allerdings schon bald einen großen Bogen um die solariengebräunten Typen auf den Laufbändern vor der Spiegelwand machte.

Stattdessen fing ich an, draußen zu laufen. Das war meine kleine Flucht vor der Musikberieselung und den vielen aufdringlichen Egos, mein eigenes eingeschlossen, und wahrscheinlich habe ich mit dem Laufritual sogar meine Seele gerettet. Denn jetzt konnte ich die Jahreszeiten nicht nur vom Fenster aus sehen, ich konnte sie riechen. Ich spürte den Schmerz, wenn meine Strecke steil nach oben führte, und die Kälte, wenn ich Wind und Regen ausgesetzt war. Und das fühlte sich gut an.

Mit meinem Lauf entkam ich der trivialen Ödnis meiner Büroexistenz, und ich entdeckte meinen Körper neu. Doch der Genuss, draußen an der frischen Luft zu sein, war gleichzeitig der Auslöser für meine private Rebellion. Zunächst war es nur eine Laune, eine verrückte Idee, aber es dauerte nicht lange und ich verfolgte diesen Gedanken mit zunehmender Ernsthaftigkeit: Ich sehnte mich nach einem Leben in der absoluten Wildnis. In meinen Träumen ließ ich die Fesseln des Alltags hinter mir: diese Welt, in der es auf schicke Büros und Firmenwagen ankam und die allein von Ertragszielen regiert wurde. Was ich stattdessen wollte, waren Bäume und weites Land, jedenfalls genügend Freiraum, um mich selbst zu vergewissern, was es eigentlich bedeutete, ein Mann zu sein, und dabei vielleicht gleich noch einen Weg zu finden, wie ich mit meiner Familie ein größeres Maß an Freiheit erleben konnte.

Meiner Frau fiel es nicht leicht zu verstehen, was mich da gepackt hatte. Auch sie war nicht glücklich mit dem Leben, das wir uns aufgebaut hatten. Was blieb denn übrig davon, wenn man sich den Firmenwagen und das hübsche Haus einmal wegdachte? Wir hatten nichts, keine Reserven, und unser Alltag bestand eigentlich vor allem darin zu strampeln, um nicht unterzugehen. Ich verbrachte so viel Zeit bei der Arbeit und mit dem Pendeln, dass Juliet den größten Teil der Woche auf sich selbst gestellt war – wie eine alleinerziehende Mutter, das war leider die Realität. Sie litt unter meiner wachsenden Verzweiflung, aber verständlicherweise machte sie sich Sorgen, wie es denn weitergehen sollte, wenn ich meinen Job hinschmiss, ohne eine Alternative gefunden zu haben. Im Vergleich zu vielen anderen Menschen ging es uns doch eigentlich gut: ein schönes Zuhause, ein gesunder Sohn und ein zweites Kind auf dem Weg, dazu ein gut bezahlter Job. Warum konnte ich denn damit nicht zufrieden sein? Was wollte ich denn noch? Tief in ihrem Herzen spürte auch Juliet, dass es eben nicht genug war, für uns beide nicht, und dass es nur eine Frage der Zeit sein würde, bis wir daran zugrunde gingen.

Im Laufe des folgenden Jahres verbrachte ich jede freie Minute damit, zu Hause wie im Büro, nach einem Ziel für den Aufbruch in mein neues Leben zu suchen. Bis tief in die Nacht recherchierte ich im Netz und nahm Kontakt zu Menschen am anderen Ende der Welt auf, die mir bei meinem Vorhaben eventuell helfen konnten. Alaska stand schon früh an der Spitze meiner Favoriten: reichlich unberührte Natur, und auf einer gigantischen Fläche von 1 717 854 Quadratkilometern lebten gerade einmal 600 000 Menschen. Mal abgesehen davon, dass der hohe Norden schon immer ein Fixpunkt meiner Phantasie gewesen war, was ich nicht zuletzt den Romanen von Jack London und den Gedichten von Robert Service* zu verdanken hatte.

Vom Rechner in meinem Büro aus entdeckte ich ein überwältigendes, ungezähmtes Land, in dem Menschen schnell zu Reichtum kamen und genauso schnell alles wieder verloren, ein Land, in dem sich kaum je einer allein in die Wildnis vorwagt, auch heute nicht, im 21. Jahrhundert.

Ich las von Bärenangriffen und kühnen Märschen über brüchiges Eis, von schneidender Kälte, die einem das Gesicht gefrieren ließ, während man seine Schlittenhunde anspannte oder sich mühte, noch schnell vor Einbruch des Winters eine Hütte zu bauen. Manche der Geschichten aus Alaska waren schreckliche Lehrbeispiele, wie alles schiefgehen kann; sie begleiteten einen Mann oder eine Frau hinaus in die Wildnis und beschrieben in schmuckloser, sachlicher Sprache, wie der Protagonist Schritt für Schritt den Kampf gegen die Elemente verliert. Dann wiederum schmökerte ich in Schilderungen von Mondnachtreisen über funkelnde Weiten aus Eis und Schnee, von Männern, die dem Rauch ihres Lagerfeuers nachschauen, während sie einen Königslachs grillen und auf glühenden Kohlen ihren Kaffee brühen. Mein Herz machte

*

Robert W. Service

(1874–1958) stammte aus England, er hatte in Edinburgh eine Banklehre absolviert, bevor er mit 21 Jahren nach Kanada auswanderte. Er schlug sich am Yukon eine Weile mit Gelegenheitsjobs durch, bis er in Dawson eine feste Anstellung bei einer Bank fand. Nebenher fing er an zu schreiben – Gedichte über das raue Leben im Norden.

einen Freudensprung, wenn von Einzelgängern die Rede war, die in der Wildnis überlebten, weil sie die Gesetze der Natur verstanden hatten. Goldsucher oder Pelzjäger waren es vor allem, die in den Wäldern so gut zurechtkamen wie die Ureinwohner, und manche der Abenteurer schienen sogar noch besser gerüstet, die Härten des Winters in Alaska zu ertragen. Einige fanden ihr Glück in den Wäldern, andere verloren ihren Verstand oder ihr Leben.

Bei meinen Reisen durchs Internet machte ich Bekanntschaft mit einer Frau vom Volk der Athabasken*, die an der University of Alaska in Fairbanks arbeitete. Anfangs reagierte sie eher zurückhaltend, weil sie - nicht ganz zu Unrecht - vermutete, dass sie es mit einem Irren zu tun hatte. Sie fragte mich sogar nach Referenzen als Beweis dafür, dass es mich wirklich gibt. Die Frau stellte schließlich den Kontakt zu ihrem Bruder Charlie her, der tief im Landesinneren** in einer Siedlung am Yukon zu Hause war und den Lebensunterhalt für sich und seine Familie als Fischer, Jäger und Schreiner verdiente. Das war genau die richtige Ecke von Alaska für mich, viel Wald, wenig Menschen, und Charlie willigte ein, mein Verbindungsmann vor Ort zu sein.

Jetzt gab es nur noch ein Hindernis, das meinem Traum im Weg stand: Ich brauchte Geld.

Vermögen war wie gesagt keines vorhanden, kein Treuhandfonds, und wenn ich nicht unser Haus noch weiter beleihen wollte, was ich halb scherzend als Option ins Spiel gebracht hatte, was aber von Juliet entschieden abgeschmettert wurde, musste ich überlegen, wie ich an Geld für mein Projekt kommen sollte. Kurz bevor unser zweiter Sohn Luke zur Welt kam, hatte Juliet ihren Job aufgegeben, und die Verantwortung für den Unterhalt unserer Familie lag bis auf Weiteres ganz allein bei mir. Da ich

*

Das Volk der ATHABASKEN *lebt im Landesinneren von Alaska und siedelt vor allem an den fünf großen Flüssen: am Yukon, Tanana, Susitna, Kuskokwim und Copper River. Ursprünglich waren die Athabasken Nomaden, die in kleinen Trupps durchs Land streiften. Heute sind sie zwar auf ganz Alaska verteilt – doch zur Jagdsaison kehren sie regelmäßig in ihre angestammten Jagdgründe zurück.*

**

Das BINNENLAND VON ALASKA *nimmt den größten Teil des Bundesstaats ein, es umfasst ein riesiges Gebiet von der kanadischen Grenze im Osten bis fast an die Westküste. Im Norden reicht es an den Polarkreis heran, im Süden bis an die Berge der Alaskakette. Durch die Mitte fließt, fast in seiner gesamten Länge von 1875 Meilen, der mächtige Yukon. Nur mal zum Vergleich der Dimensionen: Im Landesinneren von Alaska leben an die 50000 Menschen auf 443000 Quadratkilometern Land; im auch nicht gerade dicht besiedelten Schottland sind es auf rund 79000 Quadratkilometern 6 Millionen Menschen.*

nicht vorhatte, meine Familie mittellos und darbend zurückzulassen, biss ich die Zähne zusammen und machte mich ans Werk. Ich war schließlich nicht der erste Abenteurer, der auf die Unterstützung durch einen Sponsor angewiesen war, selbst Leute wie Kolumbus und Shackleton mussten erst einmal Geldgeber finden, bevor sie sich auf ihre Expeditionen machten. Ich setzte einen Brief auf, der mein Vorhaben skizzierte, und schickte ihn an potenzielle Förderer.

Die Reaktionen reichten von Begeisterung (allerdings in der Regel von einem freundlichen »Nein danke« begleitet) über Ungläubigkeit bis zu unverblümtem Spott. Anfang 2004 hatte ich alle Möglichkeiten ausgeschöpft; bis auf ein oder zwei Kandidaten, die mir ein »Vielleicht« signalisiert hatten, war kein Geldgeber in Sicht. Ich musste eine andere Lösung finden. Die Zeit lief mir davon, und ich ahnte, dass mein Plan zum Scheitern verurteilt war, wenn ich die Sache nicht in diesem Jahr durchziehen würde. Außerdem war mir klar, dass meine Tage im Büro gezählt waren; das Schreckgespenst der Arbeitslosigkeit war nicht mehr weit.

KAPITEL 2

DAS KLINGT JETZT VIELLEICHT SELTSAM …

Pünktlich um halb sechs stand ich vor dem Büro unseres Herausgebers. »Also los, fünf Minuten«, sagte Sonja, seine Sekretärin, und zeigte auf die Tür.

Ich war supernervös. Mir war geradezu übel vor Sorge, dass ich möglicherweise einen Riesenfehler beging. Es nahte der Moment, da alles herauskam, meine geheimen Wünsche, meine Recherche der letzten Wochen, meine Pläne. Und dann würde die Gerüchteküche beim *Scotsman* gnadenlos darüber herfallen.

Iain winkte mich mit einer Handbewegung zu dem Stuhl vor seinem Tisch, er war noch am Telefonieren und hatte den Hörer zwischen Kinn und Schulter geklemmt. Sein Tonfall war mir auf Anhieb sympathisch, und mir gefiel auch das Durcheinander auf seinem Schreibtisch, der unter Bergen von Manuskripten, Büchern und Zigarettenschachteln kaum zu sehen war. Hinter ihm stand ein altes Regal wunderbar schief im Raum, und auf einem der Regalbretter lag eine halbleere Whiskyflasche. An der Wand neben der Tür hing ein Gemälde von Edinburghs North Bridge, ebenfalls schief. Zu meiner Rechten befanden sich zwei große Schiebetüren, die auf einen Balkon hinausführten, der von einem Geländer aus Stahlpfosten und Drahtseilen eingefasst war. Irgendwie wurde ich das Gefühl nicht los, dass ich mich nicht in einem Büro, sondern auf einem Schiff befand, und Iain Martin war in Wirklichkeit der junge Kapitän, der diesen Kahn durch den Sturm steuerte. Plötzlich war sein Telefonat zu Ende, und er hob entschuldigend einen Finger: Moment noch, gleich geht's los. Kurz tippte er noch etwas in seinen Computer, dann schwang er sich auf seinem Drehstuhl zu mir herum und schaute mich an.

»Also, Guy: Was kann ich für Sie tun?«

Ich sammelte mich noch einmal, bekam aber trotzdem keinen klaren Gedanken heraus: »Ja, also, okay. Das klingt jetzt vielleicht seltsam ...«

»Ich bin einiges gewohnt«, sagte er. »Schießen Sie los!«

Unsicher knetete ich meine Finger, dann wagte ich den Sprung ins kalte Wasser: »Iain – ich glaube, ich bin gerade dabei durchzudrehen.«

Er lachte. »Ja, und?«

»Ich muss mein Leben ändern – ich hatte neulich eine entsetzliche Vision, wie meine Zukunft aussehen könnte, wenn ich einfach so weitermache, und es sah nicht gut aus.« War ich das, der sich anhörte wie dieser amerikanische Erweckungsprediger? Mein Gegenüber fragte sich wahrscheinlich schon, ob der Wachdienst noch im Haus war. Also schnell weiter: »Tut mir leid, Sie damit zu behelligen. Sie haben bestimmt viel zu tun, und ich bin mir noch nicht einmal sicher, was ich Sie eigentlich fragen wollte. Außer vielleicht ...«

»Guy, jetzt hören Sie doch mit diesem Geschwafel auf. Worum geht es denn eigentlich?«

Ich stand auf und lehnte mich über seinen Schreibtisch nach vorne, wie ein schlechter Schauspieler in einem B-Movie: »Ich werde kündigen und nach Alaska gehen, um in der Wildnis eine Hütte zu bauen. Und da werde ich dann den ganzen Winter verbringen.«

Er kniff die Augen zusammen und wollte gerade zu einer Antwort ansetzen, als das Telefon klingelte. Er drückte den roten, blinkenden Knopf, und es war wieder still.

»Bitte was?«

»Ich bin es leid, immer nur auf meinem Hintern zu sitzen. Ich muss hier raus«, erklärte ich und setzte mich wieder hin.

»Was ist mit Ihren Kindern? Sie haben doch Familie, oder?« Er lehnte sich in seinem Sessel zurück und starrte mich an.

»Stimmt.«

»Und?«

»Meine Frau versteht mich, sie weiß, wie wichtig das für mich ist. Wir können so nicht weitermachen, und ich hoffe, dass sich mit diesem Projekt etwas ändert in unserem Leben. Wir haben nichts außer Schulden, und meine Familie sehe ich doch auch so kaum noch. Sorry, dass ich das jetzt hier alles ablade.«

Iain stand auf, ging zur Balkontür und schob sie auf.

»Rauchen Sie, Guy?«

»Nein«, sagte ich und nahm die Zigarette, die er mir anbot.

Vom Balkon blickten wir auf die dunklen, nassen Straßen und den Berufsverkehr hinab. Ich spürte eine seltsame Euphorie, meine Anspannung war wie weggeblasen. Die Brücken hinter mir brannten, und ich genoss den Geruch des Feuers. Iain drückte seine Zigarette aus und kehrte an den Schreibtisch zurück.

»Eine Blockhütte wollen Sie also bauen?«

»Ja.«

»Und wo in Alaska?«

»Im Landesinneren, irgendwo am Yukon.«

»Haben Sie so was schon mal gemacht?«

»Nein. Aber ich weiß, wie man mit einer Schrotflinte umgeht, und werde bestimmt nicht verhungern. Vom Handwerk eines Zimmermanns verstehe ich zwar überhaupt nichts, aber ich habe immerhin schon mal auf dem Bau gejobbt. Irgendwie kriege ich das schon hin ...«

Er unterbrach mich. »Haben Sie denn Leute vor Ort, die Ihnen dabei helfen können?«

»Nein.«

Er lehnte sich wieder in seinem Sessel zurück und betrachtete die Decke, die von ungezählten Zigaretten ganz gelb war. »Sie werden also ganz allein sein da draußen?«

»Ja, absolut.«

»Aber was ist, wenn etwas schiefgeht? Eine Verletzung, oder Sie werden krank. Können Sie dann Hilfe rufen?«

Ich gab mir große Mühe, Selbstbewusstsein auszustrahlen, aber es wollte mir nicht so recht gelingen. Abwehrend hob ich die Hände: »Ich werde wirklich ganz allein sein. Mehr kann ich dazu nicht sagen.«

Iain schüttelte den Kopf und gluckste vergnügt. Mit einem Schlag war meine Nervosität wieder da. *Er hält mich für völlig durchgeknallt,* dachte ich, *gleich ruft er den Personalchef, und ich fliege raus.*

»Warum kommen Sie damit zu mir, Guy?«

»Ich muss irgendwie Geld verdienen, während ich weg bin, und ich dachte, dass ich vielleicht eine Kolumne für Sie schreiben könnte.«

Er schwieg einen Moment und dachte nach. »Dieses Stück über die Fremdenlegion von Ihnen war ganz gut, wenn ich mich recht erinnere ...« Er tippte mit einem Bleistift auf die Schreibtischplatte, dann steckte er das stumpfe Ende in den Mund. »Die Story gefällt mir. Also gut: Sie kriegen eine wöchentliche Kolumne, solange Sie es wirklich durchziehen. Sie machen auf mich nicht den Eindruck, dass Sie nur ein Schwätzer sind. Aber weiß Gott, was Ihnen da noch alles dazwischenkommen kann.«

Ich stotterte ein »Dankeschön« und erhob mich. Mir war schwindlig, und das kam nicht nur von der Zigarette. Iain begleitete mich zur Tür und schüttelte mir die Hand. »Wir brauchen an die 800 Wörter pro Woche. Wie Sie das herschicken, ist Ihre Sache. Viel Glück!«

In einem Zustand völliger Fassungslosigkeit stolperte ich aus dem Büro. Zum ersten Mal hatte jemand meine Idee ernstgenommen. Ich fühlte mich geschmeichelt - und registrierte gleichzeitig ein leichtes Unbehagen. Wenn mein Traum Wirklichkeit werden sollte, musste ich jetzt Farbe bekennen, musste liefern. Das monatliche Einkommen aus der Kolumne sollte ausreichen, um meine Familie über Wasser zu halten, damit war die erste Hürde genommen. Jetzt musste ich nur noch das Geld auftreiben, um das Abenteuer selbst zu finanzieren.

Ich fuhr nach Hause, langsamer als sonst, und als ich ankam, war Juliet gerade dabei, Oscar und Luke - unser Jüngster war inzwischen ein Jahr alt - nach dem Baden vor dem Kamin trocken zu rubbeln.

»Na, wie ist es gelaufen?«, fragte sie.

»Super. Er hat mir eine wöchentliche Kolumne angeboten.«

Unsere Blicke trafen sich, schweigend standen wir da. Ich sah eine Niedergeschlagenheit in ihren Augen, eine Resignation, die nur schwer zu ertragen war. Hinter ihrem Rücken flackerte das Feuer, sein Schein spiegelte sich auf den warmen Holzdielen. Im Herd wartete das Abendessen, das konnte ich riechen, und aus der Küche hörte ich das leise Murmeln einer Stimme, das Radio. Es hatte zu regnen begonnen, die Regentropfen an der Fensterscheibe glänzten im Licht der untergehenden Sonne.

»Geh mit den Jungs hoch und lies ihnen eine Gutenachtgeschichte vor, Guy. Bringen wir sie ins Bett, dann können wir essen.«

Als wir später darüber sprachen, was jetzt auf uns zukam, war es für mich das erste Mal so, als würden wir über etwas reden, das wirklich passieren sollte. Juliet hatte sich überlegt, dass sie unser Haus vermieten würde für die Zeit, in der ich in Alaska war. Sie wollte mit den Jungs zu ihren Eltern ziehen, auf die Insel Mull vor der Westküste Schottlands, wo sie ein enges Netz von Freunden und Verwandten hatte, die sie unterstützen konnten, wenn sie mal Hilfe brauchte mit den Kindern. Sie starrte mich mit einem Blick an, bei dem ich nicht anders konnte, als wahrheitsgemäß zu antworten. »Guy, bist du sicher, dass du weißt, was du tust? Es gibt Bären da, oder? Und es wird verdammt kalt im Winter. Dazu kommt der Job, eine Blockhütte zu bauen ...«

Ich hielt ihre Hand und versuchte, so überzeugend zu klingen, wie mir das unter den Umständen möglich war: »Klar schaffe ich das. Ich kann dir nicht mal sagen, warum ich mir da so sicher bin. Aber ich weiß, dass ich das irgendwie hinkriege.« Ihre Augen blieben starr auf mich gerichtet, und ich konnte mir denken, was in ihrem Kopf vorging: Eine Woche zuvor hatte ich einen kompletten Tag gebraucht, um ein paar simple Ikea-Regale im Kinderzimmer aufzustellen, und jetzt wollte ich in der Wildnis meine eigene Blockhütte bauen.

Gemeinsam erledigten wir den Abwasch, ohne dass ein weiteres Wort gesprochen wurde. Ich dachte an meine kleinen Jungs, die oben in ihren Betten schliefen. Und dann tauchte aus den Tiefen meiner Erinnerung plötzlich der Tag wieder auf, an dem ich versucht hatte, mich für den Militärdienst zu bewerben; Anfang zwanzig war ich da. Am Ende diverser Tests hatte man mir bescheinigt, dass die gängigen Musterungsgrade auf mich nicht anzuwenden waren, ich sei »nicht kategorisierbar«, mir fehle das »nötige angeborene Auffassungsvermögen«. Keine Ahnung, ob ich das wirklich schaffen konnte. Aber ich war fest entschlossen, es wenigstens zu versuchen.

Kapitel 3

WHISKY HILFT

Ein paar Tage später hatte ich einen zweiten Termin bei Iain.

Danach ging es plötzlich sehr schnell vorwärts. Meine Tage im Verlag waren gezählt, das spürte ich, und der Druck, das Projekt auf die Beine zu stellen, nahm noch einmal zu. An einem der nächsten Abende traf ich mich mit einem engen Freund, der ein gutgehendes Geschäft für Outdoor-Kleidung und -Ausrüstung hatte, Graham Tiso Outdoors hieß der Laden. Chris ist ein kerniger Typ, eher von der ernsthaften Sorte, der nichts so sehr liebt wie ein gutes Abenteuer. Wir tranken ein paar Pints in der *Shore Bar* im Hafen von Leith, und ich erzählte ihm von meinem verwegenen Plan. Er war begeistert.

»Guy, du musst das durchziehen, unbedingt. Und weißt du was: Du kriegst das Equipment von mir. Vielleicht treibe ich ja sogar ein bisschen Geld auf, wenn du noch was brauchst. Lass dich bloß nicht von deinem Plan abbringen!«

Jetzt hatte ich die Unterstützung durch Chris und das gesicherte Einkommen aus der Kolumne – für Juliet und mich war damit klar, dass es kein Zurück mehr gab. Nicht ganz leicht für sie, und wenn wir uns morgens voneinander verabschiedeten, hatten wir beide jedes Mal das Gefühl, dass wir unmittelbar vor einer großen Veränderung in unserem Leben standen. Der nächste Einschnitt kam nur ein paar Tage später: Ich wurde in das Büro des stellvertretenden Geschäftsführers zitiert, und dann war amtlich, was ich längst erwartet hatte: Ich war gefeuert. Als ich das Büro verließ, fühlte ich mich seltsam gelassen. Ich schlenderte vorbei an den Tischen meiner Kollegen, die selbstverständlich wussten, dass meine Zeit abgelaufen war, auch wenn es noch niemand offiziell verkündet hatte. Zurück an meinem ehemaligen Arbeitsplatz starrte ich auf die armselige Ansammlung von Papierstapeln, Büchern, Kaffeebechern und Kugelschreibern und überlegte kurz, ob ich jetzt sofort alles leerräumen sollte. Doch aus alter Gewohnheit schaltete ich erst einmal meinen Computer an, klickte auf den Posteingang meiner E-Mails. Eine Nachricht mit der Betreffzeile *Highland Park Whisky* fiel mir ins Auge. Werbung? Ich öffnete die Mail trotzdem und las:

Hallo Guy,
wir haben uns die Informationen zu Ihrem Alaska-Abenteuer
durchgelesen und würden uns gerne daran beteiligen.
Rufen Sie mich an?

Mit den besten Grüßen
Sharon McLaughlin
Highland Park Whisky

Ich las die Mail noch einmal mit klopfendem Herzen. Kaum zu glauben, dass eine solche Mail ausgerechnet an diesem Tag bei mir einging. Ich schaute mich im Büro um - irgendwelche grinsenden Gesichter zu sehen? Hatte da jemand einen besonders grausamen Scherz ausgeheckt? Die Mail machte keine konkreten Versprechungen, alles noch sehr allgemein gehalten, aber für mich war es doch ein Wendepunkt. Auf diesen Moment hatte ich gewartet.

Nur ein paar Tage später fuhr ich nach Glasgow, um Sharon McLaughlin persönlich zu treffen. Wir saßen in einer der großen Einkaufspassagen und schauten den Hundertschaften zu, die in ihrer Mittagspause schnell ein paar Einkäufe erledigen wollten. Was konnte Highland Park für mich tun, wo brauchte ich noch Unterstützung bei meinem Abenteuer? Solche Fragen wurden sehr konkret besprochen, und als ich wieder im Zug nach Edinburgh saß, musste ich mich mit gegensätzlichen Emotionen auseinandersetzen. Da waren zum einen Freude und Neugier: Was kam jetzt auf mich zu? Worauf hatte ich mich eigentlich eingelassen? Doch gleichzeitig nagten auch Zweifel an mir: Ich brach auf in ein Land, das noch ungezähmt war, eine echte Wildnis, und richtig vorbereitet war ich darauf nicht. Würde ich das noch einmal bereuen?

Kapitel 4

TESTAMENT NICHT VERGESSEN

Es wurde Sommer, und unser Garten im Rule Water Valley blühte auf. Das Gemüsebeet hinter dem Haus leuchtete wie ein Smaragd, die Erdbeeren schmeckten besser als jemals zuvor. Dennoch fühlte ich mich taub, meine Emotionen waren wie weggedrückt. In einer Woche würde ich all das hinter mir lassen: die Kinder, unser Heim und die sanfte Landschaft, die uns umgab.

Juliet und ich versuchten, im Alltag einfach weiterzumachen und zu tun, als ob nichts wäre, aber die bevorstehende Trennung hing über uns wie eine schwarze Wolke.

Oscar wusste, dass ich weggehen würde. Er hatte die Nachricht ohne Protest hingenommen, weil er keine Vorstellung von der Dauer meiner Abwesenheit hatte. An seinem vierten Geburtstag luden wir an einem heißen Wochenende Freunde zum Grillen ein. Die Ungeheuerlichkeit meines Vorhabens überschattete den Tag, und alles, was wir sagten, wirkte seltsam gestelzt, jede Unterhaltung unnatürlich. Wir standen schweigend da und schauten unseren Kindern beim Spielen zu. Wenn ich die anderen Väter so sah, kamen mir doch wieder Zweifel. Setzte ich mit meinem Projekt den Zusammenhalt unserer Familie aufs Spiel? In den acht Jahren, die Juliet und ich als Paar zusammen waren, hatte keiner von uns mehr als eine Woche ohne den anderen verbracht, und jetzt machte ich mich daran, meine Familie für Monate allein zu lassen. Eine beängstigende Aussicht.

Die nächsten Tage verbrachte ich damit, die letzten Details zu organisieren. Im Outdoor-Laden von Chris rüstete ich mich mit der passenden Kleidung und einem Wildnis-Überlebenspaket aus. Außerdem hatte ich eine Lösung gefunden, wie ich meine Kolumne an die Redaktion senden konnte: Ich musste meinen Laptop mit einem Satellitentelefon verbinden und konnte die Texte dann einfach per Mail verschicken. Von Inmarsat in London bekam ich ein geeignetes Telefon, und sie spendierten mir zusätzlich gebührenfreie Gesprächseinheiten.

Kurz vor meinem Abflug kam abends noch eine Freundin vorbei, die als Hausärztin arbeitete, um mir zu zeigen, wie man sich selbst einen intravenösen Zugang für eine Infusion legt. Sorgenvoll schaute sie zu, wie ich mit einer Butterfly-Kanüle in meiner Armbeuge herumstocherte. Ich beging den klassischen Anfängerfehler, die Nadel so weit in die Vene zu stechen, dass sie auf der anderen Seite wieder herauskam und im blutfreien Gewebe steckte. Nach einigen erfolglosen Anläufen hatte ich kapiert, worauf es ankam. Eine blutige und nicht ganz angenehme Erfahrung, aber nach einer Stunde intensiver Betreuung war ich zuversichtlich, dass ich mir im Notfall lebensrettende Medikamente intravenös verabreichen können würde.

Am nächsten Morgen fuhr ich nach Edinburgh, um einen weiteren Fachmann für medizinische Notlagen zu treffen. Auch er ein enger Freund – und renommierter Chirurg. Wir saßen in einem Pub, wo er den Inhalt eines eindrucksvollen Erste-Hilfe-Koffers auf dem Tisch ausbreitete und mir im Schnelldurchgang das Grundwissen einpaukte, das ich in der Wildnis brauchte: von der Behandlung bei Hundebissen bis zu den Symptomen eines entzündeten Blinddarms. Wir waren so in unser Thema vertieft, dass wir die frühen Zecher an der Bar gar nicht wahrnahmen, die immer mal wieder bang zu uns hinüberschauten. Sie hatten wahrscheinlich Angst, dass für meine Ausbildung in Erster Hilfe noch Versuchskaninchen gesucht wurden. Auch dem Barkeeper schien es nicht ganz geheuer, was wir an Gerät auspackten. Seinem offenen Mund nach zu urteilen, vermutete er wohl, dass es sich bei uns um zwei besonders freche Drogendealer handeln musste, die ihre Ware in aller Öffentlichkeit präsentierten. Zum Glück konnte ich ihn beschwichtigen, bevor er die Polizei alarmierte.

An unserem letzten gemeinsamen Abend, die Jungen lagen bereits im Bett, machten Juliet und ich noch eine Runde ums Haus. Vor den Bäumen, die wir im Sommer zuvor gepflanzt hatten, hielten wir kurz inne.

»Tja, jetzt ist es also so weit«, sagte Juliet leise. Wir blickten zurück auf unser kleines Haus. »Ich kann nicht glauben, dass wir uns so lange nicht mehr sehen werden.« Ihre Stimme versagte.

»Ein merkwürdiges Gefühl, ja«, brachte ich hervor. Mehr ging nicht, ich hatte einen dicken Kloß im Hals.

Am nächsten Tag begleitete mich Juliet zum Flughafen. Wir waren umringt von fröhlichen Menschen und Familien, die in den Urlaub flogen. Wir aber standen wortlos da, vom Abschiedsschmerz gequält. Unsere Wege trennten sich, auf Zeit nur, doch wir würden in komplett anderen Welten unterwegs sein. Juliet zog einen großen braunen Briefumschlag aus ihrer Handtasche.

»Guy, das hier haben wir noch vergessen.«

»Ja? Was denn?«, fragte ich.

»Dein Testament. Du musst es unterschreiben.«

Jetzt brauchten wir noch einen Zeugen, und als wir uns nach einem geeigneten Kandidaten umschauten, wanderte gerade ein Pilot an uns vorbei. Ich sprach ihn direkt an: »Sorry, haben Sie vielleicht eine Minute Zeit, um eine Unterschrift für uns zu beglaubigen?«

»Beglaubigen? Um was geht es denn?«

»Ich unterschreibe meinen letzten Willen.«

Er lächelte verunsichert und blickte Juliet an, die wirklich einen sehr deprimierten Eindruck machte.

»Kein Problem, kann ich machen. Aber es ist doch hoffentlich nicht, weil Sie Flugangst haben, oder?«

Juliet verschluckte sich fast vor Lachen, die Situation war wirklich zu grotesk: auf dem Weg zum Gate schnell noch das Testament machen. Für einen kurzen Moment war die Anspannung verflogen.

Doch dann kam die Zeit, Abschied zu nehmen, und es flossen die Tränen. Wir standen vor einem Geschäft, das Businesshemden und Krawatten verkaufte, und hielten uns fest in den Armen. Was jetzt auf uns zukam, war hart: Juliet musste allein mit den Jungs zurechtkommen, das war eine echte Herausforderung. Und mir war klar, dass sie zusätzlich an einer schweren Last tragen würde – der Sorge, wie es mir ergehen würde bei meinen ersten Schritten in einem unbekannten und gefährlichen Land.

TEIL

2

Es liegt in unserer Natur,
dass uns die Hoffnung stärker antreibt
als die Furcht.

FRANCESCO GUICCIARDINI

Kapitel 5

RAUCH ÜBER GALENA

Ein winziges Passagierflugzeug, der Rumpf so lang und dünn wie ein Bleistift, rollte auf unser Wartehäuschen am Airport von Anchorage zu. Neben mir warteten sieben weitere Passagiere, die anscheinend alle aus dem Landesinneren kamen, die meisten von ihnen Indianer. Sie hatten Berge an Gepäck dabei; Kisten und Taschen, die vollgepackt waren mit allem, was man bei ihnen im Dorf nicht bekam – von Werkzeug über frisches Obst und Gemüse bis zu Gläsern mit Erdnussbutter. Mir gegenüber saß eine dicke Frau in einem Trainingsanzug, die eifrig auf ihren Hund einredete. Er schaute sie treuherzig an, sprang an ihr hoch und schleckte ihr mehrfach direkt über ihren Mund. Mit ihrem enormen Körperumfang und ihrer dunklen Kleidung sah die Frau aus wie eine gestrandete Robbe.

Der Copilot steckte seinen Kopf durch die Tür unserer Hütte. »Okay, Leute, aufsatteln!«, rief er und schlenderte zurück zum Flugzeug. Alle standen auf, kramten ihr verstreutes Hab und Gut zusammen und folgten ihm aufs Rollfeld. Als ich in die winzige Maschine kletterte, überkam mich eine plötzliche Panik, die sich auch nicht wieder legte, als ich sah, dass es zwischen den Passagieren und den offensichtlich sehr jungen Piloten keine Trennwand gab. Nach einer hastigen Sicherheitsdurchsage hoben wir ab und schraubten uns schnell auf Flughöhe. Ich legte meinen Kopf in den Nacken und versuchte mich an ein paar Entspannungsübungen, die alle nur auf das eine Ziel gerichtet waren: die Kontrolle über meine Blase nicht zu verlieren. Ich hatte den ganzen Morgen nervös von einer Zwei-Liter-Flasche Wasser getrunken und erst an Bord festgestellt, dass so ein kleiner Flieger gar keine Toilette hat. Es war bewölkt, aber hin und wieder konnte ich einen Blick auf die gewaltige menschenleere Landschaft unter mir erhaschen. Ich gab mir Mühe, gelassen zu wirken und nicht aufzufallen unter den sieben wildniserprobten Buschbewohnern, aber ich ertappte immer mal wieder einen, der mich anstarrte. Nicht feindselig, überhaupt nicht, eher neugierig, was diese seltsame Kreatur in einer der entlegensten Ecken des Planeten wohl verloren haben mochte.

Die Wolkendecke wurde dichter, und dann sah ich die nächsten zwei Stunden gar nichts mehr, bis wir über Galena in den Sinkflug gingen. In diesem winzigen Flecken am Yukon also lebte Charlie, den ich schon vor Monaten angeschrieben hatte, ob er mir vor Ort ein wenig helfen könnte. Als ich ihn dann später anrief, um mein Kommen zu bestätigen, hatte er ziemlich überrascht geklungen. Er hatte mich wahrscheinlich für einen harmlosen Spinner gehalten, den man mit ein paar netten Mails und Anrufen abspeisen konnte. Durchaus möglich, dass er seine freundlichen Hilfsangebote inzwischen bereute.

Das Flugzeug taumelte durch Turbulenzen, als wir zur Landung ansetzten, was meiner sowieso schon gequälten Blase nicht gerade gut bekam. Eine schwere Wolkendecke lag über dem Land, und so angestrengt ich auch versuchte, den grauen Schleier mit meinen Augen zu durchdringen, es war einfach nichts zu sehen. »Also schön, Leute, denkt an eure Sicherheitsgurte«, meldete sich der Pilot. Im Anflug auf die Piste sah ich, wie sich etwas Dunkles hinter dem gleichförmigen Grau abzeichnete, und dann waren wir raus aus den Wolken, endlich. Vor mir lag der Fluss, in großen Mäandern teilte er das Land. Wie ein lose geflochtener Zopf umflossen Hauptströmung und Nebenarme die Inseln im Strom, und an einigen Stellen ragten wie Knochen Sandbänke aus dem dunklen Braun des Wassers. Ich wandte mich an den Mann neben mir. »Entschuldigen Sie: Ist das der Yukon?« Wortlos und ohne auch nur den Anflug eines Lächelns schaute er mich an, um dann wie in Zeitlupe zu nicken. Ich drehte mich wieder zum Fenster, aber erneut blockierten Wolken die Sicht. *Wie seltsam,* dachte ich. *Immer noch so viele Wolken, dabei sind wir schon so tief.*

Das Flugzeug kam zum Stehen, und als wir die Stufen hinunterstiegen, empfing uns eine drückend schwüle Luft. Ich atmete tief ein und roch ein vertrautes Aroma. Mein Sitznachbar kam gerade an mir vorbei, und ich fragte ihn: »Sorry, verbrennen die Leute hier Torf?«

Sein Mund verzog sich zu einem breiten Grinsen, dass seine Goldkronen nur so glänzten. »Nee, hat gebrannt. Sehr großes Feuer.«

»Feuer?«

»Yeah. Und jetzt brennt der Torf im Boden. Die Bäume sind längst weg. Alles verbrannt.« Er lächelte und marschierte weiter, während ich noch auf mein Gepäck wartete, das gerade aus dem Flieger auf einen alten Traktor geladen wurde. Ich schaute hinauf zur Sonne, die schon wieder hinter einem Schleier von Wolken hing, und schlagartig war mir klar, was ich die ganze Zeit gesehen hatte: Rauch. Ich war mitten in einem gigantischen Waldbrand gelandet, der sich bereits tief in den Boden gefressen hatte und die Luft mit dem wunderbaren – wenn auch in dieser Form nicht gerade willkommenen – Duft von glimmendem Torf erfüllte. Die Frage war: Was bedeutete das für mein Vorhaben? Ich nahm meine schweren Taschen und machte mich auf den Weg zum Terminal, der in einer kleinen Blockhütte untergebracht war. Kurz vor dem Eingang trat ein fit aussehender Alaskaner mit einer gelb getönten Sonnenbrille auf mich zu.

»Du bist Guy, richtig?«

Ich stellte mein Gepäck ab.

»Ja, genau. Charlie?«

Er lächelte und nickte, dann streckte er mir seine Hand entgegen. »Das hier ist mein Sohn, Bubba.« Er deutete auf einen jungen Mann, der neben ihm stand und langsam seinen Arm zum Gruß hob. Beide starrten mich an, sie versuchten wohl, sich einen Reim darauf zu machen, was für ein Typ da vor ihnen stand. Wir gingen zu einem ramponierten Pick-up aus den Sechzigern, warfen meine Taschen auf die Ladefläche und stiegen ein. Vom Rollfeld rumpelte der Wagen auf eine ungeteerte Piste. Ich räusperte mich. »Ich habe gehört, dass es ein Feuer gegeben hat. War es sehr schlimm?«

»Ganz große Scheiße«, sagte Charlie. »Alles ist komplett niedergebrannt, es war heftig.«

»Oha«, sagte ich, das klang nicht gut.

»Wir fahren erst kurz bei meinem Schwiegervater vorbei, ich möchte, dass du ihn kennenlernst«, sagte Charlie. »Und dann geht's weiter nach Hause zu meiner Familie.«

»Vielen Dank, Charlie. Das weiß ich wirklich zu schätzen.«

»Vielleicht kannst du bei Schwiegervater wohnen. Oder auch nicht. Mal sehen.« Sein Satz blieb in der Luft hängen, und meine Anspannung wuchs. Richtig willkommen schien ich hier nicht zu sein.

Wir schepperten die unbefestigte Straße entlang, auf der uns ab und zu Autos entgegenkamen, die ähnlich ramponiert waren wie Charlies Pick-up. »Eure Autos sehen ganz schön mitgenommen aus«, sagte ich, um ein Gespräch in Gang zu bringen.

»So ist das«, erwiderte Charlie. »Wir haben hier nur eine richtige Straße, und keiner denkt daran, seine Kiste zu verkaufen. Wir fahren sie einfach, bis sie auseinanderfallen. Ist uns ziemlich egal.«

»Wohin führt diese Straße?«

»Zur Müllhalde.«

»Nicht weiter, woanders hin?«

»Nein.«

Im Landesinneren, das wusste ich, gab es überhaupt keine Straßen, man kam nur auf dem Wasser voran oder mit dem Flugzeug. Wir rumpelten weiter, an armseligen Hütten und Verschlägen vorbei, bis wir schließlich von der Piste auf einen Hof abbogen, der mit allerhand Gerümpel zugeparkt war. Flusskähne standen da, provisorisch aufgebockt, ein paar große Blechcontainer und alle möglichen Arbeitsmaschinen. An der dunklen Wand eines Schuppens hing, sorgfältig aufgeräumt, ein großes Sortiment an Werkzeugen, allesamt abgewetzt, also offensichtlich häufig benutzt. Charlie bremste und kam in einer Wolke aus Staub zum Stehen. »Hier wohnt mein Schwiegervater«, sagte er.

Ich stieg aus, und mein Blick wanderte sofort zu dem Hauptgebäude des Hofs – einer eleganten Blockhütte, die komplett aus ebenförmigen, an die zwölf Meter langen Stämmen gebaut war. Die Hütte stand auf Stelzen und war auf einem Felsvorsprung errichtet worden, von dem man einen großartigen Blick auf eine langgezogene Flussbiegung des Yukon hatte. Ein beeindruckender Bau auf jeden Fall und erstaunlich groß für eine Blockhütte; der Anblick ließ in mir die Hoffnung aufkommen, dass es mir doch irgendwie gelingen würde, eine solche Hütte zu zimmern – nur ein paar Nummern kleiner eben. Dieses Bauwerk schien regelrecht zu leuchten; die untergehende Sonne verlieh dem Holz einen goldenen Glanz.

Ein lautes Bellen riss mich aus meiner Träumerei, und ein Hund mit schwarzgrauem, struppigem Fell kam auf mich zugeprescht. Ein paar Schritte entfernt blieb er stehen, legte seinen Kopf auf die Seite, bevor er wieder loskläffte. Aggressiv klang er nicht, eher verspielt, und deshalb ging ich auf ihn zu, um mich mit ihm anzufreunden, doch er wich zurück und verzog sich hechelnd in den Schatten unter der Hütte. Wir stiegen eine Holztreppe an der Seite der Hütte hinauf und zogen vor der Tür unsere Stiefel aus. Der Raum, den wir betraten, war riesig, das Dach wurde von Stämmen getragen, die mir vorkamen wie komplette Bäume. Von einem großen Fenster aus konnte man auf den Fluss sehen, und neben der Eingangstür stand ein Herd von ebenfalls enormen Dimensionen, der mit Holz beheizt wurde.

Unentschlossen wartete ich auf der Türschwelle, ich war mir nicht ganz sicher, ob ich eingeladen war reinzukommen. Am ausladenden Esstisch saß ein furchteinflößender Typ, der wohl auf die siebzig zugehen musste. Er trug Arbeitskleidung aus einem robusten Material, die Hose von Trägern gehalten, und auf dem Kopf eine angewetzte Schweißermütze. Mit den Fingern leise auf den Tisch trommelnd schaute er mich an. Neben ihm stand eine Indianerin, offenbar seine Frau. Charlie schob mich in den Raum und steuerte mich zum Tisch. Der Mann stand auf, um mich zu begrüßen, und zwar mit einem Tempo und einer Geschmeidigkeit, die ich ihm nicht zugetraut hätte. »Don«, sagte er, schüttelte lässig meine Hand und kam ohne Umschweife zur Sache: »Ich sag's lieber gleich – wie du bestimmt gehört hast, hatten wir hier einen heftigen Waldbrand. Charlie hatte gedacht, dass du in meiner Hütte im Wald überwintern kannst. Aber der Schuppen ist leider abgefackelt.«

Wie ein Croupier, der seine Karten verteilt, schob er ein Foto über den Tisch, und was ich zu sehen bekam, war ein Bild absoluter Verwüstung. Das Feuer hatte alles niedergebrannt, nur eine alte Tonne stand einsam in den grauen Aschehaufen. Don schien meine Gedanken zu lesen: »Ja, das war mein Herd«, sagte er und schob mir ein zweites Foto hin. »Und das hier war mein altes Kanu.« Das Boot musste aus Blech gewesen sein, nicht aus Holz oder Kunststoff, sonst wäre es in der Glut verkohlt oder geschmolzen. Grotesk verdreht und wie zusammengeschrumpft lag es da, eine silbern glänzende Bananenschale, die jemand achtlos weggeworfen hatte.

»Brutal«, murmelte ich.

»Das kannste aber laut sagen. Hat mehr als 1200 Quadratkilometer Wald niedergemacht. Kaffee?«

Auf den zweiten Blick schien er mir nicht mehr ganz so wild, fast schon sympathisch – in seinen Augen funkelten eine hellwache Intelligenz und ein quicklebendiger Humor. Aber das half mir jetzt mit meinen eigenen Sorgen auch nicht weiter. Ich setzte mich auf den angebotenen Stuhl und versuchte, wenigstens ein Minimum an Optimismus auszustrahlen, obwohl mir eigentlich eher zum Heulen zumute war. Ich kam mir vor wie ein Kind an seinem ersten Schultag in einer neuen Schule – absolut verloren.

Don stellte mich seiner Frau Carol vor, die mich freundlich anlächelte, sich aber nicht anmerken ließ, was sie wirklich von dem seltsamen Gast hielt. Während sie den Kaffee aufbrühte, beugten sich Don und Charlie über eine Karte der Region. Für einen Moment starrte ich aus dem Fenster und versank in Selbstvorwürfen. Wie konnte ich nur so blöd sein, mich auf eine solche Sache einzulassen, ohne mich vorher noch einmal zu erkundigen, ob alles nach Plan lief? Jetzt war ich 8000 Meilen weit gereist, nur um festzustellen, dass die Pläne, die ich zu Hause geschmiedet hatte, nichts mehr wert waren. Kaum in Alaska angekommen stand ich schon vor der ersten Hürde, die unüberwindbar schien. Ich war mir sicher, dass sich Don und Charlie jede Sekunde zu mir umdrehen würden, um mir zu eröffnen, dass sie mir nicht weiterhelfen könnten, mich aber in Kürze zurück zum Flughafen chauffieren würden. Sie hatten weitere Karten ausgebreitet, und was ich von ihrem Gespräch aufschnappte, war auch nicht gerade geeignet, mir neue Zuversicht einzuflößen: »Nee, da ist auch alles abgebrannt, bis an das Seeufer hier drüben«, sagte Don und zeigte auf einen blauen Klecks auf der Karte.

»Brownie ist gestern hier langgeflogen«, warf Charlie ein und strich mit der Hand über weite Flächen der Karte. »Auch alles abgefackelt. Komplett.«

Beide sahen betreten aus, erst mal wussten sie auch nicht weiter, und einen Moment lang war die Resignation bei allen spürbar. Doch im Dunkel der Frustration flackerte bei mir plötzlich ein Funken Entschlossenheit auf. So schnell durfte ich nun wirklich nicht aufgeben. Ich dachte an meine verpatzte Bewerbung bei der Armee, die mich als Offiziersanwärter nicht nehmen wollte, und an einen schrecklich arroganten Oberst, der uns immer wieder dieselbe Lektion eingehämmert hatte: »Merkt euch eines: Das Erste, was über Bord geht, ist der Plan!« In Gedanken wiederholte ich den Satz wieder und wieder, bis ich ihn plötzlich laut herausprustete. »Andererseits ... das Erste, was über Bord geht, ist der Plan.«

Die beiden Männer starrten mich an. Charlies Blick konnte ich nicht wirklich deuten, aber Don lächelte, und ich hatte den Eindruck, dass ihn mein Motto überzeugte. »Ja, da ist was dran. Passt eigentlich in jeder Lebenslage, der Spruch, und wenn man in der Wildnis unterwegs ist, erst recht.«

Ich entschied mich, einen weiteren optimistischen Gedanken zu riskieren: »Vielleicht hat es ja sogar sein Gutes, wenn ausgerechnet in dem Moment, in dem deine Hütte abbrennt, ein Spinner aus Schottland aufkreuzt, der dir eine neue bauen will.«

Meine Worte hingen einen Augenblick lang in der Luft, dann beugte sich Charlie vor und fragte ungläubig: »Moment mal – willst du damit sagen, dass du dir selbst eine Hütte bauen willst?«

»Ja, das hatte ich eigentlich vor.« Ich hielt seinem Blick stand, obwohl ich meiner Sache auch nicht zu hundert Prozent sicher war. »Ich dachte, das wäre klar gewesen, aber wahrscheinlich ...« Den Rest des Satzes ließ ich offen.

Im Hof heulte ein Hund. Don faltete die Karten sorgfältig zusammen und sagte: »Gut, dann wollen wir mal sehen, was der Kerl hier alles draufhat. Eins steht jedenfalls fest: Ich habe gerade keine zündende Idee. Für den Anfang kannst du dich in der kleinen Hütte einrichten, die weiter hinten auf meinem Land steht. Morgen sehen wir weiter.«

Ich bedankte mich und wollte wissen, wie viel Geld er für die Unterkunft wollte, aber er hob nur abwehrend die Hände: »Ich hoffe, dass alles so klappt, wie du es dir vorstellst.«

Charlie führte mich zu einer grünen Baracke, die auf ihrem eigenen kleinen Felsvorsprung stand, Aussicht auf den Yukon inklusive. Im Innern war die Hütte weiß gestrichen, in einer Ecke neben dem Fenster stand ein selbstgezimmertes Bett. »Ich hole dich später ab«, sagte Charlie noch, dann stieg er in seinen Pick-up und fuhr davon.

Ich wanderte wieder nach draußen und setzte mich ganz vorn an die Kante des Steilufers. Ein großer Baum trieb in der Strömung flussabwärts, von hier oben sah er aus wie ein Zahnstocher. Eine sanfte Brise strich durch die Nadeln der Weißfichte neben der Hütte und trug den Duft von Harz zu mir herüber. Ich schaute auf die unermesslich weite Landschaft jenseits des Stroms und musste an die vielen Europäer vor mir denken, die ihrem Traum von einem freien Leben gefolgt waren, hierher, nach Amerika. Robert Service, der von England ins kanadische Yukon-Territorium ausgewanderte Dichter, hatte geschrieben:

So lautet das Gesetz des Yukon,
und das Land ruft es hinaus:
Schickt mir nicht eure Narren, eure Schwächlinge,
ich will eure kraftstrotzenden Kerle, die klugen Köpfe.

Ich hoffte nur, ich würde allen zeigen können, dass ich zur zweiten Kategorie gehörte.

KAPITEL 6

NOCH SO'N VERRÜCKTER TYP

Später am Abend holte Charlie mich ab, wir gingen die Straße hinunter zu seinem Haus. Das Dorf war nicht gerade eine Schönheit, alles schien in eine einzige Farbe getaucht zu sein – schlammbraun, wie der Fluss. Die Straße war staubig braun, die Büsche waren mit einer Schicht aus Schmutz überzogen, und jede der Baracken, an denen wir vorbeikamen, wirkte heruntergekommen. Eine deprimierende Szenerie, und die Unterhaltung zwischen mir und Charlie war auch nicht gerade angetan, mich aufzumuntern.

»Manchmal nehme ich Weiße mit auf dem Fluss«, erzählte Charlie, »wird ziemlich einsam, wo wir hinfahren. Ich baue ihnen das Lager auf, und dann gehen wir angeln.« Mit einem Blick, den ich nicht recht deuten konnte, sah er mich an. »Manche sagen dann schnell: Charlie, es reicht, bring uns nach Hause. Sie kriegen Angst und wollen nur noch weg.« Was wollte er mit dieser Geschichte erreichen? Wollte er mich provozieren? Ihn beschäftigte offenbar bereits die Frage, wie lange ich es wohl aushalten würde, allein in der Wildnis.

Zehn Minuten später hatten wir einen Weg erreicht, der uns zum Flussufer führte. Zu meiner Rechten standen Weiden, dicht an dicht, die Zweige hingen wie tot in der heißen Luft, zu meiner Linken lagerte Holz, dicke Stämme, noch unbearbeitet. Ein Stück weiter, näher am Fluss, dann Charlies Haus: komplett zugeparkt von Pick-ups, von denen einige bestimmt fünfzig Jahre auf dem Buckel hatten, und von Motorrädern. Ein Schneemobil war auch darunter, es wirkte wie aus einem falschen Film an diesem schwülen Sommerabend. Charlies Holzhaus war eine skurrile Erscheinung: Auf Stelzen errichtet und zwei Stockwerke hoch, kam mir die Konstruktion vor wie eine füllige Frau auf Stöckelschuhen, leicht schwankend, nach dem Gleichgewicht suchend. »Selbstgebaut?«, fragte ich. Charlie nickte, und wir stiegen die Treppe zum Eingang hinauf.

Drinnen wurde ich von seiner Frau empfangen, Claudette, und seinen fünf Kindern. Die drei Mädchen - Bethany, Pearl und Noo Noo - flüsterten miteinander und warfen mir hinter vorgehaltenen Händen neugierige Blicke zu. Bubba kannte ich ja bereits, er war ungefähr siebzehn, und wie schon bei unserer ersten Begegnung zeigte er sein bestes Pokergesicht. Sein jüngerer Bruder Jack, vielleicht zehn Jahre alt, stand neben ihm und musterte mich mit unverhohlenem Erstaunen. Claudette bat uns an den großen Holztisch, der für das Abendessen gedeckt war; von meinem Platz am Fenster konnte ich direkt auf den Fluss sehen. Alle senkten kurz die Köpfe, während Claudette das Tischgebet sprach, um mich danach wieder anzustarren. Ich winkte den Kindern zu, ein witzig gemeinter Gruß. Bubba zuckte nicht einmal mit einer Wimper, aber Jack lachte, immerhin. Er fragte mich: »Du bist also den ganzen Weg von Schottland hierhergekommen, um in der Wildnis zu leben?«

Ich nickte und gab mein Bestes, Zuversicht und Entschlossenheit auszustrahlen: »Ja, das ist der Plan.«

»Aber warum?«

An meinem Besteck fummelnd suchte ich nach einer Antwort auf diese sehr berechtigte Frage. »Nun, das ist nicht ganz so leicht zu erklären ...«, setzte ich an und schaute in die Runde; alle Augen waren auf mich gerichtet. »Was ich damit sagen will, ist, dass die Gründe für unser Handeln komplex sind und es deswegen sehr lange dauern würde, deine Frage vernünftig zu beantworten ...« Jack lehnte sich in seinem Stuhl zurück, mit dieser Antwort war er nicht zufrieden, das konnte ich sehen. Claudette brach das Schweigen, indem sie meinen Teller mit einem lecker duftenden Eintopf füllte. »Lass mal, Jack. Unser Gast ist doch gerade erst angekommen.«

Der Eintopf war köstlich und lieferte den perfekten Vorwand, das Thema zu wechseln. »Das Fleisch ist super – ist das von hier?«

»Das ist Elch«, sagte Charlie.

»Wo habt ihr den gekauft?«

Er lächelte. »Wenn wir das Fleisch kaufen müssten, könnten wir es uns nicht leisten. Viel zu teuer.«

»Natürlich«, sagte ich und erinnerte mich daran, dass wir über 500 Kilometer vom nächsten Highway entfernt waren; die meisten Lebensmittel mussten eingeflogen werden.

»Jack hat den Elch geschossen.«

Ich war erstaunt und sah den Jungen an.

»Dein erster Elch?«

»Nein«, sagte er nüchtern.

»Als er seinen ersten Elch geschossen hat, war er sieben«, erklärte Charlie. »Und seither hat er jedes Jahr einen für uns geholt.«

Ich sah den Jungen mit ganz anderen Augen: ein Siebenjähriger, der einen Elch erlegte, immerhin einen 800 Kilo schweren Brocken. Die Familie aß schweigend ihr Abendessen, während ich mir überlegte, wie ich sie mit Anekdoten aus meinem Leben in Schottland erheitern könnte. Vielleicht mit einer Geschichte über meine Zeit als Cricket-Spieler? Ich wendete mich meinem Nachbarn zu, und er senkte sofort die Gabel, offenbar in Erwartung einer komischen Einlage. Er sollte nicht enttäuscht werden. »Jack«, sagte ich zu ihm, »hast du schon mal von einem Sport namens Cricket gehört?«

Er schüttelte langsam den Kopf.

»Also ... das ist schon ein ziemlich merkwürdiges Spiel, vielleicht das einzige auf der Welt, das fünf Tage dauern kann, ohne dass es einen Sieger gibt.« Alle am Tisch starrten mich gebannt an, und so setzte ich zu einer umfassenden Beschreibung des komplexen Regelwerks an, das die Welt des Cricket regiert. Ehrlich gesagt bin ich auch nicht gerade der größte Experte auf diesem Feld, aber das Thema war genau das richtige, um die Runde zum Lachen zu bringen.

»Wie hieß deine Position im Team?«, fragte Charlie. »Sag es einfach noch mal, es klingt so schön bescheuert.«

Meine Antwort produzierte sofort neues Gelächter: »Meine Position auf dem Spielfeld nannte sich ›Silly Mid off‹.« Das Dämliche an dieser Position war leider, dass man nah am Schlagmann stand und immer mal wieder mit voller Wucht abgeschossen wurde. Wie zu erwarten kam die Bezeichnung bei den Kindern ausgesprochen gut an, und es wurde noch ein sehr lustiger Abend. Nach dem Essen wollte ich mich bei Charlie und Claudette für ihre Gastfreundschaft bedanken, doch Charlie winkte ab: »Ich werde dir helfen, so gut ich kann. Aber das Leben draußen im Wald ist extrem hart, und du hast absolut keine Ahnung, worauf du dich da einlässt.«

Ich schüttelte den Kopf.

»Dons Hütte ist abgebrannt«, fuhr Charlie fort, »und wir haben keinen anderen Platz, wo du eine neue Hütte bauen kannst, ist dir das klar?« Er sprach langsam und deutlich, als hätte er es mit einem Begriffsstutzigen zu tun. Ich spürte, wie das Blut in meinen Adern pochte. Da war sie wieder, die Panik, dass ich mit meinem Unternehmen sehr schnell scheitern konnte. Claudette sah mich sorgenvoll an: »Guy, das wird wirklich sehr hart für dich, ohne deine Familie. Und es ist tatsächlich gefährlich.«

Mir wurde klar, wie seltsam es den beiden vorkommen musste, was ich mir vorgenommen hatte, vor allem Claudette als Mutter von fünf Kindern. Mir fiel wieder ein, dass Charlies Schwester schon in einer ihrer Mails angemerkt hatte, dass einem echten Alaskaner nichts wichtiger war als die

Familie und die Gemeinschaft im Dorf. Und niemals würde einer von ihnen auf die Idee kommen, allein in die Wildnis loszuziehen. Andererseits war ich nicht der erste Europäer, der sein Heil in den Wäldern suchte. Vor allem im 19. Jahrhundert hatten immer wieder Abenteurer versucht, der klaustrophobischen Enge der britischen Klassengesellschaft zu entkommen, wo der Lebensweg eines Menschen vorgezeichnet war, noch bevor er geboren wurde. Alaska war für sie das gelobte Land, der wilde Außenposten der Freiheit.

»Ich verstehe, was du mir sagen willst, Claudette. Es fühlt sich auch für mich schrecklich an, so weit weg von meiner Familie zu sein. Aber es ist wirklich wichtig für uns, und ich bin fest überzeugt, dass ich das Beste daraus machen werde.«

Charlie und Claudette schwiegen, aber ihre Zweifel waren spürbar. Ich sah auf meine Uhr und sagte: »Ich mache mich mal auf den Weg, damit ihr eure Ruhe habt.« Charlie stand auf, um mich eben zu Dons Hof zu fahren, doch ich lehnte dankend ab. »Keine Umstände bitte, ich finde mich schon zurecht. Ich muss ja nur dem Ufer folgen, dann lande ich automatisch bei mir vor der Haustür.«

Ich stieg die knarzende Treppe hinab und lief in der Dämmerung hinunter zum Fluss. Ich war erst ein paar Meter weit gekommen, da schoss ein Hund aus seiner Hütte, bis ihn seine Kette abrupt stoppte; er bellte wie wild, in einer unangenehm schrillen Tonlage. Ich blieb stehen, um mir anzuschauen, wie er an seiner Kette riss und kläffend seine Zähne bleckte. Er war nicht besonders groß, so eine Art Golden Retriever, aber er besaß eine erstaunliche Energie. Ich machte einen Schritt auf ihn zu, bis er meine Jacke mit seinen Pfoten erreichen konnte, und sofort hörte er auf zu bellen. Stattdessen sprang er begeistert an mir hoch und versuchte, mich abzulecken. Ich machte wieder einen Schritt zurück, was er sofort mit einem empörten Kläffen quittierte.

Ich kletterte den steilen Abhang vor dem Haus hinunter, schob mich an ein paar Weiden vorbei und stand am Flussufer. Das Wasser saugte schmatzend am Sand vor meinen Füßen, und alle paar Minuten trieb ein Baum vorbei, mitgerissen von einer mächtigen Strömung, die mich an die Gezeitenströme* an der Westküste Schottlands erinnerte. Ich konnte die Kraft des Yukon spüren, konnte sie hören. Hatte ich eine solche Macht schon einmal erlebt? Im Dorf war inzwischen Ruhe eingekehrt, nur gelegentlich hörte ich noch einen Hund bellen oder auch mal einen einzelnen Schuss, was mich sofort wieder an Charlie und seine Familie denken ließ: Bei den Pionieren im Wilden Westen galt jeder Fremde erst einmal als Feind, bis er die Einheimischen vom Gegenteil überzeugt hatte. Ich konnte es also als großen Vertrauensvorschuss auffassen, dass mich diese Familie so freundlich aufgenommen hatte. Gleichzeitig hatten sie mit ihrer zurückhaltenden Begrüßung auch gezeigt, dass sie auf der Hut waren, und das war nur verständlich. Was wussten sie schon über mich? Mal abgesehen von den Details, die ich ihnen selbst erzählt hatte. Woher sollten sie also wissen, ob ich die Wahrheit sagte? In einem Land, das Abenteurer und Exzentriker aus aller Welt anlockte, war es absolut richtig und notwendig, immer vorsichtig zu sein.

*

Nördlich der Hebrideninsel Jura beispielsweise tobt eine Strömung namens CORRYVRECKAN *mit 8 Knoten durch eine schmale Meerenge, da sind gewaltige Kräfte im Spiel. Der* YUKON *kommt auf eine Fließgeschwindigkeit von 5 bis 8 Meilen pro Stunde – er ist also fast genauso schnell unterwegs.*

AM NÄCHSTEN MORGEN WACHTE ICH früh auf. Regungslos blieb ich liegen und versuchte, mich in der ungewohnten Umgebung zu orientieren. Als mir klar wurde, wo ich mich befand, packte mich erst mal das Heimweh. Normalerweise zerrten mich meine beiden Kinder um diese Uhrzeit aus dem Schlaf, indem sie vor Freude kreischend auf mir herumhüpften. Einen Moment lang gab ich mich meinem Selbstmitleid hin, aber dann raffte ich mich doch irgendwie auf und zog mich wenigstens schon mal an. Ich legte mich wieder aufs Bett, bis mich ein Klopfen an der Tür endgültig zurück in die Wirklichkeit holte: »Hey«, rief jemand von draußen, »bist du noch da drin?«

Es war Don. Fragend schaute er mich von der Türschwelle aus an. Obwohl es noch sehr früh am Morgen war, schien er ausgeschlafen und voller Elan. Auf den ersten Blick war er mir wie ein echtes Raubein vorgekommen, aber jetzt sah er mich mit einem Blick an, in dem man fast schon etwas wie Anteilnahme erkennen konnte.

»Wie geht's?«, fragte er.

»Och, ganz gut«, sagte ich und hoffte, dass es etwas optimistischer klang, als ich mich gerade fühlte. Ich folgte ihm nach draußen, und gemeinsam stiegen wir zum kiesigen Strand hinunter. Schweigend schauten wir über den breiten Strom, als ich aus den Augenwinkeln ein großes Tier sah, das schnell auf uns zukam.

»Was zum Teufel ist das?«, rief ich. Don blickte unbeirrt auf den Fluss, aber unter seinem buschigen Schnurrbart zeichnete sich ein Lächeln ab. »Keine Sorge. Der ist ungefährlich.«

Es war der größte Hund, den ich je gesehen hatte. Seine Schulterhöhe lag bei mindestens 1,20 Meter, sein Fell war lang und struppig, und er wog bestimmt mehr als 50 Kilo. »Hey, Dummy«, rief Don. »Komm her!« Das Biest legte den Kopf auf die Seite, als wollte es sagen: »Klar doch, Boss. Aber wer ist denn dieser Junge hier?« Er trabte zu Don hinüber, und ich starrte fassungslos auf die riesigen Abdrücke, die seine Pfoten im Schlick hinterließen. So ein Tier hatte ich noch nie gesehen, außer vielleicht in der *Muppet Show.* »Was für eine Rasse ist das denn?«, fragte ich.

»Ein Mackenzie.«

Don tätschelte seinen Kopf. »Eine Art Husky. Wurde früher für besonders schwere Transporte vor den Schlitten gespannt, wenn es durch tiefen Schnee ging oder über die Berge.«

»Was ziehen die denn an Gewicht so weg?«, wollte ich wissen.

»Rund 500 Kilo. Mit den großen, breiten Pfoten und den muskulösen Schultern geht das, und Freude am Ziehen haben sie natürlich auch.«

»Und wie heißt er?«

»Oh, ich nenne ihn Shorty.« Don sah das Riesenbiest an, das ihn ganz offensichtlich anhimmelte. Dann wandte er sich an mich: »Was hältst du davon, wenn wir uns erst mal einen Kaffee machen?«

Auch wenn ich gar nicht sagen konnte, warum ich mich plötzlich besser fühlte, dankte ich in diesem Moment meinem Schicksal, dass es mich zu diesem Mann geführt hatte. Meine Antwort fiel deshalb wahrscheinlich etwas zu ergriffen aus: »Danke, das wäre wirklich großartig.«

»Junge, ist doch nur eine Tasse Kaffee«, entgegnete er trocken.

Ich nickte, er hatte ja recht, aber ich wollte schon irgendwie zeigen, dass ich zu schätzen wusste, was er für mich tat. »Super, dass ich erst mal hier bei dir bleiben kann«, sagte ich. »Kann ich dir denn wenigstens Miete zahlen für meine Bude?«

Er schüttelte den Kopf. »Nee, Geld bedeutet mir nichts.« Ich war mir sicher, dass er noch etwas hinzufügen wollte, doch dazu kannten wir uns wahrscheinlich noch nicht gut genug.

Zurück auf seinem Hof trafen wir auf eine Gruppe Männer, die um einen Pick-up herumstanden. Ich erkannte Charlie, auch Bubba war dabei. Neben der Fahrertür stand ein Typ, der hastig auf die anderen einredete und extrem nervös wirkte. Sein Gesicht war bleich und seine Montur mit Dreck beschmiert; seinen wilden Monolog unterbrach er nur, um hektisch nach Fliegen und Moskitos zu schlagen, die ihn mehr zu nerven schienen als alle anderen.

»Ich brauche wirklich Hilfe mit meinem Haus«, sagte er, und an seinen langgezogenen Vokalen erkannte ich, dass er aus den Südstaaten der USA kommen musste. »Die Hütte rutscht in den See, und ich brauche jemanden, der mir hilft, das Pfahlwerk zu verstärken. Kannst du mitkommen, Charlie?«

»Ich bin mir nicht sicher, was ich da machen soll«, sagte Charlie achselzuckend. »Und ich habe gerade selbst genug zu tun ...«

Der Mann unterbrach ihn, mit einem Ausdruck der Verzweiflung im Gesicht. »Kannst du nicht wenigstens vorbeikommen und dir das einmal anschauen?«

»Na gut«, sagte Charlie und blinzelte mir fast unmerklich zu. »Du kommst mit, Guy.«

Wir stiegen auf die Ladefläche des alten Pick-ups und rumpelten durchs Dorf. Der Wagen hielt am Rande eines Fichtenhains vor einer Ansammlung von armseligen Hütten, die aus Sperrholz und Wellblech zusammengezimmert waren. Der Mann stolperte aus dem Wagen und lief zu seinem Haus, das aus einer fensterlosen Holzkiste bestand, die auf Stelzen am Ufer eines dunklen Sees stand. Die Stelzen auf der Wasserseite waren eingeknickt, und die gesamte marode Konstruktion drohte, auf Nimmerwiedersehen in der Versenkung zu verschwinden. Mit fahrigen Gesten erklärte der Typ das Offensichtliche, und Charlie hörte ihm geduldig zu. Dann führte uns der

Hausbesitzer die Stufen hinauf und ins Innere seiner finsteren Bude. Der Geruch war unerträglich, im Halbdunkel sah ich einen Eimer mit schmutzigen Tellern, der Boden war mit allen möglichen Papieren übersät, und in einer Ecke der Wohnkiste stapelten sich Paletten mit Dosenbier.

Charlie blickte sich um. »Und hier willst du überwintern?«

Der Mann nickte. »Yeah, das hoffe ich jedenfalls.«

»Aber du weißt, dass deine Bude in diesem Zustand jederzeit zusammenkrachen und im See versinken kann?«

»Weiß ich, klar, deshalb frage ich doch, ob du mir helfen kannst, Charlie. Vielleicht kann ich dich ja in Raten bezahlen?« Er sah Charlie flehend an. »Ich bin im Moment völlig blank.«

Charlie seufzte. »Ich schau mal, ob ich dir ein paar neue Stützpfähle besorgen kann.« Wir machten uns auf den Weg zurück zu Dons Hof. »Noch so ein verrückter weißer Mann«, murmelte Charlie und schüttelte den Kopf.

Beinahe hätte ich ihn gefragt, ob ich für ihn zur selben Kategorie gehörte, doch stattdessen erkundigte ich mich: »Was ist das für ein komischer Kauz?«

»Einer von den Typen, die hierherkommen, um zu sterben. Von der Sorte, die saufen, bis sie tot umfallen. Oder sich im Wald verirren und im Schnee erfrieren. Oder sich erschießen – wenn sie nicht vorher jemand anderen abknallen.«

Ich dachte an die vielen Menschen, die nach Alaska gekommen waren, weil sie einer Hoffnung gefolgt waren: ihrem Traum von einem anderen, besseren Leben. »Gibt es hier denn viele Leute, die scheitern und dann durchdrehen?«

Charlie lächelte. »Yeah. Sind schon viele draufgegangen hier, weil irgendwas schiefgelaufen ist. Aber das gilt nicht nur für einzelne Typen, sondern auch für Unternehmen, die irgendwas abbauen wollten und dann ziemlich schnell untergegangen sind.«

Und was war mit meinem Plan? »Du hältst mich wahrscheinlich auch für irre, weil ich mir für den Winter eine Hütte im Wald bauen will, oder?« Charlie presste die Lippen aufeinander, um sich einen Kommentar zu verkneifen, und marschierte einfach weiter. Ich ließ nicht locker. »Bin ich für dich auch nur einer von diesen verrückten Weißen, ja?«

Charlie lachte kurz auf und sagte: »Riechst du das? Den Rauch?«

»Klar.«

»Also: Wo willst du denn deine Hütte bauen, wenn die Wälder brennen? Und wer soll dir überhaupt helfen, wenn alle selbst damit beschäftigt sind, sich auf den Winter vorzubereiten? Wenn du alleine rausgehst in die Wälder, kann es gut sein, dass du dabei schnell draufgehst.«

Seine Worte trafen mich wie eine Eisenstange. Er hatte ja recht, das war mir klar. Ich schwieg einen Moment, bevor ich noch mal nachfragte: »Charlie, jetzt mal ganz ehrlich: Wird das ein Problem mit meinem Plan?«

»Was heißt hier Problem«, erwiderte er. »Du steckst in der Scheiße, wenn du das so durchziehst, und zwar bis zum Hals.«

Kapitel 7

EIN DORF NAMENS BLEI

Tagebucheintrag

Habe heute mit einem Typen namens »Sandbank« Claude gesprochen. Sah ihn, als er ein Netz von seinem kleinen Boot auswarf. Er hat keine Arme, nur zwei lange Metallstangen, an denen jeweils eine Art Klaue befestigt ist. In seiner Brusttasche steckte eine Bierdose, aus der er ab und zu mit einem Strohhalm schlürfte. Wir haben ein bisschen miteinander geredet. Ich bewundere ihn. Ich weiß nicht, wie er seine beiden Arme verloren hat, und ich wollte ihn nicht fragen. Trotzdem ist er in der Lage, ein Boot zu manövrieren, und er angelt Fische. Den Rest des Tages habe ich mit Bubba Golfbälle durch die Gegend gekloppt. Fühlte mich trotzdem furchtbar deprimiert und niedergeschlagen. Mir scheint, dass ich auf ein Desaster zusteuere.

In der folgenden Woche erkundete ich Galena und stellte fest, dass der Ort eine Seele hatte, auch wenn er auf den ersten Blick ganz schön rau wirkte. Galena ist der lateinische Name für Bleierz. Das Dorf wurde nämlich als Versorgungslager für die nahe gelegenen Blei- und Erzminen errichtet, die man in den Jahren 1918 und 1919 in die Erde trieb. Wenig später zogen dann Athabasca-Indianer, die ursprünglich weiter oben am Flusslauf lebten, nach Galena, um den Betreibern der Flussdampfschiffe Holz zu verkaufen und als Malocher in den Minen anzuheuern. Mitte der 20er-Jahre baute man eine Schule, während des Zweiten Weltkrieges ein Flugfeld, die Galena Air Force Station, die im Kalten Krieg von der US-Luftwaffe als Stützpunkt genutzt wurde.

Heute leben hier rund 675 Menschen. Es gibt einen Krämerladen, eine Poststelle und bunte Ansammlungen von Hütten und Häusern, allesamt Marke Eigenbau. 1993 zogen die letzten Soldaten des Militärstützpunkts ab, heute stehen die meisten Gebäude leer und verfallen. Ein Teil dieser Häuser wird von einem Internat genutzt, in dem Kinder aus entlegenen Gebieten unterrichtet werden. Im Jahr vor meiner Ankunft gab es eine Serie von Selbstmorden unter den Schülern. Der Gedanke an ihren einsamen Tod in der ehemaligen Air-Force-Baracke, weit weg von ihrer Heimat und ihren Familien, machte mich schrecklich traurig.

Bei der Suche nach einem Platz für meine Blockhütte kam ich nicht weiter, und mit jedem Tag, den ich verlor, sanken meine Chancen, denn der Einbruch des Winters rückte näher. Um mich ein wenig abzulenken, machte ich mich eines Morgens auf die Suche nach Don und fand ihn vor seiner alten Blockhütte, die er als Werkstatt nutzte. Er schweißte den Rumpf eines zerbeulten Bootes, nur mit einer einfachen Sonnenbrille vor dem grellen Licht geschützt. Die Funken sprühten, und immer mal wieder prallten glühende Metallperlen an seiner wettergegerbten Haut und seinem drahtigen Schnurrbart ab. Die Wand hinter ihm war mit allen möglichen Werkzeugen und Materialien behängt: mit Ketten, dicken Tauen, Äxten in verschiedenen Größen, Rohrstücken und Ankern für seine Boote. Als er seine Arbeit unterbrach, zeigte ich auf ein paar auffällige Bootshaken und fragte: »Wofür sind die Dinger denn gedacht?« Er sah mich kurz an, bevor er sich wieder seiner Arbeit zuwandte.

»Um Leichen aus dem Fluss zu ziehen«, erklärte er.

»Ertrinken denn viele Menschen im Yukon?«

»Ja, der Fluss hat schon viele geholt. Und meistens finden wir sie nie wieder.« Mit einem schweren Seufzer richtete er sich auf, und in diesem Moment wusste ich, dass auch er Menschen verloren hatte, die er liebte. »Der Yukon schleppt massenweise Schlick und Schlamm mit, die sich in den Klamotten festsetzen. Deshalb sinken die Leichen schnell und tauchen auch nicht wieder auf.«

SPÄTER AM SELBEN MORGEN stattete Don mir einen Gegenbesuch ab; ich saß vor meiner Unterkunft und starrte auf den Fluss. Es war ein Elend, ich kam hier einfach nicht weiter, und ich musste mich darauf gefasst machen, von vorne anzufangen und es an anderer Stelle in Alaska zu versuchen. Eine grauenhafte Vorstellung, aber noch schlimmer schien mir, unverrichteter Dinge wieder nach Hause zurückzukehren. Don stand eine Weile wortlos neben mir. Er schien meine Gedanken lesen zu können: »Die Zeit verstreicht, und du hast noch so viel vor.«

Ich zuckte mit den Schultern.

»Vielleicht könnte man ja eine kleine Hütte bauen, wo das Feuer nicht hingekommen ist.«

Mein Herz machte einen Satz, ein Hoffnungsschimmer: »Ja, genau. Und wenn ich wieder weg bin, kann deine Familie die Hütte nutzen.«

»Hey, nicht so schnell!« Don trat einen Schritt zurück und hob abwehrend seine Hände. »Wir haben extra für uns zugewiesene Jagdgebiete, wir können nicht einfach irgendwo eine Hütte bauen. Du musst mit Glenn sprechen. Vielleicht kann er dir weiterhelfen. Fahr mit dem Quad hin.«

Glenn Stout war der Fisch- und Wildbiologe der Region und damit verantwortlich für jegliche Art der Landnutzung auf den Liegenschaften, die staatlich verwaltet wurden. Von Schottland aus hatte ich ihn bereits per E-Mail kontaktiert, während der Recherche für mein Projekt, und Glenn war immer äußerst hilfsbereit gewesen. Voller Euphorie setzte ich mich auf Dons Quad und raste über die staubigen Pisten zu der Blockhütte, die Glenn als Büro diente.

Als ich vor ihm stand, war mir sofort klar, dass ich es mit einem Mann aus einer anderen Zeit zu tun hatte. Mit seinem langen Schnurrbart wäre er auch auf den alten, sepiafarbenen Fotografien der Bleiminenarbeiter nicht weiter aufgefallen; fehlte nur noch so ein breitkrempiger Hut, wie er damals Mode war. Er schüttelte meine Hand, bot mir einen alten Plastikstuhl an und verschanzte sich dann hinter dem großen Durcheinander auf seinem Schreibtisch.

»Na, so was ... Ich hatte gedacht, du bist auch nur so ein Typ, der ab und zu eine Mail schickt. Aber jetzt bist du tatsächlich hier.«

Ich hatte ihn eine Zeit lang wirklich nur so mit Fragen bombardiert, aber er hatte sie alle mit großer Geduld beantwortet. »So ist es. Geht manchmal schneller, als man denkt.«

Glenn nickte, und für einen kurzen Moment schwiegen wir beide. Ich schaute mich um. Sein Büro war förmlich mit Landkarten tapeziert, an jeder Wand standen Bücherregale, und über Glenn hing ein gewaltiger ausgestopfter Elchkopf. Mein Blick fiel auf eine Karte direkt hinter Glenn.

»Welcher Teil des Binnenlands ist das denn?«

»21d.«

»21d ... wie romantisch. Und das ist dein Beritt?«

Glenn nickte.

»Wie groß ist dieses Areal?«

Er dachte kurz nach. »Gut 116000 Quadratkilometer.«

Ich muss schon sehr verdutzt ausgesehen haben, denn er zuckte entschuldigend mit den Augenbrauen. Aber ich hatte mich schnell gefangen und kam zur Sache: »Don und Charlie hatten ursprünglich geplant, mich in Dons Hütte überwintern zu lassen, aber sie ist bei dem Waldbrand neulich abgefackelt. Jetzt habe ich überlegt, ob ich mir nicht selbst eine Hütte bauen kann. Weißt du einen Platz, der sich dafür anbietet?«

»Nun, du bist kein Ortsansässiger, und die offizielle Landvergabe ist vorbei. Ich weiß nicht so recht, wie ich da helfen kann.«

Ich fischte ein Bonbon aus einer Schale auf Glenns Schreibtisch und kam mir wieder einmal ziemlich hilflos vor. Unser Gespräch stotterte noch eine Weile vor sich hin, wobei Glenn sich alle Mühe gab, meine Fragen zu beantworten. Als ich mich schließlich auf den Weg machte, schüttelte er mir die Hand und versprach immerhin, dass er noch einmal über mein Anliegen nachdenken wollte.

Langsam fuhr ich zu Don zurück. Er stand vor dem Haus, mit Charlie in ein Gespräch vertieft. Sie drehten sich zu mir um.

»Komm mit rein«, sagte Don. »Wir haben eine Idee.«

Auf dem Tisch lagen zahlreiche Karten ausgebreitet. Mit seinem Finger fuhr Don eine große Schleife des Yukon entlang, dabei maß er die Entfernung ab. Aufmerksam folgten meine Augen seinem Finger auf dem blauen Band des Stroms, vorbei an der Mündung eines Nebenflusses und an einem Berg und weiter in mehreren eleganten Kurven, bis der Finger innehielt und mehrmals auf eine Stelle klopfte.

»Hier könnte man möglicherweise eine Hütte bauen.« Don sah mich an.

Ich sagte nichts, ich traute mich kaum zu atmen.

Er schaute wieder auf die Karte, und sein Finger glitt sachte vom Blau ins Grün. »Unterhalb dieser Bergkuppe steht Wald, das könnte ein guter Platz für eine Hütte sein, hier am Seeufer. Kann natürlich sein, dass der See längst ausgetrocknet ist, vielleicht ist er auch randvoll, keine Ahnung. Die Karte ist uralt.« Seine Finger wanderten weiter bis zu einer schmalen, blauen Sichel.

Ich holte endlich wieder Luft. »Wie weit ist das von hier?«, fragte ich.

»Oh, das sind nur etwa drei Stunden mit dem Boot.« Dons Augen fixierten weiter die Karte. »Du wirst dir wohl einen Pfad vom Fluss zu deinem Camp freischlagen müssen. Und du musst natürlich ein paar Bäume fällen, damit du überhaupt Platz für eine Hütte hast. Über den Pfad schleppst du dann alles ran, was du an Nachschub brauchst. Den Weg musst du im Winter immer freihalten, sonst weht der sofort mit Schnee zu, und du bist von der Außenwelt komplett abgeschnitten. Fürs Erste kannst du den Fluss nutzen, um deine Ausrüstung zu transportieren. Ich hoffe für dich, dass der Frost nicht zu früh kommt in diesem Jahr.«

»Und dann?«

Don warf Charlie einen Blick zu, eine Mischung aus Frust und Belustigung. »Dann fällst du Bäume, sägst die Stämme auf die passende Länge zu, entfernst die Rinde und baust dir fix eine Hütte, bevor dir der Winter dazwischenkommt.«

Ich saß da und sagte erst einmal gar nichts. Wieder wurde mir bewusst, wie extrem die Aufgabe war, die ich mir selbst gestellt hatte. Dann schoss mir ein Gedanke durch den Kopf. »Darf ich denn da überhaupt eine Hütte bauen? Brauche ich nicht eine Genehmigung?«

»Also.« Don dachte kurz nach. »Du wirst Glenn informieren müssen, aber ich denke, es spricht nichts dagegen.« Er schwieg kurz und ergänzte dann: »Die Zeit arbeitet gegen dich. Und ich habe das Gefühl, dass du gar keine Ahnung hast, wie man eine solche Hütte baut, oder?«

Ich nickte.

»Wie sucht man die richtigen Bäume aus?«

Ich hob die Hände und sah die beiden fragend an.

Es wurde still im Raum. Charlie sagte: »Das ist verrückt. Er wird sich umbringen.« Don setzte sich hin, blickte wortlos auf die Karte, und es schien, als ob er mit widerstrebenden Gedanken rang.

»Wir fahren morgen den Fluss runter und schauen mal, ob der Wald an dieser Stelle geeignet ist.«

Er faltete die Karte zusammen, richtete sie auf mich und erklärte dann eindringlich: »Du hast sehr wenig Zeit. Dich erwarten harte Tage, denn der Fluss wird schon sehr bald vereist sein, und du hast keine Erfahrung. Man weiß nie, wie viel Zeit dir Mutter Natur gibt. Einen Monat? Vielleicht zwei? Ich würde sagen, du hast zwei Monate, höchstens.«

»Ich bin sicher, ich kann das – was bleibt mir auch anderes übrig.« Ich versuchte, zuversichtlich zu klingen und nicht zu verzweifelt: »Ich habe zu Hause alles aufgegeben. Meine Zukunft und die meiner Familie hängen davon ab.«

»Weißt du«, sagte Don, »das ist vielleicht der entscheidende Punkt. Wenn ein Mensch um diese Jahreszeit eine Hütte baut, also zur falschen Jahreszeit, dann tut er es, weil er keine andere Wahl hat. Und manchmal ist es genau das, was du dort draußen brauchst – keine andere Wahl zu haben. Du wirst jetzt sehr hart arbeiten müssen, Junge. Härter, als du dir das vielleicht vorgestellt hast, und das in einer Umgebung, wo ein kleiner Fehler oder auch nur ein kleiner Unfall dich schnell umbringen kann. Jetzt stellen wir erst einmal fest, ob der Platz geeignet ist. Dann musst du sofort anfangen, deinen Weg freizuschlagen. Ein Boot und Werkzeug bekommst du von uns, du musst nur das Benzin bezahlen.«

Mir fehlten die Worte. Ich war unglaublich dankbar, dass mich das Schicksal zu diesen wundervollen Menschen geführt hatte, denn mir war schon klar, dass ich es ohne ihre Hilfe niemals schaffen würde. Selbst mit ihrer Unterstützung standen meine Chancen nicht unbedingt toll. Ich stand erleichtert auf. Ich hatte noch ein gutes Stück Arbeit vor mir, aber wenigstens zeichnete sich jetzt ein Weg ab.

»Don, ich danke dir. Ich kann nicht sagen, wie dankbar ...«

»Hey, dafür ist es noch zu früh«, sagte er mit einer abwehrenden Handbewegung. »Wir wissen ja noch nicht mal, wie es vor Ort aussieht. Wir müssen einfach darauf hoffen, dass der Platz der richtige ist und dass du alles rechtzeitig fertigbekommst. Hier wird es im Winter nämlich kalt, verdammt kalt.«

»Wie kalt?«

Charlie gab die Antwort: »Vor ein paar Jahren hatten wir unter minus 60 Grad, und das ohne Windchill.*« Er ließ den Satz nachklingen.

Fragend schaute ich zu Don, und der nickte wie zur Bestätigung. »Gegen den Winter hier kommst du nicht an – das brauchst du gar nicht erst zu versuchen. Alles, was du tun kannst, ist, hart und umsichtig zu arbeiten und zu beten. Und selbst das reicht manchmal nicht.«

Don öffnete die Tür und trat auf die Veranda vor dem Haus. Er winkte mich zu sich. »Du weißt, dass es da draußen viele Bären gibt, oder?«

Ich nickte, und mein Hirn lieferte umgehend Bilder von Bären und Abenteurern, die übel zugerichtet wurden. »Sind die wirklich so gefährlich?«

»Manchmal ja, manchmal nein. Sie sind einfach unberechenbar, du musst immer aufpassen. Wir gehen nie ohne Knarre los, wenn wir im Busch unterwegs sind. Wenn du wirklich da draußen bleiben willst, brauchst du ein Gewehr, mit dem du dich schützen kannst. Und eines zur Jagd.«

»Was schlägst du vor?«

*

Der Windchill-Faktor beschreibt den Unterschied zwischen gemessener und gefühlter Temperatur im Wind. Je stärker es weht, desto größer der Wärmeverlust. –30° Celsius fühlen sich schon bei einer leichten Brise an wie –40°, und aus –50° werden bei einem stürmischen Wind schnell –80°.

»Mal sehen, was wir für dich finden. Aber du kannst schon mal davon ausgehen, dass eine 22er deine ständige Begleiterin sein wird – vor allem, wenn du Hühner schießen willst.«

»Hühner?«

»Oh, sorry. Wir nennen sie einfach Hühner, weil sie so gut schmecken und weil es so viele davon gibt. Es sind vor allem zwei Arten, bei denen sich die Jagd lohnt. Das Fleisch von Tannenhühnern ist wirklich gut, bis in den Herbst wenigstens. Dann schmecken sie ein wenig harzig, weil sie vor allem Tannen- und Kiefernnadeln futtern. Außerdem gibt es reichlich Schneehühner. Die sitzen auf den Sandbänken am Fluss oder in Birkenhainen.«

»Und schaffe ich es, die zu erwischen?«

»Musst du wohl«, sagte er glucksend. »Also, wir sehen uns morgen früh, schön ausgeruht und pünktlich.«

Die Tür fiel hinter ihm ins Schloss.

Kapitel 8

Vorsicht, Snags!

Ein Fluss ohne Inseln ist wie eine Frau ohne Haare.
Mark Twain

Don stand vor seiner Hütte, die von der Morgensonne in ein goldenes Licht getaucht wurde, und blickte in den Himmel. »Ein guter Tag, um sich da draußen ein bisschen umzuschauen.« Er zeigte zum Fluss: »Das Boot liegt dort unten – wir gehen schon mal vor und warten dann auf Charlie.«

Wir liefen durch einen kleinen Birkenhain zum Strand, die beiden Hunde hinterher. Shorty knurrte Pancho an, der stank wie der faulige Schlamm, in dem er sich früh am Morgen gesuhlt hatte. Don blieb stehen und schnallte seinen Gürtel mit dem Holster enger, in dem eine 44er-Magnum steckte. In Lederschlaufen am Gürtel trug er außerdem Ersatzpatronen.

»Ganz schön schweres Geschütz«, meinte ich.

Don tätschelte seinen Revolver. »Trotzdem nutzlos, wenn ein Bär hinter dir her ist. Da kann dir eigentlich gar nichts mehr helfen, egal wie groß deine Kanone ist. Diese Biester sind so schnell wie Katzen.«

»Niedlich«, sagte ich sarkastisch.

»Nicht zu fassen, dass ich jetzt mit einem Typen den Fluss runterschippere, der das Wort ›niedlich‹ benutzt«, meinte Don mit einem Grinsen.

»Und ich kann nicht glauben, dass eine 44er da draußen nutzlos sein soll.«

»Na, die ist schon etwas besser, als nur einen Stock dabeizuhaben.«

Wir lachten, und ich hatte zum ersten Mal das Gefühl, dass sich zwischen uns etwas wie eine Freundschaft entwickelte.

Dons Strand lag in einer kleinen Bucht, in der sich das Wasser in einem großen Wirbel drehte. Es dauerte nicht lange, bis auch Charlie auftauchte und uns mit einem knappen Nicken begrüßte. Don und Charlie kletterten in ein robustes Boot aus Aluminium, das ich vom Ufer abstieß, bevor ich selbst hineinsprang. Charlie warf den Motor an und steuerte den Kahn langsam auf die Flussmitte hinaus. Dann erst gab er Gas. Mit seinem 240-PS-Außenborder beschleunigte das Boot in Nullkommanix auf rauschende Gleitfahrt. Wir zischten über das braune Wasser, und als ich mich das nächste Mal umsah, war das Dorf schon verschwunden.

Wie tückisch der Yukon sein kann, zeigte sich gleich auf den ersten Meilen flussabwärts; zahlreiche Untiefen zwangen uns zu einem regelrechten Slalomkurs. Charlie umschiffte die Hindernisse routiniert, indem er sich an den Prallhängen orientierte, wo die Strömung schneller war und das Wasser tiefer, und einen weiten Bogen um Sandbänke machte. Die Luft schmeckte nach Rauch, und wir glitten durch eine verkohlte, baumlose Landschaft. Don zeigte auf die rauchenden Wälder und rief mir etwas zu, das ich wegen des lauten Außenborders nicht verstand, doch ich wusste auch so, was er meinte: Das Feuer war noch nicht erloschen.

Eine noch größere Gefahr als die Untiefen waren die »Snags«, Reste von Baumstämmen, die von den Fluten mitgerissen worden waren und jetzt tief im Flussbett steckten. Die starke Strömung richtet die letzten verbliebenen Äste dieser Stümpfe in einem spitzen Winkel auf, und wenn man sich mit dem Bug seines Boots darin verfängt, dauert es nicht lange, bis die Strömung den Kahn zum Kentern bringt. Ein erfahrener Skipper wie Charlie hält deshalb immer nach kleinen Unregelmäßigkeiten im Strömungsbild Ausschau; wo sich das Wasser kräuselt, wo sich Wirbel bilden, lauern möglicherweise knapp unter der Oberfläche die gefürchteten Snags.

Nachdem wir einige größere Inseln im Strom passiert hatten, bogen wir in einen Seitenarm ab, der uns nach Süden führte. Der Gegensatz zwischen dem Yukon und seinem Nebenzweig könnte nicht größer sein; es fühlte sich an, als wären wir von einem Ozean in die Mündung eines schmalen Flusses eingelaufen. Dabei war auch dieser Seitenarm noch so breit wie die Themse im Zentrum Londons. Am Ufer standen jetzt die ersten Bäume und Büsche, die vom Feuer verschont geblieben waren, und die Hügel dahinter zeigten sich in einem satten Fichtengrün.

Don deutete auf eine Stelle am Ufer, wo die Zweige der Weiden verkümmert und verkrüppelt schienen, und rief: »Von Elchen abgefressen – Elche lieben Weidenschösslinge.«

Der Seitenarm des Yukon führte uns tiefer und tiefer in die Wildnis. Ab und zu passierten wir die Mündung eines Baches, und Don verdrehte seinen Hals, um den schmalen Lauf im Vorbeifahren zu inspizieren. Gelegentlich zeigte er mit dem ausgestreckten Arm aufs Ufer, und ich sah einen gewaltigen Elch, der bis zu den Hachsen im Schlick stand. Das Flussbett wurde enger, und wir fädelten uns mit noch größerer Vorsicht zwischen Sandbänken und Treibholzbarrieren hindurch. Es schien mir wie eine Ewigkeit, seit wir das Dorf verlassen hatten, und ich saß still da und saugte die neuen Eindrücke auf.

Acht Meilen nachdem wir vom Yukon abgebogen waren, endeten die Mäander, und der Seitenarm lief fast gerade auf einen rundlichen Berg zu, der sich in dunklem Grün über dem Wasser erhob. »Das ist der Pilot Mountain«, rief Don. Er zeigte auf die breite Mündung eines Bachs am südlichen Ufer.

»Und das ist der Bishop Creek – gut zum Angeln, und auch dein Trinkwasser kannst du dir da holen.« Tatsächlich: Vor der Mündung mischten sich zwei Farben – das klare, leicht torfige Wasser aus dem Bach und die schlammige Brühe des Yukon-Nebenarms.

Am Fuß des Pilot Mountain glitten wir an einer großen Sandbank vorbei. Charlie hatte das Tempo gedrosselt, um noch ein paar Snags zu umfahren, die wie übergroße Spieße einer Trittfalle aus dem Wasser ragten. Dann lenkte er das Boot direkt auf eine Sandbank aus schwarzem Schlick zu und setzte mit dem flachen Rumpf auf dem Sand auf. Don sprang von Bord und vertäute die Vorleine an einem Baum. Charlie schaltete den Motor aus und hängte sich ein großkalibriges Gewehr über die Schulter. Ich wühlte noch kurz in meiner Tasche, und als ich mich wieder zu den beiden umdrehte, waren Don und Charlie verschwunden.

Schweinehunde!, dachte ich. Vermutlich eine Art Test. Ich stieg aus dem Boot und folgte ihren Spuren bis zum Rand der Sandbank. Die Uferkante war hüfthoch, dahinter lag dichtes Gestrüpp. Ganz wohl war mir nicht, als mir klar wurde, dass ich nicht die geringste Ahnung hatte, wo die beiden abgeblieben waren. Doch dann entdeckte ich einen Anhaltspunkt: ein Stück rotes Markierband, das an einem Erlenzweig im Wind flatterte. Ich zog mich hoch, kletterte über die Uferkante und begann, mich durch das dornige Dickicht vorzuarbeiten. Das Gebüsch war tatsächlich so dicht, dass ich nur einen Meter weit sehen konnte. Aber dann entdeckte ich die nächste Markierung. Wie ein Kind bei der Schnitzeljagd folgte ich den roten Bändern und drang immer tiefer in das wilde Gestrüpp vor.

Der mineralische Geruch des Flusses war bald verflogen, in der Luft hing jetzt das herbe Aroma von Baumrinde, verrottender Vegetation und altem Laub. Ich schob mich langsam durch das Buschwerk, immer den roten Bändchen nach, und versuchte, nicht daran zu denken, was ich machen würde, wenn plötzlich ein Bär auftauchte. Ich hatte keine Schusswaffe dabei, nicht einmal einen vernünftigen Stock. Dann hörte ich ein merkwürdiges Geräusch, ein lautes Hacken, gefolgt von einem metallischen Klirren. Angestrengt starrte ich durch das Geäst vor mir und fand schließlich Don, der eine

Bresche in die grüne Wand vor ihm schlug – mit einem Werkzeug, wie ich es noch nie vorher gesehen hatte.

»Charlie ist schon mal vorgegangen. Wir haben einen Wildwechsel gefunden, der zum See führt«, sagte er, als ich zu ihm trat. »Ich liebe es hier draußen in den Wäldern. Am liebsten würde ich länger bleiben. Aber das geht nicht, wegen der Familie.« Er hielt mir sein Werkzeug hin und sagte: »Du musst lernen, wie man damit umgeht. Wenn du anfängst, deinen Pfad vom Fluss zum Lager zu schlagen, brauchst du genau so ein Ding. Sandvik* sagen wir dazu.« Mit einem Hieb schlug er einen armdicken Ast durch und drehte sich wieder zu mir um. »Jetzt bist du dran.« Ich nahm Maß und hackte auf einen dicken Zweig ein. Die Klinge flog aus ihrer Halterung und in die Büsche, während der Ast zur Seite federte.

Auf allen vieren kroch ich durchs Unterholz, um die Klinge wiederzufinden, und musste mir auch noch Dons spöttischen Kommentar anhören: »Guy, du wirst es hier draußen nicht leicht haben.«

Die Klinge in der Hand stand ich wieder auf und machte kein Hehl daraus, dass ich genervt war: »Und wie viele Anfänger kennst du, die alles auf Anhieb richtig machen?«

Er lehnte sich zurück, sichtlich belustigt: »Lass mich überlegen. Nein, wenn ich es richtig bedenke, fällt mir tatsächlich keiner ein.«

Nach einer kurzen Einführung, wie man das Gerät richtig benutzt, machten wir uns auf den Weg und folgten einem schmalen Pfad tief in den Wald. Das Unterholz reichte mir nun bis zur Brust, und über mir erhoben sich die mächtigen grauen Stämme der Pappeln. Der Weg wurde steiler und das Buschwerk wieder nahezu undurchdringbar.

»Hier wird es wärmer, je höher man kommt«, erklärte Don. »Unten am Fluss strömt die kalte Luft entlang, aber sobald du die Senke hinter dir lässt, wird die Vegetation üppiger und dichter.«

»Hier gibt es doch Bären, oder?«, fragte ich.

»Klar«, sagte Don. »Und sie wissen auch, dass du da bist – so wie alle Tiere hier. Sie sehen dich, lange bevor du sie siehst. Wenn du sie überhaupt je zu Gesicht bekommst.«

*

Sandvik ist ein schwedischer Hersteller von Spezialstahl, der legendäre Äxte fertigt. Für den Einsatz in dichtem Gestrüpp hat er eine Art Machete entwickelt, die einen Schaft hat wie eine Axt; die Klinge lässt sich austauschen. Wirklich sehr effektiv.

Ich schaute mich um und rechnete insgeheim schon durch, wie groß die Wahrscheinlichkeit sein musste, dass wir einem Bären begegneten. »Vielleicht sollten wir lieber einen anderen Weg nehmen«, schlug ich vor.

Don lachte. »Nein, die Biester fallen nicht sofort über dich her, und es bringt nichts, sich deswegen Sorgen zu machen. Wenn ein Bär es auf dich abgesehen hat, hast du sowieso keine Chance. Also entspann dich. Und wenn du dir später eine Knarre besorgst, lass sie stecken, bis du sie wirklich brauchst. Sonst geht das Ding irgendwann los, und du bringst dich selbst um. Oder noch schlimmer: jemand anderen.«

Ich schlug nach einem Moskito. »Hast du das schon mal gesehen, wie jemand so umgekommen ist?«

»Oh, ich habe schon viele Tote gesehen«, sagte er und ging weiter. »Charlie übrigens auch. Vor einiger Zeit hat ein nervöser Typ aus der Stadt seinen Bruder erschossen.«

»Oh Gott, wie schrecklich.«

»Yeah. Der Kerl hatte eine Patrone im Lauf und dachte, die Sicherung wäre noch drin.«

Schweigend liefen wir eine Weile weiter, bis ich einen dunklen Haufen Exkremente entdeckte, gespickt mit roten Beeren. »Don, was ist das?«

Ohne sich noch einmal umzublicken, sagte er: »Bär.« Er hatte den Haufen längst gesehen.

»Und wie lange liegt das schon hier?«

»Seit gestern.«

Wir waren jetzt seit zwanzig Minuten gegangen, und die Vegetation hatte sich erneut verändert. Das unverkennbare, komplexe Aroma von Fichten lag in der Luft. Don hielt inne und zeigte auf einen perfekt geformten Stamm. »Na, das ist mal eine richtig schöne Fichte. Von hier musst du dir das Holz für deine Hütte holen.« Er ließ den Blick schweifen. »Ja, wirklich gutes Bauholz hier – und Brennholz gibt es auch reichlich.« Er zeigte auf eine tote, astfreie Fichte, so gerade wie eine Fahnenstange. Von der Sonne war sie grau gebleicht und außerdem perfekt luftgetrocknet.

»Wenn du hier draußen tatsächlich zurechtkommen solltest, wirst du solche abgestorbenen Fichten zu schätzen lernen. Nichts brennt besser als dieses Holz. Wenn du dann noch Grünholz dazuschmeißt, so was wie Birke, Weide oder Erle, wird dich dein Ofen niemals im Stich lassen.«

»Was ist denn mit den Pappeln?«, fragte ich. »Kann man die auch als Bauholz verwenden?«

Don schüttelte seinen Kopf mit gespielter Verachtung. »Warum heißen diese Bäume bei uns wohl Baumwollpappeln*?«

»Oh, verstehe ...«

»Weil das Holz so weich ist wie Baumwolle. Es geht vielleicht noch als Brennholz, aber nur, wenn der Baum schon tot ist und keine Rinde mehr hat. Wird zwar extrem heiß, aber es bleibt immer sehr viel Asche zurück.«

»Für den Bau einer Hütte ist es also komplett unbrauchbar.«

»So kann man das auch nicht sagen. Pappeln wachsen niemals auf Dauerfrostboden, und damit zeigen sie dir sehr schön, wo der Boden für das Fundament deiner Hütte taugt. Außerdem kann man die jungen Zweige ganz gut bei der Biberjagd gebrauchen.«

»Bei der Biberjagd ...«, prustete ich los und musste unwillkürlich an David Crockett** denken.

»Ja. Die sind echt lecker.«

»Und wonach schmecken die? Vielleicht ein bisschen wie Huhn?«, erkundigte ich mich hoffnungsvoll.

»Nee, bestimmt nicht. Biber schmeckt eben wie Biber. Aber das Fleisch ist nahrhaft. Enthält schön viel Fett.«

WIR HATTEN DEN FICHTENWALD hinter uns gelassen und kämpften uns wieder durch ein Dickicht von Erlen, Birken und Weiden. Als wir eine Stelle passierten, an der Blätter und Gräser großflächig plattgedrückt waren, sagte Don im Vorbeigehen: »In der Mulde hat ein Bär gelegen.«

»Ach, wie schön, das ist mal eine gute Nachricht«, sagte ich.

* *Die amerikanische Pappel, wie sie in Alaska vorkommt, heißt im Englischen* »COTTONWOOD TREE«. *Bei Zimmerleuten und Tischlern ist das Holz nicht gerade beliebt – es ist eher leicht und weich und besitzt nur eine geringe Druckfestigkeit. Es taugt zur Herstellung von Sperrholz oder Paletten.*

** DAVID CROCKETT *ist ein amerikanischer Mythos – er kämpfte als Soldat gegen die Briten und tritt als Politiker für die Rechte der Siedler im Wilden Westen. Eine Ballade erzählt sein Leben in zwanzig Strophen. Ich musste natürlich an den Refrain denken – »King of the wild frontier« – und an die Zeilen über seine Kindheit: »Raised in the woods so's he knew every tree / Kilt him a b'ar when he was only three.«*

Romantisch, schön, gefährlich:
der Strom des Yukon, am
Eingang zum Bishop Creek.

oben
Perfekte Tarnung: Im dichten Unterholz ist Hund Fuzzy kaum zu erkennen.

kleines Bild links
Hinterlassenschaft eines Bären, der ganz offensichtlich Beeren mochte.

links
Don, der erfahrene Lehrmeister, zeigte Guy, wie man eine Axt effektiv einsetzt und eine Schneise schlägt.

Don gluckste vergnügt, und ich schaute zurück in das dichte Grün, aus dem wir gekommen waren, und fragte mich, ob ich den Weg zurück auch allein finden würde. So muss es Hänsel und Gretel ergangen sein, als sie von der Hexe immer tiefer in den Wald geführt wurden. Vielleicht sollte ich damit anfangen, unseren Weg mit Steinchen zu markieren.

Der Wildwechsel, dem wir gefolgt waren, verlief sich schließlich im Nichts. Wir stiegen über hügeliges Gelände hinab, bis wir an eine weite Lichtung kamen, auf der dichtes weißes Gras wucherte. Zum Westen hin erstreckte sich das Grasland, soweit das Auge reichte, flankiert auf beiden Seiten von Wald. Ein unheimlicher Gegensatz: die weite Lichtung, die grünen Wände. »Wir nennen die Lichtung den Grassee«, sagte Don. »Früher alles Wasser, ein richtiger See, heute eben nur noch Gras.« Er zeigte auf eine Reihe von tief eingedrückten Spuren vor uns. »Ein Elchbulle, bestimmt eine halbe Tonne schwer oder sogar mehr.«

Ich ging in die Hocke und tastete den tiefen Abdruck mit den Händen ab. »Faszinierend.«

Don kickte ein Stück des Abdrucks mit seinem Stiefel zur Seite. »Absolut. So ein Elch liefert eine phantastische Mahlzeit. Aber wusstest du, dass Elche jedes Jahr mehr Menschen töten als Bären? Vor allem im Herbst, während der Brunft, sind sie wirklich gefährlich.«

Ich stand auf und lächelte schief. »Scheint hier jedes Mal die Pointe zu sein – dass irgendwer einen gewaltsamen Tod findet.«

»Ist leider so«, sagte Don und legte betrübt den Kopf zur Seite. »Kommen viele Leute um hier. Sie erfrieren, ertrinken, werden gefressen oder erschießen sich selbst. In Alaska gibt es viele Arten zu sterben.«

Wir stapften durch das seltsame weiße Gras, vorbei an den knorrigen Weidenbäumen und dann weiter eine steile Anhöhe hinauf, bis wir zu einem Hain mit Weißfichten kamen, wo Charlie auf uns wartete. »Das sieht auch nach gutem Holz aus«, sagte er zu Don, der nickte und sich an seinem stoppeligen Kinn kratzte. »Ja, die Bäume hier sind wirklich gut. Stehen gut geschützt und sind gerade gewachsen. Kann jetzt nicht mehr weit sein bis zum See, oder?«

»Fünf Minuten.«

Wir kämpften uns weiter durch das Unterholz, und dann traten wir plötzlich aus dem dichten Wald heraus auf einen Teppich aus Gras, der zu einem schmalen, etwa eine halbe Meile langen See hinabführte. Das gegenüberliegende Ufer war üppig bewachsen, über rötlichem Moos und wilden Rosenbüschen ragten hoch die Weißfichten auf, und noch weiter im Hintergrund waren die Ausläufer des Pilot Mountain zu erkennen. Seit wir am Flussufer unser Boot vertäut hatten, waren wir rund vierzig Minuten gegangen, hatten dabei aber gerade einmal drei Kilometer zurückgelegt. Der blaue Himmel ließ das Wasser leuchten, und die Wipfel der Bäume spiegelten sich perfekt auf der glatten Oberfläche des Sees. Der Ort hatte etwas Geheimnisvolles, er wirkte wie aus der Zeit gefallen. Kaum zu glauben, aber diese verlorene Welt sollte nun mein Zuhause sein.

KAPITEL 9

AUF DEN HUND GEKOMMEN

Dämmerung lag bereits über dem Fluss, als wir das Boot bei Don zu Hause auf den Strand zogen. Charlie verabschiedete sich, und ich ging mit Don hinauf zu seinem Blockhaus. Wir blieben kurz stehen und schauten noch einmal über den weiten Strom. Shorty lehnte seinen dicken Hundeschädel gegen Dons Hüfte, während Pancho zwischen unseren Füßen herumsprang. Ich erklärte Don, dass ich nach wie vor wild entschlossen war, die Hütte zu bauen, trotz aller Hindernisse.

»Du wirst heute bei mir und Carol zu Abend essen«, sagte er. »Komm in zwanzig Minuten rüber.«

Wir aßen Elchrippen mit Maisbrot und Bohnen. Carol war freundlich, aber ich konnte ihre Skepsis spüren. Wir sprachen über das Leben am Fluss, und sie erzählte mir von der tragischen Nacht, als sie viele Familienangehörige auf einen Schlag verloren hatte. Ihr Boot war gekentert. Der Yukon war anscheinend zu jeder Jahreszeit tödlich, sommers wie winters. Wenn die Leute nicht in ihren Booten umkamen, waren es Unfälle mit dem Schneemobil oder dem Hundeschlitten. Dieser schlammige dunkle Fluss brachte nur Unheil, und ich hoffte, dass mein Name nicht irgendwann auf der Liste derer stehen würde, die der Yukon geholt hatte.

Eine Weile aßen wir, ohne ein Wort zu sagen, bis Don seinen Stuhl zurückschob: »Der Platz ist genau richtig für dich«, erklärte er. »Da hast du alles, was du brauchst: halbwegs gutes Wasser, Brenn- und Bauholz, und außerdem ist die Stelle nahe genug am Fluss. Wenn er im Winter zugefroren ist, kommst du auf dem Eis schnell voran. Du solltest das gleich morgen mit Glenn besprechen, dann besorgst du dir deine Vorräte und machst dich so schnell wie möglich auf deinen Weg flussabwärts. Von uns bekommst du ein Boot und Werkzeuge, und dann sehen wir, wie du dich da draußen machst. Aber jetzt haust du dich besser hin, damit du morgen ausgeruht bist. Auf dich wartet noch viel Arbeit; so ein Blockhaus baut sich nicht von selbst.«

Langsam ging ich zurück zu meiner Hütte. Ich hockte mich auf die Türschwelle und dachte an die Unzahl an Prüfungen, die vor mir lagen. War ich auch nur annähernd vorbereitet auf das, was jetzt kam? Don und Charlie gingen offenbar davon aus, dass ich die ersten Schritte allein hinbekam: unfallfrei auf dem Yukon flussabwärts schippern und die Stelle wiederfinden, wo der Pfad durchs Gestrüpp begann. Dann trauten sie mir offensichtlich zu, dass ich mich gegen Bären und Elche behaupten konnte, mein Lager am See aufschlagen und auch gleich die Versorgung mit Trinkwasser und frischem Fleisch organisieren würde. Schon dieses Programm ging weit über das hinaus, was man mitbringen musste, wenn man bei mir zu Hause in Schottland beim Campen sein kleines Nylonzelt aufstellt. Doch das war nur der Ausgangspunkt für die wahre Aufgabe, in der Wildnis eine feste Behausung zu bauen – da waren handwerkliche Fertigkeiten gefragt, die ich leider nicht besaß.

War das alles eine Nummer zu groß für mich? War das überhaupt zu schaffen? Von der schieren Unmöglichkeit meines Vorhabens wanderten meine Gedanken zurück nach Hause. Juliet und ich hatten uns darauf geeinigt, dass wir wenigstens einmal in der Woche miteinander reden wollten. Seit unserem letzten Gespräch war zwar noch keine Woche vergangen, doch ich ahnte, dass ich auf absehbare Zeit keine Möglichkeit haben würde, mit ihr zu telefonieren. Ich wühlte in meinem Equipment herum, bis ich mein Satellitentelefon in der Hand hielt, und steckte die Anlage zusammen. Ich baute mich auf der Anhöhe über dem Fluss auf und schwenkte die Satellitenschüssel hin und her, um ein Signal zu bekommen, aber das Gerät blieb stumm. Einen Moment lang fühlte ich mich schrecklich einsam, doch dann signalisierte das Telefon mit einem Piepen, dass ich irgendwo hoch über dem Pazifik einen Satelliten gefunden hatte. Ich richtete die Schüssel aus und wählte die Nummer meiner Schwiegereltern, wo Juliet und die Kinder untergekommen waren.

»Hallo?« In Schottland war es früh am Morgen. Juliet klang ziemlich verschlafen.

»Hallo, Julsie – ich bin's!«

Es dauerte einen Augenblick, bis die Antwort den weiten Weg um den Planeten zurückgelegt hatte. Dann hörte ich ihre Stimme: »Guy!« In der einen Silbe lagen Freude und Tränen; und ich sah Juliet vor mir, wie sie aufrecht in ihrem warmen Bett saß. Wir sprachen miteinander, sie im aufgehenden Sonnenlicht, ich am Fluss in der Dunkelheit. Dann hörte ich Oscar im Hintergrund; er wollte mit seinem Papa sprechen.

»Hallo, mein Großer.«

»Papa?«

»Wie geht es dir? Erzähl mir doch mal, was du so treibst.« Ich musste mich sehr konzentrieren, im Knistern der Statik und der Störgeräusche überhaupt etwas zu verstehen; seine Stimme war so hoch und dünn, dass sie kaum bis zu mir durchdrang. »Du musst lauter sprechen, Oscar. Geht das?«

Er versuchte es, und schließlich verstand ich doch das meiste von dem, was er mir von seinem neuen Zuhause auf der Isle of Mull zu berichten hatte, vom neuen Kindergarten und den neuen Freunden dort. Es versetzte mir einen Stich, von seinem neuen Leben zu hören, in dem ich keine Rolle spielte, aber ich war froh, dass er glücklich klang und dass es ihm gutging. Ein Blick auf die Zeitanzeige sagte mir, dass ich das Gespräch langsam beenden musste.

»Okay, Großer. Freut mich zu hören, dass es dir und Luke und Mama gutgeht. Klingt doch, als ob du richtig tapfer bist.«

»Papa?«

Ich registrierte den veränderten Tonfall sofort.

»Ja?«

»Was machst du jetzt?«

Ich sagte, dass ich mir noch einen Tee machen würde, um dann ins Bett zu gehen.

»Papa?«

»Ja, mein Großer?« Er versuchte, das Gespräch in die Länge zu ziehen, mich noch ein bisschen am Reden zu halten, und mich durchfuhr ein tiefer Schmerz, als mir klar wurde, dass mein intelligenter und sensibler Sohn mich in einer Art und Weise vermisste, die tiefer ging, als ich es mir hatte eingestehen wollen.

»Hast du schon Bären gesehen?«

»Bisher noch nicht, mein Lieber – und ich hoffe, es bleibt dabei.« Ich gab mir Mühe, heiter und positiv zu klingen. »Lässt du mich noch einmal kurz mit Mama sprechen?«

In der Leitung wurde es still. »Oscar, bist du noch da?«

»Ja, Papa.« Seine Stimme klang ganz klein, und mir wurde klar, dass er mit Emotionen kämpfte, die zu groß für ihn waren.

»Komm, Großer, lass mich noch mal schnell mit Mama reden.«

»Ja, Papa, ich geb sie dir.«

»Ich hab dich lieb, Oscar.«

»Ich dich auch, Papa.«

Juliet war jetzt wieder am Apparat. »Hallo, Guy.« Ihre Stimme klang tonlos und traurig.

»Geht es ihm gut?«

»Nein, nicht wirklich.«

Im Hintergrund hörte ich Oscar schluchzen.

»Ist er das? Weint er?«

»Ja. Er ist in sein Zimmer gegangen. Ich muss mal nach ihm schauen. Lass uns später noch mal sprechen.«

Und dann legte sie auf.

Ich schaltete das Telefon aus und blieb in der Dunkelheit sitzen; ich fühlte mich schrecklich machtlos. Wenn dein Kind traurig ist und weint, dann hältst du es im Arm, du tröstest es und küsst seine Sorgen weg. Es war nur schwer zu ertragen, dass ich so weit weg war von meinen Jungs. Aber so war es Generationen von Vätern vor mir auch ergangen: Wenn die Umstände es wollten, entstand schnell eine grässliche Distanz im Verhältnis zu den Söhnen. Der einjährige Luke war noch zu klein, um wirklich mitzubekommen, dass sein Papa nicht da war. Aber Oscar litt, und diese Tatsache machte es für Juliet noch schwerer, als es ohnehin schon war. Auch sie kämpfte mit widersprüchlichen Gefühlen, und obwohl sie mich unterstützte, wusste ich, dass sie gerade eine Menge durchmachte. Das grüne Display des Telefons wurde schwarz, und es stiegen, allzu vertraut, Trauer und Einsamkeit in mir auf. In dem Moment hörte ich, wie Dons Tür geöffnet wurde und sich Schritte näherten.

»Hey, bist du hier draußen?«

»Ja.« Ich rieb mir kurz mit den Händen übers Gesicht und machte mich daran, das Telefon zurück in die Tasche zu packen. »Hab nur kurz telefoniert.«

Don zeigte auf den Apparat. »Bald kannst du das Ding nur noch in der Hütte benutzen. Im Winter gefriert es sonst und bricht dir auseinander.«

Ich betrachtete das Gerät und die angeschlossene Satellitenschüssel und fragte mich, ob es überhaupt funktionieren würde wie geplant. Denn ich wollte ja nicht nur regelmäßig mit meiner Familie sprechen, sondern auch meine wöchentliche Kolumne per E-Mail an den *Scotsman* schicken.

Don war schon auf dem Weg zurück ins Haus, da drehte er sich noch einmal zu mir um, als wäre ihm wieder eingefallen, warum er eigentlich zu mir gekommen war: »Brauchst einen Hund in der Wildnis. Um dir Gesellschaft zu leisten und dich vor Bären zu warnen. Bei Charlie auf dem Hof ist einer, der immer nur an der Kette liegt. Vielleicht willst du den mitnehmen.«

Vage erinnerte ich mich an einen Köter, der ständig am Kläffen war; ich hatte ihn bereits ein paarmal bei Charlie gesehen. Ein besonders großer Hundefreund war ich nie gewesen, Katzen mochte ich lieber, und dieser Hund schien mir ein besonders hoffnungsloser Fall zu sein. Andererseits leuchtete mir das Argument ein, dass einem die gute Nase eines Hundes nützlich sein konnte in den Wäldern. »Also gut ...«, sagte ich. »Aber was sagt denn Charlie dazu?«

Don schüttelte den Kopf, er war schon einen Gedanken weiter. »Und du brauchst zwei Arten von Schusswaffen: eine, damit du jagen kannst und was zu essen hast, und die andere, damit du nicht selbst gefressen wirst. Kannst du überhaupt schießen?«

»Ich habe schon mal eine Flinte in der Hand gehabt.«

»Wenn du weißt, wie du eine Flinte anlegen musst, ist das schon mal ganz gut. Bevor du aufbrichst, müssen wir uns überlegen, was du zu deinem eigenen Schutz mitnimmst. Bären sind unberechenbar, und du bist alleine in ihrem Revier. Ausgerechnet zu der Zeit, in der sie sich für den Winter vorbereiten.« Er wandte sich ab, um zu gehen.

»Don?«

»Yup.«

»Meinst du, dass ich das schaffe?«

»Nun, wenn du's nicht packst, wirst du das sehr schnell merken«, antwortete er schroff. Er hielt einen Moment inne, als ob er noch was sagen wollte, entschied sich dann aber dagegen. »Gute Nacht.« Er verschwand in der Dunkelheit, mit seinen beiden ständigen Begleitern Shorty und Pancho an seiner Seite.

Ich legte mich auf mein Bett und starrte in die Dunkelheit. Oscars verzweifeltes Schluchzen ging mir einfach nicht aus dem Kopf. Ich holte das Telefon wieder raus und wählte noch einmal Juliets Nummer an. Die Jungs spielten draußen, und so hatten wir einen Moment für uns. »Doch, es geht ihm wieder gut«, sagte sie. »Er vermisst dich halt. So wie ich auch.«

»Ich weiß. In dem Moment fühlte ich mich einfach nur so machtlos; ich konnte nichts tun für ihn.«

»Nein.« Ich hörte, wie Juliet seufzte. »Du kannst momentan überhaupt nichts machen, Guy. Das ist ja gerade das Schlimme.« Wir schwiegen einen Moment und spürten die vielen tausend Kilometer Entfernung, die zwischen uns lagen.

»Julsie, morgen geht es los. Ich fahre den Fluss runter.«

»Ganz allein diesmal?«

»Ja.«

Wieder schwiegen wir.

»Guy, sei bitte, bitte vorsichtig. Wir lieben dich so sehr, und du musst wieder zu uns nach Hause kommen.« Die Angst in ihrer Stimme war nicht zu überhören.

»Das werde ich. Mach dir keine Sorgen.«

»Gibt es Bären, wo du hinwillst?«

»Ja, heute haben wir 'ne Menge Spuren gesehen.« Ich sagte ihr lieber nicht, dass die Bären nur eine von vielen Gefahren waren, die auf mich warteten.

»Nimm eine Waffe mit.«

»Mache ich. Don besorgt mir eine.«

Wir redeten noch einen Moment, dann verabschiedeten wir uns. Die Zeit für Gespräche, auch mit Frau und Kindern, war vorbei. Der nächste Tag, so kam es mir vor, war für mich wie der Tag des Jüngsten Gerichts.

KAPITEL 10

DER WEISSE WOLF

In aller Frühe packte ich Karten, Kompass, GPS und das Satellitentelefon in eine ausgediente Munitionskiste aus Blech. Das restliche Outdoor- und Camping-Equipment stopfte ich in meinen Rucksack, und mein Vorrat an Medikamenten und Erste-Hilfe-Utensilien kam in einen weiteren robusten Container. Draußen vor der Tür stapelte ich die größeren Gerätschaften: meinen Dieselgenerator, den ich brauchte, um meinen Laptop und das Satellitentelefon aufzuladen, einen großen Wasserkanister und meinen Herd. Dieser Ofen*,

Der Versandhändler, bei dem ich das Gerät bestellt hatte, sprach von einem VIER-HUNDE-OFEN. Seine Heizleistung entsprach der Körperwärme, die vier Schlittenhunde abgaben, wenn man sie in die Hütte holte.

samt sechsteiligem Schornsteinrohr, war ein wuchtiger Apparat, der sich nur schwer transportieren lassen würde, aber er war absolut unverzichtbar. Ich brauchte ihn zum Kochen und Braten, vor allem aber, um gegen die Kälte anzuheizen, die mich erwartete.

Vor der Hütte fand ich eine Schubkarre, mit der ich meine Ausrüstung runter zum Fluss brachte. Als ich mit der zweiten Fuhre unten ankam, traf ich Don, der gerade zwei volle Benzinkanister ins Boot hievte. Mit dem Kopf deutete er auf die Kettensäge neben ihm. »Kannst du mit so einem Ding umgehen?«, fragte er.

»Na ja, ich hab gelegentlich Holzscheite für unseren Kamin gesägt.«

Don seufzte und verstaute die Säge im Boot. »Dann gehe ich mal davon aus, dass du noch nie einen einzigen Baum gefällt hast. Und wie man Balken für den Bau einer Blockhütte zurechtsägt, weißt du auch nicht, oder?«

»Traurig, aber wahr.«

»Dann pass bloß auf, wenn du mit dem Ding arbeitest.« Er sah mich durchdringend an. »Selbst Leute, die von Berufs wegen mit Kettensägen zu tun haben, bringen sich damit um. Gibt jedes Jahr tragische Unfälle. So ein Apparat springt dir ins Gesicht, wenn du dich ungeschickt anstellst.« Don hob die Säge an und deutete auf die Spitze, wo die Kette um eine Umlenkrolle lief. »Mit diesem Teil darfst du niemals ansetzen, verstanden? Niemals! Das ist die Rückschlag-Zone.«

»Ja, okay. Sehe ich. Verstanden.«

»Und mach immer schön langsam, du darfst dich nie hetzen. Überleg dir jedes Mal, wie der nächste Schnitt laufen soll, und dann denk noch ein zweites Mal nach, was möglicherweise schiefgehen kann. Wenn du dir nicht hundertprozentig sicher bist, dass du alles im Griff hast, lass es sein. Kurze Pause, erst mal etwas anderes erledigen, und dann noch mal ran. Du bist ganz alleine, und wenn du in Schwierigkeiten bist, gibt es absolut niemanden, der dir helfen kann. Und nicht vergessen: Du bist ein blutiger Anfänger, ›Tenderfoot‹ sagen wir, du hast noch ganz zarte Füße – und nicht die geringste Ahnung, wie man sich in der Wildnis durchschlägt.«

Ich nickte. Einerseits war ich dankbar für jeden Tipp, doch gleichzeitig auch erschrocken, mit welchem Ernst Don auf mich einredete.

Er wuchtete weiter Werkzeug in mein Boot und setzte zur nächsten Lektion an: »Du musst es in deinen Kopf reinkriegen, wie groß und gefährlich dieses Land sein kann. Es fordert deinen absoluten Respekt; bilde dir bloß nicht ein, dass du dich mit der Wildnis anlegen kannst. Es geht nicht nach deinen Regeln, sondern nach den Gesetzen der Natur. Und wenn es mal gut läuft, musst du noch vorsichtiger sein, denn genau dann, wenn deine Aufmerksamkeit nachlässt, passieren die Unfälle.« Er schaute mich direkt an, die Augenbrauen in Fragestellung: »Kapiert?«

»Ja, Don«, sagte ich und starrte auf meine Füße. »Hab's verstanden.«

Eine Zeit lang schwiegen wir, dann zeigte Don in Richtung Ufer, wo blaugraues Metall in der Sonne schimmerte. »Wie gesagt, du musst dich verteidigen können.« Wir gingen zu einem angespülten Stück Treibholz, auf dem er ein Arsenal von Waffen ausgebreitet hatte. »Charlie hat ein paar Schießeisen für dich rausgelegt. Such dir was aus.«

»Hey, Don, das kann ich doch nicht annehmen. Kann ich nicht selbst in einen Laden gehen und ...«

Mit erhobener Hand schnitt er mir das Wort ab. »Das hier ist eine Pumpgun, oder genauer: eine Vorderschaftrepetierflinte. In der Kammer ist Platz für acht Patronen.« Er reichte mir die schwere und unhandliche Waffe. »Damit verschießt du groben Schrot* oder so genannte Flintenlaufgeschosse, die bei uns einfach Bären-Kugeln heißen. Auf eine Entfernung von 50 Metern sehr wirkungsvoll.«

»Scheint ein ziemlich schweres Kaliber zu sein«, sagte ich.

»Das ist es auch. Eine Kalaschnikow verschießt Projektile, die an die zwölf Gramm wiegen. Diese Dinger sind schwerer und entfalten noch mehr Wumms – Stoppwirkung, wie die Fachleute sagen. Und genau darum geht es, wenn ein Bär auf dich losgeht. Im Prinzip könntest du einen Bären sogar mit einer leichten 30/30-Patrone zur Strecke bringen. Nur musst du ihn dann direkt ins Auge treffen oder knapp hinter dem Ohr.« Er tätschelte den Lauf der Waffe in meinen Händen. »Aber du willst auch kein Risiko eingehen, deshalb

* *In Amerika sagen sie* BUCKSHOT *zu grobem Schrot, und unter* BEAR SLUGS *verstehen sie dort einzelne Kugeln, die mit einer Flinte verschossen werden. Der deutsche Fachbegriff ist Flintenlaufgeschoss. Diese Projektile entwickeln jedenfalls genug Wucht, um Bären oder Elche aufzuhalten.*

nimmst du diese Pumpgun. Die hinterlässt ein richtig großes Loch bei jedem Bären, und zwar gleich mit der ersten Kugel. Wollen wir doch mal sehen, wie du dich damit anstellst. Versuch mal, den Baumstumpf dahinten zu treffen.«

Ich versuchte, Selbstvertrauen auszustrahlen, hob die Waffe an, brauchte dann aber doch einen Moment, bis ich die Patrone im Lauf hatte, und feuerte.

Treffer. Der Schuss hatte ein ordentliches Loch in den Baumstumpf geblasen.

»Gleich noch mal. Nächste Patrone, und dann schieß gleich ein paarmal hintereinander.«

Ich ballerte dreimal auf den Baumstumpf, und binnen weniger Sekunden hatte ich ihn in einen Haufen qualmender Holzstücke zerlegt. Diese Pumpgun war wirklich ein barbarisches Gerät.

Don nickte zufrieden. »Mit derselben Knarre kannst du aber auch leichteren Schrot verschießen, wenn du zum Beispiel Enten jagen willst.« Bevor er mir die Waffe aus den Händen nahm, sagte er: »Jetzt guck noch mal in den Lauf – wirklich keine Patrone mehr drin? Wir halten hier nicht besonders viel von gesicherten Waffen, auf die Sperren ist kein Verlass. Wir haben schon so viel von angeblich ›gesicherten‹ Waffen gehört, bei denen sich dann trotzdem ein Schuss gelöst hat. Also: Unbedingt immer darauf achten, dass der Lauf leer ist. Und wenn du schießen musst, schiebst du eben fix eine Patrone rein. Geht viel schneller, als die Sperre zu entriegeln, und ist außerdem sicherer. Wenn du die Waffe nicht mehr brauchst: Lauf checken, Patrone raus. Kapiert?«

»Klar«, sagte ich und versuchte dabei, zuversichtlicher zu klingen, als ich mich gerade fühlte.

»So, und hier haben wir eine 45/70er-Pumpgun.«

Die Flinte, die er jetzt in den Händen hielt, war extrem kurz, gerade einmal so lang wie mein Arm, und wirkte sehr robust. »Noch so ein schweres Geschütz, aber mit dem kurzen Lauf für den Einsatz im Unterholz und auf kurze Entfernungen besonders gut geeignet. Hat auch kein Zielfernrohr, sondern Kimme und Korn aus Stahl, ganz simpel. Vielen Jägern ist ihr Zielfernrohr zum Verhängnis geworden, weil sie durch das Ding nur noch riesengroß das braune Fell gesehen haben, als ein Bär oder Elch auf sie losging. Wenn die Biester nah rankommen, brauchst du freie Sicht, und da sind Kimme und

Korn die perfekte Lösung. Stoppwirkung ist bei 100 bis 150 Metern super. Keine große Reichweite, aber bei dieser Flinte geht es um deine eigene Verteidigung, nicht ums Jagen.« Er reichte mir das kurze, böse aussehende Gewehr und deutete auf eine Schießscheibe, die er knapp 100 Meter entfernt an einen Baum genagelt hatte. Wenn ich die Augen zusammenkniff, konnte ich so gerade den schwarzen Punkt in der Mitte ausmachen. »Und los«, sagte Don. »Leg dich auf den Boden – und Feuer frei.«

Mit schon etwas mehr Selbstbewusstsein lud ich eine Patrone in den Lauf, legte mich auf den Boden und schoss. Ein gewaltiges Krachen, neben meiner Zielscheibe flog der Sand auf. Der Rückschlag der Waffe war unglaublich, und ich blieb einen Moment regungslos liegen, bis ich mich von meinem Schreck erholt hatte.

Don nahm mir das Gewehr aus der Hand. »Lass mich mal was checken«, murmelte er und gab mir die Knarre nur Sekunden später wieder zurück. »Okay, versuch's jetzt noch mal.«

Ich spannte die Muskeln an, um dieses Mal besser auf den Rückschlag vorbereitet zu sein, visierte mein Ziel an und drückte ab. Aber anstatt des erwarteten Knalls hörte ich nur ein mickriges leises Klicken – was mich noch mehr erschreckte als der Rückschlag vorher. Don sah grinsend auf mich runter.

»Hab die Patronen rausgenommen.«

»Wieso das denn?«

»Um rauszufinden, warum du das Ziel beim ersten Schuss um eine Meile verfehlt hast.«

Warum kam ich mir bei ihm bloß immer vor wie ein Schuljunge? Ich stand auf und drückte ihm das Gewehr in die Hand. »Ja – und? Woran liegt's?«

»Du zuckst.«

»Kein Wunder.«

Er drückte mir das Gewehr wieder in die Hände. »Leg dich hin, visiere dein Ziel an und hör mir genau zu.«

Ich rollte mich wieder auf den Bauch und legte auf den schwarzen Punkt an. »Kimme und Korn müssen genau über deinem Ziel liegen. Ruhig atmen. Und nimm vor allem deinen Finger vom Abzug, du darfst ihn nur mit der Fingerspitze berühren, ganz entspannt, ganz sanft.«

Ich machte es genau so, wie er mir sagte.

»Wenn du so weit bist, drück das Gewehr fest an deine Schulter, atme ruhig aus und denk an nichts anderes als an dein Ziel, während dein Finger langsam den Abzug zieht. Du darfst nicht an den Schuss denken – lass dich davon überraschen.«

Ich feuerte viermal, und als wir uns die Zielscheibe ansahen, kam schon fast so etwas wie Stolz auf: Mit zwei Schüssen hatte ich den schwarzen Punkt erwischt. Don kommentierte es nicht weiter, er sagte nur: »Du musst dich jetzt aufmachen. Und die 45/70er behältst du ab sofort immer bei dir. Kleb einen Streifen Tape oder so über die Mündung, damit du keinen Dreck reinbekommst.«

»Danke, Don. Ich bin dir wirklich sehr dankbar.«

»Vergiss es. Ich wünsche einfach jedem das Beste, der sich was vornimmt und sich auch traut, es wirklich zu machen. Aber du musst jetzt los.«

Ich belud das Boot mit meiner Ausrüstung, es waren etliche wasserdichte Taschen zusammengekommen, dazu Boxen mit Proviant und anderen Vorräten. Ich hatte mich außerdem entschieden, eine große Plane aus einem festen Segeltuch mitzunehmen, die mir als Zelt* dienen sollte, bis die Blockhütte fertig war. Als Letztes kam der schwere Ofen an Bord. Mein Boot war zwar mehr als fünf Meter lang, aber fast bis auf den letzten Zentimeter mit Ausrüstung vollgestopft.

Don war in der Zwischenzeit die Böschung hochgelaufen und kam jetzt mit dem Hund zurück, der bei Charlie an der Kette gelegen hatte. Er sprang wie ein Gummiball neben Don auf und ab und kläffte laut. »So, hier ist der Bursche.«

Der Köter bot einen deprimierenden Anblick: Mit seinem langen und zotteligen Fell sah er nicht so aus, als würde er im Busch gut zurechtkommen. Aufgeregt rannte er am Ufer umher, dass seine goldene Mähne nur so im Wind flatterte – zumindest die Fellbüschel, die nicht hoffnungslos verknotet und verklumpt waren. »Wie heißt er denn?«

*

Ich hatte nach meiner Ankunft in Alaska schnell gemerkt, dass mein Nylonzelt nicht für den Einsatz in der Wildnis taugte. Auf Dons Rat hin hatte ich mir eine robuste Plane besorgt, wie sie die Einheimischen benutzen, wenn sie im Busch campieren. Sie wird zwischen zwei Bäumen aufgehängt, als Stangen dienen Stöcke und Zweige, die man vor Ort findet. Und noch wichtiger: Man kann einen Ofen darin aufstellen.

Don schaute dem Vierbeiner hinterher, und wenn ich seinen Gesichtsausdruck richtig interpretierte, schien er meine Bedenken zu teilen. »Ich glaube, der kleine Stinker heißt Fuzzy.«

Was für ein dämlicher Name, dachte ich, aber er passte perfekt zu diesem dämlichen Hund. »Was für eine Rasse soll das denn sein?«

»Halb Pudel, halb Golden Retriever.«

Wie auf Kommando blieb das goldige Energiebündel stehen und ließ ein schrilles Bellen hören.

»Klingt jedenfalls auch wie ein Pudel«, murmelte ich. »Also schön, bringen wir's hinter uns. Fuzzy!« Sofort kam der Hund auf mich zugerannt, sprang auf den Hinterpfoten an mir hoch, japsend und hechelnd. Ich klopfte mit der Hand auf die Bordwand meines Boots: »Los, Fuzzy! Rein mit dir!« Der Hund ließ sich auf alle vier Pfoten fallen und schaute mich erwartungsvoll an. »Los, rein mit dir!«, sagte ich noch einmal und schlug kräftig gegen das Boot. Der Hund tippelte winselnd im Kreis und scharrte mit den Pfoten. Er war wie ein Kind, das im Schwimmbad auf dem Zehn-Meter-Turm stand und sich nicht traute zu springen. »Los, mach jetzt!«, rief ich - nun schon etwas ungeduldiger. Dass ein Hund, der am Yukon aufgewachsen war, es nicht hinbekam, in ein Boot zu klettern, war schon seltsam. Ich warf Don einen verärgerten Blick zu, dann schnappte ich mir den Hund und hievte ihn über die Bordwand. »Rein ins Boot, habe ich gesagt.«

Ich winkte Don noch einmal zu, gab dem Boot einen Schubs und kletterte hinein. Im selben Moment sprang Fuzzy wieder raus.

»Fuzzy! Nein, verdammt! Komm zurück!«

Aber der Hund schwamm zum Strand. Don stemmte die Hände in die Hüften und lachte nur. Leise fluchend griff ich mir ein Paddel und manövrierte das Boot zurück ans Ufer. Ich sprang an Land, packte den patschnassen Hund und verfrachtete ihn wieder an Bord, und dieses Mal band ich ihn an einer der Sitzduchten fest. Fuzzy zerrte an seiner Leine und heulte in schrillem Protest. »Schnauze, du Nervensäge!«

Ich kannte den Hund erst wenige Minuten, und er ging mir schon schlimm auf die Nerven. Aber weil ich Don und Charlie nicht kränken wollte, nahm ich ihn eben mit.

Die Strömung drehte mein Boot im Kreis, während ich noch mit dem Starterzug des Außenborders hantierte. Stotternd kam der Motor auf Touren, ich richtete den Bug auf die Mitte des Flusses und gab Gas. Als das Boot zu gleiten begann und mir der Fahrtwind ins Gesicht blies, schaute ich mich noch einmal um. Don stand regungslos am Ufer, oben vor dem Haus sah ich Carol winken.

Erneut wurde mir bewusst, welches Glück mir zuteilgeworden war, dass mich ausgerechnet diese freundlichen Menschen aufgenommen hatten, die so viel über das Leben in der Wildnis wussten. Ich blickte flussabwärts und dachte an Carols Familie, die der Yukon geholt hatte. Was ihr jetzt wohl durch den Kopf ging?

Vor mir lagen ein paar Stunden Fahrt, und ich holte die Karte aus meiner Brusttasche, um ständig im Auge behalten zu können, wo ich gerade war. Mit großer Geschwindigkeit rauschte ich über das Wasser, das mir heute so braun wie Kaffee vorkam, und das Dorf war bald außer Sichtweite. Sehnsüchtig starrte Fuzzy auf das vorbeiziehende Ufer, er schien wirklich sehr unglücklich über seine Lage zu sein. Seine Körperhaltung war jedenfalls eine einzige Geste der Empörung, dass ich ihn auf dieses Abenteuer entführt hatte.

Hinter ihm, unter einer Abdeckplane, türmte sich mein Gepäck. *So, jetzt geht es richtig los,* dachte ich mit finsterer Entschlossenheit. *Ab sofort bin ich auf mich allein gestellt.* Ich steuerte das Boot aus der Flussmitte auf das südliche Ufer zu. Der Wind hatte aufgefrischt, und die kurzen, harten Wellen platschten so heftig gegen den Rumpf, dass wir gelegentlich eine Dusche abbekamen. Mit jedem Spritzer wirkte Fuzzy noch unglücklicher; wenn er sich nicht am Boden zusammenkauerte, schüttelte er mit übertriebenem Gestus sein nasses Fell; vorwurfsvoll fixierten mich seine braunen Augen. »Versuch gar nicht erst, mir ein schlechtes Gewissen zu machen, Freundchen«, murmelte ich. Aber Fuzzy wandte sich beleidigt von mir ab. Er zog es vor, lieber traurig aufs Wasser zu starren, als sein neues, schreckliches Herrchen anschauen zu müssen.

Weiter ging's, den Fluss hinunter, mit höchster Konzentration, denn ich wollte weder auf eine Sandbank brummen noch einen halb versunkenen

Baum erwischen. Kurze Zeit später passierten wir eine Landmarke namens Four Mile Point, die so hieß, weil man an diesem Punkt genau vier Meilen von Galena entfernt war. Hinter der nächsten Flussbiegung machte sich der Yukon plötzlich ganz breit und teilte sich in vier Kanäle auf. Ich drosselte den Außenborder, um mir auf der Karte schnell einen Überblick zu verschaffen, aber selbst im Leerlauf zog uns die Strömung mit einem Tempo von sechs Knoten flussabwärts. Welche Route hatte Charlie denn genommen? Ich suchte am Ufer nach Anhaltspunkten und beugte mich wieder über die Karte. Fuzzy winselte nervös. Sein Vertrauen in meine Fähigkeiten als Skipper war anscheinend nicht besonders groß.

Schließlich gelang es mir, die Route zu rekonstruieren, und ich steuerte mein Boot in einen schmalen Kanal, der südlich einer mit Weiden bedeckten Insel an einem steilen Ufer entlangführte. Die Sonne brannte inzwischen erbarmungslos, und meine Kehle war wie ausgedörrt, aber meine Aufmerksamkeit galt allein den Untiefen und den berüchtigten Snags. Das Land voraus war platt und gesichtslos, irgendwie erinnerte es mich an die englische Ostküste, wie ich sie einmal von einem Boot auf der Nordsee gesehen hatte. Doch schließlich konnte ich die Silhouette des Pilot Mountain ausmachen. Ich war auf dem richtigen Weg.

Als ich mein Boot schließlich in den Nebenarm südlich des Pilot Mountain lenkte, bekam ich die enorme Strömung zu spüren. In der schmalen Einfahrt beschleunigte das Wasser auf noch größere Geschwindigkeit, und ich kam mir in meiner Nussschale vor wie ein Badewannenspielzeug, das in Richtung Abfluss strudelt. Aber es war immerhin beruhigend, wieder auf einem Gewässer zu navigieren, bei dem man auf beiden Seiten das Ufer sehen konnte. Etwa zwölf Kilometer lagen noch vor uns, und je tiefer wir in die Wildnis vordrangen, desto extremer kringelten sich die Mäander. Als ob der Fluss ganz sichergehen wollte, dass ich komplett die Orientierung verlor. Ich reduzierte das Tempo weiter, bis der Motor nur noch leise schnurrte. Auf einem Seitenkanal schlängelte ich mich an einer der zahlreichen, dicht mit Weiden bestandenen Inseln vorbei, und als ich wieder auf den Hauptstrom einbog, flatterte vor mir ein Schwarm Enten auf, mit wütendem Gezeter. Fuzzy sprang auf und kommentierte den Anblick mit lautem Gekläff.

Wir kamen an der Mündung des Bishop Creek vorbei und glitten eine Weile durch den kalten, dunklen Schatten des Pilot Mountain. Von seinen Hängen pustete ein kräftiger Wind über den Fluss, und das Wasser wurde sofort wieder kabbelig. Hoch auf einer Pappel thronte ein Weißkopfseeadler und warf uns einen Blick zu, in dem ich eine hochmütige Verachtung unseres Tuns zu lesen glaubte. Ich steuerte den gegenüberliegenden Hang an und tuckerte langsam um eine Sandbank herum, als ich voraus das langgezogene Ufer sichtete, an dem ich mit Don und Charlie angelegt hatte. »Na, also«, murmelte ich mit einem Seufzer der Erleichterung.

Im selben Moment registrierte ich aus dem Augenwinkel eine Bewegung: Im Schatten der Weiden am Ufer richtete sich ein großer weißer Wolf auf und schaute mich direkt an. Neben ihm lag ein zweiter Wolf, auch er hatte uns mit seinem Blick fixiert. Beide hechelten gegen die Hitze an, aber sonst war kein Laut von ihnen zu hören. Fuzzy hatte die Wölfe ebenfalls entdeckt und gab ein tiefes Knurren von sich. Als ich mich wieder dem Ufer zuwandte, waren die Wölfe verschwunden. Mein Herz schlug vor Aufregung, dass mir dieses Privileg vergönnt war, denn das bekamen nur wenige Menschen je zu sehen. Wölfe sind extrem scheu und gehen dem Menschen aus dem Weg. Es war ein Wunder, dass sie sich nicht längst davongemacht hatten, als ich mit meiner langsamen Krachmaschine um die Flussbiegung kam.

Durfte ich das als Omen lesen? Zwei Wölfe an meinem ersten Tag allein in der Wildnis – vielleicht ja ein Zeichen, dass ich aufgenommen war in ihre Mitte, dass ich hier bei ihnen sicher war. Doch vielleicht musste ich es auch genau andersherum lesen: Und dann waren sie die Botschafter, die mich vor den Gefahren warnten, die noch vor mir lagen.

Kapitel 11

ERSTE NACHT IM CAMP

Wenn eine Sache es wert ist, getan zu werden,
dann ist sie es auch wert, schlecht gemacht zu werden.
Gilbert Keith Chesterton

Ich steuerte das Boot in Richtung Strand und sprang hinaus auf den schwarzen Sand. Mit einiger Anstrengung gelang es mir, das Boot ein Stück höher zu ziehen. Die Luft war heiß und feucht, und innerhalb weniger Sekunden war ich umgeben von einer Wolke schwarzer Fliegen. Fuzzy schaute elend aus und kletterte, nachdem ich seine Leine gelöst hatte, widerwillig aus dem Boot. Ich band ihn an einem Baum fest, weil ich nicht wollte, dass er mir gleich wieder davonrannte.

Als ich meinen schweren Rucksack auf den Rücken wuchtete, sah ich die tiefen Eindrücke von Bärentatzen im Sand. Sie waren frisch – und sie waren riesig. Es war eindeutig die Spur eines besonders großen Bären, und ich war mitten in seinem Revier gelandet. Jetzt spürte ich nicht nur Erschöpfung, sondern auch noch Angst. Es fühlte sich überhaupt nicht gut an, die relative Sicherheit des Flussufers hinter mir zu lassen; der dunkle Wald vor mir schien mir plötzlich bedrohlich, und außerdem dämmerte es bereits. »Komm schon, Guy, reiß dich zusammen!«, murmelte ich in einem Versuch, mich selbst anzuspornen, und machte mich daran, die Uferböschung hochzuklettern. Oben angekommen deponierte ich meinen Rucksack und schlitterte sofort wieder den Hang hinunter, um die nächste Ladung zu holen. Rauf und runter, immer wieder, bis das Boot komplett entladen war.

Der ganze Prozess nahm mehr Zeit in Anspruch, als ich erwartet hatte, und ich war schon jetzt ziemlich erledigt und durstig. Ich zog das Boot noch ein Stück weiter den Strand hoch und vertäute es an einem Baumstamm. Dann band ich Fuzzy los und kletterte wieder die Böschung hoch, wo ich mein gesamtes Hab und Gut gestapelt hatte. Mit der Sandvik schlug ich eine Bresche ins Unterholz, um meine Taschen und Boxen zu verstecken.

Höchste Priorität, das hatte mir Don immer wieder eingeschärft, musste es immer sein, das eigene Lager aufzuschlagen, und so sortierte ich alles auf zwei verschiedene Stapel: einen für heute und einen für morgen. Die meisten Sachen konnten erst einmal am Fluss stehenbleiben, die anderen brauchte ich sofort. Auf den »Heute«-Haufen kamen die Pumpgun und das Jagdgewehr sowie ein blauer Plastikkanister mit 20 Litern Trinkwasser. Dazu legte ich außerdem meinen Rucksack und eine kleinere Tasche, in der mein Wasserfilter, Munition, Streichhölzer, eine Plane und mein Schlafsack verstaut waren. Auch mein schweres Zelt und der Herd samt Ofenrohr mussten natürlich mit, noch einmal gut 25 Kilo. Fehlten die Proviantbox, Axt und Säge. Fuzzy hatte es sich derweil neben dem »Morgen«-Stapel bequem gemacht: Den Generator würde ich erst noch stehenlassen, außerdem die Kanister mit Benzin und Kettensägenöl sowie diverse andere Werkzeuge.

Trotzdem hatte ich einen enormen Haufen an Ausrüstung aufgetürmt, den ich jetzt direkt über den schmalen Pfad zum See schleppen musste, und ich merkte, wie mich der Mut verließ. Da waren bestimmt mehr als 150 Kilo zusammengekommen. Ich lud den Ofen, meine Packtasche, das Jagdgewehr und die Kiste mit dem Proviant auf meinen kleinen Plastikschlitten und zurrte alles mit einem Seil zusammen, in der Hoffnung, dass im unwegsamen Gelände auf dem Weg zum See nichts verloren gehen würde. Ich setzte meinen Rucksack auf und schulterte die Pumpgun. In der einen Hand hielt ich das Zugseil für den Schlitten, in der anderen den Wasserkanister. Mein Dasein als menschliches Muli hatte begonnen.

Mit schweren Schritten stapfte ich los. Dornige Büsche ritzten Schrammen in meine Haut, und lange Weidenäste schlugen mir ins Gesicht. Meine Schuhe sanken tief in den weichen Waldboden ein, was das Laufen zusätzlich erschwerte. Außerdem schnitt das Nylon der Schlittenschnur in meine Hand. Schon nach kurzer Zeit lief mir der Schweiß in kitzligen Strömen die Brust hinunter, doch ich hielt das Tempo hoch und konzentrierte mich so sehr darauf, endlich voranzukommen, dass ich beinahe vergaß, wo ich mich befand. Aber dann durchzuckte mich ein Gedanke, der mich erstarren ließ:

Ich hatte meine Benzinvorräte einfach auf dem Waldboden stehenlassen, wo sich ein Bär sofort darüber hermachen konnte. Seltsamerweise werden Bären von den Aromen, die Sprit abgibt, förmlich angezogen, und Benzin schnuppern sie besonders gerne. Wenn also ein Bär mein Treibstofflager entdeckte, würde er womöglich die Kanister zerstören und ihren Inhalt im Waldboden versickern lassen. Ich sah auf die Uhr. Es war bereits Nachmittag, und für den Aufbau des Lagers blieb nicht mehr viel Zeit. Doch ich hatte keine Wahl: Ich musste meine Benzinvorräte in Sicherheit bringen.

Also ließ ich alles an Ort und Stelle fallen - alles, bis auf die Pumpgun, die mir bei jedem Schritt in den Rücken schlug - und machte mich fluchend auf den Weg zurück zu der Stelle, wo ich meine Ausrüstung zurückgelassen hatte. Dons erste Lektion hatte sich damit schon jetzt bewahrheitet: Mach langsam und denk immer daran, welche Konsequenzen dein Tun hat. Am Ende kommst du sogar schneller ins Ziel. Kaum hatte ich kehrtgemacht, wurde Fuzzy wieder munter. Vermutlich dachte der arme Kerl, dass wir auf dem Weg nach Hause waren.

Zurück am Fluss hielt ich Ausschau nach einem geeigneten Platz, um die Benzinkanister vor den Bären zu verstecken, was gar nicht so schwer gewesen wäre, wenn ich nicht ausgerechnet mein Seil beim Gepäck im Busch vergessen hätte. War ich denn absolut unfähig, zwei Schritte im Voraus zu planen? Doch dann entdeckte ich eine hochgewachsene Birke, die wie eine Fahnenstange aus dem wild wuchernden Buschwerk ragte. Mir fiel ein Trick ein, den wir als Kinder oft ausprobiert hatten. Aber dafür musste ich erst mal eine Möglichkeit finden, die Benzinkanister zusammenzubinden. Ich suchte die unmittelbare Umgebung ab, bis ich eine junge Weißfichte fand, die sich - wie ich gelesen hatte - bestens zur Herstellung von Fasertauwerk eignete. Mit dem Messer legte ich den Wurzelstock des Bäumchens frei und schnitt einige dünne Ruten ab, mit denen ich die Griffe der Benzinkanister zusammenzurrte. Dann kletterte ich an der Birke hoch, als würde ich mich an der Stange in der Turnhalle nach oben ziehen. Je höher ich kam, desto stärker bog sich der Baum unter meinem Gewicht zur Seite*, er hatte es immerhin mit 100 Kilo

*

Birkenholz *ist für seine Biegsamkeit und Stärke bekannt, nicht umsonst fand es noch im Zweiten Weltkrieg im Flugzeugbau Verwendung, wo besonders leichte Komponenten gefragt waren. Auch Ski, Schlitten und Schneeschuhe wurden früher aus Birke gefertigt.*

Lebendgewicht zu tun. Als ich sechs Meter hoch gekommen war, neigte er sich so weit in Richtung Waldboden, dass ich die Kanister zu packen bekam. Mit einem Zimmermannsknoten befestigte ich sie an dem schlanken Birkenstamm und zog zur Verstärkung meiner Konstruktion zusätzlich noch ein paar dünnere Äste durch die Handgriffe. Dann ließ ich mich vom Baum auf den Boden rutschen und trat einen Schritt zurück, um zu sehen, wie die Kanister in die Höhe schnellten. Doch der Baum kam gegen die Last kaum an – die Kanister stiegen auf eine Höhe von drei Metern, mehr ging nicht.

»Verdammt noch mal!«, fluchte ich. An den dünnen Zweigen zog ich den Stamm zu mir herunter und band einen der Kanister los, bevor ich den Baum wieder nach oben federn ließ. Dieses Mal sauste er weit hinauf, weit genug jedenfalls, dass ein Bär die Vorräte nicht erreichen konnte. Ich suchte mir einen weiteren geeigneten Baum und wiederholte die Prozedur; auch der zweite Kanister und die Behälter mit dem Kettensägenöl baumelten jetzt in sicherer Höhe. Zufrieden betrachtete ich mein Werk, bis mir einfiel, dass ich noch einen weiten Weg vor mir hatte. Ein Blick auf die Uhr bestätigte meine Befürchtungen: Viel Zeit blieb mir nicht bis zum Einbruch der Dunkelheit. Ich trottete auf meinem Pfad zurück in den Wald, schulterte meine Last und machte mich wieder auf den Weg. Nur wenig später kam ich an einen steilen Anstieg. Ich beugte mich nach vorne, um den Schlitten mit ganzer Kraft ziehen zu können, aber er kippte mir über einem Buckel im Boden um – und die Strippen, mit denen ich alles zusammengezurrt hatte, lösten sich sofort. Verdutzt stand ich da und starrte auf meine Habseligkeiten, die verstreut im Unterholz lagen. Ich hatte noch nicht einmal die Hälfte meines Weges geschafft, und jetzt das.

Fuzzy ließ sich neben dem umgestürzten Schlitten nieder und gähnte demonstrativ. Mir war es den ganzen Tag schon vorgekommen, als würde er sich ständig über meine Bemühungen lustig machen. Und jetzt dieses aufreizende Gähnen! Meine Erschöpfung und Frustration kochten über, und ich brüllte ihn an: »Du hältst dich wohl für besonders schlau – du kleiner Scheißer!« Fuzzy sprang auf und machte einen Satz zur Seite. Vermutlich wurde ihm in diesem Moment bewusst, dass sein neues Herrchen nicht nur hoffnungslos unfähig war, sondern obendrein auch noch gefährlich. Er leckte sich über die Lefzen und schaute sich hektisch um, als würde er schon mal nach einer Fluchtroute suchen. Egal was dieser Köter anstellte, es wirkte immer so überdramatisch, aber mir wurde klar, dass ich ihn in diesem Fall als Blitzableiter missbraucht hatte. Ich hob entschuldigend die Hände. »Also schön - tut mir leid. Wirklich.« Argwöhnisch schaute er zu mir auf. Mit einem Seufzer machte ich mich daran, meine Ausrüstung wieder auf den Schlitten zu packen. Aber da hörte ich das verdammte Gähnen wieder, und noch einmal, und noch lauter. Blitzschnell drehte ich mich um, doch da presste er die Kiefer aufeinander und guckte unschuldig zur Seite, als wäre nichts gewesen. Es war ganz still jetzt; bis auf die Baumwipfel, die sich leise im Wind wiegten, war nichts zu hören. Ich wandte mich wieder meinem Schlitten zu - und schon hörte ich es erneut, dieses provozierende Gähnen meines vierbeinigen Begleiters. Keine Frage, der Bursche wollte testen, wie weit er bei mir gehen konnte. Ich wirbelte herum und ertappte ihn mit weit geöffnetem Maul. Er gähnte und gähnte und beendete seine Show mit einem theatralischen Fiepen.

Das war's, jetzt hatte ich genug. »Los, hau ab!«, brüllte ich. Fuzzy blickte den Pfad hinunter, dann wieder zu mir. Elend sah er aus, als könnte er nicht verstehen, wie ihm geschah. »Ich meine es ernst: Verschwinde!« Auch sein flehender Blick konnte mich nicht erweichen. Ich schüttelte den Kopf und zeigte ihm mit einer Hand die Richtung: da lang. Fuzzy lief zögernd los, hielt aber alle paar Schritte an und drehte sich um, um nachzusehen, ob ich meine Meinung vielleicht doch noch geändert hatte. »Auf Nimmerwiedersehen«, murmelte ich, als der Hund schließlich ganz aus meinem Sichtfeld geschlichen war.

Mit dem schweren Gepäck auf dem störrischen Schlitten kam mir der Weg dieses Mal endlos vor. Meine Hand mit der dünnen Nylonschnur fühlte sich an wie abgeschnürt, und die Pumpgun versetzte mir mit jedem Schritt einen Schlag auf die Hüfte. Ungefähr eine Stunde nachdem ich zum zweiten Mal vom Flussufer aufgebrochen war, stapfte ich über den Grassee. Es folgte der steile Hang und der zweite große Fichtenhain. Am See angekommen verharrte ich einen Moment erleichtert am grasbewachsenen Ufer und ließ die großartige Szenerie auf mich einwirken. Leider durfte ich keine weitere Minute verschwenden, denn es fing schon an, dunkel zu werden, und auf keinen Fall wollte ich im Freien übernachten. Ich ging zurück zum Waldrand, wo ich später die Blockhütte bauen wollte, setzte meinen Rucksack ab und machte mich auf die Suche nach einem geeigneten Platz für mein Zelt. Ich brauchte zwei Bäume, etwa fünf Meter voneinander entfernt, die meinen Dachfirst halten sollten.* Zwischen einer großen Weißbirke und einer Fichte fand ich den perfekten Platz und begann sofort, das Unterholz zwischen den beiden Stämmen zu beseitigen. Ein paar Meter weiter entdeckte ich eine junge Fichte, deren Stamm mit einem Durchmesser von knapp zwanzig Zentimeter einen idealen Dachfirst abgeben würde. Mit meiner Axt hackte ich zuerst die kleineren Äste weg und stapelte sie auf einem Haufen. Dann sägte ich den Stamm durch und entfernte auch die Zweige am oberen Ende – fertig war der First. Ich fädelte die Stange durch das schwere Segeltuch des Zelts und schleppte die unhandliche Konstruktion unter meine beiden Bäume.

Ein HAUSZELT dieser Machart lässt sich auch frei aufstellen, aber dann braucht man insgesamt neun Stangen, um die Konstruktion zu stabilisieren, und der Aufbau dauert länger. Bäume gab es reichlich – deshalb entschied ich mich für die schnelle Lösung.

Während ich noch damit beschäftigt war, zogen graue Wolken auf, und es fing an zu regnen. Ich dachte an Fuzzy und bekam plötzlich doch Gewissensbisse. Wo mochte er wohl stecken? Der Regen wurde stärker und lief mir in den Kragen, was meine ohnehin schon angeschlagene Moral noch schneller schwinden ließ. Aus ein paar Erlenzweigen fertigte ich eine behelfsmäßige Leiter, um meinen Firstbalken in die dafür vorgesehenen Astgabeln zu hieven – und malte mir gleichzeitig aus, was passieren würde, wenn ich dabei abstürzen und mir beide Knöchel brechen würde. Was dann? Um mich zu beruhigen, sagte ich mir Dons Mantra auf: *Mach langsam, immer schön vorsichtig. Schon ein kleiner Unfall könnte das Ende für dein ganzes Vorhaben bedeuten.*

Das Ergebnis meiner schweißtreibenden Arbeit sah aus wie ein schmutzigweißes Laken, das zum Trocknen auf einer Leine hängt. Und dabei war das Zelt immer noch weit davon entfernt, seine eigentliche Funktion zu erfüllen: nämlich Obdach zu bieten. Es war schon fast dunkel, und ich musste noch sechs gerade und lange Birkenstämme schlagen, um die Seitenwände aufzuspannen. Zum Glück waren die schnell aufgetrieben, und wenig später hatte ich an beiden Enden des Firsts jeweils zwei Stangen befestigt, die ein stabiles

»A« bildeten. Jetzt noch zwei lange Stangen etwa in Höhe meines Oberschenkels als Querbalken – und fertig war der Rahmen meiner Behausung. Ich rollte das Segeltuch aus, befestigte es an den Stangen und breitete zum Schluss die kleinen Zweige, die ich vorher von den Stämmen abgeschlagen hatte, auf dem Boden des Zelts aus: ein Teppich, der angenehm nach Harz duftete.

Zum Ausruhen war es aber immer noch zu früh: Ich musste den Ofen zusammenbauen, wenn ich kochen und heizen wollte. Also schleppte ich das schwere Ding ins Zelt und platzierte es unter der Öffnung im Zeltdach, die für das Ofenrohr vorgesehen war. Ich setzte die Segmente des Rohrs zusammen – und stellte fest, dass es nicht lang genug war. Idealerweise sollte ein solcher Schornstein einen guten halben Meter über den Dachfirst hinausragen. Da ich das Rohr nicht verlängern konnte, blieb nur eine Lösung: den Ofen insgesamt höher zu legen. Ich schlug ein paar handliche Stämme von jungen Fichten, hämmerte sie in den weichen Waldboden und nagelte zum Schluss noch kräftige Erlenzweige über meine Pflöcke, um eine Art Gestell für meinen Ofen zu zimmern. Mein Heizkraftwerk stand jetzt einen knappen Meter über dem Boden, und wie eine kurze Inspektion von außen ergab, guckte das glänzende Blechrohr nun weit genug aus dem Dach heraus.

Wieder im Zelt legte ich mich einen Augenblick auf meinen Fichtenzweigteppich und starrte auf die Plane über mir, die unter dem Prasseln der Regentropfen zitterte. Regungslos lag ich da, ich fühlte mich kalt und nass und war vollkommen erledigt. Ich sehnte mich danach, einfach die Augen zu schließen und in den Schlaf zu fliehen, aber es gab noch so viel zu tun. Also aufstehen, weiter.

Mit dem Sonnenuntergang war es schon merklich kühler geworden, und deshalb stand als unmittelbar nächster Job an, Brennholz zu sammeln. Ich fällte eine Birke, die direkt vor meinem Zelt stand, und sägte sie in Blöcke, die genau in meinen Ofen passten. Mit der Axt spaltete ich diese Scheiben in handliche Scheite und stapelte sie neben dem Ofen. Was die Tiere im Wald wohl bei diesem Krach denken mochten? Ich füllte meinen Kessel mit Wasser aus dem Kanister, stellte ihn auf die Heizfläche und rollte mir einen dicken Holzklotz als Sitz ins Zelt.

Home, sweet home: In den ersten Wochen bietet dieses Lager Guy einen Schutz in der Wildnis. Für den Winter ist die Plane keine Option: Guy würde erfrieren.

oben
Reine Schönheit: Die Wildnis ist gefährlich, aber auch faszinierend. Mit Fuzzy entwickelt sich nach einigen Startschwierigkeiten eine Freundschaft.

rechts
Die Vorratskammer. Aus Sorge vor unliebsamen Mitessern müssen alle Nahrungsmittel hoch aufgehängt werden.

Erneut zog ein heftiger Regenschauer durch, selbst im Zelt roch es nach nassen Blättern und vermoderter Vegetation. Obwohl es erst Mitte August war, kam es mir vor, als wäre es schon Herbst. »Positiv denken«, redete ich mir selbst gut zu, als in meinem Kopf wieder Sorgen und Zweifel zu kreisen begannen. Das erste Feuer im Camp, das war doch ein Grund zum Feiern, oder? Ich holte ein Streichholz raus, schloss die Augen und sandte eine stille Fürbitte an den großen Kulissenschieber des Schicksals: »Gib mir Kraft und Glück. Und mach, dass ich hier lebend wieder rauskomme.« Ich entzündete ein Stück Birkenrinde und schaute zu, wie die Flamme langsam größer wurde. Dann drückte ich das Zündholz in das Anmachholz, das ich zwischen die Scheite gesteckt hatte. Dichter weißer Rauch stieg auf, und meine kleine Flamme war schon so stark, dass ich die Ofentür schließen konnte. Draußen war es inzwischen dunkel geworden, und ich zog die Plane über dem Eingang zu. Was für ein Genuss, die Wärme zu spüren, die der eigene Ofen abstrahlte – ich hatte es geschafft. Jetzt noch meine Kerosinlampe angezündet und am Firstbalken aufgehängt, und ich verspürte dieses archaische Gefühl von Sicherheit, das einem der Schein von Feuer schenkt.

Die Seiten des Ofens glühten rot vor Hitze. Ich zog meine nasse Kleidung aus und hängte sie an einer kleinen Leine am Ofen zum Trocknen auf. Als das Wasser kochte, machte ich mir eine Tasse Tee, schön stark und mit viel Zucker. Das heiße Gebräu weckte meine Lebensgeister, und ich holte mir etwas zu essen aus der Provianttasche: eine Portion luftgetrockneten Lachs, dazu eine Prise Salz. Zufrieden schaute ich in die Flammen meines Ofenfeuers und aß. Danach rollte ich meinen dicken Schlafsack auf dem Fichtenboden aus und kroch hinein. Ich lauschte dem Knacken des Feuers und hörte, wie der Wind in den Bäumen seufzte. Mit jedem Windstoß schüttelte sich das Zelt, und die Holzprügel, die meine Wände aufspannten, knarrten. Ich wurde das Gefühl nicht los, dass die ganze Konstruktion mitten in der Nacht über mir zusammenkrachen würde.

Nach und nach löste sich meine Anspannung, und mein altes Leben kam mir wieder in den Sinn. Ich dachte an die endlosen Tage im Büro und wie ich damals das entsetzliche Gefühl hatte, wertvolle Zeit zu vergeuden. Ich malte mir aus, womit ich in diesem Moment beschäftigt sein würde, wenn ich nicht nach Alaska entkommen wäre: Vielleicht würde ich im Auto sitzen, auf dem Weg zur Arbeit, oder vor dem Computer oder mit dem Marketingchef todernst über neue Produkte oder Strategien diskutieren. Aber stattdessen war ich hier in der Wildnis Alaskas, vor mir die vielleicht schwerste Aufgabe meines bisherigen Daseins. Still lag ich da und kostete die Freude über meine gelungene »Flucht« aus. Einziger Wermutstropfen: dass ich so weit weg von meiner Familie war. Allerdings hätte ich sie unter diesen Umständen auch nicht bei mir haben wollen. Allein das Lager aufzubauen, war eine Knochenarbeit gewesen; Juliet und die Jungs hätten jeden Moment davon gehasst. Nein, mein Abenteuer war eindeutig ein Fall für einen Mann ohne Anhang.*

Ein Hinweis darf nicht fehlen: Für die Ureinwohner Alaskas ist es selbstverständlich, dass die Familie mitkommt in die Wildnis, etwa wenn es auf die Jagd geht, und traditionell spielen die Athabasca-Frauen dabei eine wichtige Rolle.

Ich war so in Gedanken versunken, dass ich schon fast vergessen hätte, wo ich war, wenn mich nicht plötzlich ein merkwürdiges Geräusch aus meiner Träumerei geweckt hätte. Schlagartig saß ich aufrecht im Schlafsack und sah mich nach meinem Gewehr um, das in der gegenüberliegenden Ecke des Zelts stand. Der Wind fauchte in Böen um meine Behausung, und ich lauschte angestrengt, ob das Geräusch noch einmal zu hören war. Minutenlang war da nur der Wind, und ich wollte mir gerade Wasser für eine weitere Tasse Tee aufsetzen, als ich es wieder hörte, jetzt deutlicher als zuvor – es war unverkennbar das Heulen eines Wolfs.

Ich spürte ein Kribbeln, ein klarer Fall von Gänsehaut, und fühlte mich mit einem Mal sehr klein und ungeschützt in meinen vier Wänden aus Segeltuch. Es klang, als ob der Wolf schon ganz nah war, aber ich hatte inzwischen kapiert, dass Geräusche in der Stille der Wälder weit tragen. Ich stand auf, griff das Gewehr und trat vor das Zelt. Da war es wieder: ein langgezogenes Heulen, das auf einer merkwürdig hohen Note endete; wie eine Frage klang das.

Ich schaute in den Himmel, und als die Wolken für einen Moment die schmale Sichel des Halbmonds freigaben, konnte ich ein paar schwach glimmende Sterne ausmachen. Ein Gespräch mit Don fiel mir wieder ein; wir hatten Pancho beim Spielen zugesehen, und er fing an, von den Wölfen zu erzählen. »So einen Hund verschlingen die in Nullkommanix«, sagte er. »Das geht so schnell, dass du von Glück reden kannst, wenn du es überhaupt noch mitkriegst. Nur wenn der Hund vor deinen Schlitten gespannt ist, hast du vielleicht eine Chance, den Wolf zu erwischen. Sofern du nicht deinen eigenen Hund über den Haufen schießt.«

Ich dachte an Fuzzy, der allein und schutzlos den Wölfen ausgesetzt war, und verfluchte mich dafür, dass ich ihn fortgejagt hatte. Vielleicht war er ja gar nicht so weit weg. Ich legte meine Hände um den Mund und rief so laut ich konnte: »Fuzzy!« Meine Stimme kam als Echo aus der Dunkelheit zurück, und dann war es wieder still. »Fuzzy!«, brüllte ich noch einmal: »Fuzzy!« Doch so angestrengt ich in den Wald horchte, es war nichts zu hören. Ich trat aus dem Lichtkreis, der mein Zelt umgab, lief ein paar Schritte in die Dunkelheit und rief erneut nach dem Hund. Wieder nichts, und so kehrte ich zu meinem Zelt zurück. Wie zerbrechlich diese Konstruktion war, dachte ich beim Anblick der angeleuchteten Plane, kaum stabil genug, mich vor Wind und Wetter zu schützen – geschweige denn vor Bären.

Gab es noch etwas, das ich für den Hund tun konnte? Erst einmal nicht, sagte ich mir und setzte mich auf den Holzklotz vor meinem Ofen. Meine Sponsoren von Highland Park hatten mir so viel Whisky mitgegeben, wie ich tragen konnte, und ich fand, jetzt war der Moment gekommen, mir einen Schluck von der hochprozentigen Medizin zu gönnen. Ich schenkte mir großzügig ein und stand mit meinem Single Malt am Feuer, als mir eine weitere Warnung einfiel, die mir Don mit auf den Weg gegeben hatte: Niemals den eigenen Hund allein in der Wildnis streunen lassen. Denn: »Wenn ein Bär deinen Hund findet, rennt der Köter an den einzigen Ort, den er kennt in den Wäldern – und das ist dein Camp. Und schon steht der Bär vor deiner Haustür.«

Ich starrte auf die Wand aus Segeltuch und stellte mir vor, wie einladend sie für einen Bären aussehen musste. Wie eine riesige Neonwerbung an der Straße: *Gutes Essen – rund um die Uhr!* Ich schenkte mir noch einen Whisky ein, blies die Lampe aus und schlüpfte wieder in den Schlafsack, die 45/70er griffbereit. Ich versuchte zu schlafen, aber meine Schuldgefühle und Ängste wirkten wie eine Überdosis Koffein. Außerdem hielt mich die Vorstellung wach, dass Fuzzy in diesem Augenblick vielleicht im Zickzack durch den Wald rannte, auf der Flucht vor einem gierigen Raubtier, das mit einer Masse von einer halben Tonne und einer Mordswut im Bauch auf mein Lager zustürmte. Ich warf noch ein Holzscheit ins Feuer. Alle positiven Gedanken waren verflogen, stattdessen lief vor meinem geistigen Auge ein Film über verlorene Hunde und marodierende Bären. Als wenn mir der Gedanke nicht schon genug zu schaffen machte, wie ich noch vor Wintereinbruch mit meiner Hütte fertig werden sollte.

Als ich schließlich kurz davor war, erschöpft in den Schlaf abzudriften, hörte ich ein lautes Schnaufen, und zwar unmittelbar vor dem Zelt. Ich riss die Augen auf und versuchte, das Geräusch vor dem Hintergrund des brausenden Winds zu identifizieren. Eindeutig: Es war ein Schnaufen oder Schnüffeln, und jetzt drückte sich das Tier sogar gegen die Zeltplane. Ich richtete mich auf, stützte mich dabei auf meinem Ellenbogen ab und griff langsam nach der Pumpgun. Kurz überlegte ich, ob ich einfach durch die Plane schießen sollte, und lud eine Patrone in den Lauf. Dann regte sich etwas direkt hinter mir – ein Kratzen und Schaben an der Zelttür. Ich drehte mich um, drückte das Gewehr gegen die Schulter und nahm den Eingang ins Visier. Mein Finger lag am Abzug.

Eine schwarze Schnauze kam zum Vorschein, gefolgt von einem Kopf mit goldenem Fell, den ich nur zu gut kannte. Zwei mandelförmige Augen sahen mich nervös an. Mein Puls raste, mein Körper war in Schussposition festgefroren, und Fuzzy schaute geradewegs in meinen Gewehrlauf. Erleichtert ließ ich die Pumpgun sinken, nahm die Patrone aus dem Lauf und kniete mich hin. Fuzzy traute sich keinen Schritt vorwärts, er war wie in Schockstarre. »Guter Hund, Fuzzy – komm. Komm rein.« Ich winkte ihn ins Zelt. Er schüttelte sich und setzte sich neben die Tür. Argwöhnisch beobachtete er mich. Er sah so aus, als ob er heute selbst einige Abenteuer erlebt hätte, klatschnass, wie er war, und die Blätter im Fell deuteten darauf hin, dass er versucht haben musste, sich einen Unterschlupf zu buddeln. »Hierher«, sagte ich. »Komm her.« Vorsichtig rückte Fuzzy näher, setzte sich wieder und schaute sich fragend um. Das Feuer verlieh seinem Fell einen goldenen Glanz, und zum ersten Mal erkannte ich, dass Fuzzy eigentlich ein ansehnlicher Hund war.

Und eines musste ich ihm lassen: Er war wohl doch ein zäher Bursche, denn er hatte den Weg zu mir ganz allein gefunden und war offensichtlich in der Lage, auf sich selbst achtzugeben. Er legte sich hin, doch ein Auge blieb halb geöffnet und auf mich gerichtet. Sicher ist sicher.

Kapitel 12

FUZZY GEHT BADEN

Als ich am nächsten Morgen aufwachte, brauchte ich eine Weile, bis mir klar wurde, wo ich eigentlich war, und prompt kehrten auch die Sorgen zurück, die mich am Vorabend beschäftigt hatten. Draußen war alles grau, und der Anblick des triefenden düsteren Walds trug nicht dazu bei, meine Stimmung zu heben. Ich fachte das Feuer im Ofen an, legte ein paar kleinere Scheite in die Glut und braute mir eine Kanne starken Kaffee. Zum Frühstück briet ich mir auf der Herdplatte etwas Speck und Brot und starrte dabei auf die trostlose Szenerie vor meinem Zelt: Das Wetter war wirklich trist, und die undurchdringliche Vegetation löste bei mir fast schon etwas wie Klaustrophobie aus. Glücklicherweise hatte der Ofen die Morgenkälte schnell vertrieben, und der Duft nach frisch gebrühtem Kaffee und gebratenem Schinken erfüllte das Zelt. Hastig verputzte ich mein Frühstück, während Fuzzy nur ein paar Bissen von dem Hundefutter fraß, das ich ihm hingestellt hatte; den Rest verbuddelte er. Vielleicht würde ich von ihm doch noch etwas lernen können: Fuzzy rationierte seine Vorräte, während ich alles sofort verschlang.

Nachdem ich das Geschirr weggeräumt hatte, machte ich mich auf den Weg zum Fluss, um den Rest meiner Ausrüstung zu holen. Müde schleppte ich mich über die unwegsame Strecke, unter einem dunklen Himmel, der zwar keinen Regen mehr schickte, aber dafür eine extrem hohe Luftfeuchtigkeit. Wieder kam ich an Bärenspuren vorbei: Ich sah einen Abdruck, wo ein großer Bär geschlafen haben musste, und machte einen langen Schritt, um nicht in einen Kothaufen zu treten. Sofort hatte ich wieder die grausigen Geschichten im Kopf, von Bären und ihren übel zugerichteten Opfern. Ich versuchte, die Bilder zu verdrängen, so gut es eben ging, und machte mich an die Arbeit. Nach und nach wuchs der Stapel an Kisten und Gerätschaften im Schatten der Fichte neben meinem Zelt, und je mehr Ausrüstung ich vom Fluss ins Camp schleppte, desto schneller sank der Pegel in meinem Trinkwasserkanister.

Als schließlich alles ins Lager gebracht war, hängte ich einen Großteil der Werkzeuge an Äste, die sich als Haken eigneten. Den Rest verstaute ich ordentlich im hinteren Teil meines Zeltes. Der nächste Job auf dem Programm: meinen Trampelpfad durchs Unterholz so ausbauen, dass ich schneller vom Fluss zum Camp kam. Meine Hauptstraße durch den Wald musste so breit sein, dass ich beide Arme ausstrecken konnte, ohne die Bäume an den Seiten zu berühren, und außerdem durften am Boden keine Hindernisse zurückbleiben, keine Baumstümpfe, kein Wurzelwerk. Der Weg sollte zudem so gerade wie möglich verlaufen, damit ich ihn im Winter mit einem Hundeschlitten befahren und mit eigener Kraft auch größere Baumstämme bewegen konnte. Und idealerweise führte meine Trasse an den beiden Fichtenhainen vorbei, die mir Don und Charlie empfohlen hatten, um Holz für mein Blockhaus zu schlagen. Die Strecke zum Fluss war etwa zweieinhalb Kilometer lang, sie führte durch hügeliges Gelände mit einigen steilen Anstiegen und teilweise durch dichtes Buschwerk – keine leichte Aufgabe, so viel stand fest.

Aus der Distanz betrachtete ich den Platz, den ich für den Bau meiner Blockhütte ausgewählt hatte; noch stand dort das Zelt. Das war dann der nächste Job: diese Fläche komplett freischlagen, damit ich überhaupt anfangen konnte, das Holz für den Bau heranzuschleppen. Was aber noch dringender war als alle anderen Vorhaben: Ich musste möglichst schnell ein Loch ausheben und mir eine Latrine bauen. Bären, hatte mich Don nachdrücklich gewarnt, werden nämlich vom Geruch menschlicher Ausscheidungen angelockt. Und da war es natürlich besser, den Eindringling zu erwischen, wenn er gerade kopfüber in der Latrine steckt, als ihn wie ein Trüffelschwein im ganzen Lager wühlen zu lassen.

So viel zu tun, so wenig Zeit – einen Moment lang fühlte ich mich überwältigt von den Aufgaben, die vor mir lagen. Ich schaute zu Fuzzy hinüber, den ich angebunden hatte, damit er mir nicht wieder ausbüxte und womöglich einen ungebetenen Gast mit ins Camp brachte. Traurig starrte er mich an.

Es war bereits spät am Nachmittag. Jetzt noch eines der Großprojekte anzugehen, machte keinen Sinn. Da flogen vier Enten über uns hinweg in Richtung Fluss. *Das ist es doch,* dachte ich. *Ich ziehe los und schieße uns das Abendessen.* Mit der Nahrungssuche konnte man nicht früh genug anfangen, und außerdem war ich gespannt, wie sich Fuzzy als Jagdhund beim Apportieren anstellen würde. Ich schnappte mir das Jagdgewehr und legte vier Patronen ein. Als ich Fuzzy losband, stellte er sich sofort auf die Hinterbeine, um mir durchs Gesicht zu lecken. »Oh Mann, das ist genau der Grund, warum ich Hunde einfach nicht ausstehen kann«, murmelte ich und blaffte ihn an: »Sitz!« Fuzzy gehorchte, aber die Enttäuschung war ihm ins Gesicht geschrieben. Mein Verhalten hatte sich also nicht entscheidend gebessert über Nacht.

Ich schwang auch noch die 45/70er über meine Schulter und marschierte los in Richtung Fluss. Es kam mir schon ein wenig übertrieben vor, mit zwei Schießeisen loszuziehen, Pumpgun und Jagdgewehr, doch das Risiko, auf einen Bären zu treffen, war einfach zu groß; ich musste jederzeit darauf vorbereitet sein. Unterwegs pflückte ich ein paar Beeren von den Sträuchern am Wegrand, die dort im Überfluss wuchsen. Die hellroten Früchte schmeckten wunderbar bitter und erinnerten mich an einen guten Gin Tonic. Hinter dem Fichtenhain – mein Bauholz – fiel der Pfad ab in eine Senke, die komplett von den Beerensträuchern überwuchert war. Das Gestrüpp war hier absolut undurchdringlich. Ich hörte ein lautes Summen und entdeckte einen Fliegenschwarm, der um einen großen Haufen Bärenmist schwirrte. Der Kot war übersät mit unverdauten Beeren – ich war offensichtlich nicht der Einzige, dem sie gut schmeckten. Nervös scannte ich die nähere Umgebung und begann laut zu singen und in die Hände zu klatschen.

Das Schlimmste, das einem in der Wildnis passieren kann, ist nämlich, einen Bären zu überraschen, weshalb mir die Experten geraten hatten, immer möglichst viel Krach zu machen, wenn die großen Räuber in der Nähe waren. Grundsätzlich gehen sie dem Menschen lieber aus dem Weg, und wenn sie uns schon von Weitem hören oder sehen, ziehen sie oft in die entgegengesetzte Richtung ab. Wenn man aber plötzlich direkt vor einem Bären steht, wird er zur tödlichen Gefahr - weil er sofort zum Angriff übergeht. In jüngster Zeit war es vermehrt zu Angriffen von Bären gekommen, weil Menschen ohne Hund in der Wildnis unterwegs waren, also ohne verlässliches Frühwarnsystem. Es gibt auch immer wieder Leute, die unbewaffnet losziehen und dann keine Chance haben, sich zu verteidigen. Ein Gewehr dabeizuhaben, verbessert die Überlebenschancen enorm, aber es kann die Umsicht und Reflexe nicht ersetzen, wie sie ein erfahrener Waldläufer mitbringt. Mal ganz abgesehen davon, dass einem die Waffe ein falsches Gefühl von Sicherheit vorgaukelt, was einen zur Unachtsamkeit verleiten kann. Und die ist im Busch allemal so gefährlich wie die Begegnung mit einem Bären.

Am Fluss angekommen stieg ich in mein Boot und rief nach Fuzzy. Wie schon am Tag zuvor, bei der Abfahrt in Galena, drehte der Hund nervös seine Pirouetten am Strand und weigerte sich, an Bord zu kommen. Was ging bloß in diesem Tier vor, dachte ich, und wie sollte er mir jemals eine Hilfe sein, wenn er noch nicht mal in der Lage war, in ein Boot zu klettern? »Komm schon«, rief ich. »Ins Boot mit dir!« Fuzzy setzte zum Sprung an, fand aber auf dem rutschigen Untergrund keinen Halt und landete bäuchlings im Schlick. Er nahm einen zweiten Anlauf - und schaffte es wieder nicht. Schrill bellend drehte er sich im Kreis. Fuzzy war anscheinend nicht in der Lage, ohne fremde Hilfe in ein Boot zu steigen, also lehnte ich mich über den Bug und hob ihn über die Bordwand, wobei er mich zappelnd mit Schlamm und Dreck beschmierte. Endlich im Boot schüttelte er sich gründlich, dass der Schlick nur so flog, und setzte sich schließlich mit einem zufriedenen Gesichtsausdruck auf die Hinterbeine. Klarer Fall, ein Racheakt: Ich war nun übersät mit Millionen winziger Matschspritzer, die ich so schnell nicht wieder loswerden würde. Mit dem Handrücken wischte ich mir den Dreck aus dem Gesicht und blaffte ihn an: »Du bleibst jetzt da sitzen!« Fuzzy drehte mir den Rücken zu und schaute traurig auf den Fluss. Genervt schüttelte ich den Kopf. Dieser Hund war wirklich alles andere als eine Hilfe, und er nutzte jede Gelegenheit, sich mit mir auf einer emotionalen Ebene anzulegen. Eben erst hatte ich überlegt, wie schwer es sein würde, sich in der Wildnis noch um eine Familie kümmern zu müssen. Das Letzte, was ich jetzt gebrauchen konnte, war ein neurotischer und hilfsbedürftiger Köter.

Ich schmiss den Motor an und fuhr den Fluss hinab, an der mit Weiden bewachsenen Sandbank vorbei, auf der ich die beiden Wölfe gesehen hatte, und weiter in den Schatten des Pilot Mountain. Vor mir lag zur Rechten die Flussmündung, wo sich das klare Wasser des Bishop Creek mit der Schlammbrühe des Yukon-Nebenlaufs vermischte. Ich hielt geradewegs auf den Abzweig zu, als mein Boot auf Grund lief. Schnell strömte das Wasser rechts und links an mir vorbei, und mir war klar, dass ich nur wenig Zeit hatte, mich aus dieser misslichen Lage zu befreien. Zum Glück gelang es mir ziemlich schnell, mich mit einem Paddel von der schlammigen Sandbank wegzudrücken. Ich warf den Außenborder an, nahm erneut Kurs auf die Flussmündung – und hörte sofort wieder das unselige Knirschen unter dem Rumpf. Fuzzy hatte sich umgedreht, um das Fiasko besser anschauen zu können, und verfolgte mit unverhohlener Fassungslosigkeit meine ungeschickten Bemühungen, den Kahn flottzumachen. Er hatte augenscheinlich genauso wenig Respekt vor meinen Fähigkeiten wie ich vor seinen.

Irgendwann hatte ich dann eine Route durch die Sandbänke gefunden, und wir tuckerten langsam den kleinen Nebenfluss hinauf. Ich war erleichtert, aber ich hatte auch ein weiteres Mal eine Lektion erteilt bekommen, wie wichtig es war, alles mit der nötigen Vorsicht anzugehen.

Der schmale Fluss schlängelte sich durch etliche Mäander, das Westufer von einer bewaldeten Anhöhe eingerahmt, die auf den Pilot Mountain zulief. Die Böschung am Ostufer war nicht besonders hoch, dahinter lag offenes plattes Land, und ich konnte sehen und riechen, dass im Torfboden noch immer Feuer schwelten. Als wir um die nächste Flussbiegung kamen, sah ich vier große Tauchenten* aufsteigen; hektisch schlugen ihre Flügel aufs Wasser. Ich ließ die Pinne los, legte das Jagdgewehr an und feuerte. Zu meiner großen Überraschung fiel tatsächlich eine Ente tot

Es waren RIESENTAFELENTEN, *die größte Spezies von Tauchenten, die es in Nordamerika gibt. Im Englischen heißen sie* CANVASBACK *– ihr Gefieder hat die Farbe und Zeichnung wie helles Segeltuch.*

aufs Wasser, die anderen drehten eine scharfe Kurve und flogen über meinen Kopf hinweg. Ich schoss noch ein paarmal, ohne mein Ziel zu treffen. Aber immerhin: Vor uns trieb eine fette Ente im Wasser. Ich steuerte das Boot darauf zu und schaltete den Motor aus. Fuzzy stand am Bug und schaute konzentriert auf den toten Vogel. »Apport!«, sagte ich und deutete auf die Ente. Fuzzy starrte weiter auf den Vogel, als ob er meinen Befehl nicht gehört hätte. »Apport!«, rief ich erneut, doch Fuzzy reagierte nur mit einem leisen Winseln. Dabei behielt er den Vogel, der jetzt langsam vorbeitrieb, aber immer im Blick. Als der Vogel hinter unserem Heck verschwunden war, begann Fuzzy empört zu bellen. Ganz so, als wollte er mir sagen: »Schnell! Schnapp dir den Vogel, sonst ist er weg!« Der blöde Hund kann vermutlich überhaupt nicht schwimmen, dachte ich und verlor die Fassung. »Halt jetzt das Maul!«, brüllte ich, doch Fuzzy kläffte weiter, was schließlich einen weiteren Entenschwarm aufscheuchte. Leider waren die Vögel außer Reichweite, bevor ich das Gewehr auch nur angelegt hatte. »Du verdammter nutzloser Köter!«, brüllte ich und gab ihm einen kräftigen Schlag auf den Hintern.

Sofort hörte er auf zu bellen und drehte sich von mir weg. In seinen Augen sah ich tiefe Empörung, was mich wieder zur Besinnung brachte. Ich lehnte mich zurück und atmete tief durch. Erneut hatte ich meinen Stress an Fuzzy ausgelassen, nur war ich dieses Mal eindeutig zu weit gegangen. Einen Augenblick noch schaute er mich vorwurfsvoll an, dann wandte er sich plötzlich ab, wackelte ein paarmal mit dem Hintern - und sprang mit einem eleganten Satz über die Bordwand ins Wasser. Fuzzy drehte die Schnauze in die Strömung und paddelte mit kräftigen Stößen in Richtung Ufer. Verblüfft schaute ich ihm hinterher, dann schmiss ich den Motor an und fuhr hinter meiner Ente her. Als ich wieder in seine Richtung sah, war Fuzzy schon dabei, sich durch den Schlamm am Ufer zu wühlen, um an Land zu kommen. Ich legte meine Hände trichterförmig vor den Mund und rief laut seinen Namen. »Fuzzy!« Der Hund schüttelte sich und warf mir einen trotzigen Blick zu. Er ließ noch einmal sein schrilles Pudelkläffen hören und verschwand im Wald.

Ich war vollkommen perplex, wie aufmüpfig sich dieser Hund verhielt, aber gleichzeitig musste ich zugeben, dass dieser Auftritt schon ziemlich eindrucksvoll gewesen war. Ich hatte mich schlimm danebenbenommen; für die

Aufgabe, die ich ihm gestellt hatte, war er einfach nicht ausgebildet. Dass ich ihn dann auch noch geschlagen hatte, war zu viel für Fuzzy gewesen. Eindeutig: Er fühlte sich von mir schlecht behandelt - und nun hatte er genug. Wieder einmal verfluchte ich meine Ungeduld.

Zurück im Lager rupfte ich die Ente und nahm sie aus. Ich bestrich das Fleisch mit dem Schinkenfett vom Morgen, gab Zwiebeln, Knoblauch, getrocknete Pilze und Reis mit in den Topf und kochte so ein improvisiertes Risotto über einem Feuer, das ich vor dem Zelt gemacht hatte. Meine Mahlzeit schmeckte hervorragend, und ich sah, was meinen Speiseplan für den Winter betraf, nicht mehr ganz so düster. Während des Essens hielt ich immer wieder inne, um dem traurigen Ruf eines Uhus zu lauschen. Sein tiefes Heulen hallte durch den schwarzen Wald.

Plötzlich hörte ich hinter mir einen Zweig knacken. Langsam legte ich meinen Teller auf den Boden und griff zum Gewehr. Doch dann sah ich zwei bekannte Augen, die mich aus der Dunkelheit ansahen. Fuzzy! Langsam kam der Hund ins flackernde Licht und blieb auf der anderen Seite des Feuers stehen. Ich schabte die Reste meiner Mahlzeit in seinen verbeulten Napf. Argwöhnisch schaute er mich an und schnüffelte misstrauisch am Essen, als ob es vergiftet sein könnte. Er begann zaghaft zu fressen, ließ aber wie schon am Vortag etwas übrig. Anschließend legte er sich mit einem Seufzer zwischen die Wurzelstränge einer Fichte und fiel sofort in einen tiefen Schlaf. Er musste an die zwölf Kilometer durch unwegsames und gefährliches Gelände gelaufen sein, um zurück zum Lager zu gelangen. Nicht schlecht für einen Hund, der es noch am Morgen nicht fertiggebracht hatte, ins Boot zu springen, und sich geweigert hatte, die Ente zu apportieren, obwohl er offensichtlich ein ausgezeichneter Schwimmer war. Vor meinem geistigen Auge sah ich noch einmal, wie er leise wimmernd der vorbeitreibenden Ente zugeschaut und aufgeregt gekläfft hatte, als sie hinter unserem Heck verschwand. Musste ich sein Verhalten ganz anders interpretieren als bisher? Vielleicht interessierte er sich doch für den Vogel, aber er wusste nicht, was zu tun war. Dann war sein Gewinsel und Gebell nicht das Anzeichen einer Neurose, sondern vielmehr Ausdruck seiner Frustration. Ich musste ihm also beibringen, wie man einen Vogel apportiert.

Mit meinem Hund in Schottland war es auch so gewesen, dachte ich. Die enge Bindung war erst bei der gemeinsamen Arbeit entstanden, als ich mir die Mühe gemacht hatte, ihn auszubilden. Konnte ja sein, dass es bei Fuzzy nicht anders war. Ich betrachtete den schlafenden Hund, und auch wenn ich noch nicht wirklich von Zuneigung sprechen konnte, so wuchs in mir doch so etwas wie Bewunderung für seinen starken Charakter.

Der Uhu heulte, und das Licht meines Lagerfeuers tanzte in den Wipfeln der Bäume. Ich schenkte mir einen Schluck Whisky ein und dachte an die Arbeiten, die vor mir lagen. Morgen war der 14. August, es war der Tag, an dem ich damit beginnen wollte, den Weg zum Fluss freizuschlagen. Die Zeit der Prüfung war gekommen: War mein Körper stark genug, die Verrücktheiten auszuhalten, die mir mein träumendes Hirn beschert hatte?

Kapitel 13

KRATZER, SCHRAMMEN, BISSE

Die Hölle schon zum Frühstück,
das macht es so hart.
Robert Service

Als ich am nächsten Morgen aufwachte, schien die Sonne aus einem Himmel ohne Wolken. Ich fühlte mich blendend, optimistisch geradezu. Nach dem Frühstück öffnete ich die Zelttür und ließ den Ofen ausglühen. Ich hielt Ausschau nach Fuzzy, doch der Hund war nirgendwo zu sehen. *Aha,* dachte ich, *wieder ausgebüxt.* Doch dann hörte ich sein charakteristisches Gähnen und sah, dass er es sich auf der Asche des Lagerfeuers vom Vorabend gemütlich gemacht hatte. Beeindruckend, wie er selbst die Initiative ergriffen und sich ein warmes Bett gesucht hatte. Aus meinen Büchern über Alaska wusste ich, dass die Indianer es genauso machten: Frische Fichtenzweige über die verlöschende Glut des Feuers, und fertig ist die beheizte Unterlage.

Ich klatschte in die Hände, und Fuzzy sprang sofort auf. Er hüpfte an mir hoch und versuchte, mich abzulecken, wie jeden Morgen, aber ich drückte ihn gleich weg: »Hör auf, du verrückter Hund, es reicht.« Fuzzy ließ von mir ab, sichtlich enttäuscht, und setzte erneut zu seinem fiependen Gähnen an, das mich jedes Mal wieder auf die Palme brachte. »Fuzzy, nein! Lass das, bitte«, sagte ich, und zu meiner großen Verblüffung brach er mitten im Gähnen ab. *Geht doch,* dachte ich.

Ich füllte meine Feldflasche mit Trinkwasser aus dem Kanister und stellte fest, dass mein Vorrat langsam zur Neige ging. Dann lud ich Handsäge, Sandvik und Kettensäge auf meinen Plastikschlitten und warf mir noch die 45/70er über die Schulter. Rund 50 Meter vom Zelt entfernt lag der Punkt, wo mein Weg beginnen sollte. »Also schön. Jetzt geht es los«, murmelte ich und machte mich an die Arbeit. Mit der Sandvik schlug ich das Unterholz weg und stapelte büschelweise Astwerk zu mehreren großen Haufen. Die Natur wehrte sich mit allen Mitteln: Dornen bohrten sich in Hände und Beine, Gerten peitschten mir ins Gesicht. Ich hievte verrottete Zweige und Baumstümpfe aus dem Weg und scheuchte damit Schwärme von winzigen Stechfliegen auf, die wie die Midges* in Schottland über mich herfielen. Aber ich machte weiter, immer weiter, und schnitt und schleppte und stapelte. Auf alles war ich vorbereitet, auf eisige Kälte und Massen von Schnee, aber nicht auf diese Schufterei in drückender Hitze. Schon nach wenigen Minuten war ich schweißgebadet und verspürte einen schlimmen Durst. Wenn ich mir eine kurze Atempause gönnte, stierte ich erschöpft auf die grüne Wand, die noch vor mir lag, bis mich die Midges so sehr quälten, dass ich lieber wieder weiterrackerte. So dicht war die Wolke der kleinen Biester, dass ich regelrecht würgen musste, weil sie mir immer wieder in die Kehle gerieten.

* *Wer schon mal in Schottland gezeltet hat, kennt die Biester: zweiflüglige Fliegen mit einer Spannweite von gerade mal zwei Millimetern, die in Wolken über einen herfallen und zubeißen, wo sie nackte Haut finden. Einziges wirksames Mittel gegen* Midges: *im Haus bleiben. Oder die Zähne zusammenbeißen.*

Als ich später am Vormittag eine längere Pause einlegte, war ich komplett durchgeschwitzt, von Insektenbissen übersät und von Schnittwunden und Schrammen gezeichnet. Ich trat ein paar Schritte zurück und betrachtete mein bisheriges Werk – und es kam mir leider vor, als hätte ich kaum etwas bewirkt. Ein paar Meter weit war ich gekommen, mehr nicht. Vor mir lag dichtes Buschwerk und der kaum sichtbare Wildwechsel, auf dem ich meine Ausrüstung vom Fluss hergeschafft hatte. Mit dem Rücken an einen Baum gelehnt sackte ich zusammen und trank die letzten warmen Tropfen aus meiner Feldflasche.

Immerhin wurde mir gelegentlich bewusst, während ich weiter ins Dickicht vordrang, wo ich mich gerade befand. Ich ließ die Sandvik sinken, lauschte den Geräuschen im Wald und ließ meinen Blick schweifen. Unglaublich, dass ich jetzt hier allein in der Wildnis stand. Dass ich tagein, tagaus an einem Schreibtisch in einem Büro gesessen hatte, war nur wenige Wochen her. Der Gedanke war für mich jedes Mal eine Art Weckruf: Ich musste mehr darauf achten, dass ich langsam arbeitete und vor allem noch mehr Vorsicht walten ließ. Denn ein blöder Unfall reichte, um dieses Abenteuer sehr schnell zu beenden – oder sogar mein Leben. Die Aufgabe, die ich mir gestellt hatte, war enorm, und deshalb zwang ich mich, so schnell wie möglich weiterzumachen.

Am Nachmittag war ich vollkommen erledigt und konnte nur noch daran denken, dass ich sofort eine Tasse Tee brauchte. Ich machte im Ofen Feuer, setzte einen Kessel Wasser auf und braute mir eine große Kanne Tee mit viel Zucker, den ich gierig runterkippte, als wäre es der reine Nektar. Welch ein Genuss, nur leider rief er mir das nächste schwierige Thema ins Bewusstsein: Ich brauchte mehr Trinkwasser, mein 20-Liter-Kanister war fast leer. Durch die Bäume schaute ich auf den See, der im Sommerlicht glitzerte, und entschloss mich, mein Reservoir einmal genauer zu inspizieren. Das Wasser schien komplett regungslos, und das war kein gutes Zeichen, denn stehendes Wasser ist in der Regel ungenießbar, weil stärker mit Bakterien und Krankheitserregern belastet. Während ich noch auf die braune Brühe starrte, klatschte es plötzlich auf der Oberfläche, sodass ich vor Schreck zusammenzuckte. Fuzzy kläffte, und ein Tier mit braunem Fell kam direkt auf mich zugeschwommen. Zwei Augen fixierten mich mit einem empörten Blick, der zu sagen schien: »Was hast du an meinem See zu suchen? Scher dich zum Teufel.«

Der Biber kam weiter auf uns zu und tauchte erst im letzten Moment ab, wobei er seinen platten und schuppigen Schwanz noch einmal laut aufs Wasser patschen ließ. Ich verfolgte seine Bugwelle bis zu einem belaubten Zweig, unter dem offenbar der Bau des Bibers lag. Mit einem kräftigen Schub verschwand er wieder unter Wasser, um zum Eingang seines Baus zu tauchen. Jetzt erkannte ich, dass er nicht allein war; es waren vier Biber unterschiedlicher Größe, die sich vor der Behausung tummelten. Ich legte mich ins hohe Gras am Ufer und schaute zu, wer hier sonst noch unterwegs war, und es dauerte nicht lange, bis ich ein merkwürdiges Zwitschern hörte: drei Otter, die am Schilf des gegenüberliegenden Ufers entlangschwammen. Ein Schwarm Enten segelte in enger Formation über meinen Kopf hinweg, um platschend auf dem See zu landen; und weiter hinten war das charakteristische Tröten von Gänsen zu hören. Fuzzy lief zum Wasser und trank in großen Zügen, was mich an meinen eigenen Durst und meine eigentliche Aufgabe erinnerte. Wenn ich doch nur die Konstitution eines Hundes hätte, dachte ich. Ironischerweise war es genau die große Zahl der Tiere am See, die ihn für mich zur Jauchegrube machte. Aber ich konnte es mir nicht erlauben, pingelig zu sein, und musste mich darauf verlassen, dass ich die Brühe mit meiner Filteranlage schon genießbar machen würde. Ich füllte meine Feldflasche bis zum Rand und marschierte zum Lager zurück.

Mein Wasseraufbereitungssystem von Miox, von der Form her wie eine große Taschenlampe, war eine hochkomplizierte Angelegenheit: Es mischt Salz ins Wasser und jagt dann einen Stromimpuls durch die Lösung; dabei entstehen Chlorverbindungen, die Keime und Bakterien abtöten. Zur Ausrüstung gehörten auch Abstrichtester, die in allen Warnfarben leuchteten, als ich sie probehalber ins Seewasser tunkte. Besonders effektiv war das System allerdings nicht: Ich benötigte eine ganze Stunde für einen halben Liter trinkbares, nach Chlor schmeckendes Wasser. Nicht genug, um mich bei dieser schweißtreibenden Arbeit mit ausreichend Flüssigkeit zu versorgen. Ich musste achtgeben, dass ich nicht dehydrierte. Noch ein Punkt auf meiner Sorgenliste.

In den folgenden Tagen kam ich ganz gut voran; es gelang mir, ein großes Stück des Pfads freizuschlagen und außerdem den Bauplatz für meine Hütte. Nur brachte ich meinen Körper damit an den Rand der Erschöpfung, und der Mangel an Flüssigkeit wurde immer akuter spürbar. Nach dem Experiment mit Wasser aus dem See versuchte ich, aus der schlammigen Brühe des Flusses Trinkwasser zu gewinnen. Aber abgesehen davon, dass es mehr als mühselig war, zwei Kilometer weit zu laufen für das kostbare Nass, schmeckte das Wasser grausam. Mit jedem Schluck bekam ich eine feine Schicht Sedimente in den Rachen, die mich elendig würgen ließ. Es dauerte eine Weile, bis ich kapierte, dass ich Flusswasser über Nacht stehenlassen musste, damit sich die ungenießbaren Sedimente am Boden meines Kanisters absetzten. Um einem Mangel an Elektrolyten vorzubeugen, versorgte ich mich aus der Kiste mit den Medikamenten gelegentlich mit einem Päckchen Dioralyte. Gedanklich hatte ich mich auf Schnee und Eis vorbereitet, auf marodierende Bären und hungrige Wölfe. Womit ich nicht gerechnet hatte, war ein täglicher Kampf gegen den Durst. Stundenlang dachte ich bei der Arbeit an nichts anderes, als große Gläser mit eiskaltem Wasser zu trinken. Stattdessen nippte ich an einer übelriechenden Flüssigkeit, in kleinen Schlucken, die nie ausreichten, meinen Durst zu stillen.

Der Rhythmus der Arbeit gab mir Kraft. Morgens stand ich früh auf und machte mir ein ausgiebiges Frühstück. Dann ging ich den bereits freigeschlagenen Weg entlang, wie ein Bergarbeiter auf dem Weg durch den Schacht zum Kohlenstoß; Meter für Meter arbeitete ich mich in Richtung Fluss vor. Am frühen Nachmittag war ich meistens am Ende meiner Kräfte, verdreckt und zerstochen. Mit einem Stück Seife ging ich weiter zum Fluss, wo ich die perfekte Badestelle gefunden hatte. Eine Pappel war im rechten Winkel zum Ufer ins Wasser gestürzt, wie der Schwimmsteg im Yachtclub führte der Stamm hinaus auf den Fluss. Ich ließ mich von meinem natürlichen Ponton ins Wasser hinab, hielt mich an den Ästen fest und genoss das Gefühl, wie die Strömung an meinem geschundenen Körper entlangrauschte. Nach ein paar Minuten zog ich mich wieder hoch und seifte mich gründlich ein. Ich freute mich jedes Mal über den Duft meiner Sandelholzseife, die einen wunderbaren Kontrast abgab zum fauligen Geruch des Schlamms. Noch einmal abspülen, fertig. Wenn ich nach meinem Bad zum Lager zurückwanderte, fühlte ich mich wie ein neuer Mensch.

Zwei Wochen später schlenderte ich wieder einmal hinunter zum Fluss. Es war ein guter Tag gewesen; ich hatte im Kampf gegen die Zeit viel geschafft, und Fuzzy war ausnahmsweise weniger nervig gewesen als sonst. An meinem umgestürzten Waschbaum hängte ich das Gewehr an eine Wurzel, zog mich aus und balancierte auf dem Stamm auf den Fluss hinaus. Ich fühlte mich frei, im doppelten Sinn des Wortes, und schaute dem Wasser zu, wie es unter meinem Baum hindurchströmte. Was meine Freunde sagen würden, wenn sie mich so sehen könnten? Nackt auf einem Baumstamm mitten im Nirgendwo? Fuzzy wollte, anders als sonst, nicht mit ins Wasser kommen, sondern döste ein Stück flussabwärts im Schatten. Ich ließ mich ins Wasser gleiten und musste unwillkürlich nach Luft schnappen, so kalt war der Fluss. Schnell wieder raus, einseifen, abspülen.

Ich saß rittlings auf dem Baumstamm und hatte gerade angefangen, mir die Zähne zu putzen, als ich aus dem Augenwinkel eine Bewegung wahrnahm. Ich stützte mich mit einer Hand ab und schaute noch einmal genauer hin: ein großer Schwarzbär, keine 100 Meter entfernt, er stand im Wasser, nur sein Kopf und die Schultern waren zu sehen. Es war wie die Szene aus einem Film von Sergio Leone – minutenlang starrten wir uns gegenseitig an. Ich hielt noch immer meine Zahnbürste im Mund, wie festgefroren, während der Bär mich angaffte, als hätte er ein Wesen wie mich noch nie in seinem Leben gesehen. Ohne den Kopf zu bewegen, schielte ich zu der Wurzel hinüber, an der mein Gewehr nutzlos in der Sonne baumelte. 15 Meter etwa – würde ich im Fall eines Angriffs genug Zeit haben, die Waffe zu erreichen und zu laden? Und dann anzulegen und abzudrücken, bevor der Bär direkt vor mir stand? Die Antwort war ohne Zweifel: nein. Im Nu konnte der Kerl bei mir am Ufer sein und mir den Weg zu meinem Gewehr abschneiden. Bären sind ausgezeichnete Schwimmer, und Meister Petz hier machte auf mich den Eindruck, als ob er locker gegen die Strömung ankommen würde. Ohne mich auch nur einen Millimeter zu bewegen, wandte ich meinen Blick wieder dem Bären zu, der noch immer regungslos im Wasser stand und mich anstarrte. Bären können nicht besonders gut sehen, und da der Wind aus seiner Richtung kam, hatte er vermutlich keine Vorstellung davon, womit er es zu tun hatte.

Es war also höchste Zeit, ihm ein Signal zu senden, dass ich ein Mensch war – in der Hoffnung, dass er dann einfach friedlich weiterziehen würde. Ich hob einen Arm und begann zu winken: »Hallo und auf Wiedersehen«, brüllte ich: »Mich kriegst du nicht zum Mittagessen!« Der Bär richtete sich noch weiter auf, aber er kam nicht näher. Angst schoss durch meinen Körper, doch gleichzeitig wurde mir bewusst, was für ein absurdes Bild ich abgeben musste, mit dem Schaum der Zahnpasta, der mir übers Kinn lief. Ohne den Bären aus den Augen zu verlieren, robbte ich langsam auf dem Baum in Richtung Ufer. Der Bär schüttelte seinen Kopf, und ich kroch schneller. Nun war der Moment gekommen, wo er sich entscheiden würde, ob er angreifen sollte oder nicht. Ich sah zu Fuzzy hinüber, der weiter unten am Fluss herumspielte und offensichtlich noch nicht gemerkt hatte, dass ich in Schwierigkeiten steckte. *Vielen Dank dafür, Kumpel.* Aber jetzt hatte ich das Ende meines Baumstamms erreicht, griff nach der Flinte und schob so leise wie möglich eine Patrone in den Lauf. Der Bär ließ sich auf alle vier Tatzen fallen, platschte aus dem Fluss ans Ufer und kam auf mich zu, mit beängstigender Geschwindigkeit. Ich legte das Gewehr an, bereit zu schießen, aber da schlug er einen Haken und verschwand im Dickicht. Ich starrte noch auf den Punkt, wo ich ihn zuletzt gesehen hatte, da tauchte er plötzlich wieder auf, nur jetzt schon deutlich näher, und stellte sich auf die Hinterbeine. Bloß cool bleiben, sagte ich mir, denn ich wollte den Bären nicht erschießen, wenn es nicht unbedingt sein musste. Die Flinte in einer Hand, begann ich, meine Klamotten einzusammeln und dabei laut irgendwelchen Quatsch vor mich hinzuplappern. Der Bär guckte mir noch einen Moment zu, dann ließ er sich wieder auf seine Vordertatzen fallen und schlurfte in den Wald davon.

Mit einem Seufzer der Erleichterung setzte ich mich auf den Baumstamm. Doch plötzlich hielt der Bär inne und drehte sich erneut zu mir um. Hektisch streifte ich meine Hose über und redete dabei wieder laut vor mich hin. Kurz überlegte ich, ob ich nicht vielleicht doch einen Warnschuss abgeben sollte, aber ein wichtiger Rat von Don fiel mir gerade noch rechtzeitig ein:

»Versuch gar nicht erst, den Bären zu erschrecken«, hatte er mich ermahnt. »Wenn er so nah dran ist, dass er dir Angst macht: Knall ihn ab.« Der Bär scharrte mit seinen Krallen am Boden, er wirkte unentschieden, als ob er Zeit gewinnen wollte. Doch dann machte er sich endgültig ins Unterholz davon. Mit zitternden Händen zog ich mich an.

Gedankenverloren lief ich zurück zum Lager, meine Sorglosigkeit wie ausradiert. Jedes Mal, wenn ich gerade anfing, so etwas wie Zuversicht und Selbstvertrauen aufzubauen, erteilte mir die Natur eine neue Lektion. Wie jetzt bei meiner ersten Begegnung mit einem Schwarzbären: Es bereitete mir ernsthaft Sorgen, dass der Kerl so neugierig war. Auch ich hatte vor Antritt meiner Reise nicht gewusst, dass der Schwarzbär viel häufiger Menschen nachstellt oder sie sogar attackiert als sein großer Cousin, der Grizzly. Dieses Exemplar wusste nun, dass ich hier war, und beim nächsten Mal würde er möglicherweise schon frecher sein – oder direkt auf mich losgehen. Zu dieser Jahreszeit fraßen sich die Bären Reserven für den Winter an, und da sind sie nicht unbedingt wählerisch. Auch dieses erste Aufeinandertreffen hätte böse enden können, und vor meinem geistigen Auge sah ich schon das Foto in den Zeitungen: mein nackter Körper, zur Hälfte abgenagt, wie er am Flussufer entdeckt worden war. Dieses ganze Abenteuer war eindeutig das blödeste und leichtsinnigste Unterfangen, das ich mir jemals vorgenommen hatte, und ich musste besser aufpassen, dass es am Ende auch gut ausging.

Am Abend blies ein stürmischer Wind, und ich konnte die Böen schon von Weitem hören, wie sie durch die Fichten heranrauschten. Ich kam mir vor wie auf hoher See – die Spannleinen meines Zelts knarrten, der Firstbalken schüttelte sich, und die Zeltplane blähte sich im Wind wie ein Segel. Ich kauerte mich neben meinen Ofen und schielte immer wieder zu meinem First hoch. Hoffentlich hielt die Konstruktion dem Druck stand; in diesem Wetter wollte ich wirklich nicht ohne Dach über dem Kopf sein. Ich sah auf die Uhr: zehn Uhr abends, also früh am Morgen in Schottland, eine gute Zeit für einen Anruf.

Mein Satellitentelefon aufzubauen, war einer meiner ersten Jobs gewesen, gleich nachdem ich mein Lager aufgeschlagen hatte. Ich musste natürlich wissen, ob alles funktionierte und ich meine wöchentliche Kolumne an den *Scotsman* absetzen konnte. Das Signal war nicht besonders stark, aber wenn ich die Antenne in einer Ecke des Camps hochhielt, war der Empfang halbwegs okay. Telefon und Laptop bekamen ihren Saft von meinem Dieselgenerator, und bis jetzt hatte mich das System noch nicht im Stich gelassen. Trotzdem versetzte mich die Technologie immer wieder ins Staunen: Dass ich hier in der Wildnis saß, meilenweit von der Zivilisation entfernt, und auf einem Telefon einfach die Nummer meiner Familie zu Hause eintippen konnte, war für mich ein Wunder. Zuletzt hatte ich meinen wöchentlichen Anruf allerdings ein paarmal ausfallen lassen; mit der harten Arbeit an meinem Weg zum Fluss machte ich eine schwierige Phase durch, und die Stimmen meiner Liebsten zu hören, hätte es mir nicht unbedingt leichter gemacht. Außerdem mussten Juliet und ich dieses Jahr allein zurechtkommen, und wir durften nicht abhängig werden von diesen Anrufen. Jetzt aber wollte ich ihre Stimme hören und mich vergewissern, dass wenigstens zu Hause alles in Ordnung war.

»Julsie, ich bin's. Kannst du mich hören?« Meine Stimme hallte nach, und ich wartete auf Juliets Antwort, die erst mit einer deutlichen Verzögerung bei mir ankam.

»Guy! Gott sei Dank – endlich!« Ihre Erleichterung war spürbar, und mir wurde klar, wie besorgt sie in den letzten paar Wochen ohne Nachricht von mir gewesen sein musste. »Alles gut bei dir? Hast du schon angefangen, deine Hütte zu bauen?«

»Nee, noch nicht.«

»Wie, noch nicht? Was machst du denn sonst?«

In Gedanken ging ich die endlose Liste an Aufgaben durch, die ich zu erledigen hatte, bevor ich überhaupt an die Hütte denken konnte. Und an die enormen Schwierigkeiten, die mit jedem neuen Job auftauchten. Wie sollte ich ihr das erklären? »Jules, ich weiß nicht, wie ich das alles schaffen soll. Vielleicht klappt es auch gar nicht, mir bleibt so wenig Zeit …«

Sie unterbrach mich, ihre Stimme klang klar und entschlossen: »Fang doch einfach mal an und sag mir, was du gerade machst, Guy.«

»Ich schlage den Weg frei zum Fluss.«

»Und wozu brauchst du den?«

»Zum Beispiel um Baumstämme für die Hütte transportieren zu können. Ohne den Weg kriege ich die gar nicht hierhergeschleppt.«

»Verstehe. Und wie lange dauert das noch?«

Ich holte gerade zu meiner Antwort aus, als ich Oscar im Hintergrund hörte. Wie er darum bettelte, mit mir sprechen zu können. Juliet gab ihm den Hörer: »Papa! Hallo, Papa!«

Ich spürte einen dicken Kloß im Hals und krächzte: »Hey, Großer. Wie geht's dir?«

»Ganz gut, Papa. Wir leben jetzt auf der Isle of Mull, wusstest du das schon?« Er klang aufgeregt, fast schon fröhlich.

»Klar weiß ich das. Und habt ihr's schön dort?«

Oscar erzählte vom Meer und davon, wie er im Boot seines Großvaters mit rausfahren darf. Von Kuchen und Spielzeugen und Hunden und Katzen. Es tat weh, das alles zu hören; ich fühlte mich so machtlos, so nutzlos. Dann war Juliet wieder dran. »Guy, jetzt weint Oscar wieder. Er will unbedingt mit dir sprechen, aber gleichzeitig ist das auch zu viel für ihn. Ruf doch bitte nachher noch mal an, wenn er im Bett liegt. Er muss lernen, mit seinem neuen Leben zurechtzukommen.«

»Neues Leben? Was soll das denn heißen?«

Für einen Moment war es still. »Nun, er muss dich jetzt erst einmal vergessen, damit er wieder ein kleiner Junge sein kann. Es geht ihm gut, aber jedes Mal, wenn du anrufst, merkt er von Neuem, wie sehr er seinen Vater vermisst, und das ist immer sehr schlimm für ihn. Ich denke, es ist besser, wenn er für eine Weile nicht mit dir spricht. So lange, bis sich die Dinge beruhigt haben.« Ich hörte, wie ihre Stimme brüchig wurde. »Also, bis später. Ich liebe dich.«

Dann war die Leitung tot. Ich blickte mich um, und alles kam mir seltsam vor, als wäre ich eben in einer anderen Welt gewesen. Fuzzy stand vor dem Zelt und starrte in den Wald, der Wind spielte in seinem dichten Fell. Der Hund wirkte nervös, er begann, auf und ab zu laufen, laut knurrend, den Blick auf einen Punkt im Wald fixiert. Sofort griff ich nach der Pumpgun, aber sosehr ich mich auch anstrengte, ich konnte nichts erkennen. Doch Fuzzy hörte nicht auf zu bellen, da war irgendwas. Nur was? Eine Bö fegte über uns hinweg, und ich spürte die ersten dicken Regentropfen. Wir mussten zurück ins Zelt. Ich verschnürte den Eingang und begann, mir das Abendessen zuzubereiten. Heute gab's Suppe aus der Dose.

Das Gespräch mit Juliet ging mir nicht aus dem Kopf. Mein Ältester vermisste mich, mein Jüngster konnte sich wahrscheinlich nicht mal mehr an mich erinnern, und meine Frau musste mit allem allein zurechtkommen. Ich legte mich unter der heftig schlagenden Zeltplane auf mein Bett aus Fichtenreisig und sandte ein kleines Stoßgebet gen Himmel: »Bitte, bitte, lass mich nicht versagen.«

Ich suchte nach einem Streichholz, zündete die Lampe an und kramte einen Riegel Schokolade aus meiner Tasche, um mir etwas Gutes zu tun. Genau in diesem Moment schlug Fuzzy erneut an. Also wieder raus vors Zelt. »Was ist denn los, Junge?«, fragte ich und tätschelte seinen Kopf. Er knurrte leise, und ich hörte einen Ast knacken. Leider ließ der Sturm die Bäume so laut rauschen, dass ich nicht lokalisieren konnte, von wo das Geräusch gekommen war. Ich schob eine Patrone in den Lauf und feuerte in die Luft, in der Hoffnung, dass der Knall wegscheuchen würde, was auch immer da in der Dunkelheit lauerte. Ich sah das Mündungsfeuer, orangefarbene Funken, und das gewaltige Krachen ließ meine Ohren fiepen, doch Fuzzy zuckte nicht einmal. Er lauschte noch einen Moment in den Wald, dann trottete er zufrieden zu seinem Platz neben meinem Fichtenbett und rollte sich zusammen. Ich starrte in das Schwarz der Bäume und dachte an die vielen Geschichten, die ich über Hunde und Bären gehört hatte. Früher war hier niemand ohne Hund in die Wälder gegangen, doch die Tradition war wohl in Vergessenheit geraten. Die Leute marschierten heute ohne vierbeinigen Begleitschutz in die Wildnis – und gingen so ein viel größeres Risiko ein, von einem Bären überrascht zu werden. Ich war jedenfalls dankbar, dass ich mit Fuzzy einen Partner dabeihatte, der über ein viel feineres Gehör und einen besseren Geruchssinn verfügte als ich. Ein Gedanke, der mich tatsächlich ruhiger schlafen ließ: Der kleine Hund hielt Wache.

oben
Impression von einer Kanufahrt den Yukon hoch.

Eine Kanne Kaffee ist Energiespender und bedeutet für Guy einen kleinen Luxus im ansonsten eher entbehrungsreichen Alltag.

Kein geborener Jäger: Die ersten Versuche, sich Nahrung zu schießen, gestalten sich für Guy Grieve eher schwierig. Doch im Laufe der Zeit wird es besser – eine wichtige Voraussetzung, um den Winter zu überleben.

Kapitel 14

MUTPROBE, ALASKA-STYLE

Es war Mitte September, als ich meinen Pfad endlich freigeschlagen hatte. Fast einen ganzen Monat hatte ich für diesen Job gebraucht und bis zur Erschöpfung geracker t. Abends tat mir alles weh, meine Muskeln brannten, ich war von Kopf bis Fuß von Schnittwunden und Abschürfungen gezeichnet. Mein Proviant war fast aufgebraucht, außerdem benötigte ich zusätzliches Werkzeug für den nächsten Abschnitt meiner Bauvorhaben, weshalb ich beschloss, nach Galena zu fahren. Mir blieb nicht viel Zeit, bis die ersten Eisschollen auftauchen und den Fluss unbefahrbar machen würden. Bis der Yukon aber so weit zugefroren war, dass man das Eis mit seinem Gewicht belasten konnte, würde eine ganze Weile vergehen, in der ich von der Außenwelt abgeschnitten war.

Ich packte meine wenigen verbliebenen Nahrungsvorräte in eine Tasche und zog sie an einem Ast in die Höhe, der dünn genug war, dass ein Bär ihn nicht erreichen konnte; mit meinen Benzinreserven machte ich es genauso. Den Zelteingang schnürte ich so fest zu, wie es ging, auch wenn mir natürlich klar war, dass Bären sich von ein paar Lagen Segeltuch nicht aufhalten lassen würden. Bevor ich mich auf den Weg machte, schaute ich mich noch einmal um: Mein kleines Camp hatte mich einiges an Nerven gekostet, immer wieder waren neue Probleme aufgetaucht, die noch mehr Arbeit verursachten, doch in den vergangenen Wochen war es mein Zuhause geworden.

Ich schritt auf meinem neu angelegten Pfad hinunter in Richtung Fluss, Fuzzy bei Fuß, und ich muss zugeben, dass mich die Aussicht ganz euphorisch machte, wieder unter Menschen zu sein. Mein kleiner Aluminiumkahn wartete am Ufer auf mich, wie ein braver Hofhund lag er da an seiner Leine. Ich schob ihn zum Wasser hinunter und kletterte hinein. Nach ein paar halbherzigen Versuchen gelang es Fuzzy tatsächlich, ohne Hilfe ins Boot zu springen. Wie üblich tapste er unbeholfen über mich und mein Gepäck, bis seine Pfoten alles mit Schlamm besudelt hatten. »Vollidiot«, murmelte ich und schmiss den Außenborder an. Dieses Mal würde die Reise länger dauern, weil wir flussaufwärts fuhren, also gegen die Strömung. An beiden Ufern richtete sich die Natur auf die kalten Monate ein, die jetzt kamen: Was eben noch grün war, zeigte sich nun in welkem Braun, und über allem lag schon eine Stille, als würde sich der Wald auf den Winterschlaf vorbereiten.

Auf dem Hauptarm des Yukon empfingen uns ein scharfer Ostwind und steile Wellen, die den großen braunen Fluss noch bedrohlicher wirken ließen als sonst. Der Bug knallte in die Wellen, und Fuzzy machte sich ganz klein, um der kalten Gischt zu entgehen. Es fiel mir nicht leicht, Kurs zu halten, denn es waren kaum Anhaltspunkte zu sehen, keine markanten Landmarken, keine Inseln, nur braunes Wasser unter einem kalten, grauen Himmel. Die Fahrt kam mir endlos vor, aber nach ein paar ungemütlichen Stunden der Anspannung kam das Dorf in Sicht. Sobald ich Dons Hütte ausgemacht hatte, steuerte ich direkt auf die tiefe Bucht vor seinem Strand zu. Ich ließ das Boot mit Schwung auf den Schlick gleiten, da kam er mir schon entgegen, seine beiden wild herumspringenden Hunde hinterher. Er hob die Hand zum Gruß. »Hey, du bist also tatsächlich noch am Leben.«

»Haha.« Ich sprang aus dem Boot und zog es auf den Strand.

Don war anzusehen, dass er sich die nächste Lästerei ausdachte, und ich musste nicht lange warten: »Schön auch, dass du den Hund beim Baumfällen nicht aus Versehen erschlagen hast. Bist du denn fertig geworden mit deinem Weg?«

Anstelle einer Antwort hielt ich ihm meine übel zugerichteten Hände hin. Don verschluckte sich fast vor Lachen: »Hast du schon mal was von Handschuhen gehört?«

Ich griff in meine Taschen und zeigte ihm meine völlig zerfetzten Handschuhe, und Don prustete wieder los. »Mit den Dingern kannst du bei euch in England vielleicht im Garten arbeiten.«

Wie gut es sich anfühlte, nach allen Regeln der Kunst verspottet zu werden! In diesem Moment wurde mir klar, wie sehr ich die Gesellschaft anderer Menschen vermisst hatte. Aber Don war schon wieder auf dem Weg zurück ins Haus. Ohne sich nach mir umzusehen, sagte er: »Komm zum Abendessen, dann können wir quatschen.« Er stieg weiter die Böschung hinauf und hielt plötzlich doch noch einmal inne. »Wenn du dich bei der Arbeit schneidest«, rief er mir zu, »musst du die Wunde mit Fichtenharz bestreichen. Das Zeug verschließt die Wunde wie eine zweite Haut, wasserdicht sogar, und das Harz wirkt außerdem desinfizierend. Mutter Natur ist schon verdammt clever.« Wieder etwas dazugelernt.

Die nächsten Tage verbrachte ich damit, Proviant zu organisieren und weiteres Equipment zu kaufen und zu leihen. Der Winter rückte näher, und ich musste dringend mit dem Bau meiner Hütte beginnen. Der Stapel mit meiner Ausrüstung wurde mit jeder Stunde größer: Holz, Werkzeuge, Seile, Ketten, Flaschenzüge, Wellblech, Kabel, Drähte und vieles mehr. Alles wichtig, und doch gab es eine Grenze, was ich auf dem Boot mitnehmen konnte; ich musste ein paar schwere Entscheidungen treffen. Die Kiste mit Nägeln war beispielsweise wichtiger als die Extraration Mehl. Don gab mir noch zwei weitere Motorsägen mit und brachte mir bei, wie man die furchterregend scharfen Ketten schliff. Außerdem packte er mir zwei antik wirkende Wendehaken aus dem Werkzeugkasten der Flößer und Holzfäller ein, mit denen man große Baumstämme per Hand bewegen kann. In meiner Abwesenheit war zudem ein Paket von einem Versandhändler eingegangen, der sich auf den Bedarf der Amischen* spezialisiert hatte: Ich hatte eine große Doppelaxt, ein mittelgroßes Beil und ein Paar Schneeschuhe bestellt, die extra für die Arbeit im Wald konstruiert waren, sehr solide, aus Birkenholz und Elchdarm gefertigt. Ich öffnete das Paket mit gemischten Gefühlen, zur Freude kamen auch Zweifel, ob ich es nicht übertrieben hatte mit meiner Planung. Ich hielt Don die Schneeschuhe hin und fragte ihn: »Glaubst du, dass ich die wirklich brauche?« Trockene und kurze Antwort von Don: »Nö. Bei uns in Alaska schneit es ja nie.«

»Ja, schon klar. Ich hab's verstanden.« Es war so leicht zu verdrängen, dass ich mein Camp gerade einmal 90 Meilen südlich des Polarkreises aufgeschlagen hatte.

Die täuferisch-lutherische Glaubensgemeinschaft der Amischen lebt in großer Abgeschiedenheit; ihre Siedlungen liegen vor allem im Norden der USA und in Kanada. Sie sind Selbstversorger und lehnen jeden technischen Fortschritt ab. Ihre traditionellen Werkzeuge sind allerdings von hoher Qualität.

Während ich meine Ausrüstung vervollständigte und zusammenpackte, verbrachte ich viel Zeit mit Dons Familie, die begierig darauf war, mehr über diesen sonderbaren Typen herauszukriegen, der bei ihnen zu Besuch war. An meinem zweiten Morgen in Galena klopfte es pünktlich um sieben Uhr an der Tür meiner kleinen Holzhütte. Ich hörte, wie Fuzzy draußen auf und ab sprang und vor Begeisterung an seiner Leine jaulte; die Störenfriede mussten also zur Familie gehören. »Wer ist denn da?«, brüllte ich von meinem Bett aus.

»Wir sind's. Wir wollen dir was zeigen.«

Ich öffnete die Tür einen Spalt breit und sah Dons Sohn Jack mit zwei anderen Jungs vor dem Eingang stehen. Ich zog die Tür wieder zu und rief laut in gespielter Verärgerung: »Augenblick mal!«, während ich mir einen Pullover überstreifte. Einen Moment später sperrte ich die Tür weit auf, und drei dunkle Augenpaare inspizierten meine Hütte – so schnell und gründlich, wie man das sonst nur von den Detektiven bei Scotland Yard kannte. »Siehst du das hier?«, fragte Jack und hielt mir eine komplizierte Konstruktion vor die Nase, die aus einem dünnen Rohr, ein paar Verbindungsstücken und Winkeln zusammengebastelt war.

Ich zog fragend eine Augenbraue hoch.

»Das ist unsere Kartoffelkanone«, erklärte er. »Wir wollen sie testen.« Ich setzte mich auf die Türschwelle, betrachtete die Waffe eingehend und legte auf eine Fichte am Rand der Uferböschung an. »Warum probiert ihr sie nicht einfach an dem Baum dort aus?«

»Bäume haben wir schon probiert.«

»Was ist mit Dosen?«

»Auch.«

»Und Flaschen?«

»Klar doch.«

»Also schön, was wollt ihr?«

»Wir brauchen ein lebendes Ziel.« Jack nahm mir die Waffe aus der Hand und schaute mich flehend an: »Wir möchten gerne auf dich schießen, okay?«

Ich war froh, dass die Jungs so anständig waren, mich vorher um Erlaubnis zu fragen, anstatt ohne Vorwarnung anzugreifen. Lachend erklärte ich mich einverstanden, denn ihre Kartoffelkanone würde mir wohl kaum etwas anhaben können, dachte ich, naiv wie ich war. Und so führten mich die drei kleinen Rüpel feierlich zu ihrem Schießplatz, wo Jack seiner Truppe befahl stehenzubleiben und erklärte: »Okay, jetzt weiter geradeaus und bleib dort neben dem Busch stehen. Dreh dich mit dem Rücken zu uns. Wir feuern erst, wenn du uns ein Zeichen gibst.«

Jetzt war ich doch ein wenig verunsichert, wie gründlich sie das alles geplant hatten, aber ich stellte mich auf den Platz, den Jack mir zugewiesen hatte, etwa 20 Meter von der Kanone entfernt. Ich drehte den Kopf und fragte: »Wie groß ist denn euer Kartoffelkaliber?«

»So groß!«, brüllte Jack und hielt zu meinem Entsetzen eine ganze Kartoffel hoch, ein ordentlich harter Brocken.

»Oha, na gut«, antwortete ich, während mein Hirn noch Fluchtpläne durchspielte. Aber ich entschied mich schließlich doch für den ehrenvollen Tod: »Von mir aus kann's losgehen.«

Zum Schutz legte ich meine Hände in den Nacken, aber dann passierte erst mal nichts. Hinter mir entbrannte ein heftiger Streit, weil Jacks Handlanger darauf bestanden, auf meinen Kopf und Oberkörper zu zielen. Doch er drückte den Lauf immer wieder nach unten – wofür ich ihm bis heute dankbar bin. »Nein«, zischte er. »Es ist sicherer, wenn wir ihn weiter unten treffen.«

Dann war es plötzlich still, und als ich mich noch einmal umschaute, sah ich, wie zwei der Jungs mit einer Dose Haarspray hantierten, während der dritte in seiner Tasche nach den Streichhölzern kramte. Siedend heiß wurde mir klar, dass ich es hier nicht mit einer harmlosen gummibandgetriebenen Zwillenkonstruktion zu tun hatte, sondern mit einer Gemüse verschießenden Panzerfaust. Ich wollte noch protestieren, da hörte ich schon den Knall des explodierenden Haarsprays und dann das Zischen der goldenen Yukon-Knolle, die in grauenhafter Geschwindigkeit auf mich zuraste. Die Kanonenkartoffel traf mich mit voller Wucht von hinten in der rechten Kniekehle, und ich sackte zu Boden. Halb in gespieltem Drama, halb in echtem Schmerz heulte ich auf, was die Jungs vor Begeisterung johlen ließ. Doch dann schalteten sie von Artillerieschütze blitzschnell auf Sanitäter um und kamen mir zu Hilfe.

Ein oder zwei Tage später kam Jack mit der nächsten Herausforderung an. Er hatte gehört, dass ich gerne schwimme, und das war die Saat gewesen, die seine nächste Gemeinheit reifen ließ. Ich stand wieder einmal vor meinem Riesenhaufen mit Ausrüstung und Proviant und überlegte, worauf ich noch verzichten konnte, als er auf mich zuschlenderte und beiläufig fragte: »Ganz schön breiter Fluss, oder?«

Ich drehte mich um und schaute auf den braunen Strom, der an dieser Stelle bestimmt zwei Meilen breit war. »Und ob«, erwiderte ich. »Einen breiteren habe ich noch nicht gesehen.« Und ich wandte mich nichtsahnend wieder meinem Stapel zu.

Jack starrte eine Weile auf den Fluss, bevor er mit der nächsten Frage rausrückte: »Warum versuchst du nicht mal, auf die andere Seite rüberzuschwimmen?«

Ich kratzte mich mit einer Hand am Kinn, ganz war ich noch nicht bei der Sache. »Hat das denn schon jemand versucht?«

»Klar, das machen die hier ständig. Komm schon, zeig uns doch mal, wie gut du schwimmen kannst!« Seine ältere Schwester Bethany kam dazu, gemeinsam redeten sie auf mich ein: »Bitte, Guy! Komm schon!«

»Also, ich weiß nicht ...« Wenn mir nicht bald eine gute Ausrede einfiel, würden mich diese Kids umbringen mit ihren verrückten Ideen, bevor ich in der Wildnis selbst eine Chance dazu bekam. »Der Fluss hat hier eine ziemlich starke Strömung«, versuchte ich einzuwenden. »Und außerdem habe ich noch verdammt viel zu tun, bevor ich wieder losmuss.« Richtig überzeugen konnte ich die beiden aber offenbar nicht, denn meine Bedenken wurden schlicht ignoriert. Das Drängeln ging weiter: »Bitte, bitte! Komm schon!«

Jetzt waren zwei weitere Jungs zum Chor der Anstifter gestoßen, und sogar Fuzzy sprang ganz aufgeregt um die Kinder herum. Schließlich brachte der Lärm auch noch Don auf den Plan. »Hey, ihr bekloppten Kids«, rief er. »Haut ab und geht Guy nicht auf die Nerven – der hat viel zu tun.«

»Aber Opa, wir wollen doch nur, dass er einmal durch den Fluss schwimmt.«

»Ihr wollt was?« Er schaute zu mir rüber und schien sich die Sache ernsthaft durch den Kopf gehen zu lassen. In diesem Moment wurde mir klar, von wem Jack seine Freude an solchen absurden Streichen geerbt hatte.

»Warum nicht«, sagte er tatsächlich. »Die Kinder und ich könnten ja im Boot hinter dir herkommen.«

Ich hob meine Hände abwehrend zum Protest, aber ich kam mir bereits vor wie ein Menschenopfer der Azteken, das seinem Schicksal nicht mehr entrinnen kann. »Bitte, bitte, bitte«, bettelten die Kinder, und Fuzzy jaulte im Chor mit. Don grinste nur.

»Also gut.«

Jubelnd und johlend tanzten die Kinder um mich herum, dann liefen sie los, um ihre Schwimmwesten zu suchen – und noch mehr kleine Sadisten zu alarmieren, die sich ein solches Spektakel bestimmt nicht entgehen lassen wollten.

»So, Herr Bademeister«, sagte Don. »Wo ungefähr gedenken Sie denn, ins Wasser zu gehen?«

Ich schaute auf den schnell strömenden braunen Fluss. »Da drüben«, sagte ich und zeigte ein Stückchen weiter flussaufwärts.

»Na schön. Und an welcher Stelle werden Sie dann am anderen Ufer landen?«

Ich zeigte auf einen Punkt stromabwärts, auf der anderen Seite. »Da ungefähr.«

»Ha! Das werden wir ja sehen!«

Ehe ich mich's versah, wurde ich schon zum Fluss eskortiert. Die Kids hüpften in Dons Boot, gefolgt von Fuzzy, der mit athletischer Eleganz und ohne weiteres Zögern hineinsprang. *Du Mistkerl,* dachte ich. Ganz offensichtlich genoss auch er die Aussicht, mich wie einen Hund durch den Yukon schwimmen zu sehen.

Das Wasser war zwar kalt, aber lange nicht so schlimm wie der Atlantik zu Hause in Schottland. Ich stieß mich ab in die düster gurgelnde trübe Brühe. Aus dem Augenwinkel sah ich die kleinen Halunken in ihrem Boot, die ganz genau hinschauten, wie ich mich bei dieser Prüfung schlug. Die ersten paar hundert Meter ging es eigentlich recht gut, aber je weiter ich in die Mitte des Flusses kam, desto stärker wurde die Strömung. Sieben Knoten*

Ein KNOTEN, also eine nautische Meile in der Stunde, entspricht 1,852 km/h. 7 Knoten sind also fast 13 km/h. Nur mal zum Vergleich: Der Rhein ist mit einer mittleren Fließgeschwindigkeit von 5 bis 8 km/h unterwegs, die Elbe zieht gar nur mit gemächlichen 3 Kilometern pro Stunde dahin.

sind schon eine echte Macht; für jeden Zug, den ich Richtung Ufer machte, wurde ich bestimmt fünfmal so weit stromabwärts gerissen.

Wie aus großer Ferne konnte ich die Kinder hören, wahrscheinlich wurde ihnen langweilig und sie spornten mich an, doch schneller zu schwimmen, aber im Rauschen und Gurgeln des Flusses gingen ihre Stimmen unter. Kurz hielt ich inne, trat auf der Stelle Wasser, um mich zu orientieren – das andere Ufer schien immer noch Meilen entfernt zu sein. Also weiter. Ich schwamm und schwamm und verfluchte mit jedem Zug meinen Leichtsinn, mich ohne lange nachzudenken auf dieses Vorhaben eingelassen zu haben.

Mehr als eine Stunde später hatte ich die andere Seite erreicht und ließ mich erschöpft am Ufer entlangtreiben. Während ich auf Dons Boot wartete, spürte ich, wie ein riesiger Fisch an mir vorbeischwamm, spürte seinen Rücken auf der Haut, als wollte der Yukon mir mit seiner glitschigen Hand zur überstandenen Strapaze gratulieren. Endlich zog mich meine Begleitcrew an Bord, und für einen Moment kam ich mir vor wie ein rosafarbener Delfin vom Amazonas, der von den dunklen Augen der Kinder Alaskas bestaunt wurde. Don hatte wieder diese todernste Miene aufgesetzt. »Wo war noch mal der Punkt, wo du ankommen wolltest?«

»Hm …« Wo war noch gleich die Stelle, an der ich ins Wasser gegangen war? Seltsamerweise war das Dorf nicht mehr zu sehen.

»Ich würde sagen, du hast dein angepeiltes Ziel um die Kleinigkeit von acht Kilometern verpasst«, gluckste Don vergnügt, und alle im Boot brachen in schallendes Gelächter aus. Was sollte ich machen? Ich lachte natürlich mit. Angesichts der einsamen Monate, die vor mir lagen, konnte ich für die anderen gerne noch mal den Clown spielen.

Es war ein eiskalter Tag, als ich Galena verließ, und kaum hatte ich abgelegt und die Wärme und Geborgenheit hinter mir gelassen, die ich bei Don und seiner Familie genießen durfte, da waren meine Sorgen auf einen Schlag wieder da. Dons Schwager Chris hatte sich bereit erklärt, mich und meinen Berg an Ausrüstung, der im Vergleich zum letzten Mal noch einmal größer geworden zu sein schien, den Fluss hinunterzuschippern. Still saß ich da, kraulte Fuzzy hinter den Ohren und schaute zu, wie eine steife Brise die

Wellen aufpeitschte. Seit meiner letzten Fahrt war der Pegel des Flusses deutlich gefallen, als ob die Natur sich in Erwartung der aufkommenden Kälte zusammenkauerte, und Chris musste sein Boot mit noch größerer Vorsicht an den Untiefen vorbeisteuern. Auf den Sandbänken schimmerten vieltausendfach goldene Fitzelchen: Weiden- und Erlenblätter, die vom Wald herübergeweht waren; wie Briefmarken klebten sie auf dem Schlick. Als wir den Pilot Mountain passierten, deutete Chris aufs Ufer, wo ein großer schwarzer Bär stand und uns anstarrte. Einen Augenblick nur, dann trottete er den Strand hinauf und verschwand zwischen den Fichten. Als wir wenig später um die letzte Sandbank kurvten, die uns von meiner Ausstiegsstelle trennte, brüllte Chris gegen den Lärm des Motors: »Hoffen wir mal, dass die Bären nicht dein Zelt zerfleddert haben.«

Wenig später hatte Chris mich an meinem Strand abgesetzt, er half mir noch, mein Equipment an Land zu schleppen, und dann war er auch schon weg. Über mir rauschten die Bäume im Wind, der mit jeder Bö noch mehr Blätter aus ihren Wipfeln zupfte. Mein Gepäck türmte sich zu einem gewaltigen Berg auf, und ich fragte mich, wie lange ich wohl brauchen würde, um das alles ins Camp zu transportieren. Wieder einmal fühlte ich mich überwältigt von der Dimension meines Vorhabens, und die Einsamkeit, die ich in diesem Moment verspürte, war größer als alles, was ich bisher erlebt hatte. Dieses Mal hatte ich eben kein eigenes Boot, um wieder flussaufwärts zu fahren, und zu Fuß war die Strecke schon gar nicht zu machen. Als ich das erste Mal hier gelandet war, hatte mich die Lust auf das Abenteuer angetrieben, die Neugier auf das Unbekannte, Unvorhersehbare. Jetzt wusste ich leider zu gut, was vor mir lag: ein spartanisches Leben im Zelt und vor allem harte Arbeit. Der Winter rückte mit jedem Tag näher, und mit ihm kamen eisige Temperaturen, wie ich sie mir mit meinem bisherigen Erfahrungsschatz nicht einmal vorstellen konnte. An einem normalen Wintertag zeigte das Thermometer im Landesinneren von Alaska um die minus 30 Grad an, aber ich hatte von extremen Kälteeinbrüchen gehört, bei denen das Quecksilber auf minus 60 Grad Celsius sackte – und zwar ohne Windchill-Faktor, der kam noch dazu. Gedankenverloren starrte ich auf die Landschaft um mich herum, die mir plötzlich schrecklich freudlos erschien, als ich hoch über mir ein unheimliches Gekreisch hörte. Ich blickte auf, und was ich sah, machte alles noch deprimierender: Es waren Kraniche, viele hundert, die sich auf den Weg nach Süden machten. Es kam mir vor, als würden sich alle davonmachen, bevor der Winter kam. Und ich zog gerade erst ein.

Aber Jammern brachte mich auch nicht weiter. Ich zog meinen neuen Revolver aus der Tasche, eine 357er-Magnum, und schnallte mir das Holster an den Gürtel. Mit dem Gewicht der Waffe an der Hüfte ging es mir gleich ein bisschen besser. Wenn mich bei der Arbeit ein Bär überraschen sollte, konnte ich mit einem Revolver schneller und beweglicher reagieren als mit einer Flinte. Einfach Waffe ziehen und dem Bären ins Ohr/Maul/in die Schulter ballern – oder mir selbst die Kugel geben, wenn sonst nichts mehr ging. Ich fing an, mir laut Kommandos zu geben, wie das Klischee von einem britischen Offizier in einem hurrapatriotischen Kriegsfilm. Die Taktik fruchtete, mein Kampfgeist meldete sich langsam zurück. »Vorwärts, Grieve!«, feuerte ich mich an. »Hopp, hopp, hopp, jetzt aber dalli, wenn ich bitten darf!« Meine Stimme hallte durch den Wald, etwa wie John Cleese auf Crack, und wenn mich in diesem Moment jemand gesehen hätte, ich wäre garantiert für verrückt erklärt worden. Eine Vorstellung, die mich erst recht wie kirre lachen ließ. Meine Freunde und Kollegen schlurften jetzt wahrscheinlich über die dicken Teppiche in ihren Büros oder hackten auf die Tastatur ihres Computers ein, während ich einsam und obdachlos, dafür aber schwer bewaffnet, durchs Niemandsland Alaskas stapfte und wie ein Wahnsinniger Selbstgespräche führte.

Es dauerte den gesamten Nachmittag, bis ich alles über meinen privaten Waldweg zum Lager geschafft hatte. Die Sorge, Bären könnten in meiner Abwesenheit alles verwüstet und meine sämtlichen Besitztümer über den Wald verstreut haben, erwies sich glücklicherweise als unbegründet – das Camp schien unberührt. Also machte ich mich sofort daran, meine neuen Vorräte zu verstauen. Eine rund 50 Pfund schwere Elchkeule zog ich vorsichtshalber in sicherer Entfernung zum Zelt hoch in einen Baum. Direkt darunter fachte ich ein langsam brennendes Feuer an, um Fliegen von meinem Fleischvorrat fernzuhalten, aber es war inzwischen so kalt geworden, dass mir Insekten wohl kaum noch Ärger machen würden.

Es wurde früher dunkel, als ich gedacht hatte, und ein unangenehmer Wind trug erste Regentropfen heran. Ich war froh, dass ich einen guten Vorrat an Brennholz angelegt hatte, und verzog mich ins Zelt, um es mir am Ofen gemütlich zu machen. Aus der Bücherkiste, die mir die Familie und Freunde geschickt hatten, zog ich ein dünnes Taschenbuch heraus und musste lächeln, als ich den Titel sah: Es war von Joseph Conrad, das *Herz der Finsternis*.

Kapitel 15

HAUSBAU MIT DER PUMPGUN

Die Nächte wurden kälter, und wenn ich jetzt von meinem See aus zum Berg hinüberschaute, war vom dichten Grün der Baumkronen nichts mehr zu sehen. Jeden Tag flogen Tausende Vögel über meinen Kopf hinweg in Richtung Süden, was mein Gefühl von Einsamkeit noch verstärkte. In der Nacht blähten sich die Zeltwände im kalten Wind wie ein Segel, und manchmal lag ich lange wach und lauschte den unheimlichen Geräuschen, die ein Wald von sich gibt. Im Morgengrauen weckten mich die langgezogenen Rufe der Seetaucher; wie der Rauch eines Lagerfeuers schienen ihre Schreie in den Bäumen zu verharren. Und gelegentlich stimmte noch ein Uhu in den Chor der Frühaufsteher ein.

Die Seetaucher fand ich faszinierend: Älter und urtümlicher ist kaum eine andere Art unter den Wasservögeln. Ihre platten Füße bieten im Wasser kaum Widerstand, sie sind exzellente Schwimmer, aber dafür geben sie an Land eine traurige Figur ab. Weil ihre Beine so weit hinten am Rumpf ansetzen, können sie kaum laufen. Daher auch ihr Name: In den skandinavischen Sprachen steht »lum« für tolpatschig. Andererseits beherrschen die Seetaucher siebzehn verschiedene Rufe, die der Legende nach jeweils ihre eigene Bedeutung haben. Die indigenen Bewohner Alaskas glauben bis heute, dass die Seetaucher Botschaften aus dem Jenseits überbringen, und wer hört, wie ihr Heulen durch den Nachthimmel gellt, kann sich gut vorstellen, dass sie eigentlich rufen: »Who-are-you-who-are-you« – wer bist du, wer bist du? Wenn ich ihren Klageliedern lauschte, fühlte ich mich noch einmal einsamer.

Ich arbeitete jetzt jeden Tag daran, den Platz für meine Hütte freizuschlagen. Nur stellte sich leider heraus, dass sich körperliche Anstrengung und das Leben im Zelt nur schwer vereinbaren ließen. Die Plackerei wäre schon für sich allein hart genug gewesen, selbst wenn ich am Ende des Tages eine anständige Mahlzeit und eine heiße Dusche bekommen hätte. So wie es hier aussah, musste ich nach getaner Arbeit erst Holz für den Ofen hacken und Wasser heranschleppen, bevor ich mich richtig entspannen konnte. Und ich hatte es immer noch nicht geschafft, mir einen ausreichenden Vorrat an genießbarem Trinkwasser anzulegen, obwohl ich mich inzwischen darauf verlegt hatte, mein Wasser grundsätzlich abzukochen und zusätzlich mit Jod zu desinfizieren. Mit der Methode gelang es mir zwar, schneller größere Mengen aufzubereiten als mit dem Miox-System, aber ich bekam trotzdem nie genug zusammen, um meinen Durst zu löschen. Ich war ständig knapp davor zu dehydrieren.

Dennoch: Langsam, aber sicher kam ich voran, Meter für Meter vergrößerte sich meine Lichtung, und der dichte Wald wich zurück, was meine Stimmung sichtlich verbesserte. Außerdem hatte sich Don per Telefon zu einem Besuch angekündigt, zu meiner großen Freude; er wollte sich einen Eindruck verschaffen, wie ich zurechtkam in der Wildnis. An einem kalten, trockenen Nachmittag stand er plötzlich vor mir, Charlie hatte ihn mit dem Boot hergebracht. Ein kurzes »Na, wie geht's?«, und dann machte er sich ganz ungeniert daran, mein Camp zu inspizieren. Mit undurchschaubarer Miene sah er sich im Zelt um und kontrollierte meine Ausrüstung. An meinem Stapel mit Brennholz ging es los mit der ersten Lektion: »Birkenscheite musst du dünner hacken. Dein Ofen ist nicht heiß genug, um diese großen Apparate zu verbrennen. Wenn erst mal der Winter kommt und der Ofen dauernd glüht, kannst du auch wieder größere Scheite nehmen.« Er griff nach einem Stück trockenem Fichtenholz, und mit einem Blick, den man fast schon als verträumt bezeichnen kann, sagte er: »Ich liebe dieses Holz – das brennt doch verdammt gut, oder?« Wieder schaute er ins Zelt und deutete auf meinen 20-Liter-Kanister: »Warum hast du denn nur so wenig Wasser?«

»Gute Frage ...« Kurz war ich versucht, mit einer Ausrede aus der Nummer herauszukommen, aber ich entschied mich dann doch für die Wahrheit: »Irgendwie schaffe ich es nicht, mehr Wasser aufzubereiten.«

»Wieso das denn?« Don schüttelte ungläubig den Kopf. Nächste Lektion: »Es hat doch jede Nacht geregnet. Spann einfach eine Plane vor dem Zelt und fang den Regen auf. Musst einfach einen Trichter bauen, und das Wasser fließt direkt in deinen Topf.«

Ich hätte mir am liebsten selbst in den Hintern getreten; diese Lösung war wirklich zu offensichtlich. »Mach ich, okay. Aber habe ich dann nicht ständig Blätter und anderen Dreck im Wasser?«

»Nimm ein sauberes T-Shirt und leg es über die Öffnung – das reicht als Filter.« Er schaute auf zum Himmel. »Sieht schon wieder nach Regen aus. Wie viel Wasser kannst du denn speichern?«

»So um die 60 Liter.«

»Na, die hast du schnell beisammen. Und die Aufbereitung mit deinem Filter kannst du dir sparen – das Wasser kommt direkt vom Himmel, das ist sauber. Wo ist eigentlich dein Hackklotz?« Ich zeigte es ihm, und er nahm die Axt und ließ sie auf ein großes Fichtenscheit fallen. Mit der Schneide im Holz hievte er das Holzstück auf meinen Hackblock. Er hielt mir die Axt hin. »Los, zeig mir mal, wie du das machst.«

Ganz wohl war mir nicht dabei, so unter Beobachtung zu stehen, aber ich nahm die Axt, holte weit aus und ließ sie auf das Holzscheit niedersausen. Die Schneide fuhr ins Holz, bis sie auf einen Astknoten traf – und da blieb sie stecken. Und zwar richtig fest. Egal wie sehr ich mich abmühte, ich bekam die Axt nicht wieder frei. Stöhnend und fluchend zerrte ich an dem Schaft und war mir gleichzeitig bewusst, wie stümperhaft das alles aussehen musste. Don sah mir wortlos zu. Als ich die Axt schließlich mit einer letzten Kraftanstrengung aus dem Holz riss, fiel ich beinahe hintenüber. Don nahm mir die Axt ab. »Du musst wirklich lernen, wie man das richtig macht. Holz ist der einzige Brennstoff, den du hier hast. Und du musst langsamer arbeiten, damit du nicht so viel Energie verschwendest und so sehr schwitzt dabei.«

»Wie soll das gehen: Holz hacken, ohne zu schwitzen?«

»Deshalb tragen wir ja Klamotten in mehreren Lagen. Wenn du merkst, dass es anstrengend wird, ziehst du eben eine Lage aus. Und wenn du fertig bist, ziehst du sie wieder an.«

»Auch wenn es draußen minus 40 Grad sind?«

»Dann erst recht. Bei einer solchen Kälte gefriert der Schweiß in deiner Kleidung. Und wenn du dann fertig bist mit der Arbeit, wird es richtig fies kalt. Schwitzen geht gar nicht, musst du unbedingt vermeiden.« Don schaute mich grimmig an, als wollte er sichergehen, dass die Botschaft auch angekommen war, und setzte noch einen drauf: »Feuchtigkeit ist dein Untergang.«

Er hob die Axt und ließ sie mit lockerem Schwung auf mein Stück Holz niedergehen; dabei hielt er die Axt leicht schräg, sodass die Schneide mit einem Winkel von etwa 45 Grad ins Holz fuhr und ein handliches kleines Stück vom großen Scheit abspaltete. Er drehte das Scheit ein wenig und wiederholte die Prozedur. Stück für Stück arbeitete er sich auf diese Weise weiter vor, bis rund um meinen Hackklotz handliche wie gleichförmige kleine Scheite lagen, die sich außerdem auch noch perfekt stapeln ließen. Als Nächstes griff er sich einen Block mit etlichen Astknoten. Ohne große Anstrengung schlug er mit der Axt zu – und die Schneide blieb stecken. Don sah mich nur kurz mit einem schiefen Grinsen an, und noch bevor ich einen Kommentar anbringen konnte, wirbelte er die Axt samt Holzklotz herum, packte den Schaft von der anderen Seite und schmetterte die Axt mit der Rückseite auf den Hackklotz. Das Holzstück, das noch auf der Schneide klemmte, zerlegte sich brav in zwei Teile.

»Gesehen? Wenn du es so machst, brauchst du nicht ewig darauf herumzuhämmern und kommst erst gar nicht ins Schwitzen. Gut, dass du noch ein bisschen Zeit zum Üben hast. Bis es richtig kalt wird, hast du's auch drauf.«

Sprach's und lief runter zum Seeufer, ohne auf dem buckligen Untergrund auch nur einmal ins Stolpern zu geraten. Er kniete sich nieder, um sich den Bau des Bibers näher anzuschauen – und beugte sich zu meinem Entsetzen plötzlich vor, um von dem trüben Seewasser zu trinken, einfach so. Er wischte sich den Mund mit dem Handrücken ab und marschierte weiter, als wäre es das Normalste der Welt, abgestandenes, mit den Ausscheidungen von Tieren verunreinigtes Wasser zu trinken. Ich schmiss den Ofen an und setzte mir einen Kessel mit Teewasser auf.

Als Don zurückkam, ging es gleich weiter mit den Lektionen: »Ich zeige dir jetzt einen Trick, wie du auf längere Zeit bequemer unter deiner Zeltplane leben kannst«, erklärte er. »Aufrecht stehen kannst du im Moment nur, wenn du dich direkt unter dem First aufhältst. Dabei hast du hier noch massenweise Platz.« Er breitete beide Arme aus und drückte die Zeltwände zur Seite. »Komm mal mit.« Er schnappte sich meine Sandvik, und ich trottete gehorsam hinter ihm her. Wir liefen auf meinem Weg in Richtung Fluss, bis wir an einen Stand Weiden kamen, wo er sich ein paar biegsame Zweige abschlug, alle um die zweieinhalb Meter lang. Zurück im Zelt schob er die elastischen Gerten so zwischen Firstbalken und Plane, dass sie die Plane nach außen wegdrückten. Fortan musste ich mich nicht mehr unter einem gewöhnlichen schrägen Zeltdach zusammenkauern – über mir war eine luftige Kuppel entstanden.

Es fühlte sich gut an, Gesellschaft zu haben, auch wenn ich wusste, dass Don nicht lange bleiben konnte. Bevor das erste Eis kam, musste er wieder los. Aber jetzt war er da, und innerhalb weniger Stunden hatte er mir bereits ein paar lebenswichtige Tipps gegeben. Wie sich herausstellte, war er auch als Koch gut zu gebrauchen. Er griff sich einfach einen Topf und setzte für uns beide eine Portion Bohnen mit Speck auf, der Klassiker unter den Eintopfgerichten des Wilden Westens, der Generationen von Pelzjägern und Goldsuchern satt gemacht hat. Speck hält sich ewig, wenn er in Dosen konserviert oder gepökelt wird, und Bohnen sind ein hervorragender Energielieferant. Wenn es kalt wird, braucht der Körper aber vor allem Fett, und das ist der Moment, wo der Speck unverzichtbar wird. Ich hatte von Abenteurern gelesen, die reichlich Proviant dabeihatten und trotzdem verhungert sind, weil auf ihrem Speiseplan nicht oft genug Fett stand.*

Als das Essen fertig war, setzten wir uns draußen vor dem Zelt auf einen Baumstamm und aßen aus Blechtellern. Don kramte eine harmlos aussehende

Im 19. Jahrhundert gab es einen solchen Fall auf einem Außenposten der Hudson Bay Company: Es war mitten im Winter, und die Männer brachten von der Jagd reichlich Hasen mit. Trotzdem starben sie an MANGELERNÄHRUNG. *Denn das Fleisch von Hasen hat nur einen geringen Fettanteil – der Körper verbrennt bei der Verdauung mehr Energie, als er aus dem mageren Fleisch gewinnt.*

Flasche mit Sauce aus seiner Tasche und verteilte den Inhalt großzügig über seinem Gericht.

»Was ist das?«, fragte ich.

»Och, nur ein bisschen Würze. Willst du probieren?«

»Klar doch.«

Ich ließ einen kleinen Klecks auf meinen Zeigefinger tropfen. Die Sauce war rot und roch unverdächtig, eigentlich nach gar nichts. Ich leckte sie mit der Zunge von meinem Finger – und spürte ihre grauenvolle Wirkung sofort. Ein beißender Schmerz fraß sich in meine Zunge, meine Backen brannten wie Feuer. Ich beging den Fehler, meinem Schluckreflex nachzugeben, und konnte jeden Millimeter spüren, den das toxische Gebräu auf dem Weg durch meine Speiseröhre zurücklegte. Meine Augen tränten, und ich wurde von würgenden Hustenkrämpfen geschüttelt, als ob mein Organismus in einem letzten Akt der Selbsterhaltung versuchen wollte, die eingedrungene Substanz wieder abzustoßen. Mit letzter Kraft stand ich auf und brachte krächzend heraus: »Das Zeug ist fürchterlich, Don, wie kannst du das bloß essen? Das ist der absolute Wahnsinn!«

Don konnte seine sadistische Freude nicht verbergen. »Du hast ja recht«, jubelte er und hielt mir die Flasche hin. »Hier steht's, schau doch mal.« Das Etikett war schon etwas verblichen, aber es ließ sich noch entziffern: *Dave's Insanity Sauce – die schärfste Sauce der Welt.* Unfassbar, dass es den Herstellern offenbar gelungen war, Folter in Flaschen abzufüllen. »Was zum Teufel soll das, Don? Wie kannst du da noch irgendwas schmecken?« Doch er lachte nur und machte sich wieder mit großem Appetit über seine Bohnen mit Speck her. Fassungslos starrte ich ihn an. Meine Geschmackszellen waren jedenfalls bis auf Weiteres ausgelöscht.

In der Nacht fing es an zu regnen, und ich hörte, wie Don in seiner Zeltecke murmelte: »Da hast du dein Wasser.« Ich musste unwillkürlich lächeln. Verrückt, dachte ich, wie meine Wünsche und Pläne plötzlich von einem 68-jährigen Hinterwäldler abhingen, der sich aus unerfindlichen Gründen entschlossen hatte, mir zu helfen, in dieser Wildnis Fuß zu fassen.

Wie ein Kind am Weihnachtsmorgen zu seinen Geschenken rennt, stattete ich gleich nach dem Aufstehen meiner neuen Regenwassersammelstelle einen Besuch ab. Und tatsächlich: Die Kanister waren allesamt randvoll mit klarem, sauberem Wasser. Ich goss etwas in einen Becher und trank, doch zu meiner Überraschung schmeckte das Wasser schal und abgestanden. Don kam mit einer meiner großen Feldflaschen zu mir und wusste natürlich sofort die Lösung: »Da muss erst mal wieder Luft ran.« Er goss Wasser aus einem der Kanister in meine Feldflasche, nur um den Inhalt der Flasche gleich wieder in den Sammelbehälter zu kippen. Denselben Prozess wiederholte er mehrmals, bevor er mich aufforderte: »Jetzt kannst du das Wasser noch mal probieren.« Das Ergebnis war frappierend. Eben noch ungenießbar, schmeckte dasselbe Wasser nun, als hätte ich es gerade frisch aus einer Quelle in den Highlands geschöpft. So ein Extra spielt vielleicht keine Rolle, wenn es um das nackte Überleben geht. Aber sobald man über längere Zeit in der Wildnis aushalten will, kann schon der kleinste Luxus oder Komfort dafür sorgen, dass es mit der seelischen Verfassung aufwärtsgeht.

Ein paar Tage nur, dann ging Dons Besuch seinem Ende entgegen. Es war inzwischen deutlich kälter geworden; der Winter war ungewöhnlich früh über das Land hereingebrochen, und nachts herrschten bereits Temperaturen von unter minus 20 Grad. Die meisten Vögel waren längst nach Süden aufgebrochen, was die Stille im Wald noch eindringlicher und unheimlicher machte. Der Bauplatz für meine Hütte war bereit, das Unterholz entfernt, alle Bäume geschlagen, und ich wollte unbedingt noch das Fundament legen, bevor Don sich auf den Heimweg machte. Auch die folgenden Aufgaben würden eine echte Plackerei werden, Holz heranschaffen, die Balken für die Blockhütte zurichten, aber das konnte ich allein schaffen.

Wir fällten also in der Nähe drei Fichten und kürzten die Stämme auf gut sieben Meter; sie sollten als Fundament den Sockel bilden, auf dem der Hüttenboden gebaut wird. Gemeinsam rollten wir die rund 60 Zentimeter dicken Baumstämme an ihren Platz; wir hatten Pappeläste als »Schienen« ausgelegt, um die schweren Hölzer besser über den Waldboden schieben zu können, was erstaunlich gut funktionierte. Als die Stämme in der vorgesehenen Position ausgerichtet waren, stemmte Don zufrieden die Hände in die

Hüfte und grinste mich an. »Jetzt musst du nur noch eine Methode finden, wie du die Bohlen für Boden und Wände ohne Hilfe bewegen kannst. Das ist ja frisches Holz und entsprechend schwer, aber wenn du die Balken mittig anhebst, kannst du sie mit dem kleinen Finger dirigieren.«

»Und wie soll das gehen?«, fragte ich ihn.

Er schaute sich auf der Lichtung um und dachte kurz nach. Dann zeigte er auf eine freie Fläche, die etwa zehn Meter von meinem Fundament entfernt lag. »Wenn du dir Holz ranholst, solltest du es da drüben lagern. Und dann ziehst du dir immer nur den einen Balken zur Hütte rüber, den du gerade brauchst.«

So weit leuchtete mir sein Plan ein: »Okay. Und dann?«

»Dann musst du einen Weg finden, wie du sie hochhieven kannst. Denn du willst ja an Ort und Stelle die Kämmung an den Ecken schlagen können, auf der die nächsten Balken fixiert werden.«

So diskutierten wir über die Logistik der nächsten Bauabschnitte, obwohl mir schon vor dem Fällen der Bäume graute. Bis jetzt war der eigentliche Bau der Hütte immer weit weg gewesen, ich hatte mich an die Gedanken über das Wie noch gar nicht herangetraut. Und allein mit den schweren Stämmen zu hantieren, war nicht ganz ungefährlich. Ich war komplett von jeder Hilfe abgeschnitten, sollte mir wirklich etwas passieren bei der Arbeit.

»Das wird 'ne gefährliche Angelegenheit, oder? Dabei kann man sich glatt umbringen«, sagte ich.

»Wenn dir das klar ist, muss ich es ja nicht mehr sagen«, erwiderte Don mit großem Ernst. »Tatsache ist, dass jedes Jahr wieder auch echte Profis zu Tode kommen. Und zwar genau bei dem Job, den du dir hier vorgenommen hast.«

Ich reagierte, wie ich es immer tat, wenn ich nervös wurde. Indem ich laut fluchte: »Verdammte Scheiße!«

Don warf mir einen strengen Blick zu: »Jetzt schalte deinen Verstand ein und lass uns überlegen, wie du das hinkriegst. Denn du hast gar keine andere Wahl – du musst diese Hütte bauen.« Er legte den Kopf in den Nacken und sah sich zwei kräftige Fichten genauer an, die links und rechts meiner Baustelle standen. »Kannst du gut klettern?«, fragte er.

»Ähm ... ja.«

»Super. Du wirst jetzt nämlich auf diese beiden Bäume klettern und in zehn Metern Höhe oder so einen Draht zwischen den beiden Stämmen spannen. Direkt über deinem Fundament.«

Ich starrte auf die beiden Fichten: »Gute Idee.«

»Und dann befestigen wir in der Mitte einen Flaschenzug und eine Hebewinde mit Ratsche, und fertig ist der Kran. Wenn es so weit ist, dass du einen Balken hochhieven willst, dann rollst du ihn vom Stapel hier rüber, machst ihn genau in der Mitte fest und ziehst ihn mit der Ratsche hoch. Wenn du das Holz wirklich in der Mitte anhebst, lässt es sich ganz gerade und sicher an seinen Platz bugsieren.«

»Genial!«, rief ich. Es war immer wieder verblüffend zu sehen, wie Don für jedes noch so vertrackte Problem eine Lösung fand.

Ich kletterte die erste Fichte hoch und legte den Draht in einer Schlinge um den Stamm, etwa zwölf Meter über dem Waldboden, bevor ich mich langsam wieder herunterließ. Mit dem anderen Ende des Drahts über der Schulter erklomm ich nun den zweiten Baum und legte auch hier eine Drahtschlinge um den Stamm. Während ich mich – die Beine um den Stamm geschlungen – wie ein Koala festklammerte, spannte Don das lose Ende des Drahts, das ich nach unten baumeln ließ, in eine Ratsche ein und brachte ihn auf Spannung. Jetzt noch mit einer Kabelklemme gesichert, und wir hatten es tatsächlich geschafft, hoch über der Baustelle zwei Bäume zu verbinden. Einziger Schönheitsfehler: Eine mickrige Pappel hatte sich mit ihren Ästen im Draht verheddert, wir konnten ihn nicht so straff festsetzen, wie wir uns das eigentlich vorgestellt hatten. Wir zogen und zerrten und rüttelten an unserem Draht, aber es half alles nichts. Von meinem Posten hoch oben im Baum sah ich, wie Don fluchend auf und ab lief, und zum ersten Mal konnte ich bei ihm Zeichen von Frust und Wut erkennen.

»So eine verdammte Scheiße!« An seinem zitternden Schnurrbart konnte ich sehen, wie sauer Don war. Mit grimmigem Blick fixierte er die widerspenstigen Äste. Es blies jetzt ein kräftiger kalter Wind, und der Baum, auf dem ich saß, schwankte sanft, aber vernehmlich knarrend hin und her. Wieder laute Verwünschungen von unten, dann sah Don zu mir hinauf und fragte: »Hey! Hast du eigentlich noch die Pumpgun?«

»Ja, klar.«

»Und Munition dafür?«

»Ja, liegt alles im Zelt.«

Nur einen Moment später war er wieder da, die Flinte in der Hand. »Geh mal auf der anderen Seite des Stamms in Deckung.«

Kaum war ich um den Stamm herumgerutscht und hatte mich in der neuen Position festgeklammert, da hallte auch schon eine Serie von Schüssen über den See, der - wie ich erst jetzt aus der Vogelperspektive erkannte - bereits von einer dünnen Eisdecke überzogen war. Als es wieder still war im Wald, rief ich nach unten: »Gefahr vorbei? Alles klar?«

»Japp«, sagte Don. »Problem gelöst.«

Wie ein nervöses Eichhörnchen lugte ich hinter meinem Stamm hervor. Von der Pappel war nur noch ein armseliger qualmender Stumpf übrig - und unser Draht schaukelte frei im Wind. Triumphierend blickte Don zu mir hinauf und brüllte: »Da sieht man mal, wie nützlich so eine Pumpgun beim Hausbau sein kann. Und jetzt zieh das verdammte Seil endlich richtig stramm!«

An diesem Abend erzählte mir Don aus seinem Leben. Von seiner Kindheit in Kalifornien und seinen diversen anderen Erfahrungen im Wilden Westen. Goldsucher war er mal gewesen und Mitglied bei den *POBOB*. Die Abkürzung stand für *Pissed Off Bastards Of Bloomington*, eine Rockerbande, mit der Don jahrelang unterwegs war, als er seinen Lebensunterhalt noch als Fahrer von schweren Baumaschinen verdiente. Immer nur Trinkgelage und wüste Schlägereien genügten den *POBOB* aber schließlich nicht mehr, und sie verlegten sich auf harte Drogen. Später benannten sie sich in *Hells Angels* um, aber da hatte Don schon längst die Lust am Bandenleben verloren und war auf der Suche nach einer wahrhaftigeren Freiheit weiter nach Norden gezogen. Eine Weile heuerte er auf den Aleuten als Fischer an, bis es ihn irgendwann ins Landesinnere von Alaska verschlug, wo er sich im Sommer mit Jobs auf dem Bau über Wasser hielt und im Winter das Handwerk des Trappers lernte. Es dauerte eine Weile, aber dann hatte er sich den Respekt der Einheimischen erarbeitet, die wie er von der Jagd und dem Pelzhandel lebten.

In Ruby, einer alten Goldgräbersiedlung, die ihre besten Jahre hinter sich hatte, lernte er Carol kennen, und die beiden heirateten. Als die Kinder kamen, zogen sie weiter den Yukon runter, nach Galena. Don war nicht nur clever, sondern den meisten seiner Zeitgenossen auch körperlich überlegen, was ihm sehr schnell den Ruf einbrachte, dass er die Sorte von Kerl war, mit der man sich besser nicht anlegte. Er hatte sich sein ganzes Leben lang immer durchschlagen müssen, und das ist wörtlich zu verstehen. Mit seinen Fäusten, mit Stühlen und was sich sonst so als Hieb- und Stichwaffe eignete. Er hat immer heftig ausgeteilt und auch einstecken müssen. Im Grunde aber war er ein guter Mensch, und wenn sich sein Zorn doch einmal entlud, dann traf es vermutlich den Richtigen, da war ich mir sicher. Wie ich so an meinem Whisky nippte und Dons Geschichten zuhörte, wurde mir klar, dass der Alltag hier in der Wildnis früher noch rauer gewesen sein musste. Und rau, auch das hörte ich aus seinen Erzählungen heraus, war wirklich auf eine Weise rau, wie wir uns das in Europa gar nicht mehr vorstellen können.

Eine seiner Geschichten handelte von einer legendären Spelunke mit Namen *Hobo's** – eine schlichte Baracke, in der es außer einem kleinen Holzofen und der Körperwärme der Gäste keine Heizung gab. Über dem Tresen hing eine Art Dienstplan, wer von den Stammgästen dafür zuständig war, das Jauchefass unter dem Plumpsklo zu leeren. Das Klosett, natürlich unbeheizt, bestand nämlich aus einem einfachen Holzfass, in das sich sämtliche Gäste erleichterten, bis es randvoll war. Wer auch immer als Nächster auf dem Dienstplan stand, rollte die Tonne quer durch die Bar nach draußen, um sie dort mit einem geschickten Tritt von ihrem gefrorenen Inhalt zu befreien. Der Klumpen mit braunem Eis wurde dann irgendwo in die Büsche gerollt. In der Regel hielten sich die Gäste an den Plan, aber es kam schon mal vor, dass man gerade einen Drink spendiert bekommen oder eine Runde Billard begonnen hatte – und den Dienst am Fass vergaß. Dann lief die toxische, halb gefrorene Brühe langsam über und schwappte dem nächsten Klogänger vor die Füße.

*

Der HOBO ist eine amerikanische Legende wie der Cowboy: ein obdachloser Wanderarbeiter, der auf der Suche nach dem nächsten Job mit Güterzügen durchs Land reist. Der Schriftsteller Jack London zog eine Weile als Hobo durchs Land – nachzulesen in »Abenteurer des Schienenstranges«.

Während wir uns im Licht der Laterne Geschichten erzählten, pirschte sich der Winter immer näher an uns heran. Gelegentlich konnten wir den See »singen« hören, ein ansteigendes, fast schon melodisches Klirren, das offenbar immer dann entsteht, wenn sich das dicker werdende Eis auf der Oberfläche ausbreitet. Wir traten vor das Zelt und starrten in das kalte Funkeln der Sterne. Aus der Tiefe des Waldes drang das Heulen des Uhus zu uns, und am See platschten die Biber. Ohne Unterlass brachten sie neues Geäst, um ihren Bau zu vergrößern. Wo sie am Werk waren, blieb das Wasser ständig in Bewegung, aber die Rinne im Eis, in der sie frei schwimmen konnten, wurde zunehmend schmaler. Jeder Baum, den sie fällten, wurde in handliche Stücke zerlegt und vor ihrer Biberburg so unter Wasser gezogen, dass die Nager auch dann noch an die leckeren Rindenstücke herankamen, wenn sie das Eis an der Oberfläche endgültig in ihrem Bau eingesperrt hatte.

Wieder hörte ich das typische Geräusch, mit dem ein gefällter Baum durchs Gehölz saust, und dann ein lautes Klatschen. »Klingt so, als könnte ich von den Bibern noch das ein oder andere lernen, was die Holzfällerei angeht«, sagte ich.

Don lachte. »Lieber nicht! Ich hab schon gelegentlich Viecher gesehen, die eingeklemmt oder zerquetscht unter einem Stamm lagen, der nicht in die gewünschte Richtung gefallen ist.«

Ich sah ihn erstaunt an. »Wirklich?«

Er zuckte mit den Schultern. »Die Natur ist nicht perfekt, aber auch Fehler sorgen dafür, dass sich das große Rad immer weiterdreht. Ein Tier hat Pech, das nächste findet leichter was zu fressen.«

Wir schwiegen eine Weile, und dann fragte ich Don nach den anderen Leuten, die wie ich in der Wildnis Alaskas lebten. Nur noch wenige Menschen taten sich das an, und das machte mich neugierig. Früher blieben vor allem Pelzjäger und Goldsucher auch im Winter in den Wäldern, doch heutzutage waren es offenbar nur noch Aussteiger oder Leute, die mit dem Leben abgeschlossen hatten. Kein Wunder, dass sie nicht ganz für voll genommen wurden.

Einmal, erzählte mir Don, sei er auf einen Mann gestoßen, der gerade von einem Mörder attackiert worden war. »Er lag in seiner Hütte auf dem Boden, überall Schnitte und Stichwunden. Er war noch am Leben, aber das Blut floss nur so aus ihm raus.« Fuzzy hatte sich zu uns gesellt, und Don streichelte ihm geistesabwesend den Kopf. »Der Mann war wirklich übel zugerichtet worden. Er versuchte noch, die schlimmsten Wunden mit einem T-Shirt zuzudrücken, aber er wusste, dass er sterben würde. Und es gab nichts, was wir dagegen tun konnten.«

»Wer hatte das getan?«, wollte ich wissen. Das blutige Geschehen, das ich vor meinem geistigen Auge sah, machte mir zugegebenermaßen doch ein wenig Angst.

»Ein Irrer, völlig durchgedreht. Ich fand ihn nicht weit von der Hütte entfernt. Hab ihn mit meiner Pumpgun in Schach gehalten, bis er das blutige Messer endlich fallen ließ. Seine Familie hat ihn später geholt.«

»Hier wird wirklich viel gestorben. Hast du selbst auch schon viele Tote gesehen?«

»Ja, klar. Wir sind aber auch meistens ganz auf uns allein gestellt. Wenn bei uns jemand stirbt, kommt kein Krankenwagen und keine Polizei – die Familie muss sich selbst um alles kümmern.«

»Und hast du so etwas schon einmal durchmachen müssen?«

»Ja.« Er brauchte einen tiefen Seufzer, bevor er weitersprechen konnte: »Vor drei Jahren ist mein Sohn gestorben.«

Don erzählte, wie sein Sohn ums Leben gekommen war, und von der Beerdigung. »Das tut mir so leid«, murmelte ich, als seine traurige Geschichte zu Ende war. Wie entsetzlich das für ihn und Carol gewesen sein musste. Und für die Kinder erst. Im selben Augenblick wurde mir aufs Neue bewusst, mit welcher Selbstverständlichkeit und Hilfsbereitschaft mich diese Familie aufgenommen hatte – einen Fremden aus einem anderen Land und einem anderen Leben. Meine gesamte Reise, die mir bei der Planung zu Hause immer wie ein wunderbares Abenteuer vorgekommen war, sah ich plötzlich mit ganz anderen Augen. War es nicht eine gefährliche Schwärmerei, die mich zur falschen Zeit an den falschen Ort gebracht hatte? Jetzt, nachts in diesem finsteren Wald, verstand ich endlich, was für ein Glück es war, dass ich hier großartige Freunde gefunden hatte.

Der Tod war tatsächlich allgegenwärtig in den Wäldern Alaskas, und mir war bereits aufgefallen, wie nüchtern die Menschen hier damit umgingen –

erst recht im Vergleich zu der Welt, aus der ich kam, wo man sich große Mühe gibt, den Tod aus dem Alltag zu verdrängen, soweit es irgend geht. In Galena sah ich, dass Leute aus Tassen tranken, auf denen das Foto eines Verstorbenen prangte, Geburts- und Todesdatum inklusive. In Carols Küche hing ein Kaffeebecher mit der Aufschrift: *Jimmy Malemute – ein großartiger Dog Musher* und Geigenspieler.* Die Leute tragen sogar T-Shirts mit den Namen und Bildern ihrer Verstorbenen, sie feiern die Toten und sorgen so dafür, dass sie ein Teil der Gemeinschaft bleiben. Genau das ist auch der Gedanke bei einem traditionellen indianischen Begräbnis: Der Tote bekommt seine besten und wärmsten Kleider angezogen und wird in der Dorfhalle aufgebahrt. Tagelang liegt er da, niemals ist er allein, sondern von seinen Freunden und der Familie umgeben. Sie spielen Karten, kochen und leisten dem Toten Gesellschaft, bis es an der Zeit ist, ihn zu Grabe zu tragen.

* DOG MUSHER *nennt man den Führer eines Hundeschlittens. Er steht hinten auf den Kufen und ruft dem Leithund Kommandos zu – Zügel braucht er nicht. Woher das Wort Musher kommt, ist unklar. Am weitesten verbreitet ist die Erklärung, dass es sich aus dem französischen Imperativ »Marche!« ableitet – »Los, lauf!«*

»Don«, setzte ich an, während ich noch nach den richtigen Worten suchte. »Ich hoffe, du weißt, wie dankbar ich dir bin. So ganz allein hier im Wald – ich weiß nicht, wie ich das geschafft hätte, wenn wir uns nicht begegnet wären.«

»Na ja, die Goldsucher und Trapper waren früher in ihrem ersten Jahr in der Wildnis eigentlich auch nie allein unterwegs. Sie hatten immer einen Partner dabei oder haben sich sogar mit mehreren zusammengetan, um ihre Hütten zu bauen. Und die wenigen Leute, die sich sofort allein raus in die Wälder gewagt haben, waren meistens Typen, die Erfahrung mitbrachten, Schweden oder Finnen zum Beispiel, die kannten das schon von zu Hause.«

»Dann war meine Vorstellung, allein in der Wildnis zurechtzukommen, so ein Mann gegen die Elemente, doch etwas übertrieben?«

»Wenn es einen Ort auf der Welt gibt, wo du Freunde brauchst, dann hier in den Wäldern von Alaska. Und keine Sorge, du wirst noch lange Zeit ganz auf dich gestellt sein. Aber solange ich da bin, kann ich dir ja gelegentlich mal zeigen, wo's langgeht. Sonst lernst du überhaupt nichts dazu, und deine Hütte wird nie fertig.«

»Aber warum eigentlich die Mühe? Warum hilfst du mir?«

»Weiß der Geier.« Don lachte. »Vielleicht weil alle sagen, dass du es nicht schaffst. Es geht doch nichts über eine echte Herausforderung. Außerdem hast du Familie. Wärst du ganz alleine, würde ich mich einen Teufel darum scheren, was mit dir passiert.«

In der Ferne begann ein Wolfsrudel zu jaulen, und wir standen beide einen Moment still, um zu hören, woher das Geheul kam. Don zeigte in Richtung Pilot Mountain. »Dort drüben lebt eine große Wolfsfamilie, hat ihre Höhle am Berg. Die sind schon seit zig Generationen da, und wenn du sie heulen hörst, weißt du, dass sie auf die Jagd gehen. Ein paar Wochen werden sie noch hier in der Gegend unterwegs sein, bis sie zum Jagen in ein anderes Revier weiterziehen. Irgendwann kommen sie aber wieder hierher zurück, und dann treiben sie die Elche vor sich her.«

»Wie groß ist das Rudel?«

»Vierzehn Tiere oder so. Brownie hat sie neulich mal vom Flugzeug aus gesehen.«

Als wir uns hinlegten, sagte mir Don noch, dass er am nächsten Morgen aufbrechen müsse. Auf dem Fluss bildete sich jetzt das erste Eis, und er wollte es nicht riskieren, bei mir im Wald steckenzubleiben. Deshalb wollte er Charlie anrufen, um sich abholen zu lassen. Und wenn Charlie schon mal da war, konnte er auch gleich noch den Boden für meine Blockhütte legen. Er war gelernter Schreiner und würde den Job schneller erledigen können als wir beide zusammen.

Kapitel 16

DER BLANKE BODEN

Als Charlie ankam, wirkte er nicht gerade happy. Der Wasserstand des Yukon war noch weiter gesunken, weil am Oberlauf bereits große Wassermassen eingefroren waren. Charlie war gezwungen gewesen, das Boot weiter unten an der Mündung des Nebenarms festzumachen und den Rest der Strecke zu Fuß zurückzulegen. Während Don und ich zum Boot liefen, um den Proviant und die Ausrüstung zu holen, machte sich Charlie mit beeindruckender Schnelligkeit daran, den Boden für meine Hütte zu legen. Zur Mittagszeit war bereits alles fertig, und wir legten eine Kaffeepause ein. Auf einem Baumstumpf sitzend, den dampfenden Becher in der Hand, sagte Charlie: »Wir müssen los, Don. Auf der Fahrrinne war schon Eis.«

»Scheiße!«, sagte Don. Er sah zu dem gerade gelegten Boden hinüber. »Du musst dich jetzt ganz fix an die Arbeit machen. Wenn schon der Fluss zufriert, bleibt dir nicht mehr viel Zeit, und das ist keine gute Nachricht.«

»Schon klar, Don, ich weiß«, erwiderte ich. »Das Problem ist nur, dass ich nicht genau weiß, was ich als Nächstes angehen muss. Was ich sagen will ...«

Er hob einen Finger, um mir das Wort abzuschneiden. »Erst die Bäume fällen, dann das Holz zum Lager bringen. Wenn du steckenbleibst, zieh die Stämme mit der Seilwinde raus. Bau dir ein Modell deiner Hütte aus kleinen Weidenästen, da kannst du schon mal üben, wie du die Kerben schlagen musst, damit die Balken fest aufeinanderliegen. Wenn du mit dem Ergebnis zufrieden bist, baust du das Ganze noch mal in Groß.«

Ich schluckte. »Ja, dann ...«

Erneut fuhr er mir dazwischen und zeigte auf einen besonders dicken Stamm, den ich gefällt und am Rand des Camps liegengelassen hatte: »Den schnappen wir uns jetzt noch und sägen ihn in zwei Teile. Wir legen die Balken an gegenüberliegende Seiten deines Bodens, und damit ist der Anfang für die ersten beiden Wände gemacht. Dann schlägst du die Kämmung in die Ecken und legst die ersten Querbalken drüber. Kannst du mir folgen?«

»Klar«, sagte ich, aber ganz sicher war ich mir noch nicht, und das hörte er natürlich sofort raus.

»Mach dir keine Sorgen. Wenn du erst mal angefangen hast, siehst du schon, wie es geht. Eine Lage längs, dann quer. Wieder längs, wieder quer. Das Ganze siebenmal insgesamt, und fertig sind deine vier Wände. So, los geht's, Charlie. Komm schon.«

Ich schaute zu, wie die beiden den Stamm der Länge nach in zwei Teile sägten. Zuerst markierten sie den Schnitt mit Kreide vor, dann begann Don zu sägen. Charlie hielt dabei das Ende der Motorsäge mit einer Schraubzwinge, damit der Schnitt gerade durch das Holz ging. Eine ziemlich riskante Operation, fand ich, aber es funktionierte, und im Nu waren die ersten Balken für die Wände meiner Hütte fertig. Wir trugen die schweren Hölzer auf unseren Schultern zum Boden und positionierten sie genau so, wie Don es sich vorgestellt hatte: einen an der Nordseite und einen an der Südseite. Als wir fertig waren, fing es schon an, dunkel zu werden, und die beiden hatten es eilig, sich auf den Heimweg zu machen. Wir liefen runter zum Fluss, der zwar noch befahrbar war, aber am Ufer war bereits eine Eiskruste zu sehen. Viel Zeit für einen langen Abschied blieb nicht; Don und Charlie zogen ihr Boot zum Wasser und kletterten hinein. Ein Zug am Starterseil, und der Motor lief. Ich schaute ihnen nach, bis sie im grauen Zwielicht verschwunden waren.

Ein kalter Wind aus Nordwest zerrte an meiner Kleidung, was meine Laune nicht gerade verbesserte. Fuzzy drückte sich winselnd gegen meine Beine, um sich vor dem Wind zu verstecken, und dann machten wir uns auf den Weg durch die Wälder zurück zu unserem Camp. Charlie hatte mir ein Päckchen mitgebracht, Post von meiner Familie, das ich vorsichtig in meine Brusttasche gesteckt hatte. Ich fühlte mich schrecklich – einsam und verunsichert. Doch als wir den See fast erreicht hatten, hörte ich plötzlich ein charakteristisches Flattern und Piepen, wie ich es aus der Heimat kannte. *Ein Fasan? Den gibt's hier doch nicht,* dachte ich. Mein nächster Schritt scheuchte einen plumpen Vogel hoch, so eine Art Moorhuhn, der sich über die Baumwipfel davonmachte. Ein paar Meter weiter stieß ich auf den Rest des Schwarms, sieben Vögel insgesamt, die empört piepend davonschwirrten. Das mussten die »Hühner« sein, von denen Don erzählt hatte. Für mich eine wirklich angenehme Überraschung, denn alle anderen essbaren Vögel schienen den Wald schon lange hinter sich gelassen zu haben. Sofort ging es mir wieder besser: Wenn ich auch kein Zuhause hatte, so würde ich wenigstens immer mal wieder frisches Fleisch auf den Tisch bekommen.

Bis ich das Lager erreicht hatte, war es schon fast ganz dunkel geworden, und ich war froh, dass ich mich in mein Zelt verziehen konnte. Ich schenkte mir etwas Whisky in eine Blechtasse und gab einen Schuss Regenwasser dazu, fachte das Feuer im Ofen wieder an und setzte mich hin. Aber ich fand keine Ruhe. Wie immer am Ende eines Tages, wenn alles erledigt war, kreisten meine Gedanken um das eine Thema – meine Familie. Ich musste außerdem dringend den nächsten Schwung Kolumnen an die Zeitung zu Hause losschicken; ich hatte zuletzt in einem Rhythmus von vierzehn Tagen Texte abgesetzt. Ich fuhr meinen Laptop hoch, baute das Satellitentelefon vor mir auf und stöpselte das Kabel vom Rechner ein. Zuerst checkte ich meine E-Mails, das machte ich jedes Mal so, und sah, dass eine Menge Post von Juliet gekommen war. Normalerweise schickte sie mir Berichte, wie es der Familie ging, was die Kinder trieben, um mir das Gefühl zu geben, dass ich irgendwie doch ein Teil des Lebens dort war. Aber bei den letzten drei Mails fielen mir sofort die alarmierenden Betreffzeilen auf. *WICHTIG* lautete die erste, *SUPERWICHTIG* die zweite, und die dritte brüllte mich geradezu an: *SCH ... VERDAMMTSUPERWICHTIG*. Besorgt öffnete ich die zuletzt abgeschickte Mail und las:

> *Guy,*
> *alles gut bei dir? Ich habe seit Ewigkeiten nichts von dir gehört, und ich drehe durch vor Angst, dass dir etwas zugestoßen ist. Bitte, bitte, ruf mich an – SOFORT!!*

»Scheiße!«, sagte ich laut. Ich war so sehr mit meinen Problemen beschäftigt gewesen, dass ich darüber vergessen hatte, was wirklich wichtig war, und ich fühlte mich schuldig, dass Juliet sich solche Sorgen gemacht hatte. Ich zog das Telefonkabel aus dem Computer, und während ich die Nummer wählte, stellte ich mir vor, wie es jetzt in der chaotischen, aber gemütlichen Küche meiner Schwiegereltern klingelte.

»Hallo?«

»Julsie, ich bin's! Ich hab deine Mail eben erst gelesen – es tut mir so leid! Don war hier, und es gab so viel zu erledigen ... Aber wie geht es dir?«, fragte ich und wartete die kurze Pause ab, die es jedes Mal gab, wenn ihre Antwort den weiten Weg über den Satelliten zu mir nahm.

»Guy!«, sagte sie mit klarer und starker Stimme. »Uns geht es gut – die Frage ist, wie es *dir* geht! Wir haben uns wirklich große Sorgen gemacht.«

»Ich weiß, sorry. Mir geht es gut, ich bin jedenfalls noch nicht von Raubtieren zerfleischt worden – auch wenn ich neulich einem Bären begegnet bin, als ich zum Baden am Fluss war.«

»Einem Bären?« Sie schien mir nicht zu glauben. »Und du warst im Wasser?«

»Na ja, ich wollte gerade reingehen«, sagte ich und lachte, weil es so absurd klang. »Aber da war dieser große schwarze Bär.«

»Moment mal – sollen die nicht ihren Winterschlaf halten?«

»Nein, noch nicht. Erst wenn der erste Schnee kommt, verkrümeln sie sich und verschwinden in ihren Höhlen. Jetzt streifen sie noch durch die Wälder – und besonders gut gelaunt sind sie auch nicht.«

Ich hörte sie seufzen, dann kam schon die nächste Frage: »Und was ist mit den Grizzlybären?«*

»Ja, die sind auch noch unterwegs. Aber die werden sich ebenfalls bald in den Winterschlaf verabschieden. Obwohl Braunbären angeblich mit weniger Schlaf auskommen als Schwarzbären. Don hat mir sogar von Grizzlys erzählt, die schlafende Schwarzbären aus ihren Höhlen zerren.«

»Warum das denn?«

»Um sie zu fressen«, sagte ich und lachte.

»Sehr lustig, Guy. Und das soll mich beruhigen? Na danke.«

»Tut mir leid, Jules, wenn ich mich wie ein absoluter Volltrottel anhöre. Aber es ist wirklich hart hier – viel härter, als ich mir das jemals vorgestellt habe. Trotzdem: Ich bin total vorsichtig, mach dir keine Sorgen.«

*

Der Grizzly (Ursus arctos horribilis) ist, wie der wissenschaftliche Name sagt, der schreckliche Vetter des Braunbären. Er wird bis zu 600 Kilogramm schwer und ist an die 2,50 Meter groß, wenn er sich aufrichtet. »Grizzly« bedeutet im Englischen »gräulich«; wegen der grauen Spitzen im Fell ist der Schreckliche also eigentlich ein Graubär.

»Wie kommst du mit der Hütte voran?«

»Nun ja …« Mir war schwer ums Herz, weil ich ihr gerne etwas Positives berichtet hätte, aber es war eben leider nicht so. »Es geht langsam voran. Den Boden habe ich fertig, mehr nicht. Don und Charlie haben mir geholfen, aber sie mussten zurück, weil das Eis kommt und der Fluss zufriert.« Ich hielt kurz inne, weil ich merkte, wie meine Stimme versagte. Über Bären konnte ich schön Witze machen, aber bei diesem Thema würde sie meine Angst heraushören können, sie hatte eine gute Antenne für so etwas. »Es ist viel schwerer, als ich gedacht habe, Jules. Und auch ganz schön gefährlich. Wenn man Pech hat, bringt man sich schon beim Fällen der Bäume um.«

Die Antwort war ein langes Schweigen, und ich bereute im selben Augenblick, was ich gesagt hatte.

»Mein Gott, Guy! Warum tust du dir das überhaupt an?«

»Wenn ich das wüsste …«

Für einen Moment war es still, dann schlug Juliet ihren klaren, pragmatischen Tonfall an, den ich an ihr so sehr liebte. »Was soll's, jetzt bist du eben da, und Zweifel bringen dich nicht weiter. Wir brauchen also einen Plan B. Was wird denn, wenn du es nicht schaffst, die Hütte rechtzeitig fertig zu bekommen?«

»Don meint, dass ich den Winter zur Not auch in meinem Zelt überleben kann.« Ich schaute mich um in meinem Zelt; trotz meiner Petroleumlampe war das Licht gerade mal schummrig. »Ich müsste noch eine zweite Plane über das Zelt spannen und dann einen Schutzwall aus Schnee davorschichten.«

Besonders überzeugend klang meine Stimme nicht, auch für mich selbst nicht, und ich konnte mir so ungefähr vorstellen, dass Juliet sich jetzt ausmalte, wie der Vater ihrer Kinder den ganzen Winter über in einem Zelt hauste, und das bei Temperaturen, die gerne mal unter minus 50 Grad fielen. Ihre Stimme klang plötzlich hart: »Sieh zu, dass du diese verdammte Hütte fertigkriegst, Guy. Ich möchte nicht, dass du im Zelt lebst, das ist einfach nicht machbar.«

»Ich geb mein Bestes, Jules, wirklich.«

»Komm, du hast es zu Hause doch auch immer hingekriegt, wenn es darum ging, etwas zu bauen oder zu reparieren. Zumindest solange du eine

Anleitung zur Hand hattest.« Juliet hatte das bestimmt ernst gemeint, aber bei dem Gedanken an meine armseligen Versuche als Heimwerker mussten wir beide doch lachen. Hier ging es darum, ein ganzes Haus zu bauen, und das Einzige, was ich vorher je geschafft hatte, war ein Verschlag für unsere Hühner, der mir, ehrlich gesagt, nicht besonders toll gelungen war. Für einen Moment waren der Ernst der Lage und die Sorgen vergessen, aber als es daran ging, Abschied zu nehmen, war auf beiden Seiten ein Ton der Verzweiflung nicht zu überhören.

Ich stand auf und schaute durch den Zelteingang hinüber zum nackten Boden meiner Hütte. Es hatte angefangen zu regnen, und es versetzte mir einen ordentlichen Schreck, als mir bewusst wurde, dass die Tropfen zu Eis wurden, bevor sie den Boden erreichten. Eis bedeckte auch den See, weiß schimmerte er durch das Dunkel des Waldes. Meine Lage war wirklich deprimierend, und ich musste mir eingestehen, dass ich bisher verdrängt hatte, was jetzt auf mich zukam. Der Winter war nun kurz davor, alles zu ersticken, und ich hatte, von den Bäumen direkt am Camp einmal abgesehen, noch nicht einen einzigen Baum gefällt, geschweige denn zu meiner Baustelle geschleppt. Nachdem ich die Plane über dem Eingang festgezurrt hatte und in den Schlafsack gekrochen war, dachte ich wieder an meine Familie. Ich hatte Frau und Kinder, ich wurde als Vater gebraucht. Was machte ich hier bloß? Ich starrte an die Decke aus Segeltuch über mir – am Firstbalken hatte ich meine Gewehre aufgehängt – und musste an ein finsteres Gedicht von Robert Service denken:

Die Pechkruste des Elends nagend
in der Grube der Verzweiflung suchend
tastet der Zeh bereits nach dem Abzug
und man murmelt noch schnell ein Gebet.

Kapitel 17

HOLZFÄLLER-BLUES

Am nächsten Morgen machte ich mich auf den Weg zu dem Fichtenhain, wo ich das Holz für meine Hütte schlagen wollte. Auf den Schlitten hatte ich die zwei Kettensägen geladen, Sprit für die Motoren und meine Doppelaxt. Meine Mission: 52 Bäume fällen und so schnell wie möglich zum Lager hinaufziehen. Ich baute mich vor der ersten Fichte auf und inspizierte sie nach den Kriterien, die mir Don eingeschärft hatte. Der Stamm musste für einen Balken von fünfeinhalb Meter Länge taugen, noch besser waren zwei. Oben sollte er noch einen Durchmesser von mindestens 25 Zentimetern haben; dass er außerdem gerade gewachsen war, verstand sich von selbst. Gleich mein erster Kandidat war brauchbar, nun blieb die Überlegung, in welche Richtung der Baum fallen sollte. Denn sobald ich die Säge angesetzt hatte, das war mir nur zu bewusst, war ich in Gefahr.

Als Erstes schlug ich alle Äste ab, die ich mit meiner Axt erreichen konnte.* Dann prüfte ich noch einmal, wie mein Baum fallen sollte, und positionierte mich im rechten Winkel zur Fallrichtung. Ein Blick nach oben, um mich zu vergewissern, dass da kein »Witwenmacher« lauerte, also ein morscher Ast, der auf mich herabstürzen konnte, wenn ich anfing zu sägen. Dann ein Blick nach hinten: War der Fluchtweg frei? Wenn der Baum doch nicht fiel wie geplant, musste ich schnell ausweichen können. Aber es war alles okay, es konnte losgehen. Ich schickte ein Stoßgebet in den Himmel und schmiss die Säge an.

* *Die Einheimischen nennen diese Äste am Fuß eines Baums* Squaw Wood, *weil sie sich besonders gut eignen, schnell Feuer zu machen. Das Holz ist reich an Harz – und die Äste direkt über dem Boden sind in der Regel schön trocken.*

Die ersten Schnitte machte ich auf der Seite, zu der hin der Baum fallen sollte, etwa anderthalb Meter oberhalb der Wurzel: zwei diagonal angesetzte Schnitte, etwa 15 Zentimeter tief, die aufeinander zuliefen und ein keilförmiges Holzstück aus dem Stamm trennten. Dasselbe Prinzip eigentlich wie beim Aufschneiden einer Melone. Ich trat einen Schritt zurück, um sicherzugehen, dass alles so weit in Ordnung war, und baute mich auf der anderen Seite des Stammes auf, breitbeinig, damit ich sicher stand. Jetzt setzte ich meine Motorsäge ein klein wenig höher an und sägte abwärts auf die Spitze des Keils zu, den ich vorher herausgetrennt hatte. Ich war ungefähr zehn Zentimeter weit gekommen, als ich ein lautes Knacken hörte. Schnell zog ich die Säge aus dem Spalt, der sich knarrend weiter öffnete, und schlug meine Axt hinein, damit der Baum nicht zurück in meine Richtung kippen konnte. Das Krachen und Knacken wurde lauter, und dann rauschte der Baum mit seinem Astwerk durch die umstehenden Bäume und schlug so heftig auf, dass der Boden unter meinen Füßen bebte. Ich hatte meinen ersten Baum gefällt, und alles hatte gut geklappt. Aber trotzdem wollte sich bei mir kein Gefühl der Zufriedenheit einstellen. Niemand, der ein Herz hat, wird sich jemals über den Tod eines perfekt gewachsenen gesunden Baums freuen.

Um Sprit zu sparen, schlug ich die restlichen Äste mit meiner Axt ab. Ich legte mein Maßband an, markierte die fünfeinhalb Meter, die ich für meine Wände brauchte, und sägte den Stamm an der Stelle durch. Nackt bis auf die Rinde lag mein Balken nun vor mir: grün und schwer, kaum zu bewegen. Ich schaute auf die Uhr; die ganze Prozedur hatte zu lange gedauert. »Einen geschafft, bleiben noch 51«, murmelte ich. Wenn ich in dem Tempo weitermachte, würde ich einen Monat benötigen, allein für die Holzfällerei. Vom Transport zur Baustelle ganz zu schweigen.

Anfangs arbeitete ich langsam und vorsichtig, Baum für Baum, nur einige wenige jeden Tag. Doch meine Handgriffe wurden routinierter, sicherer, bis ich sogar zehn und mehr Stämme am Tag schaffte. Erschöpft und verdreckt kehrte ich abends ins Lager zurück, doch ausruhen konnte ich mich erst, wenn ich auch noch Feuerholz gehackt und mir auf dem Herd eine Mahlzeit zubereitet hatte. Ich hatte aufgehört, Wunden zu zählen und die Splitter, die in meiner Haut steckten. Besonders tiefe Schnitte kurierte ich mit der Fichtenharz-Therapie, die mir Don empfohlen hatte. Der klebrige Saft stoppte die Blutung und versiegelte die Wunde für ein paar Tage wie ein steriler Verband. Und ich verlor ständig weiter an Gewicht: Meine Hose schlackerte schon richtig, harte Arbeit und knappe Rationen hinterließen ihre Spuren, das war nicht zu übersehen.

Neun Tage lang schuftete ich ohne Unterlass, und jeden Abend trug ich in mein Tagebuch ein, wie viele Bäume ich geschafft hatte. Ich hatte Glück mit dem Wetter, vorübergehend war es etwas wärmer und nicht so windig, was die Arbeit gleich deutlich leichter machte.

Ich lernte, meinen Instinkten zu vertrauen. Einmal hatte ich mir einen besonders großen Baum vorgenommen, der Stamm war 21 Meter lang und schön gerade, doch bei meiner Berechnung, wohin er fallen würde, hatte ich mich wohl versehen: Der Koloss kippte – aber auf einen benachbarten Baum. Es musste also auch der Nachbar dran glauben. Ich sägte wie üblich einen keilförmigen Spalt in den Stamm und wollte gerade zum finalen Schnitt ansetzen, als mich etwas innehalten ließ. Ich schaute nach oben und stellte zu meinem Schrecken fest, dass der größere Baum gefährlich schwankte und den kleineren mit seinem enormen Gewicht unter Druck setzte, und zwar direkt über mir. Langsam zog ich die Säge aus dem Stamm und entfernte mich vorsichtig, Schritt für Schritt, aus der Gefahrenzone. Mein Bauchgefühl sagte mir, dass ich diesen Baum besser erst mal in Ruhe lassen sollte. Ich kehrte ins Camp zurück und setzte einen großen Topf mit Wasser auf, um mich zu waschen. Als ich mich abtrocknete, hörte ich das Rauschen einer kräftigen Bö – und dann plötzlich ein lautes Krachen und Splittern. Vorsicht und Geduld hatten sich ausgezahlt.

Bis Mitte September hatte ich 53 Bäume gefällt und dabei nur einen einzigen ruiniert – keine schlechte Quote für einen Anfänger. Und ganz ohne Katastrophen, ich war unverletzt, was sich wie ein kleines Wunder anfühlte. Ich musste meine Euphorie mit jemandem teilen und schaltete mein Satellitentelefon ein, um Don Bericht zu erstatten. Für mich war es ein großer Erfolg, so weit gekommen zu sein, aber ich versuchte, möglichst cool und lässig zu klingen.

»Nicht schlecht«, sagte Don. »Aber es geht gleich weiter: Du kannst dich doch an das Zugmesser erinnern, das ich dir mitgegeben habe?« Er hatte aus der Blattfeder eines Schrottautos eine Art Messer angefertigt, mit dem ich die Rinde von den Stämmen schaben sollte.

»Japp. Hast du eine Ahnung, wie lange ich für den Job brauchen werde, so ungefähr?«

»Nein, zum Teufel«, sagte Don und lachte. »Aber so viel ist klar: Je früher du anfängst damit, desto eher bist du fertig.«

Ich hörte, wie Carol im Hintergrund etwas sagte.

»Ach ja, und viele Grüße auch von Mama«, sagte Don.

»Viele Grüße zurück«, erwiderte ich. »Ich muss Schluss machen, mein Telefon hat nicht mehr viel Saft.«

»Alles klar. Pass auf, dass dich die Bären nicht holen. Und immer schön langsam bei der Arbeit, okay?«

»Klar, mache ich.«

»Charlie meint übrigens, dass wir vielleicht doch noch mal kurz bei dir vorbeikommen können, wenn es weiter so warm bleibt. Auf dem Fluss ist zwar schon Eis, aber nicht so viel. Wir werden's mal versuchen.«

Die Aussicht gab meiner Moral sofort einen Schub, mir war klar, dass wir zu dritt an einem Tag so viel schaffen konnten wie ich allein in einer Woche. »Das wäre natürlich toll, Don. Aber geht meinetwegen bitte kein Risiko ein.«

»Keine Sorge, wir passen schon auf uns auf.«

Am liebsten hätte ich sofort angefangen, die Hütte zu bauen, ohne die Stämme von der Rinde zu befreien. Aber das ging leider nicht, weil sie viele kleine Lebewesen beherbergt, wie etwa den Borkenkäfer. Wenn man die Rinde nicht von den Stämmen schält, zieht man in ein Haus, in dem es von Insekten nur so wimmelt, und nicht wenige Blockhüttenbewohner haben sich später nachts über die seltsamen Geräusche gewundert – von ihren Tausenden kleinen Untermietern, die sich gierig ins Holz fressen. Deshalb muss man beim Entrinden richtig tief gehen und sogar das Kambium entfernen, die Schicht zwischen Borke und Splintholz, bis der nackte und glatte Stamm darunter sichtbar wird. Das Kambium enthält nämlich einen großen Anteil an Zucker, und wenn man es nicht ebenfalls abschält, verschimmelt und verfault einem die Hütte. Das Problem war nur: Im Frühling lag zwischen Holz und Borke noch eine Schicht mit einem dünnflüssigen Saft, die den Job viel leichter machte; eine halbe Stunde, und schon war ein Baum komplett entrindet. Jetzt aber, zum Wintereinbruch, fehlte diese flüssige Trennschicht, Kambium und Rinde hafteten fest am Holz und waren nur mit großer Mühe zu entfernen.

Ich beschloss, mir einen Tag freizunehmen von der Holzfällerei und mich stattdessen um mein Camp zu kümmern, was ich in den letzten Tagen sträflich vernachlässigt hatte. Wenn ich nicht vom schlechten Wetter überrascht werden wollte, das mit dem Wintereinbruch zwangsläufig auf mich zukam, musste ich ein paar Vorkehrungen treffen. Als Erstes brachte ich über meinem Zelt einen weiteren Firstbalken an, um noch eine zweite Plane über die bisherige Konstruktion zu spannen; die Luft zwischen den beiden Lagen Segeltuch sollte eine isolierende Schicht bilden. Das Ergebnis sah vielversprechend aus, aber mir war selbstverständlich klar, dass ich auch so vor den extremen Bedingungen des Winters nur unzureichend geschützt war. Ich schlug ein zweites Zelt auf, ein wenig kleiner, in dem ich sämtliche Werkzeuge und die Rollen mit Dämmstoff verstaute, der später einmal das Dach meiner Hütte abdichten sollte. Als ich sah, wie Fuzzy wieder einmal an seinem Lieblingsbaum das Bein hob, fiel mir ein, dass ich mich auch noch um eine Toilette kümmern musste. Bislang hatte ich mich damit begnügt, alle paar Tage ein neues Loch auszuheben, aber wenn es erst einmal richtig kalt wurde, war das keine Option mehr. Ich stieg den Hügel hinter meinem Lager hinunter und fand eine ebene Fläche, auf der ein paar Weiden standen. Ich wischte Blätter und Astwerk beiseite und stellte fest, dass ich es mit einem festen, sandigen Untergrund zu tun hatte – ideal für meinen Zweck. Ich machte mich ans Graben, und bereits eine Stunde später stand ich in einer Grube, die so tief war, dass ich nicht mehr über den Rand gucken konnte.

Von oben schaute Fuzzy auf mich herunter, mit einem verblüfften Ausdruck im Gesicht. Ich sah den düsteren grauen Himmel über mir und die nasskalten Wände vor meiner Nase und spürte plötzlich einen Anflug von Panik. Hatte ich meine Grube so tief gebuddelt, dass ich jetzt nicht mehr herauskam? »Oh, Gott – bitte nicht!«, rief ich laut und drehte mich im Kreis wie ein Gefangener in seinem Kerker. Waren die Wände eigentlich fest genug? Oder würden sie kollabieren und mich hier begraben? Konnte man sich überhaupt noch ein peinlicheres Schicksal vorstellen, als am Grund der eigenen Latrine zu verenden? Wie so oft, wenn ich in Gedanken durchspielte, welche Katastrophe mich als Nächstes ereilen würde, sah ich schon die Schlagzeilen in den Zeitungen vor mir: *Britischer Abenteurer schaufelt sich sein eigenes Grab*. Unfassbar, wie blöde man sich anstellen kann. »Jetzt ganz ruhig bleiben«, redete ich mir selbst gut zu. »Denk nach, wie du hier wieder rauskommst.« Vielleicht, wenn ich auf den Griff meines Spatens stieg? Ich lehnte ihn schräg gegen die Wand der Grube, aber als ich den Spaten mit meinem Gewicht belastete, krachte alles zusammen und ich landete am Boden meines Latrinenlochs. Alles, was ich damit bewerkstelligt hatte, war, einen großen Haufen Erde aus der Wand zu brechen.

Einen Moment lang war ich so perplex, dass ich nicht mehr klar denken konnte. Vor meinem geistigen Auge sah ich bereits einen Bären, der oben an der Grube erschien und sein Glück nicht fassen konnte. Würde er mit seinen Tatzen nach mir schlagen – oder gleich zu mir ins Loch gesprungen kommen? Das Szenario war nicht völlig aus der Luft gegriffen, und diese Erkenntnis rüttelte mich schließlich auf. Mit meinem großen Messer hackte ich Fußlöcher in eine der Grubenwände, soweit meine Arme nach oben reichten. Dann stieg ich vorsichtig von Loch zu Loch. Das Erdreich gab unter meinem Gewicht zwar nach, aber es trug mich lange genug, dass ich jeweils die nächste Stufe erreichte. Mit einem letzten Schwung wuchtete ich mich über die Kante und blieb erst einmal liegen, mit dem Gesicht auf dem Boden genoss ich das Gefühl der Freiheit. Ich war meinem eigenen Kerker entronnen. Fuzzy stupste mich mit seiner feuchten Nase an, als wollte er sagen: »Komm, steh schon auf – und mach nicht so ein Drama daraus.«

Zurück am Zelt machte ich eine kurze Inventur meiner Lebensmittelvorräte; viel war nicht mehr da. Wasser hatte ich genug, dank der Kälte, ich musste mir einfach nur einen Klumpen Eis vom See holen und auf dem Ofen schmelzen. Aber mein Proviant ging langsam zur Neige. Ein paar Tüten Mehl und Reis hatte ich noch, Kartoffeln und getrocknete Bohnen. Immerhin würde mein Vorrat an Teebeuteln und Kaffee noch lange reichen, auch Speiseöl sollte so schnell nicht knapp werden. Bizarrerweise fand ich außerdem drei kleine Gläser Honig in Form eines Bären (warum zum Teufel hatte ich die bloß gekauft?), eine einsame Dose Kondensmilch sowie eine Packung mit dem Saft von acht sizilianischen Zitronen. Letztere hatte mir meine Mutter geschickt, aus Angst, ich könnte in der Wildnis an Skorbut eingehen.

Dass ich so viel Speiseöl besaß, war natürlich eine gute Nachricht: Ich würde alles, was mir vor die Flinte kam, braten können. Trotzdem: Insgesamt war eher mager, was ich in meinen Proviantkisten gefunden hatte, und ich konnte nur von Glück sagen, dass ich zu Hause schon früh kochen gelernt hatte und selbst aus den allerletzten Resten ein anständiges Mahl zubereiten konnte. Bis ich zu meinem nächsten Versorgungstrip nach Galena aufbrechen konnte, würde noch eine Weile vergehen; erst musste der Fluss ganz zugefroren sein. Eines stand damit also fest: Ich musste öfter jagen gehen, wenn ich mit meinen Vorräten hinkommen wollte.

Die Nacht legte sich bereits über den Wald, als ich mich auf den Weg machte, das 22er-Jagdgewehr über der Schulter und Fuzzy an meiner Seite. Ich ließ meinen Blick wandern, von rechts nach links, vom Unterholz zu den Bäumen, damit mir keine Bewegung entging. Aber da war nichts, der Wald schien vollkommen verlassen zu sein. Wo waren sie denn jetzt, die Hühner? Bei der Vorstellung, dass so ein Vogel schon bald mit ein paar Kartoffeln in meiner schweren Pfanne braten würde, schwarzen Pfeffer dazu und etwas Salbei und Rosmarin, lief mir das Wasser im Mund zusammen. Plötzlich lautes Geschnatter, direkt über mir, ein Eichhörnchen auf einem Fichtenzweig. Leise lud ich das Gewehr, stützte mich an einem Baum ab, zielte und schoss. Dumpf der Aufschlag auf dem Waldboden, das Tier war wenigstens schnell gestorben.

»Apport!«, rief ich, doch Fuzzy schaute mich nur verständnislos an. Also stakste ich ins Gebüsch und holte das Tierchen eben selbst. Ich war froh, dass es nicht lange leiden musste, und gleichzeitig enttäuscht darüber, wie klein meine Portion fürs Abendessen sein würde. Zurück am Lager häutete ich das Eichhörnchen, nahm es aus und briet das Fleisch mit Olivenöl und ein wenig Knoblauch; als Beilage gab es Reis. Vergeblich versuchte ich, mir einzureden, dass ich es mit einer ausgesuchten Köstlichkeit zu tun hatte, musste dann aber doch zugeben, dass meine Mahlzeit eher fad gelungen war. Hoffentlich würde mein nächster Jagdausflug erfolgreicher verlaufen. Dieses Mal war es viel Arbeit gewesen für ein überschaubares Vergnügen.

Der nächste Tag war wieder sehr mild, und nach einem schnellen Frühstück – Haferbrei und Kaffee mit viel Zucker – machte ich mich erneut an die Holzfällerei. Es war Zeit, die Stämme zu entrinden. Ich stellte mich über den ersten Stamm und setzte das Zugmesser an. Die Klinge schnitt durch die Borke, bis sie auf das feste Splintholz darunter stieß. Mit aller Kraft zog ich die beiden Griffe des Messers auf mich zu, und tatsächlich ringelte sich ein Streifen aus Rinde und Kambium über meiner Klinge. Darunter kam das nackte, helle Holz zum Vorschein, und gleichzeitig stieg das wunderbare Aroma von Harz auf. Mehr als 30 Zentimeter am Stück schaffte ich allerdings nicht, dann musste ich die Klinge erneut ansetzen. Es dauerte nicht lange, bis ich die Anstrengung in den Händen und vor allem in den Gelenken spürte.

Tagelang machte ich nun nichts anderes, als die Rinde von meinem Bauholz zu schälen. Es war eine echte Knochenarbeit, und ich kam nur quälend langsam voran, was mich zunehmend deprimierte. Manchmal spürte ich die Stille der Wälder so intensiv, dass ich meine Arbeit unterbrechen musste. Ich setzte mich auf einen der frisch geschälten Stämme und lauschte dem Nichts, das mich umgab. Die permanente Anstrengung machte mir zu schaffen, auch psychisch, ich war extremen Stimmungsschwankungen ausgesetzt. Mal war ich glücklich, wie gut ich vorankam, und dann wieder sehr niedergeschlagen, übermannt könnte man fast sagen, von den Strapazen und Schmerzen, die ich mir selbst zugefügt hatte. Der Wald war wie immer, düster und still. Jederzeit, dachte ich, konnte es passieren: dass sich ein großer Braunbär über den moosigen Boden an mich heranpirschte, um mich von hinten zu überfallen.

Kapitel 18

UNHEIMLICHE BEGEGNUNG IM UNTERHOLZ

Am Ende eines jeden Tages schaute ich zufrieden auf meinen Stapel mit entrindetem Holz, der wieder ein wenig gewachsen war. Die glatten, hellen Stämme lagen im Unterholz zwischen ihren dunklen, noch nicht geschälten Verwandten, was mich seltsamerweise an britische Urlauber erinnerte, die sich an einem Strand in Spanien niedergelassen hatten, auffällig bleiche Leiber zwischen den vielen sonnengebräunten Gestalten. Die ständige Schufterei hatte bei mir Spuren hinterlassen, die nicht mehr zu übersehen waren: Ich wurde immer dünner, und dann stellte ich eines Morgens auch noch fest, dass mir eine Hand nicht mehr gehorchte, wie sie sollte. Meine Finger waren ganz taub, und als ich die Hand kurz zur Faust ballte, wollten sich zwei Finger danach nicht mehr strecken. In den folgenden Tagen musste ich jedes Mal mit der anderen Hand nachhelfen, wenn ich die beiden Finger für einen neuen Job brauchte.

Dann saß ich ein paar Tage später beim Frühstück im Zelt, als ein Schuss die Stille zerriss. Erschrocken sprang ich auf und wartete auf den nächsten Knall, um zu hören, woher die Schüsse kamen, aber es blieb ruhig. Ich steckte mir vier Patronen zusätzlich in die Hosentasche und machte mich auf den Weg zur Arbeit. Ich hatte an einem zweiten Platz angefangen, Bäume zu fällen und zu entrinden, den ich meinen »Zauberwald« getauft hatte. Die Fichten standen hier dicht an dicht, und der Waldboden war mit einem dunklen Moos überzogen. Dieser Teppich und das Dickicht darüber schienen jedes Geräusch zu verschlucken, nirgends war der Wald so still wie hier. Ich nahm mir den Stamm vor, der am nächsten zum Pfad lag, doch nur kurze Zeit später mischten sich ungewohnte Geräusche unter mein Hacken und Schaben. Eindeutig: Stimmen. Kaum hatte ich mich aufgerichtet, sah ich zwei Indianer auf mich zukommen, die Ärmel hochgekrempelt, die Unterarme mit Blut verklebt. Ich unterbrach meine Arbeit und hob meine Hand zum Gruß.

Der Größere der beiden kam direkt zur Sache: »Wer hat diesen Weg durch den Wald geschlagen?« Sein Tonfall klang neutral, doch ich war nicht sicher, wie die beiden auf meine Antwort reagieren würden.

»Nun, ähm – das war ich.«

Er zeigte mir seine vom Kautabak geschwärzten Zähne und spuckte aus. »Hast du ganz gut hingekriegt.«

»Danke«, sagte ich und wartete erst mal ab. Aus meinen bisherigen Gesprächen mit Indianern hatte ich gelernt, dass sie sich auf das absolut Notwendige beschränken; es werden keine Höflichkeitsfloskeln ausgetauscht. Also schwiegen beide Seiten, und die Männer schauten sich den Fremden gründlich an. Dann ergriff der Kleinere von beiden das Wort: »Dein Weg hat uns geholfen, einen Elch zu erwischen. Und jetzt kriegen wir ihn auch leichter zum Fluss runter.«

»Freut mich für euch«, sagte ich. An den Schuss konnte ich mich nur zu gut erinnern. »Gleich heute Morgen war das, oder?«

»Yeah, wir haben ihn am Grassee erlegt. Gutes Fleisch, und wir sind froh, dass wir ihn noch schießen konnten, bevor die Jagdsaison in zwei Tagen vorbei ist.«

Der Größere fischte eine Blechdose aus der Tasche. »Kaust du?«

»Leider nein«, sagte ich. »Aber ich hab Whisky. Wollt ihr einen Schluck?«

Beide hoben abwehrend ihre Hände. »Scheiße, bloß nicht!«, sagte der Größere. »Wir Indianer drehen bloß durch, wenn wir das Zeug trinken.«

Wir lachten, auch wenn der Grund für seine Bemerkung ausgesprochen finster war; Alkoholismus bei den Indianern ist eine wirklich traurige Geschichte, bis heute, und eigentlich kein Thema, über das man Witze machen sollte. Es sei denn, die Indianer fangen selbst damit an.

»Was machst du hier?«

»Ich baue eine Hütte.«

»Und du lebst in den Wäldern?«

»Ja. Ein Mann aus Galena hat mir geholfen. Don Lowe – den kennt ihr bestimmt, oder?«

»Klar doch. Kennt sich richtig gut aus in den Wäldern, kannst von Glück reden, dass er dir hilft. Und bleibst du hier, wenn die Hütte fertig ist?«

»Ja, aber nur für den Winter. Dann muss ich zurück zu meiner Familie.«

»Du hast Familie?« Der Kleinere pfiff durch die Zähne. »Ja, das ist hart.«

Wieder Schweigen, dann deutete der Große auf die Baumstämme. »Hast du die Rinde abgeschält?«

»Ja«, sagte ich, leicht verlegen, weil ich mir ganz und gar nicht sicher war, ob das Ergebnis meiner Arbeit sonderlich professionell aussah.

»Sieht doch gut aus«, sagte er. »Wie willst du das Holz hoch zum Camp schaffen?«

Ich zuckte mit den Schultern. »Weiß ich noch nicht.«

Die beiden schauten sich an und lachten.

»Wir brauchen mehr weiße Männer von deiner Sorte hier.«

»Wieso?«

»Na, du kommst hier an, schlägst einen Weg durch den Wald, baust 'ne Hütte – und dann verschwindest du wieder.«

Wir lachten zusammen, und dann beugte ich mich wieder über meine Arbeit.

Als die beiden abmarschierten, rief der Große mir noch etwas zu. »Hey, die Bärenspuren hast du gesehen, oder?«

Ich schaute auf. »Nee, noch nicht.«

»Dann pass gut auf dich auf. Wir haben weiter unten am Weg 'ne Menge Spuren gesehen, direkt am Fluss. Wann warst du denn das letzte Mal da unten?«

Ich dachte kurz nach. »Vor drei Wochen ungefähr.«

»Vor drei Wochen?« Er schüttelte den Kopf. »Tja, auch die Bären sind auf deinem schönen neuen Weg unterwegs, also sei vorsichtig. Unseren Elch haben wir übrigens in einen Baum hochgezogen – den holen wir morgen mit dem Quad ab.« Und damit verschwanden sie im Wald.

Als es zu dunkel wurde, um weiterzuarbeiten, hängte ich mein Ziehmesser in einen Baum. Ein paar Tage noch, dann war das Entrinden geschafft. Die Warnung der Indianer ging mir nicht aus dem Kopf, und auf dem Weg zurück ins Lager behielt ich das Unterholz links und rechts meines Pfads besonders aufmerksam im Blick. Plötzlich blieb Fuzzy stehen wie angewurzelt, er fletschte die Zähne und knurrte, dass mir das Blut in den Adern stockte.

Ich nahm mein Gewehr von der Schulter und legte eine Patrone mit Bärenkugeln ein. Fuzzy schlich langsam weiter, die Nase am Boden, bis er vor einem großen schwarzen Haufen stehenblieb, der in der eiskalten Luft dampfte. Ein Bär, und er war gerade noch hier gewesen. Hatte er mich gesehen? Stand er irgendwo im Unterholz und beobachtete mich? Laut mit mir selbst redend und in die Hände klatschend, damit das Biest mich hören konnte, lief ich weiter in Richtung Camp.

Als ich das Lager erreichte, war es bereits zappenduster; schwarze Wolken waren aufgezogen, und es hatte begonnen zu regnen. Erschöpft, wie ich war, spannte ich das Segeltuch auf, um Wasser zu sammeln, und lud auch meine Pumpgun mit den schweren Kugeln, bevor ich es mir gemütlich machte. Bevor ich in den Schlafsack kroch, rief ich kurz bei Don an. Eigentlich hatte ich nur eine technische Frage zu meinem Hüttenbau, doch was er mir dann zu berichten hatte, war noch um einiges wichtiger: Seine Tochter Jenny war mit einem Kollegen über mein Camp hinweggeflogen, es ging wohl darum, die Elche in der Gegend zu zählen, und dabei hatten sie einen großen Braunbären gesichtet, nicht weit von meinem Lager entfernt. Verständlicherweise machte mich diese Nachricht ziemlich nervös, und ich tat in dieser Nacht kaum ein Auge zu. Ich war zwar gut bewaffnet, aber wenn der Bär still und leise in mein Zelt eindrang und mich im Schlaf überraschte, hatte ich keine Chance, mich noch zu verteidigen. So angestrengt lauschte ich auf jedes Geräusch, dass mir das leiseste Knacken unwirklich laut vorkam. Für mich hörte sich plötzlich alles an wie ein Bär, der im Lager herumschnüffelte.

Die Bären im Landesinneren von Alaska gelten als besonders aggressiv, was wohl damit zu tun hat, dass es für sie vergleichsweise schwierig ist, ausreichend Nahrung zu finden. Es gibt zahlreiche Berichte über Angriffe auf Menschen, doch eine Geschichte ist besonders grausam. Sie handelt von einem jungen Paar, das zu Besuch bei einer Familie war, der eine kleine Hütte an einem See gehörte. Mit dem nötigen Proviant im Kanu hatte das Paar den See überquert und wollte gerade die letzten Meter zur Hütte gehen, als ein großer Schwarzbär aus dem Gebüsch auf sie zukam. Irgendwie gelang es den beiden, schnell auf das Dach der Hütte zu klettern und den Bären abzuwehren, der schon seine Tatzen nach ihnen ausstreckte. Stundenlang harrten sie dort oben aus, bis das Raubtier schließlich aufgab und im Wald verschwand. Was tun? Die jungen Leute überlegten nur kurz und entschieden sich, das Risiko einzugehen: Er würde vom Haus springen, zum Boot sprinten und Hilfe holen; sie würde auf dem Dach, wo sie in Sicherheit war, auf die Kavallerie warten. Tatsächlich gelangte der junge Mann wie geplant zum Kanu, doch als er mit den Helfern zurückkehrte, war seine Liebste tot. Der Bär hatte sie vom Dach gezerrt und nicht weit von der Hütte zerfleischt.

Was soll man tun, wenn man einem Bären gegenübersteht? Die aktuell empfohlene Strategie hat sich oft bewährt und wird regelmäßig angepasst, wenn die Experten neue Hinweise haben, was möglicherweise besser funktionieren könnte. Bei Braunbären und Grizzlys soll man unbedingt ruhig bleiben, jede hektische Bewegung vermeiden und gleichzeitig mit dem Tier reden, um ihm zu zeigen, dass man ihm nichts Böses will. Hollywood zeigt uns gerne Bären, die sich auf die Hinterbeine stellen, bevor sie auf ihre Opfer losgehen. Tatsächlich richten sich die großen Raubtiere nur dann auf, wenn sie sich einen Überblick verschaffen oder ihre Nase in den Wind halten wollen. Ein Bär wird auch immer versuchen, sich so zu positionieren, dass der Wind den Geruch eines Menschen zu ihm trägt. Sobald er die Witterung aufgenommen hat und weiß, mit wem er es zu tun hat, lässt er sich wieder auf alle vier Tatzen fallen. Und dann kommt der kritische Moment: Trollt er sich? Oder kommt er näher ran? Wer so klug war, eine Waffe mitzunehmen, sollte sie jetzt in Anschlag bringen. Wenn es gut läuft, kommt der Bär langsam näher und bietet einem die Gelegenheit zu schießen. Entscheidet sich der Bär jedoch für die frontale Blitzattacke, hilft nur noch beten, denn die Biester bewegen sich so schnell und geschmeidig wie Raubkatzen. Man hat neben ihren angefressenen und zerfetzten Opfern schon häufig genug ein Gewehr mit verbogenem Lauf gefunden – die Waffe hatte unter der Wucht des Aufpralls nachgegeben. Bei der offiziellen Untersuchung solcher Fälle stellte man meistens fest, dass die Opfer zwar noch eine Patrone in den Lauf bekommen hatten, doch dann war ihnen nicht mehr genug Zeit geblieben abzudrücken. Experten raten einem deshalb, rechtzeitig einen Punkt zu definieren – einen Baum, Ast oder auffälligen Stein – und wenn der Bär diese Marke passiert, sofort zu schießen.

Wer als Greenhorn in die unangenehme Lage gerät, einem Bären im Nahkampf gegenüberzustehen, sollte versuchen, so viele Kugeln wie irgend möglich auf die Brust des Bären zu feuern, um ihn noch rechtzeitig zu stoppen.

Wer keine Schusswaffe zur Hand hat, sollte gar nicht erst versuchen, sich zu verteidigen – auch wenn es immer wieder Geschichten von Männern gibt, die den Kampf angenommen und schwer verletzt überlebt haben. Für uns Normalsterbliche bleibt nur eine Hoffnung: Wir müssen uns tot stellen, mit dem Gesicht nach unten, Beine und Ellbogen leicht angewinkelt, die Hände zum Schutz über den Hals gelegt, alle Muskeln angespannt. Warum ausgerechnet diese Haltung? Damit einen der Bär nicht so leicht auf den Rücken drehen kann. Früher hieß es immer, dass man sich zusammenrollen soll, um Gesicht und Brust zu schützen – was aber nur dazu führte, dass die Bären ihre Opfer wie einen Ball durchs Unterholz kugelten. Auf einen Baum zu klettern, ist ebenfalls keine gute Idee, weil Bären das im Zweifel besser können als wir. Es gibt zwar durchaus Fälle, wo Menschen sich auf einen Baum flüchten konnten, um dann aus sicherer Höhe den Bären zu erlegen. Aber meistens hat er seine Opfer erwischt, bevor sie auch nur auf den ersten Ast gekommen sind. Weglaufen ist sowieso das Schlechteste, das man tun kann, denn erstens weckt man so den Jagdinstinkt der Bären, und zweitens können sie verdammt schnell rennen, mehr als 50 Kilometer pro Stunde, wenn sie es eilig haben. In der Regel fährt man also besser, wenn man sich einfach tot stellt. Der Bär überzeugt sich, dass von der Gestalt am Boden keine Gefahr ausgeht, und zieht friedlich weiter.

Bei Schwarzbären muss man hingegen eine völlig andere Taktik anwenden. Sich tot zu stellen, ist bei diesen Räubern, als würde man ihnen einen Leckerbissen auf dem Tablett servieren. Bei einem Schwarzbären bleibt einem keine andere Wahl: Man muss um sein Leben kämpfen. Und anders als Braunbären, die schon mal eine halbe Tonne Masse mitbringen, wiegen ihre schwarzfelligen Verwandten nur etwa die Hälfte – ganz ohne Chance ist man also nicht. Trotzdem muss man sich immer wieder vergegenwärtigen, wie unberechenbar Bären sind, egal mit welcher Spezies man es zu tun bekommt. Was man mit einiger Sicherheit vorhersagen kann, ist lediglich, dass sie zur Übellaunigkeit neigen. Richtig ungenießbar sind sie, wenn sie gerade aus dem Winterschlaf aufwachen oder wenn sie eine Mahlzeit verteidigen. Und wenn sie Junge haben, sollte man sich erst recht nicht mit ihnen anlegen. Ich hatte mir jedenfalls vorgenommen, mich immer an die bewährte Doppelstrategie zu halten: Bären gehe ich lieber aus dem Weg, und für den Fall, dass mir doch einer über den Weg läuft, trage ich eine Waffe mit möglichst großem Kaliber. Genau so machen es die Einheimischen, deshalb hört man auch so selten von echten Alaskanern, die von Bären getötet werden.

Ein besonders krasser Fall einer Bärenattacke hat sich vor etwas mehr als zehn Jahren im Katmai National Park auf der Alaska-Halbinsel zugetragen. Es ist die Geschichte von Timothy Treadwell, die auf tragische Weise sogar besonders ausführlich dokumentiert wurde.* Treadwell hatte dreizehn Sommer unter Grizzlys in der Wildnis gelebt und sie gefilmt. Der selbsternannte Bärenexperte war der Meinung, dass die gewaltigen Raubtiere keine Gefahr für den Menschen darstellten, und ignorierte alle Warnungen, einen Sicherheitsabstand zu den Bären zu halten. Er bewegte sich unter den Bären, als gehöre er dazu, er schwamm mit ihnen im Fluss, berührte sie sogar und flüsterte ihnen Botschaften ins Ohr. Im Herbst 2003, es war kurz vor der Abreise, hatten Treadwell und seine Freundin Amie Huguenard ihr Lager in der Nähe eines Lachsflusses aufgeschlagen, um die Bären beim Fischen zu beobachten. Als sich ein großer Braunbär ihrem Camp näherte, trat Treadwell vor das Zelt, um mit dem Neuankömmling zu »kommunizieren«. Huguenard filmte die Begegnung, bis der Bär ihren Lebensgefährten plötzlich umschubste und anfing, ihn aufzufressen. Huguenard ließ die Kamera fallen und rannte hinaus, um ihm zu helfen; auch sie wurde getötet. Die Kamera lief weiter und zeichnete die entsetzlichen Schreie der beiden auf. Es dauert lange, von einem Bären getötet zu werden. Die Tiere fressen zunächst die unteren Gliedmaßen und arbeiten sich dann weiter nach oben vor. Timothy Treadwell muss unermessliche Schmerzen erlitten haben; auf der Tonspur der Kamera ist sein Flehen zu hören, endlich sterben zu dürfen. Sein Todeskampf dauerte mehr als eine Stunde.

* *Die Geschichte von* Timothy Treadwell *hat der deutsche Regisseur Werner Herzog 2005 in seiner Doku »Grizzly Man« erzählt. Herzog hat das Videomaterial Treadwells verarbeitet sowie Bärenforscher und Einheimische interviewt.*

Als ich am nächsten Morgen den Pfad hinunterlief, um mich wieder ans Schälen meiner Baumstämme zu machen, hatte sich meine Nervosität noch immer nicht gelegt. Meine schwere 45/70er hatte ich mir auf den Rücken geschnallt, und da sollte sie auch während der Arbeit bleiben. Das war zwar nicht gerade bequem, aber ich fühlte mich sicherer so. Die Tiere spürten schon fast so etwas wie Panik, dass die Kälte bald kam, und mir ging es genauso. Ich wusste, dass auch die Bären jetzt besonders gereizt sein würden; auch ihnen blieb nur wenig Zeit, sich Fettreserven anzufuttern für den Winterschlaf.

Um die Mittagszeit kamen die beiden Indianer noch einmal vorbei, diesmal auf einem uralten Quad; beide trugen halbautomatische Jagdgewehre. Ich legte eine Pause ein. Wir plauderten und kauten auf Trockenfisch, bevor sie sich auf den Weg zu ihrem Elch machten. Ungefähr eine halbe Stunde später hörte ich Schüsse. Ich legte das Zugmesser zur Seite und horchte. Wieder einige Salven. Ich fürchtete, dass sie von einem Bären angegriffen worden waren, also rannte ich so schnell ich konnte meinen geschlungenen Pfad hinunter, durch den dunkler werdenden Wald, immer den Spuren ihres Quads hinterher. Aus dem Augenwinkel sah ich einen großen Schatten im Unterholz – die dunkle Fleecejacke eines Jägers? Ich rief: »Hey, alles in Ordnung?«

Zu meinem Entsetzen drehte sich ein großer Bär zu mir um und fixierte mich mit seinen kleinen Augen. Aber es kam noch schlimmer: Es war offensichtlich ein Weibchen, denn neben ihm standen zwei Jungtiere im Unterholz. Ich hatte also gleich zwei Kardinalfehler auf einmal begangen: einen Bären überrascht, und das auch noch in Begleitung seines Nachwuchses, eine üblere Konstellation gab es nicht. Meine Schreckstarre hielt nur kurz an, zum Glück. Ich lud das Gewehr, legte an – und in diesem Moment ließ sich die Bärin auf ihre vier Pfoten fallen und kam durch das Gebüsch direkt auf mich zu. Doch dann richtete sich das Tier wieder auf und versuchte, meine Witterung zu erfassen. Einige Sekunden stand die Bärenmutter still, und meine Gedanken flossen so zäh wie Sirup, während ich mich auf das Schlimmste gefasst machte. Plötzlich machte sie kehrt und verschwand im Gebüsch, die beiden Jungen hinterher. Wie versteinert blieb ich mit dem Gewehr im Anschlag stehen.

Als ich die Patrone mit zitternden Händen aus dem Lauf holte, fiel sie mir herunter. Ich starrte auf den Boden, perplex, dass ein glänzendes Stück Messing so vollkommen spurlos verschwinden konnte. Ich war noch dabei, im Gras zu stöbern, als die Jäger auf mich zugefahren kamen; den zerlegten Elch hatten sie auf das Quad gebunden. Sie stellten den Motor ab und musterten mich respektvoll. Nach einem Moment der Stille wurde mir klar, dass sie mich offenbar für einen Kenner hielten, der die Spuren des Bären inspizierte. Ich wollte ihnen die Illusion nicht nehmen und verschwieg, dass ich lediglich nach einer Patrone gesucht hatte.

Die beiden Indianer stiegen vom Quad. »Hast du was gesehen?«, fragte der Kleinere.

Ich musste ihnen ja nicht auf die Nase binden, dass ich den Bären zuerst für einen Jäger gehalten hatte. »Hm, ja«, erwiderte ich und nickte in Richtung Unterholz wie ein weiser alter Mann. »Eine Bärenmutter. Mit zwei Jungen.«

»Ja, Mann. Die haben wir auch gesehen«, sagte der Größere. »Das waren auch schon ziemlich große Jungen. Und die Mutter wollte sich über unseren Elch hermachen. Hatte schon das Fleisch in ihren Fängen.«

»Habt ihr auf sie geschossen?«, fragte ich.

Er stopfte sich etwas Kautabak unter die Lippe. »Nee, was sollen wir mit dem Bärenfleisch, wir haben auch so schon genug zum Schleppen. Wir müssen ja noch 300 Meilen den Fluss runter.«

Ich nickte. »Dann werde ich wohl weiterhin die Augen offen halten.«

Beide schauten mich mit ernster Miene an. »Und ob.«

Sie wollten schon losgehen, als der Größere etwas am Waldboden entdeckte. »Ist das deine Patrone?«, fragte er.

»Oh, tatsächlich, das ist meine«, erwiderte ich. »Danke.«

Als ich die Patrone wieder ins Magazin schob, verzog sich sein Mund zu einem Lächeln. Er hatte mich durchschaut, aber er war gnädig. »Hey - und danke, dass du gekommen bist, um uns zu helfen.«

»Nicht der Rede wert«, entgegnete ich.

»Also, hast du dir inzwischen überlegt, wie du die Baumstämme in dein Lager bekommen willst?«

»Ich hatte mir überlegt, den Motor der Kettensäge als Winde zu nehmen.«

»Scheiße, Mann. Das dauert doch ewig.«

»Ich weiß. Aber was soll ich sonst machen?«

Er schaute einen Moment auf den Boden und schien nachzudenken, dann sagte er: »Wir lassen dir das Quad hier. Hast du genug Seil?«

»Ja.«

»Und Benzin?«

»Auch, aber nicht viel.«

»Gut. Du kannst das Ding haben. Wird sowieso bald schneien, und dann fahren wir ohnehin nur mit dem Schneemobil. Das Quad brauchen wir erst wieder im nächsten Sommer.«

»Seid ihr sicher?« Die Maschine sah zwar ganz schön mitgenommen aus, aber sie würde mir bei der Arbeit mit ihrem Vierradantrieb eine große Hilfe sein. Ich konnte mein Glück kaum fassen.

»Klar, Mann. Wir brauchen es erst mal nicht. Nimm du's.«

Die beiden stiegen wieder auf ihr Quad und tuckerten mit der Ladung Elchfleisch meinen Weg hinunter. Ich lief ihnen hinterher und half ihnen am Fluss, das Boot zu beladen. Es war bereits kalt, ein erbarmungsloser Ostwind war aufgezogen, und ich musste zugeben, dass ich ziemlich neidisch war, als ich sah, wie sie in ihrem beheizten Steuerhaus verschwanden und den Motor anließen. Fuzzy drückte sich gegen mein Bein, und wir mussten wohl ein trauriges Bild abgegeben haben, denn die Indianer kramten in einer Kiste, und der Große kam noch einmal heraus zu uns, ein Paket in der Hand. »Hier, für euch. Süßkram, Bier, Munition für 'ne 22er und Fischstäbchen«, sagte er und reichte mir das Paket über den Bug.

»Hey, danke – das ist großartig«, sagte ich und akzeptierte das Geschenk ohne Protest. Wenn ich meine Vorräte aufstocken konnte, war mir alles recht, bloß keine falsche Bescheidenheit.

Der Jäger trat einen Schritt zurück und musterte mich. »Brauchst du 'ne Frau?«

Da machte ich große Augen und hob abwehrend die Hände: »Ähm ... nein danke, ich hab schon eine.«

Er legte den Kopf zur Seite und schaute mich mit hochgezogener Augenbraue an. »Ja ... und?«

»Also ... nee, wirklich. Ich komm schon zurecht.«

Er lächelte, hob einen Zeigefinger und verschwand noch einmal kurz im Steuerhaus; ich sollte einen Moment warten. Als er wieder herauskam, drückte er mir eine Ausgabe des *Playboy* in die Hand. »Hier, falls dir irgendwann das Klopapier ausgeht«, sagte er mit einem komplizenhaften Grinsen. »Du kannst dir den Hintern natürlich auch mit Moos abwischen und das Heft für was anderes aufheben.« Behände sprang er ans Ufer, gab dem Boot einen Schubs hinaus auf den Fluss und sprang wieder an Bord.

Ich setzte mein Paket auf dem gefrorenen Sand ab. »Danke!«, rief ich und winkte ihnen mit dem Männermagazin. »Vor allem für das hier. Das kann ich gut gebrauchen – zum Feuermachen.«

Lachend klatschten mir die beiden zu. Dann drehten sie ihr Boot in Fahrtrichtung, gaben Vollgas und brausten davon.

Ihr Propeller zog eine helle, cremefarbene Spur ins Schlammbraun des Flusses, und ich schaute ihnen nach, bis sie aus meinem Sichtfeld verschwunden waren. Mit einem Schaudern merkte ich, dass meine zwei alten Weggefährten sofort wieder da waren – Einsamkeit und Angst. Alles um mich herum erschien mir hart und kalt: Der Fluss war wie zusammengeschrumpft, er hatte viel Wasser verloren und floss träge zwischen dunklen Ufern aus schwarzem, gefrorenem Schlick. Weiden und Erlen hatten alle Blätter abgeworfen, und auch die Pappeln waren bis auf ein paar fahle Büschel ganz kahl. Als ich so auf die steile Böschung starrte, wurde mir plötzlich klar, dass ich eine Art Rampe graben musste, wenn ich auch bei starkem Frost von meinem Weg an den Fluss runterkommen wollte. Sonst würde das eine gefährliche Rutschpartie werden. »Verdammt, noch mehr Arbeit«, murmelte ich und machte mich auf den Rückweg zum Camp.

Als ich mein kostbares Paket griff, sah ich das schlanke, sonnengebräunte Frauenbein auf der Titelseite des *Playboy,* und meine Gedanken wanderten zu einem Thema, das für mich seit Ewigkeiten so gar keine Rolle gespielt hatte. Nicht nur, dass ich seit Monaten keinen körperlichen Kontakt zu meiner Frau gehabt hatte und komplett abgeschnitten war von den Freuden, die das Zusammenleben bringen kann – in meinem Leben fehlte ganz generell der zivilisierende Einfluss von Frauen. Seit meiner Ankunft in Alaska lebte ich in einer Welt, die total macho war: Blut und Angst, Waffen und Gewalt waren meine täglichen Begleiter. Mir wurde plötzlich bewusst, wie sehr ich meine Frau vermisste, ihre sanfte und doch pragmatische Art und Weise, an Dinge heranzugehen. Gleichzeitig musste ich bei dem Gedanken an die beiden Indianer lächeln, die mir eine Frau ins Lager bringen wollten. Wie das wohl gelaufen wäre, wenn ich Ja gesagt hätte? Und wäre ich als Single vielleicht sogar in Versuchung geraten? Vor mir lagen immerhin lange, dunkle Monate der Einsamkeit. Stattdessen betrachtete ich meinen goldenen Ehering, der an meiner geschundenen Hand besonders hell zu glänzen schien. Es fühlte sich gut an, den Ring zu tragen; er war für mich wie ein Talisman – und eine ständige Erinnerung daran, dass zu Hause jemand auf mich wartete. Falls ich das jemals vergessen sollte.

KAPITEL 19

ZEIT FÜR NEUE MÖBEL

Die Jäger hatten mir zusätzlich knapp 75 Liter Benzin dagelassen, und ich zog die Kanister in bewährter Manier zehn Meter hoch in einen Baum, um sie vor den Bären in Sicherheit zu bringen. In den ersten Tagen des Oktobers gelang es mir, alle Baumstämme ins Lager zu schleppen, was einiges an Improvisation erforderte. Jeder der Balken war deutlich schwerer als das Quad, aber irgendwie hat es die alte Maschine jedes Mal wieder geschafft. Mal abgesehen davon, dass der Anlasserknopf morgens gelegentlich festgefroren war und ich erst meine warmen Hände darauflegen und der Mechanik mit meinem Atem neues Leben einhauchen musste.

Zunächst musste ich mein Bauholz mühsam aus dem tiefen Unterholz auf den Weg ziehen. Mit einem Zimmermannsschlag befestigte ich ein dickes Seil an den Stämmen – ein toller Knoten übrigens: Er ist schnell gemacht, zieht sich unter Last fester zu und lässt sich nach getaner Arbeit leicht lösen. Sobald ich einen Stamm auf dem Weg hatte, gab ich Vollgas, um den nächsten Hang hinaufzukommen. Meistens hatte ich dann genug Schwung, um auch gut durch die folgenden Mulden zu kommen, nur manchmal blieb ich kurz vor einer Kuppe hängen, und das Gewicht am Haken drohte, mich wieder bergab zu ziehen. Aber ich war auf solche Fälle vorbereitet: Blitzschnell zog ich dann einen großen Keil, den ich eigens für diesen Zweck angefertigt hatte, vom Gepäckträger des Quads und klemmte ihn unter eines der Vorderräder. Vorsichtig stieg ich von der ächzenden Maschine und knotete ein Seil um die Stoßstange. Ich suchte mir einen kräftigen Baum in Fahrtrichtung und zog das gesamte Gespann, Quad plus Stamm, mit meinem Mehrzweckzug* über die Kuppe. Zurück auf die Maschine, Motor an, weiter zum Lager, wo ich die Stämme auf dünnen Pappelstämmen lagerte, um sie leichter mit meinem Wendehaken bewegen zu können. Am Ende jedes Tages zählte ich die Stämme, und langsam kam ich der magischen Zahl von 52 näher, die ich brauchte, um mit dem Bau der Hütte zu beginnen.

Als ich den letzten Baum ins Lager geschleppt hatte, saß ich abends auf meinem zusammengerollten Schlafsack und versuchte, in einem Gedichtband zu lesen, den mir ein Freund geschenkt hatte. Doch ich konnte mich einfach nicht auf etwas konzentrieren, was nicht mit dem Bau der Hütte zu tun hatte. Ich starrte auf die Zeltplane über mir und ging in Gedanken die nächsten Arbeitsschritte durch, die ich dringend erledigen musste, bevor der Winter mit voller Macht einsetzte. Am nächsten Morgen sollte es losgehen, und auch wenn Don mir die Grundlagen ganz gut erklärt hatte, fühlte ich mich nicht unbedingt zuversichtlich.

Die Welt außerhalb meines Zelts schien noch stiller zu sein in dieser Nacht, was ich schon als Einbildung abtun wollte, doch dann fiel mir auf, dass es nicht so im Wald widerhallte wie sonst, wenn das Holz in meinem Ofen knackte. Ich schlug die Plane vor dem Zelteingang zur Seite und schaute hinaus. Es schneite: große, dicke Flocken, mein Lager war schon komplett von

*

Eine tolle Vorrichtung, so ein MEHRZWECKZUG, nach dem Hersteller auch HABEGGER genannt. Das Seil wird mit einem Hebel durch eine Klemmvorrichtung transportiert. Je schwerer die Last, desto kräftiger packen die Klemmbacken zu. Jede Feuerwehr hat so ein Ding im Sortiment.

Die Bäume müssen von Guy nicht nur mit der Kettensäge gefällt, sondern auch geschält werden. Zum Schutz vor den Angriffen von Bären oder Elchen liegt das Gewehr immer in Reichweite – und auch Fuzzy passt gut auf.

einem weißen Teppich aus Schnee bedeckt. Ich kauerte mich im Eingang hin und sah dem stillen Treiben der Flocken zu.

Ein Knirschen schreckte mich aus meinen Gedanken hoch, wie von Füßen, die durch Schnee stapften. Aber es war nur Fuzzy, auch schon ganz weiß vom Schnee im Fell. »Was geht, Kumpel?«, fragte ich, und zur Antwort scharrte er mit den Pfoten an der Plane über dem Eingang. Ich zog das schwere Tuch zur Seite und zeigte auf den Ofen: »Komm rein und setz dich da hin.« Mit einem zufriedenen Brummen ließ er sich am wärmsten Fleck im Zelt nieder. Später notierte ich in meinem Tagebuch: *Muss für den Hund eine Hütte bauen. Vielleicht kann ich auch drin wohnen.* Fuzzy meldete sich noch einmal mit seinem freundlichen Knurren. Ich schaute von meinem Tagebuch auf und sah, wie er mich mit seinen großen braunen Augen anstarrte. »Guter Junge, Fuzzy«, sagte ich und machte mich wieder ans Schreiben. Einige Minuten später brummte er wieder, und es kam mir so vor, als hätte er mich die ganze Zeit mit demselben liebevollen Blick fixiert. Ich beugte mich zu ihm und streichelte ihn am Kopf. Großer Fehler, denn jetzt war seine Leidenschaft erst recht geweckt. Schmatzend fuhr er sich mit der Zunge über die Lefzen, und sein Schwanz schlug mit einem erstaunlich lauten *Fump!* Wenn ich ihn einfach ignorierte, würde er schon wieder einschlafen, dachte ich. Aber von wegen: Sein Repertoire an schmatzenden und klopfenden Zuneigungsbekundungen ging in Endlosschleife immer weiter. *Knurr, brumm, schmatz. Knurr, schmatz, fump. Fump, fump, FUMP!*

Schließlich konnte ich es nicht mehr ertragen. »Fuzzy! Hör auf damit!«, fuhr ich ihn an. Mit tieftraurigen Augen schaute er mich an, dann legte er resigniert den Kopf auf seinen buschigen Schwanz. Ich wandte mich meinem Tagebuch zu, dem ich eigentlich gerade meine *hoffnungslose Verzweiflung* anvertrauen wollte. Als ich den Gedanken wieder aufgenommen hatte, sah ich aus dem Augenwinkel, wie Fuzzy auf mich zugekrochen kam. Schnell sah ich hoch von meinem Tagebuch, und Fuzzy erstarrte, wie ein Ausbrecher auf der Flucht, der vom Suchscheinwerfer der Gefängniswärter erfasst wird. »Platz!«, befahl ich und deutete auf die Stelle neben dem Ofen. Er schlich zurück und legte sich hin. Doch kaum hatte ich mich wieder über mein Tagebuch gebeugt, robbte er wieder los. Das Spiel wiederholte sich noch ein paarmal, bis ich schließlich entnervt aufgab und ihn vollkommen fassungslos anstarrte. Er hielt meinem Blick stand, fast schon trotzig, und ich konnte nicht anders, als ihn für seine Entschlossenheit zu bewundern, meine Zuneigung zu gewinnen. Don hatte recht: So nervig es mitunter auch sein mochte, einen Hund als Begleiter dabeizuhaben, langfristig war es auf jeden Fall gut für die Moral. Das Wesen eines Hundes hat etwas unbändig Positives, sein Optimismus ist einfach nicht unterzukriegen, und irgendwann färbt das auch auf sein Herrchen ab, egal wie deprimiert der sein mag. Ich klappte mein Tagebuch zu und machte mir einen Tee. Gedankenverloren schaute ich den Flammen im Ofen zu, meine Hände tief in Fuzzys dichtem Fell vergraben.

Es schneite die ganze Nacht, und als ich am nächsten Morgen aufwachte, war das bedrückende Gefühl wieder da, dass ich nicht schaffen würde, was ich mir vorgenommen hatte. Sollte ich nicht lieber jetzt hinschmeißen, bevor der Winter kam? Dabei war mir eigentlich klar, dass es dafür längst zu spät war; bis der Fluss komplett zugefroren war, steckte ich fest. Was blieb mir also übrig, als tapfer weiterzumachen? Ich fachte das Feuer im Ofen an, setzte eine große Kanne mit starkem Kaffee auf und kochte mir eine Portion Haferbrei, den ich mit einer Konzentration verspeiste, als wäre es meine Henkersmahlzeit. Kurz überlegte ich, ob ich vielleicht zu Hause anrufen sollte, aber ich konnte mich gerade noch bremsen. Erstens war es in Schottland mitten in der Nacht, und zweitens wäre es nicht fair gewesen, Juliet in meiner jetzigen Stimmung anzurufen; sie machte sich auch so schon genug Sorgen. Fuzzy gab meiner Hand einen Stups mit der Nase. »Komm schon, Mann. Lass dich nicht so hängen«, sollte das wohl heißen. »Ist ja gut«, sagte ich mit einem Seufzer. »Ich komm ja schon.« Ich kippte den letzten Rest Kaffee aus meiner Tasse und schlug die Plane vor dem Eingang zurück.

Ich trat hinaus in eine Welt, die sich über Nacht vollständig verwandelt hatte. Alles schimmerte in einem perfekten Weiß, der matschige Waldboden und das Chaos meines Lagers waren unter einer weichen Decke aus Schnee verschwunden. Ich schaute auf mein Thermometer: minus 30 Grad, Zeit für die Fellmütze und die dicke Winterjacke. Ich ging hinüber zu meiner Baustelle und stellte fest, dass auch der künftige Boden meiner Hütte mit einer zehn Zentimeter dicken Lage Schnee bedeckt war. *Oh Gott,* dachte ich, *wie sollte ich das bloß hinbekommen?* Ich nahm einen Zweig und fegte den Schnee von den geschälten Baumstämmen und von den Bohlen meines Bodens. »Growl and go«, murmelte ich, es war das simple Mantra, mit dem sich der Polarforscher Ernest Shackleton angefeuert hatte, wenn es wieder mal nicht lief wie geplant. Einmal kurz knurren, dann weitermachen. Zähne zusammenbeißen und durch.

Aus dem Stapel mit Bauholz suchte ich mir einen ersten Stamm heraus und bugsierte ihn mithilfe meiner rollenden Rundhölzer an die Seite meines Hüttenbodens, wo ich mit der Wand anfangen wollte. Als ich den schweren Stamm in seine Position wuchtete, verfluchte ich zum x-ten Mal die Hektik zu Beginn meines Abenteuers. Wenn ich genug Zeit gehabt hätte, mir eine von diesen praktischen mobilen Sägemaschinen zu besorgen, dann könnte ich die Balken für meine Hütte optimal zusägen: drei Seiten gerade, eine Seite rund. Die runde, unbehandelte Seite kommt nach außen, die anderen passen perfekt aufeinander, ohne dass Zwischenräume entstehen. Runde Stämme sicher auf runden Oberflächen zu platzieren, war ungleich schwieriger. In den untenliegenden Stamm musste ich einen Sattel schlagen, in den der darüberliegende Balken genau hineinpasste. Und Letzterer musste auf der Unterseite eine Kerbe bekommen, damit es zwischen beiden Lagen keinen Spalt gab. Zum Glück hatte ich immerhin einen so genannten Blockhauszirkel angeschafft, mit dem sich die runden Konturen eines Stammes so auf einen zweiten übertragen ließen, dass ich mit Kettensäge und Axt halbwegs passende Kerben hinbekam. Wenn alles gut lief, würde ein Stamm auf dem anderen sitzen wie der Sattel auf einem Pferderücken.

Nur musste ich die Stämme dazu erst einmal vom Waldboden auf das Fundament meiner Hütte hieven. Auch das war eine aufwendige Prozedur, bis ich den ersten Balken mit meinem improvisierten Kran und System aus Flaschenzügen und Winden so weit angehoben hatte, dass er wie ein antiker Rammbock über meinem Hüttenboden schwebte und an der richtigen Stelle abgelegt werden konnte. Das Ganze fühlte sich an wie Mikadospielen – im XXL-Format. Selbst als der Stamm mit seinem gesamten Gewicht auf dem Boden lag, war die Gefahr noch nicht vorbei: Rund, wie er war, konnte er jederzeit über die Kante rollen – und mich erwischen, wenn ich nicht aufpasste.

Ich musste extrem vorsichtig sein und trotzdem schnell vorankommen. Mit Entsetzen beobachtete ich, wie wertvolle Stunden verrannen. Eine Kerbe so zu schlagen, dass die Balken genau ineinanderpassten, war leichter gesagt als getan, wie in diesem Auszug aus meinem Tagebuch nachzulesen ist:

Erster Balken geschafft, dann den nächsten mit der Winde hochgezogen. An meinem Übungsstamm hat es mit der Kerbe gut geklappt. Erster Versuch mit dem richtigen Balken war ein Debakel. So schlimm, dass ich ihn nicht weiter verwenden konnte. Totalausfall.

Der Verlust des Stammes war tatsächlich ein Desaster, denn jetzt musste ich wieder losziehen und einen neuen Baum fällen. Äste ab, Stamm schälen, Transport zum Camp - das ganze Programm noch mal von vorne. Und je mehr Schnee fiel, desto schwieriger wurde es. Mit Selbstmitleid, ja Selbstverachtung starrte ich auf meinen vermurksten Balken. Die großen, schweren Hölzer wollte ich unten verbauen, damit ich für die oberen Lagen die leichteren Balken verwenden konnte. 150 Jahre war dieser Baum alt geworden - und ich hatte ihn mit meinem Unvermögen ruiniert. Ich schaute hinüber zu den tollen Werkzeugen, die mir Don und Charlie geliehen hatten und die nur darauf warteten, von erfahrenen Händen bedient zu werden. Wenn ich doch bloß ein bisschen mehr von diesem Handwerk verstünde. Don und Charlie hatten mir geholfen, so gut sie konnten, und ich bekam es trotzdem nicht hin. Meine Gedanken sprangen von einem deprimierenden Befund zum nächsten, bis ich es nicht mehr aushielt. Erst mal zurück ins Zelt und einen Kaffee machen.

Es war gerade Mittag, aber die Dämmerung setzte bereits ein. Auch der Anblick meiner Behausung half nicht gerade, meine Laune zu bessern: Mein Schlafsack lag aufgerollt auf verdörrten Fichtenzweigen, Arbeitskleidung und Ausrüstung waren im ganzen Zelt verstreut. Es roch nach kaltem, abgestandenem Kaffee, und im schummrigen Licht wirkte alles schrecklich grau. Und als ob diese Bestandsaufnahme nicht trostlos genug gewesen wäre, hüpfte auch noch eine Spitzmaus über meinen Schuh und steuerte zielstrebig auf meinen Proviant zu. Es war nicht das erste Mal, dass mich die gefräßigen Nager ärgerten, und dass sie jetzt so frech durch mein Zelt marschierten, weckte mich aus meiner Lethargie. Höchste Zeit, mein Zuhause auf Vordermann zu bringen; dieses Leben in Dreck und Chaos war einfach demoralisierend. Als Erstes, beschloss ich, würde ich mir ein Bett zimmern, ich hatte genug davon, immer nur auf dem Boden zu schlafen. Und ich wollte nicht eine Minute länger auf diesem Holzklotz kauern. Ein richtiger Stuhl musste her. Mit Rückenlehne.

Auf der anderen Seite des Sees, das wusste ich, gab es einen Birkenhain, wo ich das richtige Holz für mein Möbelprojekt finden konnte. Es hatte aufgehört zu schneien, als ich mich aufmachte zum See, und die Temperaturen waren geradezu mild. Vorsichtig lief ich die ersten Schritte über die Eisdecke, dann prüfte ich mit meiner Axt, wie dick das Eis war. So tastete ich mich langsam weiter vor: ein paar Meter gehen, ein paar Hiebe mit der Axt. So versunken war ich in meine Arbeit, dass ich den großen, grauen Timberwolf erst bemerkte, als ich wieder mal hochschaute. 40 Meter war er noch von mir entfernt, ein Stückchen weiter draußen auf dem See. Wir starrten uns gegenseitig an, beide unschlüssig, was wir tun sollten, aber dann drehte sich der Wolf um und trottete leichtfüßig davon. Ich behielt ihn im Auge, bis er plötzlich nach rechts abdrehte und ans Ufer trabte, wo er mühelos die verschneite Böschung erklomm und in einem tiefen Fichtenhain verschwand. Ein wirklich eindrucksvolles Exemplar seiner Art, bestimmt 50 Kilo schwer. In den Reiseführern über Alaska heißt es immer, dass man diesen scheuen Räuber kaum je zu hören, geschweige denn zu sehen bekommt. Es war also ein besonderes Privileg, dass ich so einem Timberwolf in freier Wildbahn begegnen durfte. Fuzzy hingegen schien weniger beeindruckt von diesem einmaligen Erlebnis.

Am anderen Ufer war der Schnee nicht besonders tief. Ich zog mich an Zweigen und jungen Bäumen die steile Böschung hinauf, bis ich zu einer mit Fichten bestandenen Kuppe kam. Ich folgte einem Wildwechsel und gelangte auf eine weitere Anhöhe und zu dem Hain von Weißbirken, wo ich das Holz für meine Möbel schlagen wollte. Einen Moment ließ ich die Bäume einfach auf mich wirken, ihre langen und eleganten Stämme pendelten in der Brise wie Masten im Hafen, wenn eine Welle die Yachten ins Schaukeln bringt. Ich zog ein großes Stück weißer Rinde von einer Birke, das auf der

Unterseite eine markante Orangefärbung aufwies – ein wunderbarer Kontrast zum Weiß der äußeren Schicht. Das Stück Rinde wanderte in meine Jackentasche, getrocknet eignete es sich sehr gut als Zunder. Ganz in der Nähe fand ich ein paar junge Bäume, die so gerade gewachsen waren, dass sie sich auch als Fahnenstange gut gemacht hätten; für mein Vorhaben waren sie ideal. Im Nu hatte ich sie gefällt.

Zurück im Lager machte ich mich sofort ans Werk und hatte in kürzester Zeit ein überraschend komfortables Bett und einen Lehnstuhl gezimmert. Außerdem baute ich ein langes Regal, damit ich meine Kleider und Nahrungsmittel nicht länger am Boden lagern musste. Als der Stuhl fertig war, setzte ich mich vorsichtig hinein, so ganz traute ich meinen Fertigkeiten als Tischler dann doch nicht. Mein neues Sitzmöbel knarrte zwar bedenklich, aber es brach unter meinem Gewicht nicht wie befürchtet zusammen. Vorbei war die Zeit, da ich wie ein Papagei auf einem Holzklotz hockte. Auch das Bett brachte ein wichtiges Plus an Lebensqualität: In dieser Nacht schlief ich das erste Mal wirklich bequem, hoch über dem eiskalten Boden und außer Reichweite der Mäuse, die mir nachts immer mal wieder übers Gesicht gehuscht waren. Die Anspannung der letzten Tage fiel förmlich von mir ab, als ich mich in meinem neuen Bett ausstreckte. Das flackernde Licht von den Flammen im Ofen spielte auf der weißen Rinde meines neuen Stuhls, und wie hypnotisiert schaute ich zu. Schließlich schloss ich die Augen und versuchte, mich auf die andere Seite des Atlantiks zu versetzen, nach Hause zu meiner Familie. Ich sah meine beiden Jungs vor mir, ihr blondes Haar auf dem Kissen, und dann auch Juliet in ihrem Bett, ein Buch in der Hand, wie immer vor dem Einschlafen. Ich dachte an ihre grünen Augen, an ihr Lachen, und mir war schmerzhaft bewusst, dass auch sie gerade auf einer langen und einsamen Reise war. Ich zoomte ein Stück weiter raus und sah die Insel Mull aus der Vogelperspektive, das Kielwasser der Fähre zeichnete ein weiße Spur in den Sund zwischen Insel und Festland. Ich malte mir aus, wie ich mit der Familie auf der Fähre sitzen und Tee trinken würde. Dann kam der Schlaf, aus Gedanken wurden Träume, und plötzlich war ich achttausend Meilen weit weg. Zu Hause.

oben
Ein wichtiger Schritt ist getan:
Die Grundplatte der Hütte ist fertiggestellt.

Im Topf schmilzt Guy den Schnee,
um Trinkwasser zu gewinnen.

links
Auch das Loch für die Latrine hat Guy
gegraben – und es gerät im Eifer so tief,
dass es für ihn beinahe zur Falle wird.

Kapitel 20

Charles Bronson vom Volk der Athabasken

In den folgenden Tagen blieb es vergleichsweise warm, der Schnee schmolz, und mein Lager verwandelte sich in einen Morast aus Schlamm und Schneematsch. Dann fiel plötzlich ein eisiger Regen, der mein Bauholz mit einer glitschigen Schicht überzog und meinen Job noch einmal schwieriger machte. Trotzdem war ich froh, denn der Wetterumschwung schenkte mir wertvolle Zeit für den Bau meiner Hütte. Ich hatte die Hoffnung nicht aufgegeben, dass Don noch einmal vorbeikommen würde, um zu sehen, wie ich vorankam. Also rief ich ihn per Satellitentelefon an.

»Klar haben wir an dich gedacht.« Sein ruppiger Tonfall war mir inzwischen so vertraut, dass er sofort beruhigend wirkte. »Kommst du voran?«, fragte er.

»Nee, kann ich leider nicht behaupten.«

»Hast du die Stämme alle ins Lager bekommen?«

»Das schon.«

»Und jetzt bist du dabei, die Kerben zu schlagen?«

»Ja, aber ich stelle mich ziemlich blöd an dabei. Wenn es so weitergeht, hab ich bald alle Balken ruiniert.«

Kurze Pause, dann sagte er: »Ich rede mit Charlie. Ruf mich morgen wieder an. Und sei vorsichtig.«

Ich legte auf und betete, dass das Wetter halten würde.

Am nächsten Tag war ich erneut damit beschäftigt, auf meiner Baustelle Stämme hin- und herzuwuchten, als ich einen Schuss hörte. Der Knall kam vom Fluss, und ich wusste, dass es Don war. Ich rief Fuzzy, der gerade mit der Mäusejagd beschäftigt war, und gemeinsam rannten wir den Weg zum Fluss runter, von wo uns zwei Gestalten langsam entgegenkamen. Ich nahm das Gewehr und feuerte in die Luft. Ich hätte am liebsten vor Freude geweint: Don und Charlie, meine Schutzengel. Ich musste mich schwer zurückhalten, ihnen nicht um den Hals zu fallen.

»Hey, du bist dünn geworden«, sagte Don trocken. Charlie stand direkt hinter ihm, das Gesicht von einer Wintermütze aus Marderfell eingerahmt. Er hatte meinen Blick sofort registriert und fragte: »Aus welchem Fell ist denn deine Mütze?«

»Äh, also ...« Ich nahm sie ab und schaute sie an. »Kaninchen, glaube ich.«

Die beiden lachten. »Nicht zu fassen«, sagte Don kopfschüttelnd. »Kommt der Junge zu uns nach Alaska und hat ein Karnickel auf dem Kopf. Biber oder Marder muss es schon sein. Da hat das Fell extrawarme Deckhaare.«

Auf dem Weg zum Camp rissen die beiden ständig Witze, die meisten gingen auf meine Kosten. Vermutlich wollten sie mit ihren Späßen lustige Antworten von mir provozieren. Im Lager angekommen machte sich Don sofort daran, meine bisherige Arbeit zu inspizieren. »Japp, du bist auf dem richtigen Weg«, lautete das Urteil meines persönlichen Prüfbeamten. »Aber verdammt langsam.«

Er sah Charlie an. »Wie lange kannst du denn bleiben?«

Charlie schüttelte den Kopf. »Paar Tage, höchstens.« Er schaute mich direkt an: »Ist schon viel Eis auf dem Fluss. Nicht die ideale Zeit für solche Ausflüge.«

Ich nickte ernst. Mir war klar, dass sie schon jetzt ein Risiko auf sich genommen hatten, und dafür war ich ihnen unglaublich dankbar. Am liebsten wäre es mir gewesen, ich hätte sie für ihre Arbeitszeit bezahlen können, aber als ich mit dem Vorschlag ankam, winkten sie ab. Don machte sich an die Arbeit und sah sich die Sättel und Kerben näher an, die ich in die Balken geschlagen hatte. »Im Prinzip gar nicht so verkehrt. Aber das passt alles nicht richtig zusammen, weil du nicht mit einer Lotschnur gearbeitet hast. Was nützt dir der beste Blockhauszirkel, wenn du das Maß nicht akkurat übertragen kannst?« Minuten später hatte er die anstehenden Aufgaben verteilt, und wir legten los. Was wir dann als Team in wenigen Stunden erledigt bekamen, hätte mich allein vermutlich eine komplette Woche beschäftigt.

Am Abend marschierte Charlie zurück zum Boot, er wollte dort übernachten, und Don bereitete uns ein Festmahl aus Eiern, Schinken, Bohnen und Brot zu. Dankbar für die Abwechslung im Speiseplan nahm ich meinen Teller entgegen. Doch als mir Don die Flasche mit seiner Feuersauce reichte, lehnte ich entschieden ab. Er kramte in seiner Tasche und fischte ein anderes Fläschchen heraus. »Aber dann brauchst du wenigstens Tabasco«, sagte er und verteilte den feurigen Chili-Sud großzügig über meinen Eiern. »Scharfe Sauce muss sein. Braucht jeder Mann.«

Don nahm meinen aufgerollten Schlafsack, legte ihn auf den Boden aus Fichtenzweigen und machte es sich auf meinem Birkenbett bequem. »Du gibst dir echt Mühe, das sieht man. Das Gestell taugt nichts. Aber es hält, immerhin.« Er sprang auf, verschwand kurz nach draußen und kehrte mit Hammer und Nägeln bewaffnet zurück, um »die Schwachpunkte« an meinem Bett zu beheben. Ich schaute ihm zu, fasziniert von seiner Lebenslust und seiner Energie. Er schien meine Gedanken zu lesen: »Ich bin wie ein Biber«, sagte er. »Wenn die Sonne untergeht, laufe ich zur Hochform auf.« Deshalb war nach der Reparatur des Betts noch lange nicht Schluss, Don ließ seinen Biberblick über meine Behausung schweifen. An den Klamotten, die ich neben dem Ofen zum Trocknen festgeklammert hatte, blieb er hängen. »Du kannst doch deine Sachen nicht über dem verdammten Ofen baumeln lassen! Irgendwann fällt dir eine Socke runter, und dann fackelt die ganze Bude ab.«

Müde machte ich mich daran, die Kleider wegzuhängen, da hörte ich erneut mein Birkenbett knarren; Don machte es sich gemütlich. »Jetzt bin ich mit dem Ding zufrieden«, befand er. »Aber wo willst du eigentlich schlafen heute Nacht?«

»Mach dir um mich keine Sorgen«, sagte ich mit einem Anflug von Sarkasmus. »Ich lege mich auf den Boden, zu den Mäusen.«

Don saß aufrecht im Bett. »Hast du gerade Mäuse gesagt?«

»Ja, Mäuse. Spitzmäuse, um genau zu sein. Warum?«

Hektisch blickte er sich um. »Gib mir eine Schüssel«, kommandierte er, »und hol Erdnussbutter. In meiner Tasche müsste noch ein Glas sein.«

Wie ein Wiesel sprang ich durchs Zelt und trug alles zusammen, was er brauchte. Don platzierte einen Klacks Erdnussbutter in der Mitte der tiefen Schüssel und stellte sie in einer Ecke des Zelts auf. Aus einem schmalen Stück Feuerholz baute er eine Rampe, die vom Boden zum Rand der Schüssel führte. Fertig war die Falle.

Wir krochen in unsere Schlafsäcke, löschten das Licht und quatschten im Dunkeln weiter. Ich fühlte mich so gelassen und entspannt wie lange nicht. Es war enorm beruhigend, Helfer zu haben und zu wissen, dass es mit meiner Hütte doch noch klappen konnte. Aber was würde ich ohne diese beiden Männer machen? Sie hatten selbst Familie, fünf Kinder insgesamt, und waren trotz des Eisgangs auf dem Yukon zu mir gekommen. Niemals würde ich in der Lage sein, mich auch nur annähernd zu revanchieren.

Plötzlich fiel mir etwas ein, was ich Don schon lange fragen wollte: »Sag mal, was macht eigentlich dieser andere Typ, der zur gleichen Zeit wie ich angekommen ist?« Ein Amerikaner, auch er wollte von Galena aus los, um in der Wildnis zu überwintern. Aber er war überhaupt nicht vorbereitet auf sein Unterfangen und wollte auch keine Ratschläge annehmen, was den Leuten im Ort große Sorge bereitete. Der Kerl hatte alle Warnungen in den Wind geschlagen und sich einfach so auf den Weg gemacht.

»Dieser Sonderling?«, murmelte Don. »Treibt sich irgendwo am Koyukuk River* herum.«

»Ich frage mich, ob wir ihn jemals wiedersehen.«

Don drehte sich in seinem gemütlichen Bett auf die andere Seite. »Mir egal«, sagte er. »Hat keine Familie, der Typ.«

Die Quelle des KOYUKUK RIVER *liegt in den Endicott Mountains im Nordwesten Alaskas, er mündet ein gutes Stück westlich von Galena in den Yukon.*

»Familie«, wiederholte ich; es war wirklich ein Zauberwort. Meine Lieben zu Hause in Schottland waren der eigentliche Grund, warum Don sich entschieden hatte, mir zu helfen, obwohl er mich vorher überhaupt nicht gekannt hatte. Inzwischen war sogar ein Band zwischen unseren Familien gewachsen - seine Tochter Claudette und Juliet schrieben sich regelmäßig E-Mails.

»Was sagst du?«, fragte Don.

Ich kroch noch ein Stück tiefer in meinen Schlafsack. »Ach, nichts«, sagte ich. »Gute Nacht.«

AM NÄCHSTEN MORGEN WAR DIE SCHÜSSEL voller Mäuse, die ich im Wald aussetzte. Der Tag war wolkenlos und sonnig, doch Don wirkte missmutig. Er stand bei dem Thermometer, das ich an der Birke neben dem Zelt aufgehängt hatte, tippte immer wieder mit seinem Finger darauf und schaute mit besorgtem Blick in den Himmel. Dann kam er zurück ins Zelt, wo ich ihm seinen Blechbecher mit frisch gebrühtem Kaffee auffüllte.

»Mann, das ist nicht das Wetter, das wir brauchen«, sagte er. »Wir brauchen Schnee, dann bleibt es warm. Wenn das Wetter so bleibt, kriegen wir viel mehr Eis auf dem Fluss.«

Wir hörten einen Schuss.

»Das wird Charlie sein«, sagte Don und kippte seinen Kaffee im hohen Bogen aus dem Zelt ins Gebüsch. »Auf geht's. An die Arbeit.«

Ich machte mich wieder daran, Kerben ins Ende der Balken zu schlagen, während Don damit beschäftigt war, die verbliebenen Stämme zu sortieren. Für mich war das kein gutes Zeichen – er ging offenbar davon aus, dass er nicht mehr lange bleiben konnte. Er war ständig in Aktion und hielt immer nur kurz inne, wenn er meine Arbeit kontrollierte oder wenn ich wieder mit einer meiner hirnverbrannten Fragen ankam. Allerdings konnte ich ihm dabei jedes Mal seine Ungeduld ansehen, manchmal schien er geradezu fassungslos, mit welchen Problemen ich mich herumschlug. Zu dritt kamen wir trotzdem schnell voran.

Als der nächste Morgen dämmerte, war es wieder kalt und klar, und mir war bewusst, was die dramatisch fallenden Temperaturen bedeuteten: Meine Helfer mussten sich auf den Rückweg machen. Charlie tauchte um die Mittagszeit im Lager auf, sichtlich besorgt über den Eisgang auf dem Yukon, doch er machte sich sofort an die Arbeit, und das Echo seiner Hammerschläge hallte wie am Vortag durch den Wald. Trotzdem spürte ich, dass sich da etwas zusammenbraute. Charlie strahlte eine Anspannung aus, fast schon eine Übellaunigkeit, und im Laufe des Tages wurde mir klar, dass sein Groll gegen mich gerichtet war. Noch wurde die schlechte Stimmung mit Witzen überspielt, aber die Bemerkungen wurden zunehmend bissiger. Zur ersten Explosion kam es, als wir über die Lage eines Balkens diskutierten: Ich wollte gerade meinen Senf dazugeben, als Charlie mir grob über den Mund fuhr: »Halt jetzt die Fresse oder ich trete dir in die Eier!«

Eine Schrecksekunde lang war ich sprachlos, aber dann schaffte ich es, mit einem Lachen über den Ausfall hinwegzugehen und mich wieder meinen

Balken zu widmen. Kurze Zeit später saßen wir beide auf einem Stamm und schlugen eine Kerbe ins Holz, als Charlie der Meißel aus der Hand rutschte und klirrend auf den vereisten Boden der Hütte fiel. Ohne mich anzuschauen, zischte er: »Los, heb das Ding schon auf.« Ich zögerte, stieg dann aber doch auf den Boden runter und bückte mich nach dem Werkzeug. Wortlos nahm er mir den Meißel aus der Hand. Ein paar Minuten später folgte der nächste Befehl: »Los, hol mir einen von den Markierungsstiften.«

Jetzt reichte es mir. Klar, ich stand in seiner Schuld, weil er hier für mich schuftete, aber das war noch lange kein Grund, mich so herumzukommandieren. »Hol ihn dir selber«, sagte ich.

Charlie senkte den Kopf und kniff die Augen zusammen wie ein kurzsichtiger Autofahrer, der versucht, ein Straßenschild zu entziffern. Ich konnte sehen, wie sich seine Kiefermuskeln anspannten, wie er eine Hand zur Faust ballte und die andere, in der er seinen Fäustel hielt, unkontrollierbar zu zittern begann. Langsam hob er seinen Kopf, und ich schaute in das Gesicht eines Mannes, der wie verwandelt war. Seine Augen glühten vor Wut, sein gesamter Körper bebte, nur mit äußerster Mühe konnte er seine Rage im Zaum halten. Wir starrten uns einen Moment lang an, dann brüllte er: »Runter mit dir, verpiss dich! Sofort!«

»Wie bitte?«, sagte ich nur.

»Verpiss dich, Mann! Hau einfach ab!«

Der Kontrast zwischen seiner glühenden Wut und der dunklen Stille der Wälder war fast schon surreal. *Das kann jetzt total außer Kontrolle geraten,* dachte ich. Aus den Augenwinkeln sah ich, dass auch Don seine Arbeit unterbrochen hatte.

»Was hast du denn, Charlie?«, fragte ich und versuchte, dabei so ruhig und kontrolliert wie möglich zu klingen. »Du kannst mich doch nicht wie deinen Köter herumkommandieren.«

Er hob die Hand mit dem Hammer, und ich fragte mich, wie lange es wohl noch dauern würde, bis er auf mich losging. Ich sah, wie sich sein Mund bewegte, es folgte eine Flut von Kraftausdrücken, aber ich hörte gar nicht richtig hin, sondern beobachtete nur den schaumigen Speichel, der sich in seinem Mundwinkel bildete. Dann stand plötzlich Don zwischen uns.

»Hey, Charlie! Komm runter, verdammt noch mal!«, rief er. »Jetzt mach mal halblang.« Don blieb ganz cool. »Guy, du hilfst mir, noch ein paar Balken rüberzuholen. Und du machst hier weiter, Charlie.«

»Lass mich in Ruhe«, gab Charlie zurück.

Ich stieg auf den Boden der Hütte runter, etwas wacklig auf den Beinen und ziemlich schockiert. Charlies Wutausbruch hatte meine ohnehin angeschlagene Moral tief erschüttert. Wortlos machte ich mich wieder an die Arbeit, aber der Gedanke ließ mich nicht los: Wenn Don nicht dazwischengegangen wäre, hätte das eine wüste Prügelei gegeben. Charlie wäre auf mich losgegangen, und ich hätte mich verteidigen müssen. Ich war froh, dass es nicht dazu gekommen war, aber vielleicht hätte es uns auch nicht geschadet, den angestauten Ärger rauszulassen. Andererseits musste man im Wilden Westen immer mit dem Schlimmsten rechnen; jeder hier hatte Waffen, und wenn ein Streit richtig außer Kontrolle geriet, gab es auch Verletzte oder sogar Tote. Don war der lebende Beweis, wie solche Auseinandersetzungen eskalieren können – man hat auf ihn geschossen, und gelegentlich haben ihn seine Gegner auch mit dem Messer erwischt.

Ein paar Stunden vergingen, und mein Ärger verebbte. In gewisser Weise konnte ich Charlie sogar verstehen: Er rackerte sich hier für einen dahergelaufenen Fremden aus Schottland ab, der mit einem irren Projekt seine Zeit verschwendete, während er eigentlich bei seiner Familie sein sollte. Andererseits hatte ich es mir so vorgestellt, dass Don und Charlie die Hütte nach meiner Abreise auch selbst nutzen konnten; ihre Anstrengungen waren also nicht völlig umsonst. Eine Weile ging ich die Standpunkte beider Seiten durch, bis ich mich zu der Entscheidung durchgerungen hatte, uns eine Brücke zu bauen. Ich legte mein Werkzeug aus der Hand und ging zu Charlie rüber, der noch immer hoch oben auf der Hüttenwand saß und arbeitete.

»Charlie, was auch immer vorhin passiert ist ... es tut mir leid.«

Langsam schaute er auf.

»Wir haben bestimmt beide Schuld, dass die Sache so eskaliert ist«, fuhr ich fort. »Vielleicht war es falsch von mir, dass ich ...«

Er schnitt mir das Wort ab: »Wir haben *beide* Schuld?!«

»Ja, hm ...« Was sollte ich sagen? Er war offensichtlich immer noch sehr wütend. »Gerne hole ich Sachen für dich, jederzeit. Aber ich lasse mich nicht wie einen Hund behandeln.«

Er saß jetzt ganz aufrecht und schaute mit einer Mischung aus Zorn und Fassungslosigkeit auf mich herab. »Was denkst du eigentlich, vom wem du das verdammte Werkzeug hier hast?«, giftete er zurück und zeigte auf das Camp hinter uns. »Alles, was du brauchst, um deine scheiß Hütte zu bauen, hast du nämlich von mir. Also fang jetzt gar nicht erst an mit der Nummer, dass ich dich schlecht behandelt habe.«

Innerlich verfluchte ich mich dafür, dass ich überhaupt etwas gesagt hatte. Als ob mir nicht längst klar gewesen wäre, dass er mir einen Riesengefallen tat, indem er mir beim Bau meiner Hütte half. Vielleicht musste ich da den ein oder anderen Fall von Missmut auch ertragen. Mit einer zusätzlichen Vorzugsbehandlung durfte ich jedenfalls nicht rechnen. »Du hast recht, Charlie«, sagte ich. »Ich muss mich bei dir entschuldigen.«

»Ach, scheiß drauf!«, fluchte er und kletterte die Leiter runter. »Lass uns abhauen«, sagte er zu Don. »Soll er seinen Kram doch alleine machen. Ich hab die Schnauze voll, ich gehe.«

Da hatte ich ihn, den finalen Bescheid, vor dem mir die ganze Zeit gegraut hatte. Ich schaute auf die beiden hohen Fichten neben der Baustelle und ließ meinen Blick über den zugefrorenen See schweifen. Ich fühlte mich plötzlich erstaunlich ruhig, wie der Angeklagte vor Gericht, der sein Urteil bekommt und erleichtert feststellt, dass damit die wochenlange Anspannung des Prozesses hinter ihm liegt. Wo eben noch Sorge war, herrschte jetzt Gewissheit.

Don holte mich in die Wirklichkeit zurück: »Ach, komm schon, Charlie«, sagte er. »Einen Tag bleiben wir noch, okay?«

Charlie sagte keinen Ton.

»In unserer Familie lassen wir niemanden hängen, wenn wir einmal versprochen haben, dass wir helfen«, sagte Don. »Und dabei bleibt es auch.« Charlie konnte einem fast schon leidtun; zum ersten Mal wurde mir klar, in welchem Dilemma er steckte. Gut möglich, dass er mich nicht ausstehen konnte, aus welchen Gründen auch immer. Nichts wäre ihm in diesem Moment lieber, als mich scheitern zu sehen. Nur fühlte er sich blöderweise auch seinem Schwiegervater verpflichtet, den er in Ehren hielt, und der wollte mir unbedingt weiter helfen. Nicht gerade eine beneidenswerte Lage für Charlie.

Er gab Don schließlich nach und versprach zu bleiben, allerdings nicht in unserer Gegenwart; er zog es vor, wieder auf dem Boot zu übernachten. »Komm aber bloß her morgen früh«, sagte Don. »Wir haben nicht mehr viel Zeit.«

»Geht klar, ich werde rechtzeitig da sein.« Damit drehte er sich um und verschwand.

Es war bereits dunkel, als ich Juliet anrief, und in diesem Moment wünschte ich mir nichts sehnlicher, als bei ihr zu sein. Es war ein schwieriger Tag gewesen; der Streit hatte das Gefühl, dass ich ganz auf mich allein gestellt war, noch einmal verstärkt. Und in diesem Land, das keine Gesetze kannte, einen Mann zum Feind zu haben, war keine besonders angenehme Vorstellung. Don hatte zu der Angelegenheit kein Wort mehr gesagt, und mir war schon klar, warum er sich aus dem Konflikt heraushalten wollte, so gut es ging. Wahrscheinlich konnte er uns beide verstehen, aber wenn es wirklich darauf ankam, würde er sich auf die Seite seines Schwiegersohns schlagen, kein Zweifel.

Nach dem Essen saßen wir schweigend am Feuer. »Guy, wir müssen uns morgen auf den Weg machen«, sagte Don schließlich.

»Ja, klar. Ich krieg die Hütte schon alleine fertig.«

»Und wie du das schaffen wirst, verdammt noch mal«, sagte Don. »Wie sieht es denn mit deinem Proviant aus – hast du genug?«

»Oh, sieht ganz gut aus«, log ich.

Don schaute mich wortlos an. »Ich habe etwas Speck und Fisch in dein Zelt mit dem Werkzeug gelegt. Nicht viel, aber immerhin.«

»Vielen Dank für alles«, sagte ich, ohne ihn anzusehen. »Ich hoffe, ich hab euch nicht zu viel Ärger eingebrockt ...«

»Ach was, das wird schon wieder.«

Ich konnte an seinem Tonfall hören, dass er über das Thema nicht weiter sprechen wollte. Er rückte etwas näher an den Ofen heran. »Bei Gelegenheit solltest du dich wieder auf die Jagd machen. Sieh zu, dass du einen Biber erwischst. Und jetzt, wo die Bäume ihre Blätter verloren haben, sind auch die

Hühner leichter zu finden. Nachts ist die beste Zeit, und wenn du auf einen Schwarm stößt, hol gleich so viele runter, wie du kannst. Einfach auf einer Stange an einem Baum hochziehen, damit keine anderen Viecher drankommen. Das ist das Einzige, was wirklich gut ist an unserem Winter: Du hast draußen einen Tiefkühlschrank, der niemals kaputtgeht.« Don stand auf und schaute sich im Zelt um. »Hast du noch Schokolade?«

»Nee, alles weg.«

»Aha«, sagte er, und die Genugtuung war nicht zu überhören: »Du gehörst also zu den Typen, die sich ihre Reserven an Süßkram nicht einteilen können.« Er stand auf und zog seine Hosenträger von der Brust. »Vor dir steht ein Mann, der seine Schätze zu hüten weiß.«

»Moment mal«, sagte ich. »Du hast deine Schokoriegel nicht angerührt, während ich meine alle auf einmal verschlungen habe?«

»So ist es!«, erwiderte er triumphierend und rieb sich erwartungsvoll seine Hände. »Und jetzt werde ich mit großem Genuss einen nach dem anderen verspeisen – und du darfst mir dabei zusehen.«

»Wo hast du die Dinger denn versteckt?«

»In dem kleinen Zelt, wo du dein Werkzeug lagerst.« Er schlug die Plane über dem Eingang zur Seite und verschwand nach draußen. Ich wartete und fragte mich, ob er mir vielleicht doch noch ein Stück abgeben würde, als ich ihn plötzlich laut fluchen hörte. Vor Wut kochend kam er ins Zelt zurückgestapft.

»Was ist denn los?«, fragte ich. »Und wo ist die Schokolade?«

Anstatt zu antworten, warf er mir eine leere Snickers-Folie vor die Füße – vollkommen zerfressen und mit einer Kruste von gefrorenem Sabber überzogen.

»Mäuse!«, riefen wir beide gleichzeitig. Don sank auf meinem Stuhl zusammen und schüttelte angewidert seinen Kopf. Ich lachte und lachte und lachte.

Am nächsten Tag lief ich zum Fluss runter, um Charlie abzufangen, und erwischte ihn, als er gerade den Pappelhain durchquerte. Er begrüßte mich mit einem kurzen Nicken und sagte: »Hey, wir müssen heute los. Schon viel Eis auf dem Fluss, und wenn wir jetzt nicht aufbrechen, kommen wir gar nicht mehr weg.«

»Ich weiß«, sagte ich. »Und tausend Dank noch mal dafür, dass ihr überhaupt rausgekommen seid. Mir ist klar, dass ihr ein großes Risiko eingegangen seid.« Wir liefen nebeneinander den Weg zum Lager hoch. »Hör mal zu, Charlie. Wenn du nicht willst, müssen wir nicht weiter drüber reden. Aber ich wollte mich für gestern entschuldigen.«

»Ich auch«, sagte er. Er sah mich kurz an und fixierte dann schnell wieder den Boden vor seinen Füßen.

»Nur dass du es weißt: Ich habe großen Respekt für dich, und mir ist völlig klar, dass ich ohne deine Hilfe aufgeschmissen wäre. Und ich werde auch nie vergessen, was du für mich getan hast.«

Er nickte nur und marschierte weiter.

»Ich bin hier draußen alleine ziemlich unter Druck, das ist alles ganz schön viel für einen Mann«, sagte ich. »Und vielleicht ist diese Anspannung gestern mit mir durchgegangen und ich habe vergessen, was sich gehört. Können wir trotzdem Freunde bleiben?«

Ich blieb stehen und hielt ihm meine Hand hin. Er griff sofort zu, mit einem breiten Lächeln.

»Weißt du was: Ich glaube, du bist so 'ne Art Charles Bronson*, nur eben vom Volk der Athabasken«, sagte ich.

»Charles Bronson vom Volk der Athabasken ...« Er lachte. »Das gefällt mir!«

Wir gingen weiter, in kameradschaftliches Schweigen versunken, aber wir hatten Frieden geschlossen, und darüber war ich heilfroh. Im Lager angekommen standen wir vor der halbfertigen Hütte. Ich bemühte mich, locker zu bleiben, aber wie so oft konnte Don meine Gedanken lesen: »Wenn du die Bude nicht rechtzeitig fertigkriegst, schlägst du eben dein Zelt auf den Holzbohlen auf. Dann steht es wenigstens nicht auf dem gefrorenen Waldboden. Haben schon viele so gemacht, wenn ihnen die Zeit weggelaufen ist.«

»Ja, gut.« Ich starrte auf die drei mächtigen Balken, die das Sparrengerüst meines Dachs tragen sollten, der First und die beiden Pfetten, alle drei

*

Das Rollenspektrum von Charles Bronson war bekanntlich nicht besonders breit: Er spielte den mystischen Revolvermann (»Spiel mir das Lied vom Tod«) und einsamen Rächer (»Ein Mann sieht rot«) – schweigsam, undurchdringlich, eiskalt. Nicht unbedingt eine sympathische Figur ...

gut sieben Meter lang. »Jetzt müsst ihr mir nur noch erklären, wie ich die Dinger da hochkriege.«

Don schaute mich mit gespielter Überraschung an: »Genau so wie die Balken für die Wände, ist doch klar.«

»Aber wenn ich Pech habe, krachen mir die Riesendinger doch mit Schwung in die Hütte und schlagen alles kaputt.«

»Kann passieren, stimmt. Du musst sie deshalb mit einer Leine sichern, am besten da hinten an den Fichten, damit sie gar nicht erst ins Pendeln kommen. Schön langsam hoch und in die vorgesehene Position schwenken. Dann das Dach drüber und fertig. In deinem Lager unten am Fluss hast du doch Blech fürs Dach liegen, oder?«

»Hab ich, ja.« Ich konnte mich noch gut an den warmen Augusttag erinnern und an die Millionen Fliegen, als ich das Blech aus dem Boot gehievt und am Ufer gestapelt hatte.

Einen Moment lang standen wir uns wortlos gegenüber. Don zog seinen Handschuh aus und reichte mir die Hand. »Du machst das schon. Immer schön langsam und vorsichtig, denn jetzt wird es eine Weile dauern, bis wieder jemand bei dir vorbeikommen kann. Auf dem Fluss ist erst mal zu viel Eis, um sich mit dem Boot rauszuwagen, und Flugzeuge können auch nicht landen, bis das Eis dick genug ist.«

»Was meint ihr, wie lange ich von der Außenwelt abgeschnitten sein werde?«, fragte ich, aber beide schüttelten nur den Kopf. Mutter Natur ließ sich nicht in den Fahrplan gucken, sollte das wohl heißen.

»Wie stehen denn die Chancen, dass mir das Wetter noch mal etwas Aufschub verschafft?«, versuchte ich es aus einer anderen Richtung.

»Kannste vergessen. Jetzt wird es richtig kalt«, sagte Don. »Sieh zu, dass du vorankommst.«

Charlie war schon bereit zum Abmarsch, während Don seine Siebensachen zusammensuchte und mir noch ein paar Last-Minute-Ratschläge zurief. Auf ihren Gesichtern war kein Lächeln mehr zu sehen; was mir jetzt bevorstand, musste wohl mit dem nötigen Ernst angegangen werden.

Zusammen liefen wir den Weg zum Fluss runter, alle von der Gewissheit getrieben, dass nun keine Zeit mehr zu verlieren war. Wir folgten dem zugefrorenen Flusslauf, bis wir an eine Stelle kamen, wo das Eis noch einen schmalen Kanal freigelassen hatte. Als die beiden ihre Wathosen übergezogen hatten, reichte mir Charlie ein Paket mit Briefen von der Familie und von Freunden. »Alles Gute, und pass auf dich auf«, brummte er und steckte mir eine Tafel Schokolade in die Jackentasche.

»Danke, Charlie«, sagte ich und schüttelte seine Hand. »Vielleicht siehst du jetzt ja doch noch, wie ich vor die Hunde gehe.«

Er lächelte mich an. »Nee, du schaffst das schon.«

Ich schaute ihnen nach, wie sie in Richtung des Hauptstroms wateten, wo sie ihr Boot festgemacht hatten. Sie waren schnell aus meinem Blickfeld verschwunden, und dann war ich wieder allein in der kolossalen Stille der Wildnis. Die Päckchen und Briefe mit den britischen Briefmarken und der Anblick von Juliets klarer Handschrift lösten bei mir eine akute Heimwehattacke aus. Fuzzy sah mich an, er bellte und wedelte mit dem Schwanz. Ich zog meinen Handschuh aus und kraulte ihn. »Also, Fuzzy«, murmelte ich. »Jetzt kann ich es dir ja sagen. Ohne die beiden sind wir ganz schön aufgeschmissen.«

Zurück im Camp stand ich vor meiner halbfertigen Blockhütte, deren Wände schon sieben Balken hoch über das Fundament hinausragten, und plötzlich spürte ich eine Ruhe, wie ich sie in den letzten Wochen nie empfunden hatte. Es war eigentlich völlig nebensächlich, ob diese Hütte jemals fertig wurde oder nicht; es spielte keine Rolle mehr, was die Leute von mir dachten, hier in Alaska oder zu Hause in Schottland. Es ging jetzt nur noch darum, ob ich hier heil wieder rauskam.

linke Seite
Ein langwieriger Prozess: Schritt für Schritt baut Guy Grieve seine Hütte, vom Fundament bis zum Dach. Die Zeit drängt – wenn der Winter über den Yukon kommt, braucht er sie als lebenswichtigen Schutz.

diese Seite
Guy schlägt Kerben in die schweren Balken und bewegt sie mit einem Flaschenzug. Wichtig für ihn: Bloß nicht ins Schwitzen kommen, denn das ist bei der Kälte gefährlich. Erfrierungen drohen.

TEIL

3

Ein traurig' Märchen
passt für den Winter.

WILLIAM SHAKESPEARE,
»DAS WINTERMÄRCHEN«

Kapitel 21

MEINE HÜTTE IST MEINE BURG

Das Wetter verschlechterte sich, und ich wusste, dass mir nur wenige Tage blieben, um die Hütte fertigzubekommen. Die Bedingungen waren wirklich elend: Entweder fiel eisiger Regen oder es schneite in dicken Flocken. Meine Laune war ungefähr so finster wie jeder dieser kurzen Tage, und voller Neid dachte ich an die Bären, die nun gemütlich in ihren tiefen Höhlen lagen. In meinem Zelt war es jedenfalls vorbei mit der Behaglichkeit; ein schneidend kalter Wind fuhr durch Spalten und Ritzen und raubte mir jede Hoffnung, den Winter unter meiner Zeltplane überstehen zu können. Also arbeitete ich beharrlich weiter.

Als Nächstes stand der Dachgiebel auf dem Programm, für den ich jeweils sechs Balken auf die Stirnwände setzte. Der Job war nicht ungefährlich, denn diese Hölzer konnte ich ja nicht mit einer Kerbe auf einem quer darunterliegenden Balken fixieren; sie wurden erst einmal nur von zwei langen Bolzen gehalten. Zur Verstärkung nagelte ich ein paar kräftige Stöcke über den Giebel und die darunterliegende feste Wand. Und dann war es tatsächlich so weit, dass ich mit dem Dach anfangen konnte. Vor ein paar Wochen hatte ich noch nicht einmal zu träumen gewagt, dass ich dieses Stadium je erreichen würde, doch zum Feiern war mir trotzdem nicht zumute. Denn ich musste erst noch die 20 Rollen Blech, mit denen ich das Dach decken wollte, vom Flussufer zum Camp schleppen, und das würde kein Spaß werden. Jede der Rollen wog an die 25 Kilogramm – und sie lagen tief im Schnee vergraben. Einen ganzen Tag brauchte ich, um sie auszubuddeln, und dann noch einen, um das eiskalte Blech über den tiefverschneiten Weg zum Lager zu transportieren.

Was dann folgte, war möglicherweise der schwierigste Bauabschnitt überhaupt: Pfetten und Firstbalken an ihren Platz zu hieven. Diese drei Balken waren die längsten und schwersten der gesamten Hüttenkonstruktion, und ihr Gewicht sollte das gesamte Bauwerk stabilisieren. Das Problem war nur: Wenn ich sie an meinem Behelfskran, dem Hochseil direkt über der Baustelle, aus ihrer Position neben der Hütte einfach in die Höhe zog, würden sie unter dem eigenen Gewicht in die Mitte schwingen und wie ein Rammbock auf meinen Rohbau krachen. Also musste ich die schweren Apparate daran hindern, dass sie der Schwerkraft gehorchten – wie es mir Don geraten hatte. Ich knotete ein Seil um die Pfetten und legte es um eine Fichte neben der Hütte. Auf dem schweren Balken balancierend bediente ich nun mit einer Hand den Hebel meines Mehrzweckzugs, während ich mit der anderen Hand die Sicherungsleine nachkommen ließ. Eine quälend langsame Prozedur, aber es funktionierte tatsächlich. Als beide Pfetten schließlich auf den Giebeln lagen, schlug ich schnell Kerben in die Endstücke der schweren Hölzer. Jetzt brauchte ich sie nur noch umzudrehen, und dann lagen sie fest in ihrer Position auf dem Giebel. So sah die Konstruktion schon wesentlich stabiler aus.

Blieb eine letzte Hürde: der Dachfirst. Noch so ein Schwergewicht, aber meine Krantechnik hatte sich ja bewährt. Geduldig hebelte ich meine Last in die Höhe, bis der Firstbalken exakt über dem höchsten Punkt des Giebels schwebte. Jetzt vorsichtig herablassen, Millimeter für Millimeter. Würde die Wand halten? Oder krachte unter dem Gewicht des letzten Balkens alles doch wieder zusammen? Das Holz des Giebels knarzte einmal lang und kräftig, aber es hielt. Den First konnte ich nicht mit Kerben fixieren, dazu war er zu schwer. Ich schlug von beiden Seiten Keile unter den Stamm und nagelte sie fest. Dann kletterte ich nach unten, um mir meinen Dachstuhl einmal aus der Distanz anzuschauen. Perfektion sah anders aus, doch es würde halten.

Jetzt musste ich nur noch die unebenen Enden der Giebelbalken schräg absägen, damit ich eine gerade Auflagefläche für mein Dach bekam. Ein Job für die große Kettensäge, die eigentlich zu unhandlich war, um damit auf dem Rohbau herumzuturnen, aber sie schnitt durch die dicken Fichtenbalken, als wären sie aus Marzipan. Ich versuchte, nicht daran zu denken, was diese Säge mit meinem Schädel anstellen würde, wenn sie sich verkantete und mir aus der Hand sprang. Also immer schön vorsichtig, mit voller Konzentration. Erst als es so dunkel war, dass ich die Hand kaum vor Augen sehen konnte, verzog ich mich in mein Zelt, das unter der Last des Schnees schon stark eingedrückt war. Doch ich war zu müde, um mich auch darum noch zu kümmern; meine Energie reichte nicht mal mehr, um mir einen Tee zu machen. Ich spürte jeden Knochen im Leib und kroch sofort in meinen Schlafsack.

Aus meiner Bücherkiste fischte ich einen Band, den ich mir als Mutmacher für besonders schwere Tage mitgebracht hatte: Shakespeare, *Heinrich der Fünfte.* Das Buch hatte schon mein Großvater im Ersten Weltkrieg dabeigehabt. Eine Zeile schien wie für diesen Tag geschrieben:

Den Atem hemmt, spannt alle Lebensgeister
Zur vollen Höh!

Am nächsten Tag verlegte ich das Blechdach; ich nagelte die Platten einfach direkt auf die beiden Pfetten und den Firstbalken, dann warf ich meine Zeltplane darüber, als zusätzlichen Schutz. Ursprünglich hatte ich noch richtige Sparren einziehen wollen, um eine zusätzliche Lage Dämmmaterial zwischen Blech und Innenraum unterbringen zu können, als Isolierung sozusagen, aber die Zeit lief mir davon. Ein simples Dach aus Blech war deutlich besser als kein Dach. Mit der Motorsäge schnitt ich eine Öffnung in die Wand und baute aus drei Latten einen Türrahmen. Als Tür diente eine Sperrholzplatte, als Klinke eine einfache Schlaufe, die ich mit zwei leeren Patronenhülsen auf das Brett hämmerte. Jetzt noch den Schnee aus der Hütte schaufeln, der dort etwa eineinhalb Meter hoch lag, dann konnte ich einziehen. Dabei musste ich leider feststellen, dass sich auf dem Holz eine Eisschicht gebildet hatte, und zwar so dick, dass ich sie nicht runterbekam. Ich schaute mich in meinen dunklen vier Wänden um. Die Aussicht, den Winter in dieser finsteren Eisbox zu verbringen, war nicht unbedingt verlockend. Doch als ich mich zur letzten Nacht im Zelt zurückzog, wurde mir klar, dass in der Hütte zu wohnen allemal besser sein würde als ein Leben unter fliegenden Planen.

Tagebuch, 27. Oktober
Dieser Tag ist ein Triumph! Nach drei langen Monaten habe ich endlich meine Hütte bezogen. Damit hab ich die erste Etappe meines schwierigen Weges geschafft: meine Unterkunft selbst gebaut, mit Holz aus dem Wald, das ich selbst geschlagen, geschält und bearbeitet habe. Wunderbares Gefühl. Bin heute um fünf Uhr aufgestanden, um das Feuer im

Ofen ausbrennen zu lassen, damit ich ihn später rüber in die Hütte tragen konnte. Das Zelt blähte sich im Wind, es war düster und unheimlich. Hab die Glutreste in den Schnee gekippt, Handschuhe übergezogen und den Ofen nach draußen geschleppt. Seine Hitze brachte den Schnee rundherum zum Schmelzen, dass es nur so dampfte. War bitter kalt, und mir wurde wieder einmal klar, wie sehr ich von diesem Apparat abhängig war. Als der Ofen kühl genug war, stellte ich ihn in der Hütte auf. Kurze Panik, als ich feststellte, dass ich vergessen hatte, ein Loch für das Ofenrohr ins Dach zu schneiden. Versuchte, mit der Axt ein Loch durchs Blech zu schlagen, kam aber nicht durch. Hatte dann die brillante Idee, ein Loch hineinzuschießen. Legte mich mit der Pumpgun auf den Boden und schoss auf die Decke. War schon ein bisschen brutal, aber es funktionierte. Nach acht Schüssen hatte ich das perfekte Loch mit 15 Zentimetern Durchmesser! Die scharfen Blechkanten habe ich nach oben gehämmert, dann das Rohr durchgeschoben – und den Ofen sofort angefeuert, um die Kälte zu vertreiben. Aufregendes Gefühl, Licht und Wärme in diese finstere Bude zu bringen. Hab dann eine Ewigkeit damit verbracht, mein Hab und Gut in die Hütte zu bringen. Abends mein erstes Essen unter dem neuen Dach gekocht. Jetzt liege ich im Bett, und der Ofen glüht. Alles ist pitschnass, weil das Eis auf den Bohlen schmilzt, aber das ist mir egal. Draußen bläst es heftig, und ich höre, wie der Schnee gegen die Wände trommelt. Aber die sind aus soliden Holzstämmen gezimmert, 30 Zentimeter dick. Nach Monaten harter Arbeit und ständiger Sorge fühle ich mich endlich sicher.

Die ersten Tage in der Hütte waren das pure Glück. Solange das Eis auf dem Holz und in den Ritzen taute, kam ich mir zwar vor wie in einer Tropfsteinhöhle, aber es war schlicht wunderbar, von dicken Wänden umgeben und beschützt zu sein. Monatelang war zwischen mir und der Wildnis nur eine dünne Plane aus Segeltuch gewesen, jedes Geräusch schien mir noch einmal lauter, als es wirklich war: das Heulen des Windes, das Knarren der Bäume, die wilden Tiere. Aber jetzt saß ich sicher in meiner Hütte und konnte mich endlich entspannen. Ich hatte ein Zuhause. Am ersten Abend sagte ich es immer wieder laut vor mich hin: »Das ist mein Zuhause.« Allen Widrigkeiten zum

Trotz war es mir gelungen, in einer der kältesten und unwirtlichsten Regionen der Welt meine eigenen vier Wände zu errichten, und das fühlte sich richtig gut an. Allerdings fragte ich mich schon, wie das Ganze ausgegangen wäre, wenn ich nicht Don und seine Familie gehabt hätte. Und wie viel schwieriger wäre es gewesen, wenn mir die beiden indianischen Jäger nicht ihr Quad geliehen hätten? Ich lauschte, wie der Sturm am Bollwerk meiner 52 eigenhändig gefällten Bäume rüttelte. Aber meine Hütte zeigte sich unbeeindruckt. Da wackelte und schwankte nichts. Dieser Kasten war so stabil wie ein Kriegsschiff.

Der Ofen glühte wie ein Düsentriebwerk, und das Licht der Flammen spielte auf den sinnlichen Kurven der nackten Balken. Neben dem Ofen hatte ich einen Stapel Holzscheite ordentlich aufgeschichtet, den ich in der Nacht verfeuern konnte, und in der Ecke verbreitete meine Lampe zischend ihr warmes Licht. Mein Bett hatte ich noch einmal verschönert - es bestand jetzt aus großen Spanplatten, die ich auf vier Füße aus Birkenholz genagelt hatte. Die Zeiten, in denen ich auf dem Boden schlafen musste, waren endgültig vorbei, und es bereitete mir großes Vergnügen, auch sonst etwas mehr Ordnung in meine Existenz zu bringen. Für meinen Proviant und andere wichtige Dinge hatte ich einfache Regale gezimmert - und für Kleidung und Ausrüstung sogar einen Dachboden aus dünnen Birkenstämmen zwischen den Pfetten eingezogen. Ich öffnete den Reißverschluss meines Schlafsacks und hängte ihn zum Trocknen in der warmen Luft auf. Hier hatte ich endlich einen Platz, um auch meine Klamotten nach der Wäsche aufzuhängen.

Es fühlte sich fast schon wie ein Luxus an, sich in den eigenen vier Wänden bewegen zu können, ohne dabei den Kopf einziehen zu müssen. Erstaunlicherweise hatte ich genau die Fläche hinbekommen, die ich mir ursprünglich vorgestellt hatte - exakt fünf mal fünf Meter. Auch der Holzfußboden war eine echte Errungenschaft, selbst wenn er zurzeit in einigen Ecken noch mit Eis bedeckt war. Das Knacken der Holzscheite im Ofen passte perfekt zu dem intensiven Aroma von Fichtenharz, das aus den langsam trocknenden Balken aufstieg - so musste es sich anfühlen, wenn man in einem Kiefernzapfen sitzt. Das Einzige, was meine Freude trübte, war der Umstand, dass ich niemanden hatte, mit dem ich sie teilen konnte. Ich war allein - zufrieden und glücklich, aber eben doch allein. Dabei hätte ich in diesem Moment nichts lieber getan, als meine Freude herauszuschreien und die Sektkorken knallen zu lassen, nur war leider niemand da, mit dem ich anstoßen konnte. Ich öffnete die Haustür und rief Fuzzy, der sofort durch den Schnee angetrottet kam und mich fragend anschaute. Ich winkte ihn in die Hütte, aber er drehte sich sehnsüchtig nach dem rustikalen Verschlag um, den ich ihm gezimmert hatte. Nicht hundertprozentig begeistert stolzierte er über meinen Holzboden und ließ sich neben dem Ofen nieder. Ich goss den Rest aus meiner letzten Whiskyflasche in einen Blechbecher, setzte mich neben meinen widerwilligen Gefährten und nippte an meinem flüssigen Gold.

Nach einer Zeit stand Fuzzy auf und setzte sich neben die Tür; ihm war offensichtlich zu warm geworden. Ich ließ ihn hinaus, schloss die Tür und kletterte ins Bett. Ich drehte der Lampe das Öl ab und schaute zu, wie die Flamme immer kleiner wurde, sich blau verfärbte und schließlich mit einem sanften Plopp verschwand. Draußen heulte der Wind über den frisch gefallenen Schnee. Am Morgen würde von dem Platz, an dem mein Zelt gestanden hatte, nichts mehr zu sehen sein.

Kapitel 22

Wintermärchen

Feuer ist die Frucht des Winters.
Arabisches Sprichwort

Eine Woche lang heizte ich nonstop, bis auch das letzte Eis auf den Wänden und am Boden geschmolzen war. Für eine kurze Übergangsphase war alles klitschnass, meine Kleidung inklusive, nur mein Schlafsack, den ich immer in einer Tasche aus festem Segeltuch verstaute, war trocken geblieben.

Es rächte sich außerdem, dass ich es nicht mehr geschafft hatte, das Dach anständig zu dämmen: Auf dem dünnen Blech schmolz der Schnee sofort, und sein stetes Tropfen bescherte mir einen eindrucksvollen Vorhang an gewaltigen Eiszapfen rund ums Haus. Ein Jammer, dass ich so in Eile gewesen war – eine dicke Lage Schnee auf dem Dach hätte sogar geholfen, die Hütte zusätzlich vor der grimmigen Kälte zu isolieren.

Deshalb war es auch mit der Schwerarbeit nach der Fertigstellung meiner Behausung noch lange nicht vorbei: Jetzt fing der Job, den Winter zu überleben, erst richtig an. Wenn das Feuer im Ofen ohne Unterlass brennen sollte, musste ich genauso kontinuierlich Holz sammeln – jeden Tag, stundenlang, bis ich mir wie der Heizer auf einer Dampflok vorkam. Vor meiner Abreise nach Alaska hatten mich diverse »Experten« davor gewarnt, wie schwer es sein würde, Brennholz zu sammeln oder gar Bäume zu schlagen, weil alles steinhart gefroren sei. Der Gedanke hatte in einem dunklen Winkel meiner Sorgen überdauert, bis Don endgültig damit aufräumte. Er zeigte mir, dass man nach abgestorbenen Bäumen suchen musste, die noch von ihren Wurzeln gehalten wurden, und davon gab es reichlich. Weil die toten Bäume keine Feuchtigkeit mehr enthielten, konnte auch nichts gefrieren. Eine abgestorbene Fichte lieferte Brennholz, das sich perfekt dafür eignete, unter schwierigen Bedingungen ein Feuer anzufachen; selbst grüne Birkenstämme bekam man damit zum Glühen. Anders, als die Fachleute es vorhergesagt hatten, machte mir übrigens auch das gefrorene Grünholz keine besondere Mühe; mir schien Eis sogar weniger Widerstand zu bereiten als der Saft, der sonst in den Bäumen zirkulierte. Nach hartem Frost war das Holz fast schon spröde und ließ sich leicht spalten.

Trotzdem: Die Suche nach Brennholz war ein zeitraubendes Unterfangen. Eigentlich hatte ich erwartet, dass ich die dunklen Wintermonate hauptsächlich in meiner Hütte verbringen würde, dicke Bücher lesend und in meinem Tagebuch schreibend. Ein guter Freund hatte mir zum Abschied ein kleines Akkordeon geschenkt, weil ich möglicherweise einmal erwähnt hatte, dass ich die freie Zeit nutzen könnte, ein Musikinstrument zu lernen. Aber da wusste ich noch nicht, wie hart die Arbeit im Camp sein würde. Die Tage waren kurz, Wind und Wetter oft grausam, und ich verbrachte den größten Teil meiner Zeit damit, mein Überleben zu sichern. Für Spiel und Spaß gab es jedenfalls kaum Gelegenheit, was jedoch vielleicht sogar sein Gutes hatte – an Unterhaltung wurde einem in der Abgeschiedenheit der Wälder eh nicht viel geboten.

Zu den täglichen Aufgaben gehörte auch die Aufbereitung von Trinkwasser. Jeden Morgen pilgerte ich erst einmal zum Seeufer und suchte mir eine Stelle, wo der Wind den Schnee zu einer schönen, festen Wehe aufgetürmt hatte. Diesen frischen, sauberen Schnee stopfte ich in meinen größten Topf, um ihn dann auf dem Ofen schmelzen zu lassen. Wichtig war am Ende der Trick, den ich von Don gelernt hatte: Ich kippte das Schneewasser mehrmals in meine Kanne und wieder zurück in den Topf, um es mit Luft anzureichern, was den Geschmack wirklich entscheidend verbesserte.

Ungefähr eine Woche nachdem ich in die Hütte gezogen war, schenkte ich mir morgens noch einen Tee ein, um die unvermeidliche Plackerei des Holzsammelns einen Moment hinauszuzögern. Seit Tagen war das Thermometer kaum über minus 40 Grad hinausgekommen; nur wenn es schneite, war es ein wenig wärmer.* Als ich schließlich die Decke vor dem Eingang beiseitezog, stellte ich fest, dass meine Tür von innen ganz weiß war. Ich schabte das Eis so weit ab, dass ich die Tür einen Spalt breit öffnen konnte, und linste nach draußen. Es schneite, und zwar richtig heftig. Wo gestern noch Büsche zu sehen waren, ragten jetzt nur noch skurrile Hügel aus dem Weiß. Vorsichtig drückte ich die Tür weiter auf und trat hinaus.

Draußen war es vollkommen still. Nichts war zu hören außer meinem eigenen Atem. Kurz schaute ich zu meinen Schneeschuhen hinüber, die ich an einer Fichte aufgehängt hatte, aber eigentlich musste mein Weg auch ohne sie begehbar sein. Ich holte mein Jagdgewehr und zog die Handschuhe aus, um die Waffe zu öffnen; wie gewohnt wollte ich sichergehen, dass keine Patrone im Lauf war. Aber der Hebel bewegte sich keinen Millimeter, und was noch schlimmer war: Meine Hand war am eiskalten Stahl sofort festgefroren.

*

In Westeuropa verstehen wir SCHNEE *als Anzeichen dafür, dass es besonders kalt ist. In Alaska gilt das Gegenteil: Schnee signalisiert warmes Wetter, denn er steht für Tiefdruck, der dicke Wolken bringt; sie legen sich wie eine isolierende Decke über das Land. Bei Hochdruck hingegen entschwindet auch der letzte Rest an Wärme in einem klaren, eiskalten Himmel.*

Ein klassischer Anfängerfehler, und ich ließ gleich den nächsten folgen, indem ich die Hand vom Lauf zog und mir dabei die Haut von den Fingern riss. »Du Riesenarschloch!«, brüllte ich und wunderte mich im selben Augenblick, dass meine Stimme nicht wie gewohnt durch den Wald hallte. Jeder Ton wurde sofort verschluckt, als würde mir jemand mit einem wattierten Handschuh den Mund zudrücken. Ich zog meine Fingerlinge wieder an und schaute zu, wie mein Blut in die helle Wolle sickerte und auf der Stelle gefror. Es sah aus, als hätte jemand rote Plättchen in die Wolle gewebt.

Zum Glück hatte mir Don erklärt, was ich machen muss, wenn mir das Gewehr einfriert. Ich ließ einen Benzinkanister von seinem Versteck hoch im Baum herunter und wusch die Flinte einmal komplett mit Sprit ab. Dann träufelte ich ein paar Tropfen auf alle beweglichen Teile und spülte auch den Lauf einmal mit Benzin durch. Jetzt noch mit einem Lappen abwischen, und die Waffe war wieder einsatzbereit. Ich rief nach Fuzzy, und einen Moment später schaute sein Kopf aus einem Schneetunnel heraus, den er zu seiner Hütte gegraben hatte. Sein Häuschen hatte ich mit getrocknetem Gras ausgekleidet – sein Domizil war damit wahrscheinlich besser isoliert als meins.

Wir ließen das im Schnee versunkene Lager hinter uns und wanderten in Richtung Fluss durch das tiefe, pure Weiß. Meine Stiefel sanken mit einem wunderbaren Knirschen ein, und hinter mir hörte ich, wie Fuzzys Pfoten ihren charakteristischen Rhythmus in den Schnee trommelten. Die Äste von Erlen, Birken und Weiden trugen schwer unter ihrer Last, und ich musste mich tief bücken, um nicht eine Ladung Schnee in den Kragen zu bekommen. Ein paar junge Bäume waren so weit umgeknickt, dass sie nicht mehr zu retten waren. Weil mein Weg zum Fluss aber unter allen Umständen frei bleiben sollte, schnitt ich die Hölzer vorsichtig weg und deponierte sie am Rand des Wegs. Als wir am Flussufer ankamen, hatte es zwar aufgehört zu schneien, aber ein starker Wind wirbelte den Schnee über das Eis, sodass ich mir trotzdem vorkam wie in einem Blizzard. Ich fragte mich, ob es in dieser feindseligen Umgebung überhaupt noch Leben geben konnte. Fuzzy und ich standen in einer Welt, die so unwirklich erschien, dass sie eigentlich nur der Phantasie entsprungen sein konnte.

Auf dem Weg zur Hütte achtete ich darauf, nicht ins Schwitzen zu geraten, so wie Don es mir eingeschärft hatte. Doch ich fühlte, wie meine Füße immer kälter wurden. Meine Stiefel waren zu eng für diese Bedingungen, sie ließen meinen Zehen nicht genug Platz, um sich zu bewegen. Kurz spürte ich einen Anflug von Panik, dass ich in eiskaltem Wetter nicht mehr vor die Tür können würde, aber dann fielen mir die seltsamen Eskimostiefel ein, Mukluks genannt, die mir Dons Familie mitgegeben hatte. Der Schaft dieser Stiefel bestand aus einer Art Segeltuch, die Sohle war aus Elchleder gefertigt; sie waren dick mit Filz gefüttert und wurden mit Elchlederriemen geschnürt. Die Geste hatte mich sehr gerührt, aber als ich die blauen Segeltuchstiefel mit ihrem goldbestickten Schaftabschluss das erste Mal sah, konnte ich mir nicht vorstellen, welchen praktischen Nutzen sie wohl haben könnten. Für mich sahen sie eher aus, als gehörten sie zum Kostümbestand einer Amateurschauspieltruppe, bei der *Aladdin* auf dem Programm stand, als wie ein ernstgemeintes Schuhwerk, das sich im arktischen Winter bewähren musste. Aber da sollte ich noch eines Besseren belehrt werden.

Als ich an der Hütte ankam, wurde es schon dunkel, obwohl es gerade einmal Mittag war. Ich gab Fuzzy etwas von den schwindenden Vorräten an Hundefutter und schaute ihm nach, wie er in seiner gemütlichen Höhle unterm Schnee verschwand. In meiner Hütte war es angenehm warm, nur der Boden fühlte sich so eisig an, dass es selbst in dicken Socken kaum zu ertragen war. Ich hatte meine Tasse auf dem Boden stehenlassen, und der letzte Rest Kaffee war zu Eis gefroren. Ich schloss die Tür und tastete in der Dunkelheit nach meinen Streichhölzern. Zuerst zündete ich eine Kerze an und dann die Petroleumlampe, bei der man den Treibstoff immer erst mit einer Pumpe auf den nötigen Druck bringen musste. Mit einem Zischen erwachte die Lampe zum Leben und verbreitete ihr warmes Licht. Ich zog die Socken aus, um meine Zehen zu inspizieren: Sie hatten eine unheimlich bleiche Farbe angenommen, wie Wachs, eindeutig das Symptom einer leichten Erfrierung. Von diesem Stadium ist es zu einer echten Schädigung des Gewebes nicht weit, und ich verfluchte mich für meine Nachlässigkeit. Niemand in Alaska hat Verständnis dafür, wenn man sich Frostbeulen holt; jedes Kind weiß, dass man selbst schuld ist, wenn man sich nicht vor der Kälte schützt.

diese Seite
Der eine braucht zum Schutz vor der Kälte eine besondere Jacke (und wegen des Lärms der Kettensäge Ohrenschützer). Hund Fuzzy hat es einfacher – ihm können auch die kältesten Tage in Alaska wenig anhaben.

rechte Seite
Geschafft! Rechtzeitig zu den ersten schweren Schneefällen steht Guys Hütte.

Ich aß einen Teller Bohnen mit Olivenöl, legte mich aufs Bett und dachte an meine Kinder und an Juliet. Sie hatte absolut recht behalten: Mein Traum wäre ihr Albtraum gewesen. Die Familie mitzubringen, wäre vollkommen verrückt und verantwortungslos gewesen. Der heutige Tag war meine erste wirkliche Begegnung mit dem Winter gewesen. Ich war von der Härte der Bedingungen schockiert – und es würde noch wesentlich härter kommen. Meine Angst vor Bären schien mir plötzlich banal, verglichen mit dieser wesentlich unheilvolleren Bedrohung durch die arktische Kälte. Mir wurde jetzt klar, warum Don beim Abschied so ernst wurde. Er hatte gewusst, was ich erst in diesem Augenblick kapierte: Der Winter in Alaska war eine Macht, die man niemals unterschätzen durfte.

KAPITEL 23

PANZER IM SCHNEE

Es war Anfang November, die Tage wurden noch einmal düsterer, und mein Proviant ging langsam zur Neige. Der Schnee lag inzwischen fast anderthalb Meter hoch, und es hörte immer noch nicht auf zu schneien. Mein wichtigster Job war es, den Ofen am Glühen zu halten. Eines Morgens zog ich die Schneeschuhe an – ohne die man sich nun überhaupt nicht mehr fortbewegen konnte – und lief in Richtung See, um Brennholz zu suchen. Es machte richtig Spaß, ohne Anstrengung über den frisch gefallenen Schnee zu laufen; wie ein fliegender Teppich trugen mich die Schneeschuhe durch meinen gefrorenen Kosmos, und ich ertappte mich ständig dabei, dass ich ungläubig auf meine Füße blickte, wie ein Kind, das zum ersten Mal seine neuen Schuhe trägt. Ich musste daran denken, wie wir Oscar Schuhe gekauft hatten, in deren Sohlen kleine Lichter angebracht waren, die bei jedem Schritt blinkten. Wenn wir ihn nicht immer wieder daran erinnert hätten, beim Laufen gelegentlich auch nach vorne zu schauen, wäre er garantiert in das nächste Hindernis gekracht.

Ich lief quer über das Eis zum anderen Ufer des Sees, wo ich eine erstaunliche Erfahrung machte – dass man nämlich auch bergauf fallen kann. Ich setzte einen Schneeschuh auf die steile Böschung, und als ich den zweiten nachziehen wollte, rutschte ich ab und flog mit dem Gesicht voran in den Schnee. Einen Moment lag ich verdutzt da, und als ich versuchte, mich mit den Händen aufzustützen, sackten meine Arme bis zu den Achseln in den Schnee; ich kam mir vor wie ein gestrandeter Wal. Erst als ich mich auf den Rücken gewälzt hatte, gelang es mir, wieder auf die Füße zu kommen. Schnell streifte ich den Schnee aus der Kleidung, bevor er anfing zu schmelzen. In dieser sonderbaren Welt musste ich alles neu erlernen – sogar das Laufen.

Mit den breiten Schneeschuhen kam ich den steilen Anstieg vorwärts nicht hoch, also stapfte ich seitwärts und half mit den Armen nach, indem ich mich an kleineren Bäumen und Büschen nach oben zog. Fuzzy hatte es ungleich leichter – er sprang immer genau in meine Spuren, wo der Schnee von meinem Gewicht bereits zusammengedrückt war. Wir kamen an einigen abgestorbenen Fichten vorbei, die perfektes Brennholz abgeben würden, und gelangten zu einem Birkenhain, der sich so weit erstreckte, wie das Auge reichte. Ich schaute mich um und war zufrieden: Hier gab es reichlich Grünholz, das ich mit trockenen Fichtenscheiten mischen konnte.

Später stießen wir auf die Spuren eines großen Wolfs. Die Abdrücke seiner Pfoten folgten Löchern im Schnee, die ich ein paar Tage zuvor hinterlassen hatte, als ich noch ohne meine Schneeschuhe ausgekommen war. Ich konnte genau sehen, wie er sich mit seinen Vorderläufen durch den Schnee vorgetastet hatte, bevor er die Pfoten mit seinem gesamten Gewicht belastete. Ich folgte den Spuren, bis sie abrupt von meinem Weg abbogen. Meine Neugier war stärker als die Vorsicht, und ich beschloss, mich von den Abdrücken des Wolfs weiterführen zu lassen. Fuzzy ließ ein besorgtes Jaulen hören, als wollte er sagen: »Hey, nicht so schnell! Lass uns noch einmal kurz überlegen, ob das wirklich eine gute Idee ist.« Ich tätschelte seinen Kopf und holte ein Stück Trockenfisch aus meiner Tasche, das ich mit ihm teilte. Kauend wanderten wir weiter, bis wir an die große Lichtung kamen, die mir gleich bei der ersten Erkundung des Geländes mit Don und Charlie aufgefallen war – der Grassee.

Weiter ging es auf den Spuren des Wolfs. Für mich begann jetzt neues Territorium, hier waren wir vorher noch nie langgekommen, und mit jedem Schritt ergänzte ich die Landkarte, die in meinem Kopf entstand. Im tiefen Schnee wurde das Laufen beschwerlicher, und ich musste wieder an Dons Warnung denken, dass ich unter keinen Umständen ins Schwitzen kommen durfte. Ich schlug ein paar Zweige von einem Baum und setzte mich darauf. Als ich meine Trinkflasche aus der Außentasche meiner Jacke holte, stellte ich fest, dass der Inhalt komplett gefroren war. »Du Idiot!«, schimpfte ich laut mit mir selbst. Das nächste Mal musste ich die Flasche also unter ein paar Lagen meiner Kleidung tragen. Sollte ich eine Handvoll Schnee essen, um meinen Bedarf an Flüssigkeit zu decken? Besser nicht, denn wahrscheinlich würde mir davon nur kalt werden. Also kaute ich stattdessen ein weiteres Stück Trockenfisch. Mit Erleichterung stellte ich fest, dass ich eine ungefähre Ahnung hatte, wo ich war; die Spur des Wolfs hatte mich in einem Kreis zurückgeführt, bis zum Lager war es gar nicht mehr weit. Fuzzy saß neben mir auf einem Zweig und knabberte die Eisklumpen weg, die sich zwischen seinen Ballen gebildet hatten. Eine sanfte Brise strich durch die Wipfel der Bäume, und zum ersten Mal seit Monaten fühlte ich mich einfach nur glücklich. Meine Gedanken wanderten kurz zurück zu meiner alten Existenz im Büro, diesem Leben in Gefangenschaft. Aber mir war das unglaubliche Privileg zuteilgeworden, das alles hinter mir lassen zu können und jetzt in diese magische, unberührte Welt einzutauchen.

Ein lautes Krachen und Knacken riss mich aus meiner Träumerei. Ich sprang auf und griff nach der Pumpgun. Neben mir knurrte Fuzzy mit hochgezogenen Lefzen, und sein Fell sträubte sich. Ich versuchte, im schummrigen Licht zwischen den Bäumen zu erkennen, woher die Geräusche gekommen waren, aber es war nichts mehr zu hören. Die Sonne war bereits untergegangen, und es würde nicht mehr lange dauern, bis auch das letzte Licht verschwunden war. Der Wald blieb still, da war nichts. »Okay«, sagte ich schließlich und tätschelte Fuzzy am Kopf, um uns beide zu beruhigen.

»War wohl ein Baum, der unter der Schneelast umgefallen ist.« Fuzzy war nicht überzeugt, er hob die Schnauze, um Witterung aufzunehmen. Dann hörte ich es wieder: ein enormes Krachen und Knirschen, ein kräftiger Rumms. Ganz offensichtlich ein großes Tier, und zwar direkt vor uns, und es gab sich anscheinend keine besondere Mühe, Hindernissen auszuweichen. Ich starrte auf die Bäume vor mir und wunderte mich, woher der Krach von berstendem Holz eigentlich kommen sollte: Zwischen den dunklen Fichten gab es kaum Unterholz, von ein paar kümmerlichen Trieben von Birken und Erlen abgesehen. Schlagartig wurde mir klar: Das Tier kam aus der anderen Richtung, aus dem Hain von Birken, Weiden und Pappeln, durch den ich selbst gerade gekommen war. Blitzschnell drehte ich mich um und schob eine Patrone in den Lauf. »Jetzt ganz ruhig«, murmelte ich. Das Tier kam näher; ich sah, wie der Schnee von den Baumwipfeln fiel. »Das kann kein Wolf sein«, sagte ich zu Fuzzy, der zähnefletschend knurrte.

Und dann stand er vor uns: ein riesiger Elchbulle, keine zwanzig Meter entfernt, mit dunkelbraunem, zotteligem Fell. Es war ein ergreifender Anblick, dieses gigantische Tier so nah, doch gleichzeitig kam ich mir vor wie ein armer Infanterist, der auf einer schmalen Straße plötzlich einem Panzer gegenübersteht. Der Elch hob den Kopf und fixierte mich mit einem Auge. Alles an diesem Bullen war riesig, sein enormer Schädel, sein ausladendes Geweih und auch das Vorderbein, mit dem er jetzt ungehalten auf den Waldboden stampfte. Was hatte Don gesagt? Dass in Alaska mehr Menschen von Elchen getötet wurden als von Bären? Wenn es zu einer Begegnung kam, war sein Rat gewesen, sollte ich mich hinter einen Baum stellen. Der Elch war nicht beweglich genug, mir zu folgen, wenn ich nur immer schnell genug auswich und den Stamm zwischen mir und dem Tier behielt. In der Theorie zumindest – und immer vorausgesetzt, dass ich nicht stolperte und hinfiel. Denn dann würde mich der Elch doch noch zu Tode trampeln. Dieses Exemplar wog mehr als eine halbe Tonne, und sein schaufelartiges Geweih wird, von einer Spitze zur anderen, bestimmt anderthalb Meter gemessen haben. Wir standen regungslos da, alle drei: Elch, Hund und Mensch. Dann legte der Gigant den Rückwärtsgang ein und verschwand im Wald, wie er gekommen war – mit dem lauten Krachen von berstendem Holz.

Ein paar Minuten blieb ich wie angewurzelt stehen, der Schreck saß mir in den Knochen. Aber es war auch eine großartige Erfahrung, ein Exemplar dieser größten Hirsch-Spezies aus allernächster Nähe gesehen zu haben. Als ich mich auf den Weg machte, war es bereits dunkel geworden, nur der Schnee strahlte noch ein wenig Licht ab. Ich rief Fuzzy, der voraustrabte und mich zurück zum Camp führte. Hin und wieder blickte ich hinauf in den Nachthimmel, der nun auch das letzte bleichgelbe Licht am Horizont im Westen verschluckte. Dabei entdeckte ich auf einem Ast eine Silhouette, die mir bekannt vorkam – ein Schneehuhn. Der Vogel sah wohlgenährt aus, und ich sah ihn schon vor mir, wie er in meiner Pfanne brutzelte. Da hörte ich plötzlich ein sorgenvolles Tschilpen ganz in der Nähe, und schon flatterte mein saftiger Braten davon. Wieder hektischer Flügelschlag, und das nächste Huhn schwirrte davon, und noch eins, und immer mehr. Fuzzy stellte sich auf die Hinterbeine und jaulte dem Schwarm von bestimmt zwanzig Vögeln hinterher, der sich in sicherer Entfernung auf einem Baum niederließ.

Ich marschierte weiter, erstaunt über die Fülle an Leben, die mir in den letzten Stunden in dieser eigentlich lebensfeindlichen und leeren Wildnis begegnet war. Fremden wie mir ist es heutzutage verboten, Elche zu schießen, es sei denn, sie blättern Tausende Dollar für einen lizenzierten Jagdführer hin. Aber vor ein paar Jahren noch wäre ich in der Lage gewesen, den Elchbullen zu erlegen, und mit einer solchen Menge Fleisch hätte ich für den gesamten Winter ausgesorgt gehabt. Das Fleisch zu lagern, wäre kein Problem gewesen: Die Bären hatten sich in ihre Höhlen verzogen, und es war draußen vor meiner Hütte um ein Vielfaches kälter als in jedem Tiefkühlschrank. In meiner hungrigen Phantasie ging ich die vielen Möglichkeiten durch – ich hätte Steaks machen können, Rippchen, Braten, Eintöpfe und Dörrfleisch für unterwegs. Mein einziger Trost war, dass mir ja die Schneehühner blieben. Die durfte ich jagen.

Als ich bei meiner Hütte ankam, war der Wald ganz still, und die ersten Sterne leuchteten fahl am Himmel. Das Feuer im Ofen war fast ausgebrannt, und es war recht kalt geworden in meiner Behausung. Minus 40 Grad zeigte das Thermometer, meine kälteste Nacht, seit ich hier war. Ich legte ein paar Scheite Fichtenholz in die Glut, um das Feuer wieder anzufachen. Langsam wurde es wärmer, das Holz der Wände begann leise zu knacken, und sogar der Fußboden fühlte sich nicht mehr ganz so eisig an. Vor meinem Ausflug hatte ich Schnee rund um die Hütte zusammengeschoben, anderthalb Meter hoch, damit keine eisige Luft mehr unter den Hüttenboden hineinziehen konnte, und das schien zu funktionieren. Ich verriegelte die Tür und hängte die dicke Decke davor. Auf dem Bett liegend starrte ich in das zischende Licht meiner Petroleumlampe. Mir tat jeder Knochen weh im Leib, und ich war so abgemagert wie nie zuvor in meinem Leben. Und trotzdem: In diesem Moment fühlte ich mich unendlich behaglich und verspürte eine Zufriedenheit, die man vermutlich nur erreichen konnte, wenn man nach monatelanger Plackerei in sein selbstgebautes Haus eingezogen war. Das Land versank in arktischer Kälte, und ich lag hier drinnen gemütlich auf meinem warmen Bett. Ein wunderbares Gefühl.

Ich machte die Lampe aus und schaute zu, wie die Flamme erstarb, ein Schauspiel, das mich immer wieder aufs Neue faszinierte. Ihr Rand flackerte erst weiß, dann orangefarben und schrumpfte schließlich auf eine kleine blaue Zunge zusammen, die zitternd und zischend verlosch. Sosehr ich meine Augen danach auch anstrengte, da war nur noch Schwarz, die Dunkelheit in meiner Hütte war absolut. Ich lauschte dem Knacken des Ofens und schloss meine Augen. Und fiel sofort in einen tiefen Schlaf.

Ein ungewohntes, lautes Geräusch vor der Hütte weckte mich auf. Was konnte das sein? Da war es wieder – ein lautes, knackendes Geräusch, das von der Hüttenwand zu kommen schien. Ich sprang auf, halb im Schlaf, und bereitete mich innerlich schon darauf vor, dass die ganze Hütte einstürzte und ich von den schweren Balken begraben wurde. In der Dunkelheit war es unmöglich, irgendetwas zu erkennen, und ich wusste einfach nicht, was ich tun sollte. Wieder ein lautes Knacken, diesmal aus einer anderen Ecke. Dann ein Knarren, aber in einer ungewöhnlich hohen Tonlage. Es hörte sich an, als ob im nächsten Moment ein Balken aus der Wand brechen würde. Endlich fand ich ein Streichholz und zündete eine Kerze an. Meine vier Wände knirschten und ächzten jetzt wie ein Schiff, das ins Packeis geraten ist, und bei dem Gedanken wurde mir endlich klar, was da passierte: In der unglaublichen Kälte zogen sich die Balken zusammen, der harte Frost war der Grund für das verstörende Konzert. Nach einer Weile war es wieder still. Ich konnte meinen Atem sehen, und damit war mir schlagartig klar, dass mein Ofen nicht mehr gegen die Kälte ankam, ich musste mehr heizen, nur hatte ich leider nicht genug Brennholz. Also zog ich meine Eskimostiefel an und streifte mir meine Mütze über. Zum Glück hatte ich einen großen Stapel mit Brennholz direkt vor der Hütte gelagert. Ich zog die Decke beiseite und trat vor die Tür.

Im Licht des Vollmonds leuchtete der Schnee blauweiß, und der Himmel war übersät mit Sternen. Mein Atem bildete weiße Wolken, und binnen weniger Sekunden waren meine Wimpern vereist. Es war unfassbar kalt, aber ich konnte nicht anders und musste mich erst einmal eine Weile umschauen. Ich war in einer wundersamen Welt, einem Ort außergewöhnlicher Grausamkeit, und die Kälte war das eindeutige Signal, dass der Mensch hier eigentlich nichts zu suchen hatte. Doch gleichzeitig war dieser bedrohliche Kosmos von einer klaren Schönheit und absoluten Perfektion, wie die rasiermesserscharfe Klinge eines fein geschliffenen Schwerts. Ich riss die Tür der Hütte noch einmal auf, griff nach meiner schweren Jacke und lief den gefrorenen Pfad hinunter zum See, der im Mondlicht glitzerte und funkelte. Ich blickte zum Himmel auf und schaute in einen gespenstisch flackernden Vorhang aus grünem Licht, der sich über den gesamten Horizont im Osten zu ziehen schien. »Das Nordlicht«, flüsterte ich. Ich legte den Kopf in den Nacken und genoss das magische Schauspiel, bis die Muskulatur im Hals in der Kälte erstarrte. Auch meine Beine signalisierten mir, dass es dringend Zeit war, in die Hütte zurückzukehren, denn ich trug nur meine lange Unterhose. Trotzdem blieb ich stehen, vollkommen entrückt von dem Naturschauspiel, das mir auf der grandiosen Bühne des Himmels geboten wurde. Plötzlich gellte ein Knall über den See, wie ein Schuss, und zerstörte meine andächtige Stille, dann noch einer. In der Ferne sah ich, wie Schnee von einem Baum fiel, als hätte ihn eine gigantische Hand geschüttelt. Auch das Holz der Bäume zog sich in der Kälte zusammen, wie die Balken meiner Hütte.

Ich atmete durch meine bis ins Gesicht hochgezogene Jacke, meine Nase fühlte sich trotzdem an wie zugefroren, und an meinen Wimpern baumelten kleine Eisklumpen. Höchste Zeit, mich in der Hütte aufzuwärmen. Der Duft des brennenden Birkenholzes war schon von Weitem zu riechen, er hing wie Weihrauch in der kalten, klaren Luft. Minus 45 Grad zeigte das Thermometer jetzt, doch die Himmelslichter waren von solcher Schönheit gewesen, dass ich es kaum bemerkt hatte. Ich schnappte mir noch ein paar Scheite Holz und machte, dass ich zurück in die Hütte kam. Mein Ofen verschlang das knochentrockene Fichtenholz und die tiefgefrorenen Birkenscheite gierig, bis er zufrieden wie ein vollgefressener Löwe schnurrte.

Kapitel 24

DEM VIELFRASS AUF DER SPUR

Das Tageslicht schwand zusehends, und es wurde noch kälter, was meinem Leben einen simplen Rhythmus vorgab: Jeden Tag musste ich Holz hacken und Schnee schmelzen, wobei ich meine Arbeitsweise mit kleinen Tricks immer weiter verfeinerte. Bevor ich beispielsweise einen Baum fällte, schnitt ich zuerst die Spitzen kleinerer Bäume und Büsche ab und legte sie dort aus, wo der Baum landen sollte - dann versank er nicht so tief im Schnee, wenn er fiel. Mit jedem neuen Kniff wuchs meine Zuversicht, dass ich dieses wilde, weiße Land irgendwann doch noch verstehen würde. Das Landesinnere von Alaska macht es dem Neuling nicht leicht - keine majestätischen Gipfel, die einem den Weg weisen, keine kristallklaren Flüsse, die zur Orientierung dienen könnten. Sondern einfach nur meilenweit Busch und Wälder, und die Flüsse, trübe von den vielen Sedimenten, verschwinden unter einer soliden Eisdecke, wenn erst der Wind aus dem Norden kommt. Man musste schon hart schuften, um sich die Schönheit dieses Landes zu erschließen. Mein Leben war nun tatsächlich auf das absolut Notwendige reduziert. Seit die Kälte meine Uhr außer Gefecht gesetzt hatte, gab allein das Tageslicht meinen Takt vor, und nachts verfolgte ich den Großen Wagen, der sich wie ein Uhrzeiger um den Nordstern drehte. Die Tage vergingen langsam, in der Regel ohne besondere Vorkommnisse, und es war eben diese Schlichtheit meiner Existenz, die ich so sehr genoss.

Don hatte mehrfach betont, dass ich unbedingt dafür sorgen musste, dass meine Wege immer begehbar blieben, denn je mehr Schnee fiel, desto wichtiger würden sie sein, wenn ich mich außerhalb meines Camps fortbewegen wollte. Also stapfte ich jeden Tag auf meinen Schneeschuhen zum Fluss hinunter, um den Neuschnee plattzudrücken. Über Nacht fror der so komprimierte Schnee, und die feste Schicht über meinem Weg wurde immer dicker. Auch die Pfade, auf denen ich im Wald unterwegs war, wenn ich Holz sammelte oder zur Jagd ging, wurden mit der Zeit fester und besser begehbar, und ich merkte schnell, dass auch die Tiere mein Straßensystem benutzten. Ich war so etwas wie die Verkehrsbehörde in dieser Region, und bei den regelmäßigen Kontrollgängen auf meinen privaten Highways erkannte ich an den Spuren im Neuschnee sofort, wer schon vor mir aufgestanden war.

In den Wäldern hallten die schrillen Schreie der roten Eichhörnchen wider, und die Spuren ihrer winzigen Pfoten kreuzten immer wieder meinen Weg; gelegentlich folgte ich auch den Fährten eines einsamen Wolfs oder Fuchses. Die schönsten Spuren jedoch hinterließen die Schneehühner: Beim Abheben ritzten sie mit den steifen Federn ihrer Flügel charakteristische feine Linien in den Schnee. Fuzzy und ich schauten uns jedes Mal hungrig um, wenn wir auf solche Markierungen stießen – in der Hoffnung, dass wir ein paar der Vögel überraschen konnten, die auf den Ästen in den Bäumen saßen. Polarhasen gab es in meiner Region kaum noch, die Population war gerade deutlich zurückgegangen, deshalb sah ich ihre Fährten nur selten. Und wenn ich doch einmal auf ihre Pfotenabdrücke stieß, dann fand ich auch gleich die breiten Tatzen eines Luchses, der sich fast ausschließlich von Hasen ernährt. Sein Fleisch soll übrigens besonders lecker sein, habe ich mir sagen lassen, zart und sehr schmackhaft, fast schon wie Hühnerfleisch und gar nicht so zäh und sehnig, wie ich mir das vorgestellt hatte. In meiner gesamten Zeit in Alaska war es mir allerdings nicht ein einziges Mal vergönnt, einen Luchs zu sichten. Wie alle Katzen sind sie wahre Meister darin, unsichtbar zu bleiben.

Ab und zu schwenkte auch ein Elch auf meinen Pfad ein und hinterließ mit seinem Gewicht gewaltige Krater in der von mir festgetrampelten Schneedecke. Grummelnd besserte ich die Löcher aus, ganz der genervte Mann vom Straßenbauamt, der sich über Schlaglöcher im Asphalt ärgert. Ob ich Warnschilder mit einer Gewichtsbeschränkung für meine Wege aufstellen sollte? Aber Spaß beiseite: Elche wurden eine echte Gefahr, je länger der Winter andauerte, denn auch für sie wurde es zunehmend schwieriger, Nahrung zu finden. Don hatte mir erzählt, wie er einmal einem besonders übelgelaunten Elch begegnet war. Er rettete sich hinter einen Baum, als das Biest zum Angriff überging, aber glücklicherweise war der Elch nicht wendig genug, um Don mit seinem Geweih oder den Hufen zu erwischen. Der Tanz um den Baum zog sich noch eine Weile hin, bis der Elch dann doch die Geduld verlor und im Wald verschwand. Ein paar Tage später marschierte Don denselben Weg entlang - und wieder traf er auf den schlechtgelaunten Riesen. Dasselbe Spiel von vorn: Don ging in Deckung, der Elch attackierte, ein Baum verhinderte Schlimmeres. Also nahm Don am nächsten Tag sein Jagdgewehr mit, und das war auch gut so, denn der Elch wartete bereits auf ihn, wütend mit den Hufen scharrend. Nur dass sich Don dieses Mal seelenruhig an einen Baum lehnte und das Vieh einfach abknallte. Danach hatte er seine Ruhe und einen Vorrat an Fleisch, der für den gesamten Winter reichen sollte.

Manchmal trampelte ich mir Pfade zurecht, die ich nur eine kurze Zeit oder sogar nur ein einziges Mal nutzte, wenn ich nach Feuerholz suchte oder ein neues Jagdrevier erkundete. Ein außenstehender Beobachter hätte angesichts der wirren Wendungen, die meine Spuren nahmen, bestimmt angenommen, dass ich betrunken oder geisteskrank durch den Wald gewankt sein musste. Umso erstaunter war ich, als ich ein paar Tage später bemerkte, dass mir jemand auf Schritt und Tritt gefolgt war. Ein Tier natürlich, und offensichtlich nicht ganz klein, denn es hinterließ recht tiefe Abdrücke im Schnee, die ein besonderes Merkmal aufwiesen: Die Kreatur schien mit jedem Schritt der Vorderpfoten den Schnee nach oben wegzustoßen. Ich konnte mir absolut keinen Reim darauf machen, was für eine Tierart das sein mochte. Also rief ich Don an, vielleicht hatte er eine Idee.

»Das Tier folgt dir also überallhin?«

»Ja, genau. Und tritt den Schnee mit seinen Vorderpfoten nach vorne weg.«

»Auf allen Wegen, also auch weit weg vom Camp?«

Ich dachte nach. »Stimmt, ich hab die Abdrücke sogar auf der Hügelkette ganz im Süden gefunden.«

Don atmete hörbar ein. »Das muss der Doyon sein!«, verkündete er aufgeregt.

»Doyon? Ist das nicht so eine Stiftung für indigene Völker?«

»Ja, ja«, erwiderte er ungeduldig. »Doyon bedeutet Häuptling. Aber es ist auch ein anderes Wort für den Vielfraß, den Bärenmarder. So eine Art Riesenwiesel, ein ziemlich fieses Vieh – und das ist dir jetzt auf den Fersen.«

»Das ist ja unglaublich«, sagte ich. »Und meinst du, ich kriege diesen Vielfraß mal zu Gesicht?«

»Nah ... der Doyon ist sehr vorsichtig, du wirst ihm wahrscheinlich nie begegnen. Aus seinem Fell kann man übrigens einen super Kragen für einen Parka machen. Extrem fest der Pelz und so dicht, dass sich darin überhaupt keine Feuchtigkeit festsetzt. Hast du seine Spuren auch in der Nähe des Biberbaus gesehen?«

»Ja, da auch«, sagte ich.

»Er wird versuchen, einen Biber zu erwischen. Sehr nahrhaft, das Fleisch ist schön fett.«

»Vielleicht sollte ich mir auch einen holen.«

»Yeah, mach das.« Es entstand eine kurze Pause, Don dachte nach, dann fragte er: »Hast du gut zu essen?«

»Nun ja ... Bohnen, Bohnen und noch mehr Bohnen. Manchmal kommt dazu ein Stück Brot in die Pfanne – und wenn ich Glück habe, ein Huhn.«

»Was ist denn mit dem Pfannkuchenmix, da hattest du doch zig Packungen? Und Speck und Trockenfisch doch auch.«

»Das ist, äh ... alles weg.«

»Okay. Kriegst du denn viele Hühner?«

»Geht so. Jetzt weiß ich ja, wonach ich gucken muss. Hab außerdem Fallen aufgestellt, für Hasen.«

»Die sind lecker, aber ihr Fleisch hat nicht genug Fett. Wie sehen denn die Fährten aus, die sie hinterlassen?«

Ich beschrieb die Abdrücke ausführlich und sagte ihm, dass es mir manchmal so vorkam, als würden die Biester einfach über meine Fallen hüpfen, ohne in den Schlingen hängenzubleiben.

Don murmelte etwas, offenbar an seine Frau Carol gerichtet, das ich nicht verstand, dann fragte er mich: »Hör mal, hast du entlang der Spuren zufällig angefressene Kiefernzapfen gefunden?«

»Allerdings, ziemlich viele sogar. Mir war gar nicht klar, dass Hasen sich auch über die Zapfen hermachen. Haben sie die ausgegraben? Denn klettern können die ja wohl kaum, oder?«

Für einen Moment war es still in der Leitung. Dann brach schallendes Gelächter los. »Das sind Eichhörnchen, du Trottel! Du hast versucht, mit Hasenfallen Eichhörnchen zu fangen.« Don grölte vor Lachen, und ich wartete geduldig, bis die Welle seiner Heiterkeit wieder verebbt war.

»Vielen Dank auch, Don«, meinte ich schließlich. »Freut mich, dass ich zu deiner Unterhaltung beitragen konnte. Ich muss jetzt leider Schluss machen, die Batterie hat nicht mehr viel Saft.«

»Ja, gut. Schon gut, sorry.« Er klang plötzlich wieder ernst. »Pass auf dich auf, Guy.«

Als ich das Telefon zusammenpackte, musste ich unwillkürlich grinsen bei der Vorstellung, dass ich ihm wieder eine Kostprobe meines Unvermögens geliefert hatte, über die er sich noch Tage amüsieren würde. Was Don betraf, hatte ich längst die letzte Hoffnung aufgegeben, ihm gegenüber meine Würde zu bewahren. Es war sozusagen ein Teil unseres Deals: Er gab mir kluge Ratschläge - und bekam dafür im Gegenzug ungehinderten Zugang zu den Geschichten über meine peinlichen Anfängerfehler und sonstigen Missgeschicke. Nach diesem Telefonat habe ich jedenfalls nie wieder Eichhörnchen und Hasen verwechselt.

Nordlichter über der Yukon-Taiga

Leben im Extrem: Der Yukon ist im Winter eine der kältesten, menschenfeindlichsten Regionen der Welt.

Das Licht der Lampe vertreibt dunkle Gedanken – und die Schneeschuhe bieten schon bald die einzige Möglichkeit, sich fortzubewegen.

Kapitel 25

GROSSE HUNGERSNOT

Mehr als ein Monat war vergangen, seit Don und Charlie zurück ins Dorf gefahren waren, und ich verspürte fast schon etwas wie Entzugserscheinungen, dass ich völlig ohne Gesellschaft auskommen musste. Die Kombination aus harter Arbeit, knappen Rationen und dem Schock, sich an die grausame Kälte zu gewöhnen, hatte mir körperlich arg zugesetzt, und auch mental fühlte ich mich nicht ganz auf der Höhe. Ich verlor jeden Tag weitere sechs Minuten an Licht, richtig hell war es eigentlich nur noch für eine Stunde, bevor die Sonne irgendwo weit weg im Süden verschwand. Was das Ganze noch schlimmer machte: Ich hatte kein Benzin mehr für meine Starklichtlampe und musste mich mit dem mickrigen Schein meiner Petroleumfunzel begnügen oder gar bei Kerzenlicht lesen. Alle anderen, batteriebetriebenen Lampen hatten in der Kälte längst den Geist aufgegeben. Weil ich während der kurzen Zeit des Tageslichts kaum etwas erledigt bekam, arbeitete ich nun oft im fahlen Licht des Mondes und der Sterne. Dank des Ofens konnte ich wenigstens die Hütte durchgängig warmhalten, und wenn ich mich mal wieder durch einen Blizzard zu meiner Hütte zurückkämpfte, sehnte ich den Anblick meines qualmenden Schornsteins herbei. Zurück in meiner Hütte stand ich dann eine Weile vor dem knackenden Ofen und ließ Dunkelheit und Wärme auf mich wirken. So musste es sich anfühlen, stellte ich mir vor, wenn man in den Mutterleib zurückkehrt.

Ich hatte mich schon länger mit dem Gedanken beschäftigt, wie ich meine Toilette bequemer gestalten konnte, und in einem Geistesblitz entschieden, eine Art Iglu um meine Latrine zu bauen, ein »Iklo« sozusagen. Ich brauchte einen komplett abgeschlossenen Raum, in dem ich mein Geschäft in aller Ruhe verrichten konnte – und davon konnte unter den gegenwärtigen Umständen keine Rede sein. Normalerweise werden in dieser Region Alaskas kaum je Iglus gebaut, weil der Schnee zu trocken ist, zu pulverig. Doch nachdem ich ein paar Tage lang Schnee auf einen Haufen geschaufelt und plattgeklopft hatte, war er schon ein wenig fester geworden. Ich schnitt leicht angeschrägte Ziegel aus dem Berg, stapelte sie auf meinem Handschlitten und zog sie hinüber zu meiner Latrine. Es war alles bereit für den ersten Bauabschnitt.

Das Grundprinzip des Iglubaus ist einfach: Man stapelt Reihe für Reihe der Schneeziegel so aufeinander, dass der Radius der neuen Reihe immer ein wenig enger ist als der Radius der letzten Reihe. Wenn alles gutgeht, schließt man das verbleibende Loch oben in der Kuppel am Schluss noch mit einem einzigen Ziegel, und fertig ist das Iglu. Was so simpel klingt, dauerte dann doch ein paar Stunden, aber schließlich war es so weit, dass ich zwei lange Stangen parallel durch die Wände und quer über mein Latrinenloch schieben konnte. Auf diesen beiden Donnerbalken befestigte ich meine Klobrille, die ich eigens für diesen Zweck mitgebracht hatte. Fehlten noch eine Nische für meine Kerze und ein Stock als Halter für das Klopapier, und schon war meine neue Toilette einsatzbereit. Die Konstruktion machte insgesamt einen sehr soliden Eindruck, ich war vor Wind und Kälte geschützt und hatte mir mitten in der Wildnis eine kleine Privatsphäre geschaffen, was mir angesichts der Umstände fast schon ein wenig absurd vorkam: mein Symbol menschlicher Zivilisation in den Wäldern von Alaska. Andererseits war es für die Kampfmoral eigentlich unverzichtbar, ein Örtchen zu haben, wo man sein Geschäft halbwegs bequem verrichten konnte. Ich musste jedes Mal lachen, wenn ich zwischen den klinisch weißen Wänden auf meinem Donnerbalken Platz nahm. Wer hätte gedacht, dass ausgerechnet meine Latrine zu einem Quell meiner Lebensfreude werden würde.

Dank der extremen Kälte ging von der toxischen Masse, die sich am Grund meines Plumpsklos bildete, keinerlei Geruchsbelästigung aus. Was auch immer am Boden aufschlug, war praktisch sofort gefroren. Wobei auch hier ein Problem lauerte, dem ich aber dank Dons Instruktionen zu begegnen wusste; selbst bei diesem sensiblen Aspekt des Lebens in der Wildnis wusste er genau, was zu tun war. Es galt nämlich, unter allen Umständen zu verhindern, hatte er mir erklärt, dass sich in der Tiefe ein »Scheißzapfen« bildet. Wenn man nicht rechtzeitig Vorkehrungen trifft, wächst der Haufen mit jeder weiteren Ladung nämlich langsam, aber sicher zu einem grässlichen braunen Eis-

Stalagmiten an, der sich auch nicht mehr von oben umstoßen lässt. Dann blieb einem nichts anderes übrig, als ins Loch hinabzusteigen und den Zapfen mit der Kettensäge zu fällen. Das Problem war nur: Es ließ sich dabei nicht vermeiden, dass man über und über mit winzigen Brocken gefrorener Exkremente gesprenkelt wurde, die sich in der Kälte so leicht nicht aus der Kleidung und aus den Haaren entfernen ließen. Sobald man aber wieder in der warmen Hütte saß, tauten die kleinen Stinkbomben auf und entfalteten ihre grausame Wirkung.

Ich war also gewarnt und entwickelte geradezu eine Obsession, nach jedem Geschäft Ausschau zu halten, ob mir bereits eine verdächtige Erhebung entgegenwuchs. Schon bei den winzigsten Anzeichen griff ich mir einen langen Stock und kippte den Scheißzapfen im frühesten Stadium seiner Entstehung wieder um. Und dankte danach jedes Mal der glücklichen Fügung, dass ich von der Weisheit der Einheimischen profitieren konnte, die hier nicht nur gelegentlich zu Besuch vorbeikamen, sondern mit dem Leben unter subarktischen Bedingungen wirklich vertraut waren. Ich hatte viele Reiseführer und Survival-Handbücher studiert – und in keinem hatte ich Hinweise gefunden, wie man ein Plumpsklo ordnungsgemäß betreibt. Zugegeben: Das Thema war nicht besonders appetitlich, aber für jeden, der längere Zeit in der Wildnis verbringt, sind genau solche Ratschläge von unschätzbarem Wert. In meinem Fall haben sie wahrscheinlich sogar dazu beigetragen, dass ich nicht irgendwann den Verstand verlor.

Der Erfolg meines Iklos beflügelte mich, doch schon am nächsten Tag nahmen die Dinge eine böse Wendung: Bei einer unbedachten Bewegung fiel meine Petroleumlampe zu Boden, und das Glas zerbrach. Jetzt musste ich mit noch weniger Licht zurechtkommen als vorher, und das hieß leider, dass ich gar nicht mehr lesen konnte. Ein herber Rückschlag, denn ich hatte angefangen, *Der Magus* von John Fowles zu lesen, und steckte nun mitten im Roman fest. Das Buch war – neben meinen Multivitamintabletten – die wichtigste Arznei gegen die zunehmende Düsternis meiner Welt. Jeden Abend fieberte ich dem Moment entgegen, an dem ich mich auf die griechische Insel versetzen lassen konnte, wo der Roman spielte. Draußen trommelte der Schneesturm gegen meine Blockhütte – und ich war Tausende Meilen weit weg. Die azurblaue See schwappte in sanften Wellen an verborgene Strände, ich lauschte dem Zirpen der Zikaden und atmete den Duft von Thymian, der über diesem sonnenverwöhnten Land aufstieg. Das Licht der Petroleumlampe war mein Schlüssel zu dieser Welt – und den hatte ich jetzt verloren.

Ich verbrachte so viel Zeit wie möglich mit der Jagd auf Schneehühner, um meine schwindenden Vorräte zu schonen. Die erlegten Vögel im tiefen Schnee zu finden, war gar nicht so einfach, doch glücklicherweise entdeckte Fuzzy seine Instinkte als Retriever. Mit einem Minimum an Anleitung entwickelte er sich zu einem phantastischen Jagdhund, und die gemeinsame Suche nach Nahrung schweißte uns noch einmal fester zusammen. Jeden Tag nach Sonnenuntergang zogen wir los, mit dem letzten Licht bis zum Grassee und dann runter vom festen Weg tief in den Wald hinein. Wenn ich einen Vogel entdeckt hatte, behielt ich ihn im Auge und schlich mich zum nächsten Baum, um beim Anlegen besseren Halt zu finden. Ich hatte mich daran gewöhnt, nicht mit der Schrotflinte zu jagen, weil sie einen solchen Radau machte, dass ich mit einem Schuss alle Vögel in der Umgebung aufgescheucht und meine Opfer möglicherweise auch nur verwundet hätte. Stattdessen hatte ich die 22er dabei, ein altes, aber zuverlässiges Gewehr, mit dem ich stets auf den Kopf der Hühner zielte. Wenn ich traf, waren sie sofort tot; und wenn ich danebenschoss, ging die Kugel eben glatt vorbei, ohne den Vogel zu verletzen.

Gespannt wie eine Feder wartete Fuzzy an meiner Seite, bis der Vogel mit einem dumpfen Schlag im Schnee landete. Auf mein Kommando »Apport!« preschte er los. An der Stelle angekommen, wo das Huhn im Schnee verschwunden war, stürzte er sich wie ein Taucher Kopf voran in den Schnee, schnappte sich unsere Beute und kroch wieder aus dem Loch hervor. Vor Anstrengung schnaufend ließ er den noch warmen Vogel aus dem Maul in meine Hand fallen.

Trotz der Überfülle an Schneehühnern brachte mich die Jagd nicht wirklich voran, weil ich oft viele Meilen auf meinen Schneeschuhen unterwegs war, bis ich meine Beute gefunden hatte. Die körperliche Anstrengung in der Kälte bedeutete leider, dass ich mehr Kalorien verbrannte, als ich beim Essen gewann. Wer es auf Dauer bei solchen Temperaturen aushalten will, braucht im Prinzip 40 Prozent mehr Körperfett, und ich hatte meine Reserven schon lange aufgebraucht. Wenn es so weiterging, würde ich früher oder später verhungern. Bereits jetzt fühlte ich mich beinahe lethargisch, und es kam mir vor, als würden meine Hirnzellen nur noch mit halber Geschwindigkeit funktionieren. Mit jedem Tag fiel es mir schwerer, morgens aufzustehen und mich an die Arbeit zu machen, mir fehlten eindeutig die Strahlen der aufgehenden Sonne, um mich zu motivieren.

Nachts war ich gezwungen, alle vier Stunden aufzustehen, um den Ofen zu füttern, und es war jedes Mal eine Tortur, aus dem warmen Schlafsack zu schlüpfen, um über den eisigen Boden zu meinem Holzvorrat zu kriechen. Einmal war ich so tief eingeschlafen, weil ich den ganzen Tag Holz herangeschleppt und gehackt hatte, dass ich meinen Vier-Stunden-Turnus verpennte. Es wurde schnell kalt in der Hütte, sehr kalt, was mir aber erst auffiel, als ich im Schlaf durch die Nase atmen wollte. Es fühlte sich an, als würde mir jemand mit eisernem Griff die Nase zuhalten, als wären die Nasenlöcher regelrecht zugefroren. Hustend und keuchend wachte ich auf, und als ich mir eine Kerze angezündet hatte, stellte ich fest, dass sich die kalte Luft bereits in einer weißen Wolke über den Hüttenboden geschoben hatte. Auf dem Weg zum Ofen waberten eisige Wirbel um meine Beine, dass ich mir vorkam wie in einem billigen Horrorfilm. Zitternd kniete ich vor dem Ofen und blies verzweifelt in die mickrigen Reste der Glut, bis der Zunder aus knochentrockenem Fichtenholz endlich Feuer fing. Schnell schob ich noch ein paar größere Scheite hinterher und verzog mich wieder in meinen Schlafsack. Es dauerte eine Weile, bis sich die Wärme so weit ausgebreitet hatte, dass sich der kalte Nebel auflöste. Es war wieder einmal eine harsche Lektion gewesen: Jede Form von Nachlässigkeit wurde sofort bestraft.

Ein paar Tage später warf ich einen prüfenden Blick auf meine Kartoffelvorräte und stellte zu meinem großen Erschrecken fest, dass nur noch drei mickrige Knollen übrig waren – sie waren grün und hatten angefangen zu keimen. Ich schnippelte weg, was nicht mehr brauchbar war, und gab den Rest mit ein paar Bohnen und einem frisch geschossenen Schneehuhn in einen Topf. Mit Erleichterung registrierte ich, dass sich das Huhn ein schönes Fettpolster angefressen hatte. Es konnte nämlich gut sein, dass ich so schnell nicht wieder in den Genuss einer anständigen Mahlzeit kam. Draußen herrschten nämlich Bedingungen, die im Englischen sehr treffend mit dem Begriff »Whiteout« beschrieben sind: Das wenige Licht wurde im dichten Schneetreiben so stark gestreut, dass alle Konturen verschwunden waren. Das Auge entdeckte keinen Kontrast mehr, keinen Schatten, alles war einfach nur noch weiß, und Boden und Himmel schienen nahtlos ineinander überzugehen. Wenigstens würde es nun etwas wärmer werden, dachte ich, auch wenn mehr Schnee für mich automatisch mehr Arbeit bedeutete – ich musste ja meinen Weg durch den Wald wieder neu spuren.

Um mir etwas Gutes zu tun, beschloss ich, einen Waschtag einzulegen. Brennholz war da, ich konnte mir also genug Wasser warmmachen, um meinen Waschzuber aus Blech zu füllen. Ich zog mich aus und stieg vor der offenen Ofentür ins Wasser. Herrlich, die Wärme der Flammen auf der nackten Haut zu spüren, als ob die Sonne in meine Hütte hineinscheinen würde. Ich seifte mich gründlich ein und rieb mich mit einem Schwamm ab, dann kniete ich mich neben dem Zuber auf den Boden und wusch sogar meine Haare. Nachdem ich mich mit einem Handtuch abgetrocknet hatte, stand ich noch einen Moment nackt vor der offenen Ofentür und genoss die Hitze. Wann war ich eigentlich das letzte Mal so sauber gewesen? Ich muss wohl wochenlang dieselben miefenden Klamotten getragen haben. Zum Schluss hängte ich meinen Heliografen* an einem Nagel über der Wanne auf und rasierte mich. Dabei bekam ich zum ersten Mal seit vielen Monaten meinen Körper zu sehen, und das war wirklich ein furchterregender Anblick. Als ich im Sommer in Alaska gelandet war, hatte ich an die 100 Kilo auf die Waage gebracht, und davon war ich jetzt weit entfernt. Unter meiner fahlen Haut zeichneten sich überall die Knochen ab, so sehr war ich abgemagert. Auch mein Gesicht war regelrecht eingefallen, die Haut ganz grau, die Augen von dunklen Ringen umgeben. In diesem Moment wurde mir endlich klar, wie ernst meine Lage wirklich war. Wie lange

Ein Heliograf ist ein handlicher kleiner Spiegel, den man eigentlich verwendet, um mithilfe der Sonne Blinkzeichen zu morsen. Nur: Was nützte mir das Ding in der Finsternis des subarktischen Winters?

würde es noch dauern, bis das Eis auf dem Fluss fest genug war für einen Abstecher ins Dorf? Und was sollte ich eigentlich machen, wenn mein Proviant schon vorher zu Ende ging?

Ich legte mich aufs Bett, mit einem Mal war mir ganz elend. Das Hochgefühl, das ich beim Bad verspürt hatte, war mir im Angesicht meines Spiegelbilds schnell vergangen. Ich starrte ins Kerzenlicht und dachte, was für eine unwirkliche Erfahrung es war, einen solchen extremen Hunger zu spüren. Ich hatte natürlich noch niemals vorher echten Hunger gelitten und mir auch keine Vorstellung davon gemacht, wie es sein muss, nicht satt zu werden. Wie denn auch? Ich hatte das große Glück gehabt, ohne Sorgen aufzuwachsen, ein Kind der Mittelklasse in einer westlichen Wohlstandsgesellschaft. Jetzt bekam ich am eigenen Leib zu spüren, was es bedeutete, wenn die Lebensmittelvorräte dem Ende zugingen. Zu meiner Überraschung wurde ich bei dem Gedanken aber gar nicht unruhig, keine Panik im Anflug, nichts. Ich fügte mich in mein Schicksal und empfand sogar eher noch eine absurde Neugier, wie es wohl weitergehen würde mit mir.

Nach einer Weile zwang ich mich aufzustehen, denn Lethargie konnte ich mir hier in der Wildnis wirklich nicht leisten. Mir war schon klar, dass in meinem aktuellen Zustand auch mein Urteilsvermögen beeinträchtigt sein konnte, was wiederum bedeutete, dass ich möglicherweise Gefahren nicht richtig einzuschätzen wusste. Trotzdem schnallte ich die Schneeschuhe an und versuchte, alles Notwendige zu erledigen. Normalerweise machten mir auch die einfachsten Aufgaben Freude, doch an diesem Tag war es für mich nur ein Pflichtprogramm, das ich abspulen musste; ich war wacklig auf den Beinen und musste mich sehr zusammenreißen, um bei der Sache zu bleiben. Ein Gefühl der Unwirklichkeit machte sich in meinem Leben breit, wie ein giftiges Gas, das einem langsam die Luft zum Atmen raubt. Wenn ich in meiner Hütte saß, warm und von der Außenwelt abgeschottet, schien mir manchmal beinahe real, was ich mir zusammenträumte – die Bilder von meiner Familie, meinem Zuhause. Aber auch wenn ich gelegentlich schon etwas wirr im Kopf war, blieb noch genug Geistesgegenwart übrig, um einzusehen, dass ich mein Leben aufs Spiel setzen würde, wenn ich mich im Whiteout zu weit in den Wald rauswagte. Ich beschloss, die nächsten Tage im Camp zu bleiben. Einen ausreichenden Vorrat an Holz hatte ich angelegt, und auch die Hühner, die ich draußen vor der Hütte aufgehängt hatte, würden für eine Weile reichen.

Am Abend setzte ich mich an den Computer und schrieb eine Kolumne für meine Zeitung. Ich musste mich beeilen, denn die Akkus waren fast leer, und das Benzin für den Generator ging auch langsam zur Neige. Für eine Mail an Juliet musste der Strom noch reichen:

> *Ich kann es kaum erwarten, dich wiederzusehen: Du und die Jungs – ihr bedeutet mir alles, ich vermisse euch so sehr. Immer wieder sage ich mir, dass diese ganze Geschichte hier gut für uns alle ist und dass sie uns auf einen neuen Weg bringt. Jetzt muss ich bloß noch durchhalten.*

oben
Der erste Schnee ist gefallen.

rechts
Gegen trübe Gedanken helfen Guy einige Köstlichkeiten, die er sich selber in den Wäldern verdient.

links oben
Quelle von Wärme und Lebensenergie: der Kanonenofen, der im Winter niemals ausgehen sollte.

links
Das traditionelle Essen des Westens: Speck und Bohnen.

oben
Guy blickt vorsichtig optimistisch nach vorne.

TEIL

4

Wir sind allein,
völlig allein auf diesem Planeten.
Von all den Lebensformen
um uns herum
hat sich außer dem Hund
keine auf ein Bündnis
mit uns eingelassen.

MAURICE MAETERLINCK

Kapitel 26

FUZZY MACHT BEUTE

»Guy, wie geht es dir? Ich habe gehört, dass deine Hütte fertiggeworden ist – das ist ja wunderbar!« Tom Roberts war dran, über Satellit dröhnte seine Stimme vom komfortablen Büro seiner Filmproduktionsfirma in London einmal um den halben Globus bis zu mir in die Wildnis von Alaska. Letzten Sommer hatte er schon einmal zwei Dokumentarfilmer zu mir geschickt, die mich zu Beginn meines Abenteuers begleitet hatten, um später vielleicht einen Film daraus zu machen. Während des Gesprächs dachte ich an die saubere und komfortable Welt, in der Tom Roberts lebte, und fragte mich, was er wohl zum Lunch essen würde. In meinen Tagträumen ging es inzwischen nur noch ums Essen, so ausgehungert war ich; die Sehnsucht nach einer anständigen Mahlzeit hatte mein Verlangen nach Sex längst von Platz eins meiner Prioritätenliste verdrängt. Er sprach weiter, aber ich verschlang in Gedanken Steak and Kidney Pie mit Pommes und was die Pubs in England sonst so an nahrhaften Speisen zu bieten hatten, dazu natürlich ein paar ordentliche Pints. Zu meinen kulinarischen Visionen gehörten aber auch allerhand Delikatessen, die nicht satt machen, sondern einfach nur lecker schmecken sollen – vor meinem geistigen Auge bestellte ich Baisers, Plunderstücke und Eiscreme. Bis mich die Stimme von Tom Roberts wieder in die Wirklichkeit zurückholte: »Hallo, Guy ... Bist du noch dran?«

»Ja. Sorry, Tom.« Ich räusperte mich. »Wie war das?«

»Ich sagte gerade, dass wir vermutlich noch mal bei dir vorbeikommen. Wir suchen gerade Flüge für Matt und Ashley – sie wollen in ungefähr einer Woche bei dir sein.«

Wieder konnte ich an nichts anderes denken als an knusprig leichtes Schaumgebäck, schöne große Baisers, appetitlich angerichtet, mit ein wenig Schlagsahne dazu.

»Tom, hast du schon mal selbstgemachte Baisers gegessen?«

»Wie bitte?«

»Du weißt schon. Baisers: außen knusprig, innen weich und so.«

»Äh, ja ...« Er klang verwirrt, kein Wunder. »Ja, die sind lecker. Aber wie ich eben sagte: Matt und Ashley werden wohl in einer Woche zu dir rauskommen – passt das?«

»Ich denke schon. Aber du solltest sie warnen. Es ist hier gerade verdammt kalt.«

»Klar, das wissen die beiden. Deswegen wollen sie ja auch unbedingt jetzt fliegen. Um den Winter bei dir mitzubekommen. Bis Galena schaffen sie es alleine. Aber wie kommen sie dann raus zu dir?«

»Hm ...« Ich hatte mich entschlossen, die Sache doch ernstzunehmen. Denn wenn Matt und Ashley hier tatsächlich aufkreuzten, konnten sie mir natürlich auch Proviant mitbringen. Schaumgebäck zum Beispiel. »Eine Möglichkeit wäre, mit dem Flugzeug direkt auf dem zugefrorenen See zu landen. Die Flieger haben Kufen für solche Einsätze. Ist aber nicht ganz ohne, so ein Unternehmen ...«

»Ist das Eis dafür denn dick genug?«

»Ich bin nicht sicher, kann ich aber prüfen.«

»Okay. Mach das, und ruf mich morgen wieder an.«

Ich beendete die Verbindung mit gemischten Gefühlen: Einerseits freute es mich, die beiden unerschrockenen Reporter wiederzusehen, ich schätze Ashley und Matt wirklich sehr, und die Aussicht, mit jemandem zu quatschen, der aus der Heimat kam, war verlockend. Andererseits spürte ich einen seltsamen Widerwillen, mein Leben als Einsiedler zu unterbrechen und meinen bewährten, wenn auch nicht unbedingt bequemen Tagesablauf aufzugeben, und sei es nur für kurze Zeit. Ganz abgesehen davon, dass mir sowieso nicht besonders wohl bei dem Gedanken war, wieder von Kameras beobachtet zu werden; ich kam mir dabei immer vor wie Dian Fosseys Gorillas. Als die beiden im Sommer hier ankamen, liefen ihre Kameras schon, und sie haben sie während des gesamten Aufenthalts fast gar nicht mehr abgeschaltet. Ich grübelte eine Weile über das Für und Wider des Besuchs, bis schließlich meine gesellige Seite die Oberhand gewann – und mein Verlangen nach einer anständigen Mahlzeit. Ich rief Don an und fragte ihn, ob er es für möglich hielt, dass ein Buschpilot seine Maschine heil auf meinem See runterbrachte.

»Yeah, müsste gehen. Ich frag Brownie, ob er sich das mal angucken kann. Und wenn nur die beiden an Bord sind, solltest du dir überlegen, ob du auf dem Rückweg nicht mitkommst. Das Eis auf dem Fluss ist noch nicht fest genug, um zu Fuß rüberzukommen. Brownie landet dann hier bei uns im Dorf.«

In den nächsten Tagen konnte ich Fuzzy kaum etwas zu fressen geben, ein paar winzige Brocken Hundefutter hatte ich noch und die kümmerlichen Reste von einem gebratenen Schneehuhn. Als ich ihn eines Nachts rufen wollte, war er nicht mehr da. Ich stand vor der Tür und lauschte angestrengt nach dem typischen Geräusch, das seine Pfoten im Schnee machten, doch außer dem Pfeifen des Windes war nichts zu hören. Ich holte ein paar Holzscheite, verriegelte die Tür hinter mir und machte mir Sorgen um meinen Gefährten. Wo konnte er nur sein? Ich spielte sämtliche Möglichkeiten durch und blieb schließlich bei einem grausigen Verdacht hängen: das Wolfsrudel. Fuzzy musste sich auf der Suche nach Nahrung zu weit vom Lager entfernt haben und war von Wölfen angefallen worden. Sofort waren die Schuldgefühle da: Ich war verantwortlich für sein Schicksal, ich hätte mehr Hundefutter einpacken müssen. Den Rest der Nacht plagte mich der Gedanke, dass ich meinen Kumpel Fuzzy vielleicht nicht wiedersehen würde.

Als ich am nächsten Morgen aufwachte, blieb ich noch einen Moment regungslos liegen. Ich hatte das Gefühl, dass etwas Schreckliches passiert war – nur was? Genau in diesem Moment hörte ich draußen ein Knirschen im Schnee: Fuzzy! Mein Herz machte vor Freude einen Satz. Ich streifte meine Jacke über und trat vor die Hütte. Es war kalt, extrem kalt, und ein dicker Nebel lag über dem Camp. Wo war er denn jetzt? Ich hörte ein Bellen, und als ich ihn endlich entdeckte, war mir sofort klar, dass etwas Außergewöhnliches passiert sein musste. Fuzzy strahlte einen Stolz und ein Selbstbewusstsein aus, wie ich das bei ihm noch nie erlebt hatte. Der Rücken gestreckt und die Schnauze hoch erhoben schaute er mich an und schielte gleichzeitig auf einen Gegenstand, der vor ihm im Schnee lag. Offensichtlich erwartete er eine Reaktion von mir, deshalb ging ich auf ihn zu, um seinen Fund näher zu inspizieren. Mir stockte fast der Atem, als ich sah, was Fuzzy angeschleppt hatte: die komplette Keule eines Elchs! Der Apparat war mehr als einen Meter lang und damit definitiv der größte Hundeknochen, den ich jemals gesehen hatte. Fuzzy legte besitzergreifend eine Pfote auf seine Beute, als wollte er sagen: *Siehst du? Ich kann auch Nahrung für uns auftreiben: Ich bin eben ein echter Wildhund des Nordens.*

Ich musste laut lachen – vor Begeisterung über die Geschicklichkeit des kleinen Jägers, aber auch weil mich seine Pose an die bescheuerten Großwildjäger erinnerte, die sich wie zu Kolonialzeiten in der Savanne vor ihrer Beute fotografieren ließen. Ich stieg zurück in meine Hütte und kramte meine Kamera heraus – diesen Moment musste ich einfach festhalten. Als ich wieder herauskam, saß Fuzzy wie festgefroren in derselben Position, als würde er nur darauf warten, dass sein Erfolg angemessen gewürdigt und dokumentiert wurde. Nachdem der Schnappschuss im Kasten war, schaute ich mir die Elchkeule genauer an, und meine Bewunderung für Fuzzy nahm noch einmal zu: Es war eine gewaltige Keule, mit einer enormen Menge Fleisch, Haut und Fell noch intakt.

In diesem Moment hatte er sich wohl entschieden, dass die offizielle Besichtigung beendet war, denn er begann, den riesigen Knochen in seine Hütte zu zerren. Er brauchte ein paar Anläufe, bis er das Ding verstaut hatte, wobei das Ende der Keule weit aus dem Eingang seiner Hütte herausragte. Ich kehrte in meine eigenen vier Wände zurück, immer noch lachend und ungläubig meinen Kopf schüttelnd. Mein kleiner Fuzzy war also alles andere als hilflos, er hatte sein Schicksal in die eigenen Pfoten genommen und sich selbst auf den Weg gemacht, um Futter zu finden. Ich wünschte nur, ich hätte das miterleben dürfen – wie er durch den düsteren Wald geschlichen war und den Kadaver des Elchs entdeckt hatte. Denn anders konnte es nicht gewesen sein: Die Keule musste von einem Tier stammen, das Wölfe gerissen hatten. Hatte er das Rudel beobachtet und dann auf einen günstigen Moment gewartet, bis die Luft rein war? Oder hatte er sich frech unter das Rudel gemischt und sich die Keule einfach geschnappt? Das wäre ein ziemlich riskantes Manöver gewesen, denn so leicht lassen sich ausgewachsene Wölfe nicht die Beute abluchsen. Danach muss er die schwere Keule allein durch den tiefen Schnee bis zum Lager gezerrt haben.

linke Seite oben
Alltag, in vier Gegenständen erklärt. Das Gewehr, um zu jagen, die Axt, um Brennholz zu schlagen. Ein Schneehuhn hängt in der großen Kältekammer – und die Schneeschuhe stehen bereit.

linke Seite unten
Die Toilette, ein wichtiger Bau. Bei den extremen Temperaturen können sonst auch diese Geschäfte zu einem echten Problem werden.

oben
Delikatesse für den treuen Gefährten: Fuzzy mit einer (tiefgefrorenen) Elchkeule.

Nach einem erbärmlichen Frühstück schnallte ich meine Schneeschuhe an und marschierte in Richtung See und weiter über die nächste Anhöhe auf der Suche nach abgestorbenen Fichten. Limonengelb war die Sonne aufgetaucht, und auch wenn sie unfassbar weit im Süden stand, war sie doch wunderschön. Vor einem dichten Birkenhain blieb ich stehen und genoss die Aussicht. Direkt voraus lag ein kleiner, zugefrorener Teich, der komplett mit frischem Schnee bedeckt war. Schilf und Büsche säumten das Ufer, dahinter ragten Fichten empor, die so gleichmäßig platziert schienen, als hätte sie ein Landschaftsgärtner genau so gepflanzt. Die Szenerie hatte etwas Vertrautes, ja Sanftes, das mich an meine Heimat erinnerte. Ich betrachtete das Stillleben noch eine Weile, bis ich mich umdrehte und in die entgegengesetzte Richtung schaute. Wie anders zeigte sich die Landschaft auf dieser Seite – bleich und vom Wind zerzaust, und Schwarzfichten, so weit das Auge reichte. Schwarzfichten werden Hunderte von Jahren alt, aber anders als ihre turmhohen Verwandten in Europa erreichen sie keine besondere Höhe, weil sie auf Permafrostboden wachsen, wo sie nur selten an die Nährstoffe kommen, die sie brauchen. Auf der Suche nach Nahrung stoßen ihre Wurzeln schnell auf solides Eis.

Die Sonne ging schnell unter, und das Azur des Himmels ging in ein sattes Violett über, das erst verblasste und schließlich von einem warmen Gelb verdrängt wurde. Wild und grausam und schön war dieses Panorama über den eisigen Wipfeln der windgebeugten Bäume, die mir vorkamen wie hunderttausend Krummsäbel einer mythischen Armee. Je schwächer das Licht der Sonne wurde, desto kälter wurde es. Der Atem fror an meinen Wimpern fest, und immer wieder musste ich einen Handschuh ausziehen, um den Frost aus dem Gesicht zu wischen. Kaum war die Sonne komplett hinter dem Horizont verschwunden, kam ein kräftiger Wind auf, der die Bäume schwanken ließ, dass ihre gefrorenen Herzen nur so knirschten.

An diesem Abend ging ich erneut hungrig zu Bett, aber ich war glücklich. Die Entbehrungen und die Einsamkeit der vergangenen Wochen waren hart und unbarmherzig gewesen, aber auch von einem besonderen Wert: Vielleicht würde ich meine Wildnis nie wieder so intensiv erleben. Ein Freund hatte mir zum Abschied einen Gedichtband mitgegeben, und ich hatte bis jetzt nicht einmal hineingeschaut. Warum? Weil ich es nicht gebraucht hatte. Kunst und Literatur können der Natur im besten Fall nahekommen, doch niemals über ihr stehen. Wahrscheinlich aus dem einfachen Grund, dass unser Leben nur einen kurzen Augenblick währt, jedenfalls im Vergleich zum Alter der Erde. Unsere Augen und unsere Herzen sind schlicht zu jung, um die Welt in ihrer ganzen Tiefe zu verstehen.

Kapitel 27

WERD JETZT BLOSS NICHT »BUSHY«

Ich stand auf der Anhöhe und lud Birkenstämme auf meinen Schlitten, als ich den Motor eines kleinen Flugzeugs hörte. Fuzzy kam angetrottet, und wir beide schauten in den grauen Himmel. Das Dröhnen der Maschine wurde lauter. »Das ist er, Fuzzy!«, rief ich. »Das muss er sein!« Fuzzy kläffte aufgeregt. Brownie, der Buschpilot, hatte Don versprochen zu testen, ob er auf dem See sicher landen konnte. Er flog über meine Hütte hinweg, drehte nach Norden ab und kam in einem großen Bogen auf den westlichen Teil des Sees zu. So schnell ich konnte, lief ich mit meinen Schneeschuhen in Richtung Ufer. Ich sah, wie der kleine Flieger knapp über die Baumwipfel hinwegsegelte und sich dann in schnellem Sinkflug dem Eis näherte, bis seine Kufen durch den Schnee zischten. Zu meiner Überraschung hob er aber direkt wieder ab und stieg steil auf, wie ein Skispringer, der von einer Schanze abhebt. Hatte er sich entschieden, doch nicht zu landen? War das Eis nicht fest genug? Doch dann ging der Pilot über dem Fichtenwald in eine steile Kurve und hielt erneut auf den See zu. Allerdings machte er keinerlei Anstalten, zur Landung anzusetzen, sondern legte das Flugzeug auf die Seite – offenbar, um die Spuren zu inspizieren, die er beim ersten Anlauf im Schnee hinterlassen hatte.

Ich winkte mit beiden Armen, als das Flugzeug zum dritten Mal auf den See zukam. Dieses Mal setzte der Pilot tatsächlich auf, und die Kufen rumpelten mit einem beängstigenden Getöse über das Eis. In Höhe des Biberbaus machte das Flugzeug einen kleinen Satz über einen größeren Schneehaufen, dann kam es langsam zum Stehen. Der Pilot gab noch einmal Gas, sodass der Propeller einen regelrechten Schneesturm in unsere Richtung blies, und schlitterte uns ein Stück entgegen. Die Aufregung war zu viel für Fuzzy. Er stand jetzt auf seinen Hinterbeinen und hatte seine Vorderpfoten um meine Hüfte geschlungen. Wir müssen ausgesehen haben wie ein sehr seltsames Ehepaar.

Dann war der Motor aus, und die gewohnte Stille kehrte ein. Ich ging auf das Flugzeug zu, gespannt auf meine erste Begegnung mit einem echten alaskanischen Buschpiloten. Ich hatte eigentlich mit einem grauhaarigen, unrasierten Kerl gerechnet, Typ Vietnam-Veteran, aber aus dem Flieger stieg ein Mann im mittleren Alter, Brille auf der Nase, der eher meinem Bild von einem typischen Hausarzt entsprach und so gar nicht nach unerschrockenem Wildnispiloten aussah. »Hallöchen, ich bin Brownie«, rief er mir entgegen. »Hast du einen festgetrampelten Weg oder muss ich meine Schneeschuhe rausholen?«

»Nein, brauchst du nicht, der Weg ist schön fest«, sagte ich und warf einen Blick auf die Schneeschuhe, die er an den Streben unter den Flügeln festgezurrt hatte. »Schöne Landung war das.«

Er grinste. »Im Schnee zu landen und dazu auf unbekanntem Terrain ist so eine Sache. Aus der Luft sieht alles schön flach aus, keine Konturen zu erkennen. Bis du aufsetzt – und dann ist es zu spät, noch zu reagieren, wenn es doch bucklig wird.« Er lehnte sich vor und streichelte Fuzzy, der auf den Hinterbeinen stand und versuchte, einen Blick ins Flugzeuginnere zu erhaschen.

»Kann ich dir zur Begrüßung einen Kaffee anbieten?«

»Unbedingt«, sagte er.

Er stieg über die Kufen aufs Eis, und wir marschierten in Richtung Hütte. Kritisch beäugte Brownie meine selbstgezimmerte Konstruktion. »Na, das Dach wird die Wärme bestimmt super halten«, bemerkte er trocken und duckte sich, um durch die Tür zu kommen. Ich rollte ihm einen Baumstumpf als Sitzgelegenheit hin, und wir setzten uns mit dem Kaffee vor den Ofen. Ich erzählte ihm, wie es mir ergangen war.

»Wann hast du das letzte Mal mit jemandem geredet?«, fragte er, als ich meinen Redefluss kurz unterbrach, um Luft zu holen.

»Och, vor sechs Wochen vielleicht – kann ich gar nicht so genau sagen.«

»Ich bin viel für Leute unterwegs, die hier draußen in den Wäldern wohnen. Manche leben noch abgelegener als du«, sagte er. Er lächelte. »Und wenn man sie dann besucht, reden sie sofort los und müssen alles direkt loswerden. Genau wie du.«

Ich wurde rot, weil mir erst jetzt auffiel, dass ich seit seiner Ankunft ununterbrochen auf ihn eingeredet hatte. Er hob beschwichtigend seine Hand. »Hey, mir macht das überhaupt nichts aus. Leute, die mir was zu erzählen haben, sind völlig in Ordnung.«

»Wie meinst du das?«, fragte ich.

»Nun ja, wenn sie zu lange alleine sind, reden sie überhaupt nicht mehr.«

»Gar nicht mehr, kein einziges Wort?«

»Das jetzt vielleicht nicht gerade. Aber sie reden nur, wenn sie unbedingt müssen. Sie hören dir zu, sie schauen dich an, aber sie sagen nix, wenn man ihnen nicht jedes Wort aus der Nase zieht. Sie müssen sich erst wieder an menschliche Gesellschaft gewöhnen. Wenn es so weit gekommen ist mit einem, sagen wir: Der Typ ist doch total ›bushy‹, also zu lange im Busch gewesen, nicht mehr ganz bei Trost.«

Brownie stellte seine Blechtasse ab und schaute auf die Uhr, es war Zeit für den Aufbruch. Auf dem Weg zum Flugzeug erzählte er weiter: »Einmal habe ich ein Pärchen hier draußen aufgelesen und mit zurückgenommen, mitten im Winter war das. Als wir im Flugzeug saßen, begann die Frau zu weinen. Sie redete kein Wort, sie weinte nur, weinte und weinte, die ganze Zeit, bis wir gelandet waren.«

»Was hatte sie denn?«

»Sie hat wohl einfach den Verstand verloren«, sagte Brownie und klopfte mir auf die Schulter. »Aber du machst noch einen ganz guten Eindruck auf mich.«

Skeptisch zog ich meine Augenbrauen hoch. »Versprich mir bitte, dass du mich sofort hier rausholst, wenn ich dir irgendwie ›bushy‹ vorkomme, okay?«

Wir lachten beide, aber nur ich wusste, dass ich schon das ein oder andere Mal gefährlich nah am Abgrund des Wahnsinns entlanggetaumelt war.

Als er ins Flugzeug stieg, fiel ihm der eigentliche Grund seines Besuchs ein: »Ach ja, die beiden Typen in Galena wollen, dass ich sie morgen hierherfliege. Ist doch okay, oder?«

Ich wusste es zu schätzen, dass er mich fragte, obwohl er damit ein Nein riskierte, was ihn wertvolle Kundschaft gekostet hätte. Aber es gehört in Alaska zum guten Stil, dass man jemandem in seiner Abgeschiedenheit nicht auf die Pelle rückt, ohne ihn vorher zu fragen.

»Aber sicher«, erwiderte ich. »Ich freue mich. Haben sie denn viel Zeug mit dabei?«

Er nickte. »Oh ja. Kistenweise Lebensmittel, und ich glaube, es ist auch ein Karton mit Whisky dabei.«

»Die bringen Whisky mit?«

Brownie musterte mich kurz und sagte: »Mir scheint, das Essen ist in deinem Fall wichtiger als das Feuerwasser. Du siehst aus, als könntest du eine anständige Mahlzeit vertragen. Wovon hast du dich überhaupt ernährt – von Bohnen und Mehl?«

Ich lächelte schwach. »Woher weißt du das?«

»Weil jeder Cheechako nichts anderes dabeihat, wenn er das erste Mal in den Busch geht«, sagte er und lachte.

»Cheechako? Was ist das denn?«

»Ein anderes Wort für Greenhorn. So haben die Indianer die ersten Weißen genannt, die der Goldrausch hier nach Alaska gelockt hat«, erklärte Brownie und kletterte in sein Cockpit, um den Motor zu starten, bevor er sich noch einmal zu mir hinauslehnte. »So, und wenn ich weg bin, mach doch bitte die Schneewehe da drüben platt und markiere die Landebahn mit ein paar Zweigen, in Ordnung? Wir sehen uns morgen.« Damit schlug er die Tür zu und gab Gas. Das Flugzeug drehte auf das gegenüberliegende Ufer des Sees zu und nahm mit heulendem Motor Fahrt auf. Brownie hob ab und nahm Kurs auf Galena.

Bestens gelaunt wanderte ich zur Hütte zurück. Das waren doch wunderbare Aussichten: Ich bekam Gesellschaft - und zusätzlichen Proviant frei Haus geliefert. Und wenn sich die beiden Reporter wieder auf den Rückweg machten, würde ich mitfliegen, wie Don es vorgeschlagen hatte, um meine Vorräte weiter aufzustocken. Außerdem wollte ich Glenn Stout besuchen, der neben seinem Verwaltungsjob für die Behörde Hunde züchtete. Er hatte mir im Sommer angeboten, ein Schlittenhundegespann für mich zusammenzustellen. Wenn ich auch mal längere Strecken zurücklegen wollte in den Wäldern, dann gab es - von einem Schneemobil einmal abgesehen - keine andere Möglichkeit. Ich brauchte einen richtigen Schlitten und Hunde.

Kapitel 28

ZU BESUCH BEI MR. KURTZ

Ich habe ausreichend Gesellschaft bei mir zu Hause,
vor allem morgens, wenn niemand da ist.
Henry David Thoreau

Am nächsten Morgen brummte Brownies Flugzeug über meine Hütte hinweg. Ich fachte das Feuer an, setzte den Wasserkessel auf und schlappte mit meinen Schneeschuhen zum See. Brownie flog einen weiten Bogen und setzte elegant auf meiner Landebahn auf, die ich mit Fichtenzweigen markiert hatte. Das Flugzeug schlitterte noch ein Stückchen weiter, drehte in meine Richtung und kam zum Halten. Durch die Scheiben konnte ich zwei Gesichter erkennen, die mich freundlich angrinsten. Ashley kramte bereits nach seiner Kamera, er konnte es kaum erwarten, mit dem Filmen zu beginnen. Ich schritt auf die beiden zu, um sie mit einem Händedruck zu begrüßen. Aber in typischer Nord-London-Manier überrumpelten sie mich mit einer Umarmung. Erst dann traten sie einen Schritt zurück und musterten mich kritisch.

»Scheiße, Mann! Du bist ja nicht mehr wiederzuerkennen!«, platzte Ashley heraus. »Wie viel Gewicht du verloren hast.«

»Ja, ja«, meinte ich. »Ich weiß schon.« Die Situation war mir unangenehm, denn ich wusste natürlich, wie schockiert ich selbst gewesen war, als ich mich neulich im Spiegel gesehen hatte. »Ich hab's noch nicht geschafft, ins Dorf zu gehen, um meine Vorräte aufzustocken. Das Eis auf dem Fluss trägt noch nicht.«

Matt inspizierte mich eingehend. »Und wie sieht es mit deinem Geisteszustand aus?« In der Frage hörte man bereits den Reporter sprechen, der seine Story suchte.

»Alles bestens«, sagte ich und zurrte ihr Gepäck auf meinem Schlitten fest.

Für ihren Film wäre es vermutlich besser gewesen, wenn sie mich im Zustand mentaler Zerrüttung vorgefunden hätten, in meiner Hütte kauernd und irre vor mich hin stammelnd, etwas wie: »Das Grauen, das Grauen!«* Doch den Gefallen konnte ich ihnen leider nicht tun. Bei ihrem Besuch im Sommer hatte ich mit dem Bau der Hütte noch gar nicht angefangen, und als wir jetzt auf mein Blockhäuschen zukamen, staunten sie nicht schlecht. »Wir hätten nicht gedacht, dass du das schaffst«, sagte Matt.

»Es war auch ein Albtraum«, erklärte ich. »Und manchmal sah es echt nicht gut aus. Ohne Dons Hilfe hätte ich das nicht durchziehen können.«

»Das kann ich mir vorstellen«, sagte Matt und warf Ashley einen komischen Blick zu. »Zum Glück hast du es geschafft.« Jetzt war es an mir zu grinsen: »Sorry, Jungs. Für euren Film wäre es natürlich besser gewesen, wenn hier alles schiefgelaufen wäre.« Gleichzeitig musste ich an die düsteren Wochen denken, die sie verpasst hatten. Als ich noch in meinem Zelt hauste und der Winter Einzug hielt. Da sah meine Lage nicht ganz so rosig aus.

Als ich Kaffee in die Becher schenkte, holte Ashley eine große Schachtel aus seiner Tasche. »Hier, ein Gruß aus der Heimat.« Ich erkannte Juliets

* *Wie der durchgedrehte Elfenbeinhändler Kurtz auf dem Sterbebett in Joseph Conrads Novelle »Herz der Finsternis«.*

Handschrift. Die Schachtel war gefüllt mit Schokolade, Keksen, Honig und Kaffee. Meine Mutter hatte mir außerdem allerhand Spezialitäten aus Süditalien eingepackt: Olivenöl, gezuckerte Mandeln und Pinienkerne. Ich musste mich schwer beherrschen, nicht alles sofort aus der Verpackung zu reißen. Matt und Ashley schauten mir zu, wie ich das Paket auspackte, ein Geschenk nach dem anderen, wie ein verwilderter Schiffbrüchiger, der nach vielen Jahren auf einer einsamen Insel endlich wieder Kontakt zur Zivilisation bekommt. Schließlich holte Ashley ein weiteres Paket aus seiner Tasche. »Hier«, sagte er. »Das ist auch für dich.«

Es war von Juliet, mit Postkarten der Insel Mull. Die Bilder zeigten eine liebliche Landschaft in unfassbar satten Grüntönen, sie erinnerten mich an die Zeit, als Juliet und ich uns kennenlernten. Zwischen den Karten lag eine Zeichnung von Oscar, der versucht hatte aufzumalen, womit sich sein Vater gerade herumschlug. Ich konnte eine Gestalt erkennen, die wohl ein Bär sein sollte, und ein krakeliges Haus. An den oberen Bildrand hatte er mit einem Filzstift *PAPA* gekritzelt. Ich spürte einen dicken Kloß im Hals und Tränen in den Augen; ein paar Minuten konnte ich vor Rührung nicht sprechen. Wir saßen schweigend auf unseren Baumstumpf-Hockern am Ofen, zwei coole Typen aus London, beide einfühlsam und liebenswert, und ein abgemagertes Häufchen Elend.

Ashley wühlte erneut in seiner Tasche und hielt mir eine Flasche Highland Park hin. »Ich denke, davon können wir jetzt alle einen Schluck gebrauchen«, sagte er. »Matt vor allem, der wieder einmal seine Angst vor dem Fliegen besiegt hat.«

Darüber mussten wir alle lachen, und ich war froh, die Sehnsucht nach meiner Familie vorerst verdrängen zu können. Denn das war der einzige Weg für mich, damit zurechtzukommen – bloß nicht an Juliet und die Kinder denken. Ich öffnete die Flasche, goss jedem einen ordentlichen Schluck Malt in die Blechtasse und gab noch einen Spritzer Wasser dazu.

»Geschmolzener Schnee?«, fragte Matt.

»Genau.«

Er hob seine Blechtasse: »Also, auf euer Wohl und den köstlichen geschmolzenen Schnee vom Yukon!«

Erst später am Abend sagten sie mir, dass sie auch noch einen Film mitgebracht hätten, von Juliet, für mich. Ich legte mich aufs Bett und schaute mir die Aufnahmen auf dem Display ihrer Kamera an: meine Jungs am Strand, mit Eimer und Schaufel, im Hintergrund immer mal wieder Juliets Stimme. Unter normalen Umständen würde sich jeder Vater über solche Bilder freuen, aber bei mir verstärkten sie nur dieses grausame Gefühl, wie sehr ich sie vermisste. Als der Film zu Ende war, brachte ich kein Wort heraus; ich musste erst einmal raus aus der Hütte, raus in die Nacht, in den Schnee. Es war großartig, dass diese beiden Männer den weiten Weg zu mir gekommen waren, aber gleichzeitig fühlte es sich an, als hätten sie die Schleusentore zu meinem schlechten Gewissen geöffnet, die ich nur unter großer Anstrengung geschlossen bekommen hatte. Ich konnte nur hoffen, dass ich diese Flut meiner Emotionen wieder aufhalten konnte, wenn Matt und Ashley abgezogen waren.

Glücklicherweise brachten schon die nächsten Tage reichlich Ablenkung, und ihre hartnäckigen Bemühungen, jede Sekunde meines Alltags zu filmen, sorgten immer wieder für komische Situationen und Gelächter. Matt und Ashley litten unter einer Art Waschzwang und verbrauchten irrsinnig viel Wasser – also schuftete ich noch härter als sonst, um den Ofen mit Brennholz zu füttern und Schnee zu schmelzen. Ihre Kamera war immer dabei, egal ob ich Holz hackte oder vom See frischen Schnee heranschleppte. Die beiden bauten ihre Kamera sogar nachts vor meinem Bett auf, um mich im Schlaf zu filmen, und als ich eines Morgens aufwachte und die Kerze neben meinem Bett anzündete, guckte ich direkt in ihre Linse. Hier waren wirklich cineastische Fanatiker am Werk, die ungeniert jeden Winkel meines Lebens ausleuchteten.

Der Nachschub an Proviant tat das Seine, um mich aufzuheitern; ausreichend essen zu können, war eine entscheidende Verbesserung meiner Lebensqualität, und ich freute mich auf jede Mahlzeit. Ashley verstand sich außerdem ganz gut aufs Kochen und Backen und verwöhnte mich mit Pfannkuchen, die nur so vor Ahornsirup trieften. Ich revanchierte mich mit angebrannten Hühnerschenkeln und Nudeln, gewürzt mit Oregano und Zitronensaft. Auch Matt versuchte sich am Herd, aber er machte mich wahnsinnig dabei, weil er so verschwenderisch mit den Zutaten umging. Wenn ich eines in den Zeiten des Mangels gelernt hatte, dann war es der sparsame Umgang mit meinen Vorräten. Ich verfolgte jeden seiner Handgriffe und bombardierte ihn mit meinen Ratschlägen. Tapfer lächelnd ertrug er auch den übelsten Kasernenton, und nach einer Weile konnte ich nicht anders, als ihn für seine unerschöpfliche Geduld zu bewundern. Wie ich später erfuhr, war er bei einem Dreh auf Haiti einmal in die Hände von Kidnappern geraten. Er war jedenfalls nicht so leicht zu erschüttern.

Leider war die Zeit der beiden schnell abgelaufen, und wir bereiteten alles für den Flug nach Galena vor. Am Tag der Abreise begann es wieder heftig zu schneien, dazu blies ein stürmischer Wind. Brownie landete und entschied sich, Ladung und Passagiere auf zwei Fuhren zu verteilen, als Erstes würde er Matt mitnehmen und die Filmausrüstung. Als ich dem kleinen Flugzeug hinterherschaute, wie es von den Böen durchgeschüttelt in den Wolken verschwand, überkam mich plötzlich eine Angst, wie ich sie vor dem Fliegen noch nie verspürt hatte. Ich wurde den Gedanken nicht los, dass ich an diesem Tag über den Wäldern abstürzen könnte. Sollte ich mein Leben riskieren, nur weil sich eine günstige Gelegenheit ergeben hatte, mit ins Dorf zu fliegen? Ich wandte mich an Ashley. »Weißt du was? Ich fliege doch nicht mit.«

Er schaute von seinen Taschen hoch. »Wieso denn nicht?«

»Zu riskant. Das Wetter gefällt mir nicht.«

Er starrte mich an, völlig verblüfft, und ich konnte mir denken, was in seinem Kopf vorging. Da lebt einer allein in der Wildnis, den ganzen Winter über, und macht sich Sorgen über die Gefahren eines kurzen Flugs? Ich suchte nach weiteren Erklärungen: »Ich denke natürlich an meine Frau und meine Kinder – ich nehme hier schon zu viele Risiken auf mich. Sie würden auch nicht wollen, dass ich bei einem solchen Wetter fliege.«

»Wie du meinst. Ich werde auf jeden Fall abhauen, egal was das Wetter macht«, sagte er, und es war ihm deutlich anzuhören, dass er genug hatte von den Strapazen und Zumutungen, die das Leben in der Wildnis mit sich brachte.

Eine Stunde später setzte Brownie seinen Flieger wieder sicher auf dem See auf, und wir kämpften uns durch das dichte Schneetreiben raus zu ihm aufs Eis.

»Okay, Jungs. Nix wie los«, drängte er, als wir alles aufgeladen hatten. »Der Sturm nimmt zu, wir müssen sehen, dass wir loskommen. Matt und ich haben eben im Abwind über den Bergen fast schon einen Überschlag hingelegt.«

»Na dann, guten Flug«, sagte ich.

Brownie schaute mich verdattert an. »Wie, du kommst nicht mit?«

»Sorry, Brownie, lieber nicht. Mir gefällt das Wetter überhaupt nicht. Was ich hier draußen mache, ist eh schon riskant genug, ich muss mich keinen weiteren Gefahren aussetzen.«

Brownie kratzte sich am Kinn, bevor er antwortete: »Glaubst du etwa, ich würde auch nur das geringste Risiko eingehen, um euch hier heute rauszuholen?«

»Hm ... eigentlich nicht.«

»Na also. Dann steig jetzt ein. Und lass dir eins gesagt sein: Brownie geht kein Risiko ein. Niemals.«

»Das glaub ich dir ja. Aber ich habe eine Familie.« Meine Stimme sollte fest und entschlossen klingen, aber was ich sagte, hörte sich selbst in meinen Ohren eher schrill und defensiv an.

»Guy, wenn ich fliege, interessiert mich meine Familie nicht und auch sonst nichts. Was dann zählt, ist allein meine Sicherheit. Ich will heil ankommen, Punkt. Jetzt fliege ich nach Galena und biete dir einen Platz in meiner Kiste an. Also steig ein, Mann!«

Ich schluckte und stieg ein. Fuzzy verstauten wir in einem Gepäckfach im Heck des Flugzeugs, wo er sich sofort mit sorgenvoller Miene eng zusammenrollte. Brownie ging alle Sicherheitsvorkehrungen durch und sagte: »Okay, Guy, leg deinen Arm über meine Schulter.«

Abwehrend hob ich die Hände. »Danke, Brownie, das ist nett, aber mach dir keine Sorgen. Mir geht's gut, wirklich.«

Er schaute mich belustigt an. »Es geht um die Gewichtsverteilung, um den Trimm beim Start.«

»Ach so. Dann ist ja gut.« Ich legte wie gewünscht meinen Arm auf Brownies Schulter.

»Alles gut da hinten?«, fragte er.

Ashley war mit den Einstellungen an seiner Kamera beschäftigt und blickte nur kurz auf: »Alles bestens.«

Brownie drehte sich noch einmal zu mir um: »Mach dich jetzt darauf gefasst, dass wir ordentlich durchgeschüttelt werden. Da am Griff festhalten – und pass auf, dass du nicht an den Knüppel zwischen deinen Beinen kommst.«

Und damit rasten wir los, mit Vollgas über den Schnee. Heftig rumpelten wir über Unebenheiten im Eis, dann waren die Kufen in der Luft, und wir hielten auf eine Lücke zwischen den Bäumen am gegenüberliegenden Ufer zu. Das Flugzeug schüttelte sich, als es von den ersten Böen erfasst wurde, und in den Abwinden des Pilot Mountain bockte es noch einmal besonders wild. Ich richtete meinen Blick fest auf den Wald unter mir und wünschte, ich hätte mir eine Kotztüte mitgebracht, aber nach einer Weile war es doch auszuhalten. Die eisige Winterlandschaft huschte unter mir vorbei, Meile um Meile nichts als Schwarz und Weiß. Meine Hütte hatte ich gar nicht mehr sehen können, der Schnee hatte sie gleich verschluckt. Abweisend sah das Land von hier oben aus, karg und scheinbar ohne jedes Leben. Bisher hatte ich die Wildnis, die mich umgab, nie als Großes und Ganzes gesehen, ich war ein winziger Teil davon gewesen, wie die Tiere war ich aufgegangen in dieser unermesslichen Weite. Kaum zu glauben, dass es da unten im Wald ein gemütliches Blockhaus gab, einen Ofen und ein Bett. Im Himmel über diesem kalten Land erschien mir meine Hütte plötzlich wie ein kleines Wunder: Ich hatte ein Zuhause gefunden, sicher und warm, keine 90 Meilen südlich des Polarkreises.

Allmählich entspannte ich mich ein wenig und konnte den Flug sogar genießen. Als wir den breiten und komplett zugefrorenen Yukon querten, fragte ich mich, ob ich noch Gelegenheit bekommen würde, mit einem Hundeschlitten über das Eis zu fahren. Rund eine halbe Stunde nach dem Start konnten wir bereits die Lichter des Dorfes am Horizont erkennen, und dann landeten wir auch schon auf einer Piste direkt neben Brownies Haus. Er nahm seine Kopfhörer ab und grinste mich an. »Na, sieht aus, als hättest du die Tortur überlebt. Denn das hier ...«, sagte er und zeigte auf die blassen Lichter der Häuser um uns herum, »... sieht für mich jedenfalls nicht so aus, wie ich mir das Himmelreich vorgestellt habe.«

Kapitel 29

BLUT IM SCHNEE

Glenn Stout schaute auf, als ich sein kleines Büro betrat, und begrüßte mich mit einem fröhlichen Lächeln.

»Na also, Guy, du lebst ja noch.«

»So gerade eben. Bin etwas vom Fleisch gefallen.«

»Nah.« Er musterte mich von oben bis unten. »Du hast lediglich abgelegt, was du nicht gebrauchen kannst.«

Ich entdeckte eine Schale mit Bonbons auf seinem Tisch. Glenn bemerkte meinen Blick und sagte: »Greif ruhig zu!«

Ich grabschte nach dem Naschwerk wie ein Waisenkind aus einem Charles-Dickens-Roman.

»Du willst also lernen, wie man mit einem Schlitten und Hunden umgeht?«

»So ist es.« Ich hatte befürchtet, dass er sein Versprechen vielleicht vergessen hatte, mir beizubringen, was man als Musher können muss. Doch das Angebot stand offenbar noch. »Komm um die Mittagszeit zu mir, dann legen wir los«, sagte er.

Wir trafen uns vor seinem Haus und fuhren mit dem Schneemobil zu seinem Hundegehege raus. Die Tiere waren an Pflöcken angeleint, aber sie schienen nicht eine Sekunde still zu sitzen, sondern rannten ständig im Kreis um ihren Fixpunkt. Ihr Bellen und Jaulen schwoll zu einer beängstigenden Lautstärke an, und überhaupt waren ihre Kraft und ihre Energie auf den ersten Blick eher einschüchternd. »Ich habe hier einundzwanzig Huskys«, sagte Glenn. »Sechs kann ich dir für dein Gespann geben.«

»Sechs?«, wiederholte ich ungläubig. »Hatten wir nicht drei gesagt?«

»Nah, das passt schon«, sagte Glenn. »Ich hab zwar mal mit drei Hunden angefangen, aber ich hatte auch niemanden, der mir zeigt, wie es geht. Sechs sind einfach besser.«

»Wie du meinst«, erwiderte ich, aber insgeheim fragte ich mich, wie ich ein solches Gespann von halbwilden Kraftpaketen jemals unter Kontrolle kriegen sollte. Was war denn dran an den Geschichten, die man in Alaska immer wieder liest - von Kindern, die versehentlich in ein Hundegehege geraten und zerfleischt worden sind? Oder an den Berichten, dass sich die Hunde eines Gespanns über ihren Musher hergemacht hatten? Eine Zeit lang war das wirklich ein Problem gewesen. Züchter hatten ihre Huskys mit Wölfen gekreuzt, um die Tiere noch widerstandsfähiger und stärker zu machen. Das Ergebnis waren leider bösartige und nahezu unzähmbare Bestien, die tatsächlich jeden Schlitten bis ans Ende der Welt ziehen konnten, sich aber auch nichts dabei dachten, gelegentlich Menschen anzufallen.

Glenn starrte mich an, als würde er Gedanken lesen können. »Die Hunde, die ich dir mitgeben will, stammen von verschiedenen Mushern«, sagte er. »Noch wissen wir so gut wie gar nichts über ihren Charakter. Aber spannen wir sie mal vor den Schlitten und gucken, wie es läuft. Wir fangen zur Übung gleich mit sechs Hunden an.«

Glenn holte einen schmalen Birkenschlitten und sortierte das Zuggeschirr. Als Erstes legte er die zentrale »Towline« aus, an der alle anderen Leinen befestigt werden. Dann kam das Brustgeschirr für die sechs Hunde, das über zwei kürzere Leinen an die Towline gekoppelt war: Eine Strippe diente zur Übertragung der Zugkraft auf den Hauptstrang, »Tugline« genannt, und eine zweite »Neckline« führte vom Halsband der Hunde ebenfalls zur Zentralleine. »Der erste Hund, der angespannt wird, ist immer der Leithund«, erklärte Glenn. »Er sorgt dafür, dass die Leine in der Mitte straff bleibt. Und wenn der Leithund beim Anspannen zu dir gewandert kommt, musst du ihn schnell wieder auf seine Position zurückbringen, sonst kommt alles durcheinander.«

»Und wie mache ich das?«

»Zeig ich dir.«

Wir betraten das wilde Durcheinander des Zwingers; die Hunde sprangen jaulend an uns hoch und rissen an ihren Leinen. »Das sind alles Alaska-Huskys«, brüllte Glenn gegen den Lärm an. »Jeder von ihnen kann rund hundert Kilo ziehen, wenn sie gesund und fit sind.« Er griff nach einer drahtigen Hündin mit dunklem Fell, die sich sofort auf ihre Hinterbeine stellte, ein fanatisches Blitzen in den Augen. Für mich war nicht genau zu erkennen, wer wen zum Schlitten zerrte, wie in einem verrückten Foxtrott querten Mensch und Hund das Gehege. »Das hier ist Bubbles – eine wirklich gute Leithündin«, rief Glenn. Offenbar hatte er doch irgendwie die Kontrolle behalten, denn er schaffte es, sich Bubbles so zwischen die Knie zu klemmen, dass er ihr das Brustgeschirr anlegen konnte. Kaum hatte er sie losgelassen, schoss Bubbles vorwärts, bis sich die Towline mit einem Ruck spannte. Mit aller Macht warf sie sich ins Geschirr, jede Faser ihres Körpers schien zu schreien: »Lass mich los, ich will rennen!« Aber der Schlitten war mit einem Haken aus Stahl tief im Schnee verankert und bewegte sich keinen Zentimeter. Zur Sicherheit hatte Glenn außerdem eine Leine von seiner Towline zu einem ausrangierten Container gespannt, der auf dem Gelände als Schuppen diente.

»Du nimmst die da«, wies mich Glenn an und zeigte auf eine kleine, drahtige Hündin mit schwarz-weißem Fell, die mich wie tollwütig anbellte.

»Und wenn ich sie nicht halten kann?«

»Das darf nicht passieren«, rief mir Glenn über die Schulter zu. »Dann rennt sie weg und kommt nie wieder.«

Ich sammelte mich noch einmal, bevor ich zu der Hündin hinüberging, um sie von ihrer Leine loszumachen. Obwohl ich schon geahnt hatte, dass mich ein Bündel unbändiger Kraft erwartete, war ich verblüfft, mit welcher Macht sie mich in Richtung Schlitten zog. Wer noch nie einen Husky aus Alaska gehalten hat, kann sich einfach nicht vorstellen, wie sich diese Hunde ins Zeug legen. Ich hielt sie an ihrem Halsband fest, aber es schien sie gar nicht weiter zu stören, dass sie kaum noch Luft bekam. Endlich hatte ich die Towline erreicht und fragte Glenn, wo er meine Hündin in das Gespann einreihen wollte. »Ist erst mal egal«, erwiderte er. »Wir müssen eh ausprobieren, für welche Position die Hunde am besten geeignet sind.«

Ich griff mir ein Brustgeschirr und versuchte, die Hündin festzuhalten und ihr gleichzeitig die Gurte überzustreifen, aber sie zappelte so sehr, dass ich das verwirrende Durcheinander von Leinen und Riemen nicht sortiert bekam. »Du musst sie dir zwischen die Beine klemmen und mit den Knien festhalten«, rief mir Glenn zu. Leichter gesagt, als getan: Genauso gut hätte er mir auftragen können, flüssiges Quecksilber mit dem Lasso einzufangen. Dass meine Finger steif gefroren waren, machte die Sache auch nicht gerade leichter. Mit meinen Fäustlingen konnte ich das schmale Gurtzeug nicht fassen, und mit bloßen Fingern froren bei minus 35 Grad Schnallen und Ösen aus Metall sofort an der Haut fest. Voller Neid sah ich, dass Glenn besser ausgerüstet war: Für die Feinarbeit trug er enganliegende Handschuhe aus Wolle, und wenn seine Hände kalt wurden, steckte er sie zwischendurch kurz in seine dicken Fäustlinge aus Biberfell, die an einer Schnur um seinen Hals baumelten.

Wenig später hatten wir bereits vier Hunde eingespannt, und Bubbles sorgte dafür, dass unser Geschirr auf Spannung blieb. Sie stemmte sich vorwärts, obwohl es keinen Zentimeter voranging, und stellte damit sicher, dass keiner der anderen Hunde ausscheren konnte. Nur einmal ließ sie kurz nach, um sich umzuschauen, und sogleich ging die Spannung auf der Towline verloren. Glenn war sofort bei ihr und zerrte sie nach vorne: »Geradeaus!«, kommandierte er.

Als Nächstes brachte Glenn zwei große Hunde und sagte zu mir: »Stell dich zwischen die beiden und halte sie gut fest.« An meiner rechten Hand hatte ich einen dünnen, fies aussehenden roten Hund mit vernarbter Schnauze, der für mich eher nach einem australischen Dingo aussah als nach einem Husky. Er kämpfte gegen meinen Griff an, zappelte und wand sich in alle Richtungen, um von mir loszukommen. Er hatte eine Art zu jaulen und zu kläffen, die unheimlich war. Links hielt ich einen sehr großen braunen Hund, der mir mit seinen leuchtenden Augen schon vorher aufgefallen war. Auch er sprang unablässig auf und ab und war kaum zu halten. Er heulte und bellte in einer Tonlage, die mich an einen pubertierenden Jungen im Stimmbruch erinnerte. Während ich mich verzweifelt abmühte, die beiden Hunde unter Kontrolle zu behalten, inspizierte Glenn in aller Seelenruhe die Pfoten eines anderen Huskys, und ich konnte nur hoffen, dass er sich nicht mehr zu viel Zeit ließ damit. Zu allem Überfluss sah ich aus dem Augenwinkel, dass Matt und Ashley sich mit ihrer Kamera vor dem Zwinger aufgebaut hatten, offenbar, um vor ihrer Reise noch ein paar spektakuläre Bilder einzusammeln. Immerhin hatten sie sich mit sicherem Abstand zum Geschehen postiert.

Der Dingo an meiner rechten Hand knurrte böse und bleckte seine Zähne, dass man den Schaum an seinen Lefzen sah. Dem großen Braunen war das genauso unheimlich wie mir, und er hätte am liebsten die Flucht ergriffen, aber ich hielt ihn mit aller Macht fest. Wenn ich jetzt losließ, würde es wahrscheinlich ein Riesenchaos geben. »Glenn«, rief ich und versuchte, dabei ganz cool zu klingen, um die beiden Hunde nicht noch weiter anzustacheln, nur leider hörte er nicht hin. »Glenn ...«, wiederholte ich schon etwas lauter und drängender, doch da war es bereits zu spät: Der Dingo stürzte sich auf den Braunen und verbiss sich in seiner Schulter. Mit Entsetzen registrierte ich, dass sein aufgerissenes Maul mich nur um Millimeter verfehlt hatte. »Glee-hennn!!«, brüllte ich nun, aber jetzt konnte er mich erst recht nicht mehr hören. Alle Hunde unseres Gespanns heulten und kläfften mit den beiden Kontrahenten um die Wette; der Lärm war infernalisch.

Wie sollte ich sie bloß auseinanderbekommen, ohne selbst gebissen zu werden? Loslassen durfte ich auf keinen Fall, also klammerte ich mich weiter an ihre Halsbänder, auch als ihre scharfen Klauen das Gewebe meiner makellosen North-Face-Jacke zerfetzten. Spucke und Sabber flogen durch die Luft und wurden zu Eis, bevor sie auf den Boden fielen. Ich kam mir vor wie ein UN-Blauhelm, der zwischen die Fronten zweier kriegführenden Stämme geraten war. Ich zerrte mit aller Kraft an den Halsbändern, aber die Hunde waren wie aus Stahl. Blut spritzte, und gefrorene Tropfen landeten im Schnee. Ich versetzte dem Dingo einen Tritt in die Rippen, aber mein Stiefel prallte ab, ohne Wirkung zu zeigen.

»Scheiße, Mann! Gleee-henn!!«, brüllte ich so laut ich konnte und beging in meiner Verzweiflung den blödesten Fehler, den ein Musher begehen konnte: Ich zwängte meinen linken Arm zwischen die Hunde, um sie zu trennen. Der Dingo schnappte sofort zu und schlug seine Zähne durch meinen Handschuh in mein Handgelenk. Seltsamerweise spürte ich zunächst überhaupt keinen Schmerz, sondern nur das enorme Gewicht der Bestie auf meinem Arm. Wie ein unbeteiligter Zuschauer starrte ich auf mein Blut, das aus der Wunde schoss und in den Schnee platschte. Da endlich tauchte Glenn auf, er warf sich mit dem ganzen Körper auf den Dingo und drückte ihn fest in den Schnee. Ich ließ den braunen Hund los, weil ich ihn nicht mehr halten konnte, doch anstatt wegzurennen, blieb er zitternd stehen. Auch er blutete heftig. Glenn zerrte beide Hunde zurück in den Zwinger und band sie an ihren Leinen fest, dann sah er nach meiner Bisswunde. »Damit gehst du wohl besser in die Klinik. Das muss anständig versorgt werden. Ich kümmere mich um die Hunde.«

MATT UND ASHLEY ESKORTIERTEN MICH zurück zu Dons Hof, wo meine blutende Hand von allen mit sorgenvoller Miene begutachtet wurde. Chris hatte seinen uralten Pick-up vor der Tür stehen und bot an, mich zum Arzt zu bringen. Wir stiegen ein, Don inklusive, und machten uns auf den Weg. Als wir an der Klinik ankamen, ein typischer Fertigbau-Bungalow, machte mich Chris auf ein Holzschild aufmerksam, das über der Tür hing: *Edgar Nollner Senior Clinic.* »Siehst du das Schild?«, fragte er mich.

»Ja«, grummelte ich. »Und?«

»Edgar Nollner war mein Großvater. Er war einer der Musher bei der Serum-Rettungsaktion von Nome.* Hat es mit seinem Hundeschlitten von Galena bis nach Koyukuk geschafft.«

»Schön«, brummte ich. »Ein echter Held also. Er ist aber nicht zufällig von seinen Hunden zerfetzt worden oder so?«

»Nee, natürlich nicht.« Chris schüttelte seinen Kopf.

Das Personal der Klinik bestand aus einem halben Dutzend Leute, die sich im Schichtdienst um die Notfälle kümmerten. Ich wurde in einen kleinen Raum geführt, wo eine der Krankenschwestern meine Hand untersuchte. »Der Hund hat Sie ganz schön heftig erwischt«, sagte sie. »Das müssen Sie bis auf den Knochen gespürt haben, oder?« Ich musste zugeben, dass ich ein hässliches Knirschen wahrgenommen hatte, und sie lachte nur. »Ja, diese Schlittenhunde können ziemlich fies werden.« Sie krempelte ihren Ärmel hoch und zeigte mir eine dunkelviolette Narbe. »Sehen Sie? Das war einer meiner Hunde.«

Es klopfte an der Tür, meine Begleiter und die beiden Reporter kamen herein. »Macht es dir was aus, wenn wir dabei sind?«, fragten sie. Ich zuckte mit den Schultern. Auf eine Demütigung mehr oder weniger kam es auch nicht mehr an.

»Okay«, sagte die Krankenschwester. »Wir werden die Wunde jetzt ausspülen.« Sie hielt eine riesige, mit Kochsalzlösung gefüllte Spritze in der Hand. »Das brennt vielleicht ein bisschen.«

1925 kam es bei den Kindern von Nome zu einem Ausbruch von Diphtherie, aber die Klinik vor Ort hatte nur fünf Einheiten Antitoxin vorrätig. 20 Musher holten Nachschub; ihr fünfeinhalb Tage langer Treck über mehr als 1000 Kilometer ging als SERUM RUN TO NOME *in die Geschichte ein.*

Es fühlte sich an, als ob mein Arm explodierte. Ich verdrehte die Augen und biss in meinen Ärmel, damit mein Publikum auch etwas geboten bekam. Ich entdeckte ein Zucken um Dons Mundwinkel, und dann hielt er sich auch schon die Hand vor den Mund, damit ich sein Grinsen nicht sehen konnte. Auch die anderen konnten sich kaum zurückhalten. Ich nickte dem bekloppten Trupp zu. »Vielen Dank, Jungs. Hauptsache, ihr habt euren Spaß dabei.«

Jetzt brachen alle in schallendes Gelächter aus – auch die Krankenschwester, wie ich zu meiner Verblüffung feststellen musste.

Ich verließ die Klinik mit einem dramatisch aussehenden Verband, und als wir bei Don zu Hause ankamen, war Carol schon dabei, das Abendessen vorzubereiten. Auch sie empfing mich mit einem beiten Grinsen, und Don ließ es sich nicht nehmen, mir zu erklären warum. »Sie findet dein jüngstes Abenteuer sehr amüsant. Dass du jetzt Musher werden willst. Sie selbst hat ihr erstes Gespann übrigens im Alter von sieben Jahren gehabt. Sag noch mal, Liebling, mit wie vielen Hunden warst du damals unterwegs?«

»Acht«, sagte sie und holte das Backblech aus dem Ofen.

»Und wie war das«, bohrte Don weiter, »als du das erste Mal deine Huskys angespannt hast?«

»Ganz einfach. Hunde angeschirrt und los«, erwiderte sie, und ich kam mir erst recht wie ein Versager vor.

Ashley und Matt, die am nächsten Morgen abreisen wollten, waren ebenfalls zum Essen eingeladen. Wir saßen beisammen und quatschten, und obwohl meine Hand vor Schmerzen nur so pochte, genoss ich die Gesellschaft meiner Freunde. Als Matt gerade sein letztes Stück Elchfleisch auf die Gabel schieben wollte, hob Don die Hand: »Halt mal! Ich glaube, du brauchst noch einen Klacks Sauce für deinen Abschlusshappen.«

»Gute Idee, das wäre jetzt genau das Richtige«, sagte Matt.

Don reichte Matt die kleine rote Flasche mit *Dave's Insanity Sauce,* und das Etikett machte Matt schon ein wenig nervös.

»Extrem scharf ist die aber nicht, oder?«

»Kann man so nicht sagen«, erwiderte Don mit seinem besten Pokerface. »Für mich ist sie gerade richtig.«

»Dann ist ja gut«, sagte Matt. »Es geht doch nichts über eine schön scharfe Sauce.« Großzügig verteilte er das rote Gift auf seinem Fleischbrocken.

Ich versuchte, mir nichts anmerken zu lassen, als Matt zu kauen begann. Seine Kiefer mahlten, er schob seinen Bissen noch einmal von rechts nach links, und dann wurde ihm schlagartig klar, warum wir ihn alle erwartungsvoll anblickten – die Höllensauce hatte ein weiteres Opfer gefunden. Sein Gesicht erstarrte, er würgte, hustete, röchelte. Sein Gesicht nahm ein leuchtendes Rot an, wie ich es bei einem Menschen noch nie gesehen hatte, auf seiner Stirn bildeten sich dicke Schweißperlen, und er bekam einen mörderischen Schluckauf. Er litt Höllenqualen, das konnte jeder sehen, doch er sagte keinen Ton, lächelte sogar noch tapfer gegen seine Folter an. Don stellte das Fläschchen zurück ins Regal, sichtlich zufrieden mit sich selbst, und dann prusteten alle am Tisch los.

Für jemanden wie Don, mit einem Sinn für grausame Streiche, war es ein denkwürdiger Tag gewesen. Erst war das Greenhorn von einem Rudel wild gewordener Hunde angefallen worden, was für sich genommen schon große Unterhaltung geboten hatte, aber dann durfte er sogar in der Klinik zuschauen, wie der armselige Dilettant weiter gepiesackt wurde. Und zum krönenden Abschluss hatte er noch ein unschuldiges Opfer gefunden, das auf seine Wahnsinns-Sauce hereingefallen war. Wirklich, ein Tag nach Dons Geschmack.

Kapitel 30

»WHOOAA« HEISST BREMSEN

Ein paar Tage später besuchte ich Glenn in seinem Büro. Sein Cowboy-Schnurrbart gab ihm wie immer etwas Griesgrämiges, Mürrisches. Er schaute auf meine bandagierte Hand. »Was macht die Verletzung?«, fragte er.

»Geht schon wieder, danke«, sagte ich. »Sieht schlimmer aus, als es tatsächlich ist.«

»Tut mir wirklich leid, Guy.« Er lehnte sich in seinem Sessel zurück. »Mit dem roten Hund stimmte etwas nicht.«

»Na, das ist kaum deine Schuld«, meinte ich. »Was machst du jetzt mit diesem Hund?«

»Hab ihn erschossen.«

Ich war schockiert. »Nur weil er mich gebissen hat?«, fragte ich.

»Nein. Er hat auch andere Hunde angegriffen, und das geht nicht. Hunde, die im Zwinger auf andere losgehen, kann ich nicht gebrauchen. Viele habe ich selbst großgezogen, da will ich nicht, dass einer von außen dazukommt und nichts als Ärger macht.«

Das leuchtete mir ein. »Also, was machen wir jetzt, Glenn?« Mir wäre es ganz recht gewesen, wenn wir uns nach dem Unfall wieder auf drei Hunde beschränken würden wie ursprünglich geplant.

»Hab mit einem Typen gesprochen, der in der Nähe von Tanana lebt. Er hat einen Hund, den er dir verkaufen kann. Vielleicht gibt er ihn dir auch einfach so.«

Das war nicht, was ich hören wollte. »Wir bleiben also bei sechs Hunden?«

»Klar doch.«

»Warum würde dieser Typ einen Hund hergeben, einfach so?«

»Weil er bestimmt fünfhundert davon hat. Manche sind nicht unbedingt die Schnellsten, aber gut genug, wenn man damit keine Rennen gewinnen will.«

Fünfhundert Hunde? Allein der Gedanke ließ mich schaudern. Glenns einundzwanzig waren für meinen Geschmack schon schlimm genug gewesen. Aber meine Hand massierend sagte ich: »Wenn sonst nichts dagegen spricht, bin ich bereit, das Training fortzusetzen. Sofern du dich mit einem Greenhorn wie mir weiter abgeben magst.«

»Nichts lieber als das«, erwiderte Glenn mit einem Lächeln. »Freut mich, dass du so schnell nicht aufgibst. Komm gegen fünf wieder, und dann machen wir weiter.«

Es war bereits dunkel und extrem kalt, als ich vor Glenns Hundezwinger stand. Er führte mich zu einem großen, ausgedienten Ölfass auf seinem Hof, das er zu einem provisorischen Herd umfunktioniert hatte. Schnell entzündete er ein Feuer unter der Tonne und zog eine Plane von einem Stapel direkt daneben, ein Riesenhaufen gefrorener Fisch. »Hab im Sommer mehr als tausend grüne Fische* gefangen«, erklärte er. »Jetzt taue ich jeden Abend eine Portion für die Hunde auf.«

»Und was kommt da sonst noch rein?«

»Jeder Hund kriegt etwa einen halben Fisch, dazu normales Hundefutter, etwas Reis und Schnee anstelle von Wasser.«

Inzwischen waren die Überreste der dicken Fischsuppe vom Vortag aufgetaut, und wir standen in einer Wolke aus beißendem, übelriechendem Rauch. Wir schaufelten noch etwas Schnee in die Tonne, hackten mit der Axt gefrorenen Fisch klein – Hecht war dabei, eine Art Barsch und Äsche – und warfen alles in den dampfenden Sud. Glenn rührte den Eintopf für seine Hunde mit einem langen Stock um. »Das lassen wir schön köcheln, bis wir wieder da sind«, verkündete er. »Dann haben die Hunde nachher was Warmes zu futtern. Als Vorspeise kriegen sie jetzt schon mal einen Schluck Fischwasser.« Er tunkte eine große Kelle in den abscheulichen Eintopf und füllte einen großen Napf mit Flüssigkeit, den er in der Mitte des Zwingers abstellte. Die Hunde japsten und jaulten, und ich schaute der fischigen Wolke hinterher, die dick und weiß in den Sternenhimmel über mir aufstieg. Glenn stapfte zu seinem Schneemobil und winkte mir zu; ich sollte hinten aufsitzen. »Ich zeige dir jetzt die Route, auf der du üben wirst«, brüllte er gegen den Lärm des Motors an.

Es war eisig kalt, bestimmt um die minus 45 Grad, aber ich war dick eingepackt, und hinter Glenn versteckt bekam ich vom Fahrtwind zum Glück nicht viel ab. Wir rumpelten von seinem Hof auf eine eisige Schotterpiste, die zu dem alten Army-Stützpunkt führte. Doch dann bog Glenn plötzlich scharf nach rechts ab ins Gelände, raste mit Schwung über einen Deich, der den Ort vor dem Hochwasser des Yukon schützen sollte, und weiter auf

* *Grün steht in diesem Fall nicht für umweltfreundlich: Gemeint sind alle Fischarten, die bei uns nicht auf der Speisekarte stehen und deshalb an die Hunde verfüttert werden. Grüne Fische werden sie genannt, weil man es bei ihrer Lagerung nicht so genau nimmt – die Fische sind meist ziemlich vergammelt.*

einem verschneiten Pfad durch einen Hain von Weiden und Erlen. Über hügeliges Gelände sausten wir bis zur Uferböschung des Yukon, die Glenn in langsamer Fahrt hinabglitt, um dann mit einem mörderischen Tempo auf einem schmalen Weg am Ufer des Stroms entlangzupreschen. Nach etwa einer Meile ruckelten wir vorsichtig die steile Böschung hoch und folgten erneut einem gewundenen Pfad durch die Wälder, der uns in einem weiten Bogen zurück zum Deich führte. Ein paar Minuten später waren wir zurück beim Zwinger.

Wir machten uns sofort daran, die Hunde anzuspannen, was mir dieses Mal schon viel leichterfiel, weil ich wusste, worauf es ankam. Trotzdem war mir nicht wohl bei dem Gedanken, dass ich schon bald allein mit diesen wilden Kreaturen durch die Nacht jagen würde. Die Hunde bellten wie verrückt, ihr Atem formte eine watteweiße Wolke, die sich wie Raureif auf ihrem Fell absetzte. »Okay, Guy«, rief mir Glenn zu, als alle Hunde im Geschirr waren. »Ich mach das Schneemobil hinten am Schlitten fest, um ein bisschen Tempo rauszunehmen, damit du nicht gleich in der ersten Kurve aus der Bahn fliegst. Und nimm die Dinger hier, die musst du Bubbles anziehen, als Schutz.«

Glenn reichte mir vier Füßlinge aus Stoff, die ich meiner Leithündin über die Pfoten streifte. Als ich mich vor ihr runterbeugte, leckte sie mir mit der Zunge einmal quer übers Gesicht, und ich muss zugeben, nervös und angespannt, wie ich war, dass mir ihre überraschende Geste der Zärtlichkeit in diesem Moment tatsächlich etwas bedeutete. Ich streichelte ihren Kopf, und Bubbles schaute kurz zu mir hoch. *Los jetzt, Guy,* schienen ihre Augen zu sagen, *wir schaffen das.* Die Hunde hinter ihr kläfften vor Aufregung, sie waren kaum noch zu halten. Ich nahm meine Position auf den Kufen ein. »Wie kriege ich das Ding wieder zum Stehen?«, fragte ich Glenn.

»Mit dem Pedal da unten«, erwiderte er und zeigte auf meine Füße. »Das ist deine Schneebremse.« Zwischen den Kufen war an einer Halterung aus Gummi eine Metallplatte angebracht, die an der Unterseite mit dicken Stollen aus Stahl versehen war.

»Du rufst laut ›Whooaa‹ und trittst mit dem Fuß fest auf die Bremse. Auf Eis bringt das nicht so viel, da werden die Hunde höchstens ein wenig langsamer, aber im Schnee funktioniert das richtig gut. Du darfst nur nicht den Fuß vom Pedal nehmen, bis dein Schlitten wirklich steht.«

Vor mir tobten die Hunde in ihrem Geschirr auf und ab, und gelegentlich schielten sie über die Schulter zu mir nach hinten, als wollten sie sehen, was denn der Grund dafür war, dass es nicht endlich losging.

»Gibt es noch eine andere Möglichkeit anzuhalten?«

»Nee, nicht wirklich. Aber du kannst dich auf den Kufen so nach hinten lehnen, dass du die Absätze deiner Stiefel in den Schnee stemmst. Das hilft beim Bremsen.«

»Alles klar«, sagte ich. Hoffentlich klang es ein bisschen zuversichtlicher, als ich mich gerade fühlte. »Und wie lenke ich das Ding?«

»Du brüllst ›Gee‹, wenn du nach rechts willst, und ›Haw‹, wenn es nach links gehen soll. ›Hike‹ ist das Kommando für ›Los‹ und ›Whooaa‹ bedeutet ›Stopp‹. Mehr brauchst du gar nicht.«*

»Und die Hunde halten an, wenn ich ›Whooaa‹ rufe …?«

»Nein, das tun sie nicht, niemals. Du musst das Kommando aktiv unterstützen, indem du bremst. Wenn du stillstehst, haust du sofort den Anker rein.«

Glenn zeigte mir, wie man den Anker mit dem Fuß im Schnee versenkt. Sobald er richtig saß, sollte ich langsam die Bremse kommen lassen; die Hunde würden mit ihrem Vorwärtsdrang dafür sorgen, dass sich der Anker noch tiefer in den Untergrund bohrte. Nur passierte es manchmal eben doch, dass der Haken nicht hielt, und viele Musher haben schwere Verletzungen erlitten, weil die Hunde wieder losrasten und der Anker unkontrolliert hinter dem Gespann herschleuderte. Wenn der Musher Pech hatte, bekam er das wild springende Eisen von hinten in die Beine.

** Für die Kommandos gibt es keine Übersetzung, auch deutsche Fans des Schlittenhunds rufen* Gee, Haw, Hike *und* Whooaa *– was wohl unter die Rubrik Traditionspflege fällt. Die Hunde würden auch »rechts« und »links« lernen.*

Glenn lief zu seinem Schneemobil und startete den Motor. »Okay!«, brüllte er. »Kann losgehen, zieh den Anker!« Kaum hatte ich das Ding aus dem Schnee gezogen, verstummte das Bellen der Hunde. Sie stemmten sich ins Geschirr und setzten den Schlitten in Bewegung. Obwohl das Gespann von Glenns Schneemobil zurückgehalten wurde, kamen meine Hunde schnell auf ein ordentliches Tempo. Auf der überfrorenen Schotterpiste war die Fahrt noch ein wenig rumplig, aber dann zischten wir querfeldein durch den Schnee und auf den Deich zu, der mir von den Kufen eines zierlichen Birkenholzschlittens aus plötzlich wie ein unüberwindbares Hindernis vorkam, doch die Hunde hatten damit keine Mühe. Als wir dahinter auf ein gerades Wegstück kamen, hielt Glenn sein Schneemobil an und rief mir zu, dass ich den Anker in den Schnee treten sollte. Widerwillig kamen die Hunde zum Stehen.

»Bist du sicher, dass der Anker gut sitzt?«, brüllte Glenn.

»Ja, denke schon«, rief ich ihm über meine Schulter zu.

»Gut. Ich mach dich jetzt nämlich von meiner Tundra* los. Die Hunde werden dann nur noch vom Anker und deiner Fußbremse gehalten. Bist du bereit?«

Ich hob einen Arm, obwohl mir mein Bauch sagte, dass ich alles andere als bereit war. Ich war einfach zu stolz, »Nein« zu sagen. Als Glenn das Seil von seiner Tundra löste, machte der Schlitten einen Ruck nach vorne. Aber der Anker hielt, und ich konnte sehen, wie ihn die geballte Zugkraft der Hunde noch tiefer in den Schnee versenkte. Bellend und jaulend bockten sie in ihrem Geschirr, dass es nur so rasselte und klirrte. Im Licht meiner Stirnlampe sah ich den Weg vor mir, wie ein Tunnel durch die schwarze Nacht, unheilvoll irgendwie.

Aus der Dunkelheit ertönte Glenns Stimme: »Fahr einfach los, wenn du so weit bist. Und immer dran denken: Deine Kommandos gelten Bubbles, deiner Leithündin. Setze sie sparsam ein, damit ihr klar ist, dass es auch wirklich ein Befehl ist, wenn du was sagst. Wenn dir die Hunde zu schnell werden, musst du ›Easy!‹ rufen und gleichzeitig die Bremse treten, damit sie merken, was gemeint ist. Oder du stemmst deine Absätze hinter den Kufen in den Schnee, das geht auch.«

»Okay, Glenn«, sagte ich. »Gib mir eben noch 'ne Minute.« Mit zitternden Händen setzte ich meine Neoprenmaske und meine Skibrille auf und

* TUNDRA *ist das Einsteigermodell bei den Ski-Doo-Schneemobilen des kanadischen Herstellers Bombardier – leicht, robust und in Alaska sehr beliebt. Die Marke hieß ursprünglich Ski-Dog, doch als eine Werbebroschüre mit dem Druckfehler Ski-Doo ausgeliefert wurde, blieb man dabei. Inzwischen ist Ski-Doo der Oberbegriff für alle Motorschlitten.*

zog mir die Mütze tief ins Gesicht. Ich holte noch einmal tief Luft, dann trat ich mit dem linken Fuß die Bremse durch und lehnte mich gleichzeitig nach hinten, um den Anker aus dem Schnee zu ziehen. Die Hunde reagierten sofort auf das charakteristische Knirschen und warfen sich nach vorne ins Geschirr. Meine kleine Fußbremse war jetzt alles, was sie noch davon abhielt loszurennen. Sie kläfften und heulten und schauten sich immer wieder nach mir um, als wollten sie sagen: *Komm schon, Greenhorn, lass uns endlich laufen!*

Ich nahm den Fuß von der Bremse und sprang auf die Kufen, und im selben Augenblick flogen wir schon los, mit maximaler Beschleunigung ging es voran in die Finsternis. Die Hunde waren jetzt ganz still, kein Bellen mehr, kein Fiepsen, sondern nur noch volle Konzentration. Zum ersten Mal erlebte ich am eigenen Leib, welche unglaubliche Kraft in diesen Huskys steckte. Das leise Quietschen des Geschirrs und das Zischen der Kufen im Schnee waren die einzigen Geräusche, die zu hören waren. Das Ganze erinnerte mich ans Segeln, wo es auch diesen wunderbaren Moment gibt, wenn der Motor abgestellt ist und die Yacht eins wird mit den Elementen: Der Wind drückt in die Segel und lässt das Tauwerk knarren, die Yacht legt sich sanft auf die Seite und rauscht los.

Nahezu lautlos preschten wir zwischen den Bäumen dahin. Das Astwerk war mit Eis überzogen, das mir im dahinrasenden Schein meiner Stirnlampe wie ein funkelndes Bogengewölbe vorkam. Obwohl ich absolut überfordert war mit der Situation, konnte ich nicht anders, als das Spektakel der elementaren Kräfte zu genießen, die hier am Werk waren. Die Hunde rannten und rannten, und ich klammerte mich so fest an den hölzernen Griff meines Schlittens, dass es schmerzte. Ich schaute mich kurz um und stellte fest, dass Glenn mit seinem Schneemobil ein Stück zurückgefallen war. Direkt vor uns lag eine Passage über buckliges Gelände, gefolgt von der steilen Böschung am Flussufer – und wir waren viel zu schnell. Aber es war zu spät, noch irgendwie zu reagieren, mir blieb nichts anderes übrig, als mich festzuhalten, so gut es ging. Die Hunde flogen mühelos über die Hindernisse, und mein Schlitten verlor zwischendurch jeden Bodenkontakt. Als ich das Ufer schnell näher kommen sah, setzte endlich mein Verstand wieder ein: »Whooaa!«, brüllte ich und trat mit ganzer Kraft auf die Bremse. Schleudernd kamen wir zum Stehen. Ich ließ den Fuß auf dem Pedal und gab meinem Puls Gelegenheit, sich zu beruhigen. Den Hunden hingegen war die Anstrengung überhaupt nicht anzumerken; ungeduldig schauten sie sich nach mir um, sie wollten weiter, und zwar sofort.

Aber ich brauchte noch ein paar Minuten, bis ich den Fuß von der Bremse nahm, vorsichtiger dieses Mal, damit wir nicht gleich so viel Fahrt aufnahmen, denn jetzt ging es die Böschung hinunter zum Fluss. Die drei Stahlstollen meiner Bremse pflügten eine tiefe Furche in den Schnee, doch für meinen Geschmack hatten wir trotzdem zu viel Tempo drauf. Erst als wir auf den Uferweg einschwenkten, gab ich den Hunden wieder freien Lauf. So plötzlich schoss der Schlitten vorwärts, dass ich in der Kurve nur noch auf einer Kufe stand und knapp mein Gleichgewicht halten konnte. Zum Glück folgte gleich darauf eine gerade Strecke, auf der ich mich von meinem Schreck erholen konnte. Kerzengerade stand ich hinten auf meinem Schlitten und versuchte, alle anderen Gedanken aus meinem Kopf zu verbannen – es ging einzig darum, die Exkursion unversehrt zu überstehen. Jetzt bitte keinen Unfall mehr.

Kurz vor der Stelle, wo unsere Route wieder in den Wald abbog, holte Glenn mich ein und gab mir ein Zeichen, dass ich anhalten sollte. »Du bist zu schnell!«, rief er. »Du musst die Hunde zügeln, bevor du in die schwierigen Passagen fährst. Sie brauchen außerdem öfter klare Ansagen, in welche Richtung es geht. Und in den Kurven mit dem ganzen Gewicht auf die Kante. Du darfst dich da nicht so durchmogeln. Alles klar so weit?«

»Ja, klar«, sagte ich, obwohl ich nichts verstanden hatte.

»Bist du schon mal Ski gefahren?«

»Nein.«

»Wasserski?«

»Auch nicht.«

»Schade eigentlich.« Er schüttelte seinen Kopf. »Sonst hätte ich jetzt gesagt, dass auf dem Schlitten die gleichen Prinzipien gelten.« Er schlug mir aufmunternd auf die Schulter. »Aber das wird schon.« Er startete den Motor. »Ach ja: Wenn du einen Steilhang rauffährst, steig schnell ab und renn hinter dem Schlitten nach oben, um den Hunden die Last abzunehmen. Und wenn es steil runtergeht, musst du auf die Bremse treten, sonst fährst du ihnen von hinten in die Beine. Die Towline muss immer auf Spannung bleiben.«

Weiter ging die wilde Fahrt. Bevor ich mich's versah, rasten wir schon auf den Hang zu, den Glenn eben erwähnt hatte; es ging vier Meter steil nach oben. Die Hunde legten sich mit ihrer ganzen Kraft ins Geschirr, und ich sprang vom Schlitten, wie Glenn es mir gesagt hatte. Ich hastete zwischen den Kufen den Hügel hoch, die Hände immer fest auf dem Griff. Als die ersten Hunde oben angekommen waren, wurde der Schlitten ruckartig schneller; ich schaffte es nur so gerade eben, wieder auf die Kufen zu springen. Mit hohem Tempo jagten wir durch den Wald, bedenklich in den Kurven schlingernd, sodass ich ständig das Gefühl hatte, im nächsten Moment abgeworfen zu werden. Doch langsam lernte ich, bei einer schnellen Änderung der Fahrtrichtung mein Gewicht auf die kurvenäußere Kufe zu verlagern, wie es mir Glenn geraten hatte. Einziger Schönheitsfehler war, dass dann der Schlitten auf der anderen Seite förmlich abhob und ich auf einer Kufe durch den Schnee sauste. Ich musste also höllisch aufpassen, dass ich nach der Kurve schnell wieder die Balance fand. Wir flogen nur so über verborgene Senken und unsichtbare Bodenwellen. Einen Moment lang fühlte es sich an, als ob ich den Boden unter meinen Füßen verlor, im nächsten Augenblick wurde ich unsanft nach oben katapultiert. Als ich schon glaubte, diese Tortur keine Minute länger ertragen zu können, hatten wir den letzten Abhang erreicht; vor uns lag die Straße. Ich drückte das Bremspedal durch, so weit es ging, um die Towline stramm zu halten, und in einer Wolke aus wirbelndem Schnee schossen wir auf die Straße zu. Jetzt nur noch die Abzweigung zu Glenns Hundezwinger, und dann war es geschafft.

Ich blieb auf der Bremse, bis die Hunde zum Stehen kamen, und stampfte den Anker in den Schnee – erleichtert, dass ich den wilden Ritt unbeschadet überstanden hatte. Glenn schüttelte meine Hand. »Du hast es geschafft«, sagte er. »Gut gemacht!«

»Danke.« Meine Emotionen schwankten zwischen Schock und Euphorie. »So was habe ich noch nie erlebt.«

»Bisschen trainieren musst du noch. Wir machen dieselbe Runde so lange, bis die Hunde dich auch das steile Stück hochziehen können, ohne dass du abspringen musst. Dann wissen wir, dass sie fit genug sind, dich zu deiner Hütte im Wald zurückzubringen.«

»Wie jetzt, findest du, dass die Hunde nicht fit sind?«

»Kann man wohl sagen, die sind total langsam. Du wirst den Unterschied schon sehen, wenn sie erst richtig in Form sind. Noch ahnst du ja nicht mal, wozu sie imstande sind.«

»Na, ich kann's kaum erwarten«, sagte ich.

Ich schaute zu den sechs Hunden hinüber, wie sie hechelten und japsten, und fragte mich, wie ausgerechnet ich als ausgewiesener Katzenliebhaber in diese Lage geraten war. Gemeinsam spannten wir die Hunde ab und legten sie an ihre Leine im Zwinger; dann bekamen sie ihre aufgewärmte Fischpampe. Es wurde still auf dem Hof, meine Huskys fraßen friedlich ihre warme Mahlzeit, und ich schnappte mir Eimer und Schaufel, um ihre Kothaufen und gefrorenen Urinpfützen vom festgetrampelten Schnee zu kratzen.

Als Schlitten und Geschirr in ihrem Schuppen verstaut waren, lud mich Glenn noch auf eine Tasse Tee ein. Ich saß in seiner gemütlich warmen Küche und schaute mit einer Mischung aus Schuldgefühlen und Heimweh zu, wie er seinen jüngsten Sohn im Arm hielt. Meine Hand pulsierte, mein ganzer Körper schmerzte – ich hatte auf dem Schlitten schon ein paar ordentliche Schläge abbekommen. Draußen hatte es wieder angefangen zu schneien.

Kapitel 31

Aus der Kurve geflogen

Wenn eine Zeit nur belanglose Vergnügen zu bieten hat, werden leidenschaftliche Seelen den Schmerz suchen.
Brendan Francis

Glenn war ein geduldiger, aber unnachgiebiger Lehrer, der mir nicht nur beibrachte, wie man einen Hundeschlitten lenkt, sondern auch, wie man einen Zwinger managt. Ich lernte, dass auch Hunde ihre Muskulatur dehnen sollen und worauf man bei der regelmäßigen Kontrolle ihrer Pfoten achten musste. Jeden Tag spannten wir meine Hunde an, um mit ihnen auf eine Trainingsrunde zu gehen, und je fitter sie wurden, desto länger ließen wir sie laufen, von anfangs fünf Meilen erhöhten wir das Pensum Stück für Stück auf zehn Meilen. Weil das kalte Wetter den Untergrund härter machte – aus Schnee war an vielen Stellen Eis geworden – rasten wir noch schneller durch unseren Übungsparcours. Allerdings wuchs mit jeder neuen Schwierigkeit, die ich bewältigte, auch mein Selbstvertrauen. Und das war nicht nur gut.

Eines Abends spannte ich die Hunde noch spät vor den Schlitten. Obwohl es extrem kalt war, legte ich Mütze und Jacke ab, um nicht ins Schwitzen zu geraten. Für den ersten kurvigen Abschnitt hatten wir das Schneemobil hinten festgemacht, wie immer, doch sobald wir außerhalb des Dorfs auf die gerade Strecke gelangt waren, hielt ich mein Gespann an. Ich rammte den Anker in den Boden und zog mir eine Extraschicht Kleidung über. »Ist wahrscheinlich die kälteste Nacht des Jahres«, sagte Glenn. »Der Weg wird extrem glatt und schnell sein.« Ich nickte, wie ein Boxer, der von seinem Trainer noch letzte Anweisungen bekommt, bevor er in den Ring steigt.

»Pass auf, dass du die Kontrolle über deinen Schlitten behältst. Und auf keinen Fall loslassen, egal was passiert. Die Hunde rennen einfach weiter und halten auch nicht mehr an, wenn sie dich erst mal los sind.«

»Ja, klar«, sagte ich und zog den Anker aus dem Schnee. Kurz hielt ich das Gespann nur mit der Bremse und genoss den Augenblick, in dem die Hunde ihre Muskeln anspannten, diese geballte Kraft, die nur darauf wartete, freigesetzt zu werden. Dann nahm ich den Fuß vom Pedal, und wir jagten los. Ein zitrusgelber Mond ließ den Schnee um uns herum leuchten, dass es mir vorkam, als ob die ganze Landschaft glühte. Ich ließ den Hunden freien Lauf, mit meinem begeisterten Gebrüll feuerte ich sie sogar an, noch schneller zu rennen, bis wir wie ein Komet durch die eisige Luft zischten. Wir waren natürlich viel zu schnell, aber ich war süchtig nach Geschwindigkeit, wie im Rausch raste ich über den hartgefrorenen Weg, ohne mich darum zu scheren, dass meine Kufen kaum noch den Boden zu berühren schienen. Die Stimme des Verstands flüsterte mir leise zu, dass ich das Tempo drosseln sollte, nur hatte längst der fünfzehnjährige Junge in mir die Herrschaft übernommen. Die Vernunft war schon eine Meile weiter hinten über Bord gegangen.

Plötzlich sah ich das Flussufer direkt vor mir, rasend schnell kam es näher. Ich trat auf die Bremse, rutschte aber vom Pedal ab. Die Hunde rannten aufs Eis hinaus, wo sie hart nach rechts abdrehten, und wie das schnalzende Ende einer Peitsche wurde ich nach links katapultiert. Wenn ich jetzt mit stahlharter Entschlossenheit auf den Kufen geblieben wäre und die Balance gehalten hätte, wäre es vielleicht sogar noch gut gegangen, doch ich geriet in Panik. Anstatt mein Gewicht auf die rechte Kufe zu bringen, um den Fliehkräften zu begegnen, stemmte ich die Kante der linken Kufe ins Eis. Der Schlitten hob ab, überschlug sich, und ich knallte mit voller Wucht aufs Eis. Mit meinem gesamten Gewicht krachte ich auf mein rechtes Knie und heulte auf vor Schmerz. Trotzdem hielt ich den Griff des Schlittens eisern fest, während die Hunde einfach weiterrannten und mich hilflos hinter sich her über das Eis schleiften. Nur Sekunden später schoss Glenn an mir vorbei, griff vom Schneemobil in das Geschirr der Hunde und brachte die rasende Meute zum Stehen. Ich drehte mich auf den Rücken und starrte auf den kalten Mond. Wenn ich mir jetzt ein Bein gebrochen hatte, dachte ich finster, hätte ich wenigstens einen ehrenvollen Abgang geschafft.

»Hey, Mann. Alles klar bei dir?« Glenns Gesicht tauchte über mir auf. »Du bist mit gut 50 Sachen unterwegs gewesen, viel zu schnell!«

Mir war klar, dass ich aufstehen musste. Wahrscheinlich hatte ich mich ernsthaft verletzt bei der Aktion, aber ich dachte nicht daran, das vor Glenn zuzugeben. Mit zusammengebissenen Zähnen kam ich auf die Füße und humpelte zu meinem Schlitten. »Okay, Glenn, geht schon wieder, ich mach weiter. Vielen Dank.«

»Bist du sicher?« Glenn hielt den Schlitten immer noch fest. Ich hatte ihn wohl nicht überzeugt.

»Doch, doch.« Ich stand wieder auf den Kufen. Mein rechtes Knie war gefühllos, das Bein kraftlos wie Wackelpudding.

Ich zog den Anker, und sofort preschten wir wieder los. Jede Unebenheit im Boden, jede kleine Erschütterung versetzte mir einen stechenden Schmerz, und in der nächsten engen Kurve verließ mich einfach die Kraft. Ich konnte den Schlitten nicht halten und stürzte kopfüber in den weichen Schnee. Die Hunde schossen weiter auf dem schmalen Weg zwischen den Bäumen, im unwirklichen Mondlicht kamen sie mir vor wie ein arktischer Geisterzug, den keiner mehr anhalten kann. Doch dann hörte ich hinter mir Glenns Schneemobil und rollte mich schnell aus dem Weg. Im Nu hatte er den Schlitten eingeholt und griff ins Geschirr der Hunde, wie ein Desperado auf seinem Pferd, der eine Postkutsche zum Stehen bringt. Als die Hunde endlich angehalten hatten, rammte Glenn den Anker in den Schnee und wartete geduldig, bis ich angehumpelt kam. Ohne ein Wort zu verlieren, stieg ich auf die Kufen und fuhr zurück zum Zwinger.

Hinkend schleppte ich mich über den Hof, machte die Hunde los und versorgte sie mit Futter. Dann ging ich zu Glenn, um mich zu verabschieden. Der zweifache Sturz war eine demütigende Erfahrung gewesen, die ganze Sache allein meine Schuld. »Mach mal ein oder zwei Tage Pause«, sagte er und gab mir einen freundschaftlichen Klaps auf die Schulter.

»Danke, Glenn«, murmelte ich. »Tut mir leid, Mann, wirklich.«

»Ach was«, sagte er. »Wir sind alle schon vom Schlitten geflogen. Mach dir deswegen keine Gedanken. Das Wichtigste ist, dass man gleich wieder auf die Kufen steigt. Und das hast du getan.«

Als ich später bei Don auf dem Hof stand, kräuselte sich der Rauch über dem Schornstein seines Blockhauses, und aus den Fenstern leuchtete warm und einladend das Licht. Ich klopfte an die Tür. »Komm rein!«, hörte ich von drinnen. Carol saß neben dem Ofen und strickte Socken, Don hockte am Fenster und schaute auf den im Mondlicht glänzenden Fluss. Beide hatten mich sofort durchschaut. Carol ließ ihr Strickzeug sinken und sagte: »Oh, Mann. Sieht aus, als ob du gerade vom Schlitten gefallen bist.«

Ich nickte kläglich.

»Erster Unfall?«, fragte Don.

Ich nickte wieder, und er kam zu mir hinüber, um mich genauer zu inspizieren. »Knie demoliert?«

»Yeah.« Ich beugte mich vor, drückte mit der Hand das geschwollene Gelenk und stöhnte kurz auf vor Schmerz.

Don schüttelte seinen Kopf und lachte leise in sich hinein. »Tja«, sagte er schließlich. »Hab dich vor den verdammten Kötern gewarnt, oder?«

Kapitel 32

SOLO AUF DEM EIS

Nicht lange reden. Machen.
Englisches Sprichwort

Mein Knie war übel zugerichtet und tat immer noch höllisch weh, doch ich konnte es mir nicht leisten, jetzt eine Pause einzulegen. Wenn ich zu meiner Hütte zurückwollte, musste ich lernen, wie man mit einem Hundegespann umgeht. Zum Glück konnte ich mich auf Glenn verlassen, der mich weiter antrieb. Immer wieder zogen wir den Huskys das Geschirr über und gingen auf unsere Trainingsrunde, egal wie unmenschlich kalt es war, und selbst wenn gerade ein Blizzard tobte. Je besser ich mit den Hunden zurechtkam, desto mehr lernte ich diese ungewöhnliche Art der Fortbewegung zu schätzen, denn sie hatte unbestreitbar Vorteile, wenn man in der Wildnis unterwegs war. Was mich am meisten beeindruckte, war die vollkommene Geräuschlosigkeit: Ein Schneemobil macht ein gewaltiges Getöse, während man auf einem Schlitten nur das leise Zischen der Kufen im Schnee vernimmt. Und weil man mit den Hunden nahezu lautlos ist, bekommt man auch gleich viel mehr Tiere zu sehen. Überhaupt blieb mehr Zeit, die Landschaft zu betrachten, wenn man nicht mit der konstanten Geschwindigkeit eines Motorschlittens durch den Schnee pflügte.

Der wichtigste Vorteil war jedoch, dass man mit einem Hundegespann nie liegenbleiben würde – solange die Huskys genug zu fressen und zu trinken bekamen, würden sie mich nicht im Stich lassen. Außerdem würden sie wahrscheinlich selbst im wildesten Schneesturm wieder zum Camp zurückfinden. Manchmal war ich auch nachts noch mit meinen Hunden unterwegs, und gelegentlich knipste ich dann das Licht meiner Stirnlampe aus und genoss die rauschende Fahrt durch die Finsternis. Wie Gespenster huschten wir durch den Wald und übers Eis, so wie es die Ureinwohner Alaskas schon seit tausend Jahren machen.

Dann kam der Morgen, als ich bei Glenn zum Training erschien und er mir sagte: »Du bist jetzt bereit, alleine loszuziehen. Geh rüber zum Zwinger und spann die Hunde an.«

Einen Augenblick war ich wie erstarrt, Vorfreude und Angst hielten sich so ungefähr die Waage. Ich fühlte mich wie ein junger Pilot, der zum ersten Mal solo mit seiner Sopwith Camel* fliegen darf. »Also, wenn du wirklich glaubst, dass ich so weit bin …«

»Bist du, absolut. Jetzt musst du dir bloß noch überlegen, wie du den Weg über den Fluss zu deiner Hütte herrichtest.«

»Wozu brauche ich denn einen Weg? Kann ich nicht einfach mit den Hunden über den frischen Schnee fahren?«

Glenn lachte. Ich war nicht der Erste, der dem Irrtum aufgesessen war, dass man mit seinen Schlittenhunden überall hinkommt im hohen Norden.

*

Die Sopwith Camel gilt als das erfolgreichste britische Jagdflugzeug des Ersten Weltkriegs: ein Doppeldecker mit Flügeln aus Holz und Stoff, mehr als 5000 Mal gebaut. »Kamel« wurde der wendige Flieger wegen der höckerartigen Verkleidung seiner Bordkanonen genannt.

Tatsächlich bleiben selbst Huskys in tiefem, pulvrigem Schnee einfach stecken; sie brauchen einen festen Weg, wie wir Menschen auch. Oberhalb der Baumgrenze geht es einigermaßen, da sorgt der Wind für eine feste Oberfläche, die den Hundepfoten genug Halt bietet. Aber in den Gefilden, in denen ich unterwegs war, war der Schnee in der Regel zu weich.

»Also, was schlägst du vor?«, fragte ich Glenn.

»Du musst den ganzen Weg zu deinem Camp einmal mit dem Ski-Doo abfahren, was nicht ganz einfach sein wird, weil in den letzten Tagen so viel Schnee gefallen ist. Aber wenn du das erledigt hast und die Spur des Motorschlittens in der Kälte überfriert, hast du einen Weg, auf dem auch die Hunde zurechtkommen.«

»Verstehe.« In Gedanken ging ich die Strecke durch: Zwischen Galena und meinem Camp lagen etliche Meilen über das Eis des Yukon und durch die Wälder. »Wie haben die Leute das denn gemacht, als es noch keine Schneemobile gab?«, fragte ich.

»Ganz einfach: Sie sind den Weg erst mit ihren Schneeschuhen abgelaufen und wieder zurück, bevor sie ihre Hunde angespannt haben. Harte Arbeit war das. Und wenn es geschneit hat, mussten sie wieder zu Fuß los, um die Spur freizulegen. Wird dir nicht anders ergehen da draußen.« Er räusperte sich und stellte die nächste Frage, wie ein Lehrer, der prüft, ob seine Schüler alles kapiert haben: »Also: Wo wirst du deine Hunde unterbringen?«

»Ich werde einen Platz im Wald für sie freischlagen, direkt neben meiner Hütte.«

Glenn nickte. »Ja, du musst sie wirklich unmittelbar neben deinem Haus unterbringen, sonst fressen die Wölfe sie dir einfach weg. Am besten, du machst deine Leithündin an der Hütte fest und den schwächsten Hund im Team am äußersten Rand. Wenn wirklich Wölfe kommen, erwischen sie nicht gleich deinen wertvollsten Hund.«

Ich nickte. Es versetzte mich immer wieder aufs Neue in großes Erstaunen, mit welcher Brutalität es in der Arktis zuging. Der Aufenthalt im Dorf hatte offenbar schon angefangen, mich zu verwöhnen; ich musste schnell zurück zu meiner Hütte, solange die Schwielen noch dick genug waren. »Aber schlagen die Hunde nicht Alarm, wenn sie die Wölfe wittern?«, fragte ich nach.

»Tun sie, und das ist genau der Moment, wo du noch etwas unternehmen kannst, um deine Huskys zu retten. Wenn sich etwas deinem Camp nähert, werden sie bellen. Nur bei Bären nicht.«

»Was machen sie denn, wenn wirklich ein Bär kommt?«

»Dann sind sie plötzlich ganz leise und verkrümeln sich in ihre Hundehütte. Keinen Mucks wirst du von ihnen hören.«

Die Vorstellung, dass mir mitten im Winter ein Bär einen Besuch abstatten könnte, gefiel mir ganz und gar nicht. Anders als bei den schwarzfelligen Verwandten muss man bei Braunbären allerdings immer damit rechnen, dass sie auch mal zur falschen Jahreszeit durch die Wälder wandern.

»Worauf muss ich sonst noch achten?«

Glenn stand auf und streckte sich. »Auf Elche. Je länger der Winter andauert, desto aggressiver werden sie. Und weil du mit dem Schlitten fast lautlos unterwegs bist, kann es dir schon mal passieren, dass plötzlich einer vor dir auf dem Weg steht.«

»Und was mache ich dann?«

»Für solche Fälle sollte man 'ne Knarre dabeihaben, unbedingt. Wenn der Elch mies drauf ist, geht er auf dich los und trampelt deine Hunde zu Brei.«

Kurz überlegte ich, ob er mir nur einen Schreck einjagen wollte, aber ein Blick in sein Gesicht sagte mir, dass es wohl ein ernstgemeinter Rat sein musste. Mit einem Schaudern dachte ich an meinen langen und gewundenen Weg vom Fluss durch die Wälder bis zu meiner Hütte. »Also, wann kann ich mich auf den Weg machen? Was meinst du?«

»Jederzeit, würde ich sagen.« Glenn schaute aus dem Fenster. »Aber wenn du heute loswillst, solltest du schnell machen. Solange es noch nicht ganz dunkel ist.«

Als ich auf Dons Hof ankam, hatte er Besuch, Chris und Charlie waren da. Ich versuchte, meine Ansage so beiläufig wie möglich klingen zu lassen: »Glenn sagt, dass ich heute alleine mit den Hunden rausfahren kann. Ich bin jetzt so weit.«

»Oha«, sagte Don und zog skeptisch die Augenbrauen hoch. »Jetzt gleich?«

»Warum nicht? Je eher, desto besser, oder?«

»Soll ich dich begleiten?«, fragte Charlie und schielte dabei zu Chris, als wollte er sagen: Der Typ kann es einfach nicht lassen. Er legt es wirklich darauf an, in den Wäldern draufzugehen.

»Danke, Charlie. Aber ich möchte es gerne alleine versuchen.«

Don schaute auf seine Uhr. »Wann willst du los?«

»In einer halben Stunde ungefähr.«

Don sah mich ernst an. »Aber denk nicht, es wäre alles ganz einfach, weil du nur einen Bogen ums Dorf machst. Pass auf dich auf, okay?«

»Klar, Don.« Ich warf Charlie einen Blick zu. »Und danke für dein Angebot.« Ich war gerührt, dass sie sich Sorgen um mich machten, was vor allem bei Charlie keine Selbstverständlichkeit war. Obwohl wir uns nach der Konfrontation im Camp wieder vertragen hatten, war unser Verhältnis nicht ganz unkompliziert; er blieb deutlich auf Distanz seither. Ich ging rüber zu meiner Unterkunft und packte meine Tasche mit allem, was ich für eine Tagestour brauchen würde: Thermosflasche, Utensilien zum Feuermachen für den Notfall, zusätzliche Klamotten und Proviant. Dann machte ich mich auf den Weg zu Glenn.

Es war schon ein komisches Gefühl, die Hunde anzuspannen, ohne dass er dabei war. Aber ich ging ruhig und systematisch vor, damit ich keine Fehler machte mit dem Geschirr. Die Hunde waren wie immer: Sie jaulten und kläfften vor Ungeduld, und als ich die Sicherungsleine löste, stemmten sie sich in ihre Gurte wie Sprinter in den Startblock. Kaum hatte ich den Anker aus dem Schnee gezogen, stürzten sie los, und ich ließ sie erst einmal laufen. Mit hohem Tempo bogen wir von der Straße ab ins Gelände. Ich trat auf die Bremse, doch der Untergrund war so eisig, dass die Stollen keinerlei Wirkung zeigten. Der Schlitten schleuderte seitwärts, was mich inzwischen aber nicht mehr schreckte. Ich ließ es geschehen, ganz entspannt, und sorgte erst kurz vor dem Anstieg am Deich dafür, dass mein Gespann wieder gerade lief; Hauptsache, die Towline blieb immer auf Zug. Wir rasten weiter durch den Wald und runter zum Flussufer. Ohne Probleme zischten wir über die Kuppe, auf der ich mein Knie lädiert hatte, und dann blickte ich in den Sonnenuntergang und auf den zugefrorenen Yukon. Bis zu den Bäumen am gegenüberliegenden Ufer waren es bestimmt vier Meilen, ein grandioser Anblick.

Wie gerne hätte ich meine Neoprenmaske abgestreift, um in vollen Zügen die klare Nachtluft zu trinken, nur hätte ich dann leider riskiert, dass meine Lunge in der eisigen Kälte Schaden nahm. Ich musste mich wohl damit begnügen, mich nur mit den Augen an dem arktischen Blau zu weiden. Ich legte den Kopf in den Nacken, um in den Himmel zu schauen, und im selben Moment sah ich den Kometen: Sein schmaler Schweif zeichnete seine Flugbahn in die Nacht, Kurs Nordwest.

Als wir eine schneebedeckte Sandbank umfuhren, merkte ich, wie die Hunde plötzlich das Tempo anzogen und ständig nach rechts zum Ufer schauten. Unter einer Weide konnte ich einen dunklen Umriss ausmachen, ein Elchkalb, das bis zum Bauch im tiefen Schnee stand. Ich suchte das Ufer unter den Weiden ab und entdeckte schließlich auf dem Eis Spuren, die von der Sandbank direkt auf unseren Weg zuliefen. Nur Sekunden später tauchte eine riesenhafte Gestalt vor uns auf, eine große Elchkuh, und sie stand mitten auf unserem gespurten Pfad übers Eis, keine 30 Meter entfernt.

»So eine Scheiße«, fluchte ich leise. »Kein Elch jetzt, das muss doch nicht sein.« Die Hunde bellten wie irre und wollten noch laufen, und ich sah schon das Horrorszenario vor mir, vor dem mich Glenn so eindringlich gewarnt hatte: mein Gespann unter den Hufen des Elchs zermalmt. Mit aller Kraft trat ich auf die Bremse, was erst mal nur eine Furche im Eis hinterließ, den Schlitten aber nicht wesentlich langsamer machte. Mit beiden Füßen und meinem gesamten Gewicht sprang ich auf das Pedal und schaffte es tatsächlich, die Hunde zum Stehen zu bringen. Schnell nahm ich einen Fuß von der Bremse, um den Anker in den Schnee zu rammen. Mein Puls raste, während meine Huskys fast durchdrehten vor Aufregung. Sie japsten und jaulten, sprangen im Geschirr auf und ab, während der Elch uns nur stumm anstarrte. Warum hatte ich bloß nicht auf Glenn gehört und ein Gewehr mitgebracht? Jetzt stand ich hier völlig wehrlos auf dem Eis, ohne Waffe, ohne Plan. Die Elchkuh legte ihre Ohren an und senkte den Kopf, eine Drohgebärde, eindeutig, denn schon kam sie auf uns zu. *Schachmatt,* dachte ich. Was konnte ich noch tun? Da fielen mir meine gelegentlich unheimlichen Begegnungen mit Highland-Rindern in Schottland ein. Ich riss mir meine Maske vom Gesicht und brüllte, so laut ich konnte: »Hau ab, du Riesenarschloch, verpiss dich!«

Die Kuh hob ihren Kopf und schaute mich irritiert an, offensichtlich entsetzt von meinen schlechten Manieren. Doch ich war nicht mehr zu bremsen und überhäufte sie mit den schlimmsten Flüchen und Beleidigungen, bis sie sich schließlich angewidert abwendete und mit hoch erhobenem Kopf den Weg freimachte.

Ich dankte der glücklichen Fügung, dass wir dem Riesenvieh auf dem offenen Eis begegnet waren und nicht im Wald. In die Enge getrieben hätte es möglicherweise anders reagiert. Ich wartete noch einen Moment, bis die Elchkuh außer Sichtweite war, dann zog ich den Anker und ließ die Hunde rennen, so schnell sie wollten. Der Rest unserer Ausfahrt verlief ohne weiteren Zwischenfall, und nachdem ich die gefährliche Konfrontation mit dem Elch überstanden hatte, konnte ich unsere Jagd durch die stillen und tiefgefrorenen Wälder sogar wieder genießen. Einmal noch sah ich einen Fuchs, der aus einem Weidengebüsch hervorkam, und auch meine Hunde schauten zu ihm hinüber, ohne jedoch auch nur einen Moment das Tempo zu verlieren.

Zurück auf dem Hof trat ich mit dem Fuß auf die Bremse und rief meiner Leithündin Bubbles ein entschiedenes »Whoa!« zu, was den Schlitten schlitternd zum Stehen brachte. Ich hatte Bubbles' Vertrauen gewonnen, sie reagierte sofort, wenn sie von mir ein Kommando bekam. Die Hunde hechelten, ihre Schnauzen weiß vom Frost. Es war eine wilde Bande, dieses halbe Dutzend, doch ich spürte, dass wir in den letzten Tagen zu einer Gemeinschaft geworden waren. Ich war mit ihnen allein zehn Meilen durch die Nacht gefahren, wir hatten einen gigantischen Elch in die Flucht geschlagen und waren heil zurückgekommen. Außerdem hatten wir einen Kometen gesehen, und mein abergläubisches Hirn sagte mir, dass es ein gutes Omen war. Es war Zeit, ins Camp zurückzukehren.

Kapitel 33

WEIHNACHTEN MIT DER ERSATZFAMILIE

Ohne eine Familie, so ganz allein auf der Welt,
hält ein Mann die Kälte nicht aus.
Russisches Sprichwort

»Hallo, hallo – kannst du mich hören?« Ich versuchte, zu Hause in Schottland anzurufen, doch die Verbindung war miserabel.

»Ja, ich höre dich«, knisterte es im Hörer, Juliet drang kaum zu mir durch. »Geht es dir gut?«

»Ja, aber ich vermisse euch schrecklich. Und wenn ich im Dorf bin, sogar noch mehr. Ich muss schnell wieder ins Camp zurück.«

Es entstand eine kurze Pause, dann hörte ich Juliet sagen: »Ich telefoniere gerade mit Papa. Oscar, willst du mit ihm sprechen?« Eigentlich hatte ich erwartet, im nächsten Moment seine niedliche Stimme zu hören, doch stattdessen war Juliet wieder dran. »Er macht gerade ein Puzzle – und sagt, dass er lieber später mit dir telefonieren will«, sagte sie, und ich spürte eine unendliche Traurigkeit in mir aufsteigen: So fühlte es sich also an, wenn man den Draht zu seinen Kindern verlor. Mit Mühe behielt ich meine Emotionen unter Kontrolle. »Ist schon okay«, erwiderte ich. »Unter diesen Umständen ist es vermutlich ganz normal, dass er etwas mehr Abstand hält, oder?«

»Nun ja, er hat dich immer noch sehr lieb, Guy. Aber er muss auch darüber wegkommen, dass du nicht da bist. Wenn er dich noch so vermissen würde wie am Anfang, würde er damit einfach nicht klarkommen. Du spielst in seinem Leben gerade keine besonders große Rolle, und das ist wahrscheinlich auch gut so.« Sie wechselte das Thema: »Du hast aber nicht vergessen, dass nächste Woche Weihnachten ist, oder? Weißt du schon, was du machen wirst?«

»Zurück zu meiner Hütte fahren. Um nackt im Schnee herumzurennen und mich anschließend feierlich zu erschießen.« Tatsächlich hatte ich mir vorgenommen, Weihnachten komplett zu ignorieren, weil ich ahnte, dass es eine besonders schwierige Zeit für mich werden würde.

Juliet lachte. »Nein, jetzt mal ganz im Ernst. Claudette hat mir in einer E-Mail geschrieben, dass die Familie dich gerne dabeihätte.«

»Das geht nicht, auf keinen Fall.«

»Warum denn nicht?«

»Weil sich das für mich völlig schräg anfühlen würde. Mit meinen Liebsten kann ich nicht feiern, also sitze ich hier bei einer anderen Familie ...? Da bleibe ich lieber alleine.«

»So ein Quatsch. Das ist ja schließlich nicht irgendeine Familie – sie haben dir so viel geholfen, und sie möchten, dass du kommst.«

»Sie sind mir ja auch wichtig, und ich habe sie natürlich in mein Herz geschlossen, aber ...«

»Wenn du an Weihnachten alleine in deiner Hütte versauerst, wird uns das hier auch nicht helfen. Ich denke, du solltest die Einladung annehmen, unbedingt.« Juliet hielt einen Moment inne und schien nachzudenken. »Außerdem ist es doch so: Wenn du über die Festtage in Galena bleibst, können wir viel entspannter feiern. Weil wir dann wissen, dass dir in der Zeit nichts passiert.«

»Also schön, ich denk noch mal darüber nach«, sagte ich. »Irgendwie hast du recht.«

Ich packte mein Telefon zusammen und spielte meine Optionen durch: Weihnachten allein in meiner Hütte im Wald – oder ein Fest mit Dons wunderbarer Familie. Eigentlich keine Frage, bei der man lange grübeln musste, fand ich und malte mir lieber schon mal aus, welche Leckereien die Familie zu Weihnachten auftischen würde. Ich sprach ein stilles Gebet, dass auch Kürbiskuchen dabei sein würde.

Zwei Tage später versammelte sich die Familie zum großen Weihnachtsschmaus. Der Tisch bog sich unter den vielen Köstlichkeiten, und die Kinder konnten es kaum erwarten, dass sie endlich ihre Geschenke bekamen. Ihnen dabei zuzusehen, wie sie im Haus herumtollten, ließ meine sorgfältig aufgebaute emotionale Verteidigungslinie ziemlich schnell einbrechen. Natürlich tat es weh, diese glückliche Familie zu sehen und nicht mit der eigenen Frau und den eigenen Kindern feiern zu können. Vielleicht wäre es doch besser gewesen, mich in meine Hütte zu verkriechen und komplett zu verdrängen, dass es so etwas wie Kinder und Familien überhaupt gab. Doch dann packten Dons Kinder die Geschenke aus, die ihnen Juliet geschickt hatte, und meine Trübsal war erst mal wieder vergessen. Jack hatte eine Art Chemiebaukasten bekommen, und ich konnte sehen, wie seine Augen blitzten, als er das Wort *Explosionen* auf der Packung entziffert hatte. Ich schnappte mir den Karton und tat so, als würde ich das Kleingedruckte studieren: »Irgendwo muss doch stehen, dass dieses Spielzeug nicht für Kinder in Alaska geeignet ist, oder?«

»Nein, steht da nicht!«, protestierte Jack empört und riss den Kasten wieder an sich.

Wie wohl meine Jungs sein würden, wenn sie erst mal so alt wie Jack waren? Bevor dieser Gedanke mein Heimweh aufs Neue aufwühlen konnte, sprang Asa auf meinen Schoß, um mir seinen Bizeps zu zeigen: »Guck mal, Guy, wie stark ich bin!« Zitternd vor Anstrengung produzierte er zwei zuckerwürfelgroße Beulen, eine wahrlich furchterregende Demonstration seiner Kraft. Ich drückte seinen Oberarm und verkündete: »Echt stark!« Stolz rutschte er von meinem Schoß auf den Boden, wo er von seiner Schwester Tirzah mit dem Bobbycar über den Haufen gefahren wurde. Als das Geheul von Asa verklungen war, sah mich Tirzah mit einem durchdringenden Blick an, der mich sofort ahnen ließ, was kommen würde. Sie hatte eine Art, mit scheinbar unschuldigen Fragen hart an der Schmerzgrenze zu bohren.

»Wo sind denn eigentlich *deine* Kinder?«, fragte sie.

Zack, Treffer, sie hatte es wieder geschafft. »In Schottland«, erwiderte ich, »und ich werde im Frühjahr zu ihnen nach Hause fahren.«

Eindringlich schaute sie mich an. »Dann bist du aber ganz schön lange weg, oder?«

»Ja, das stimmt«, sagte ich und spürte in meinem Elend schon die nächste Heimweh-Attacke. Tirzah starrte mich weiter an, als würde sie gleich die nächste Breitseite abfeuern, aber dann hatte sie es sich offenbar anders überlegt; vielleicht war ihr das Thema doch zu heikel. Sie rannte zu Don hinüber, der seine Beine gerade noch rechtzeitig auseinanderbekam, dass sie hindurchkrabbeln konnte.

Später überreichte ich auch den Erwachsenen ein paar kleine Geschenke, die ich im Dorf aufgetrieben hatte. Für Carol hatte ich eine niedliche Puppe von einem Kunsthandwerker eingepackt, die sie umgehend in die Glasvitrine setzte, in der Don und sie ihre liebsten Besitztümer aufbewahrten. Die Vitrine war so etwas wie ein Schaukasten ihrer Lebensphilosophie: Die beiden besaßen nicht viel, aber den Dingen, die sie besaßen, brachten sie eine besondere Wertschätzung entgegen. Wie erbärmlich war doch unsere Wegwerfkultur im Vergleich dazu. Bei Don und Carol stimmte der häufig bemühte Spruch wirklich: Weniger ist mehr.

Nach dem Weihnachtsessen zog ich mich in meine Hütte am Rand des Hofs zurück und kramte mein Telefon heraus, um zu Hause anzurufen. Juliet klang immerhin halbwegs optimistisch – die erste Hälfte war geschafft, der Tag meiner Rückkehr schien schon nicht mehr ganz so fern. Doch kaum hatte ich das Gespräch beendet, versank ich erneut in den bekannten Selbstzweifeln. Ich hier, Familie da. War ich als Vater nicht der absolute Versager? Und als Ehemann? Und überhaupt? Dass es wieder angefangen hatte, heftig zu schneien, machte meine Lage nur noch schlimmer. Meine Hoffnung, mich so schnell wie möglich in die therapeutische Einsamkeit meines Camps zu retten, war damit erst einmal hinüber.

In den folgenden Tagen schneite es immer weiter, und um mich auf andere Gedanken zu bringen, zog ich eines Abends los, um mir ein Bier zu genehmigen. Ich schwang mich auf Dons altes Schneemobil und fuhr zu der Blockhütte, die in Galena als Saloon fungierte. Mir war klar, dass die Bars im Hinterland von Alaska nicht so gediegen sein würden wie ein britischer Pub auf dem Land. Doch ich war schon einigermaßen schockiert, wie abstoßend die Atmosphäre in dieser Spelunke tatsächlich war – um es vorsichtig zu formulieren. Erstaunlicherweise erkannte ich ein paar Leute wieder, die ich schon mal im Dorf getroffen hatte, und musste mir selbst eingestehen, dass ich mich wunderbar amüsierte. Es war ungefähr ein Dutzend Leute da, und in einer Ecke des Saloons spielte eine Band ein grausiges Zeug zusammen, aber das Publikum war zu besoffen, um Anstoß zu nehmen. Nach einer Weile ging ich vor die Tür, um Luft zu schnappen, und setzte mich auf eine Planke, die auf der Veranda des Saloons als Bank diente. Plötzlich flog die Tür auf, ein Mann taumelte rückwärts an mir vorbei, und drinnen brüllte jemand: »Raus hier, du Arschloch! Wer sich so aufführt, hat bei uns nix verloren.«

Der Mann hob abwehrend seine Hände: »Ach, komm schon. Tut mir echt leid. Aber jetzt lass mich wieder rein.« Der Typ war aus den Südstaaten, das verriet sein Akzent, und eigentlich sah er auch ganz passabel aus, wenn er nicht dieses fiese Gesicht gemacht hätte. Er bettelte weiter darum, wieder zurück in die Kneipe gelassen zu werden, aber die Tür blieb verrammelt. Ich tat mein Bestes, in eine andere Richtung zu gucken, denn mein Instinkt sagte mir, dass der Kerl noch Ärger machen würde. Und einen Moment später ging es auch schon los.

»Hey, du! Willst 'n Bier?«, rief er mir zu.

Das hatte mir gerade noch gefehlt. Ich lehnte mich an die Wand des Saloons und schaute ihn an: »Nee danke, ich muss los. Warum gehst du nicht durch die Hintertür wieder rein? Schon mal versucht?«

Er starrte mich finster an, und ich merkte, wie die anderen Leute auf der Veranda aus der unmittelbaren Gefahrenzone wegrückten. Er kam einen Schritt näher. »Ey, ich hab gesagt, wir trinken jetzt ein Scheißbier zusammen.«

Darauf bekam er von mir erst mal keine Antwort. Mir war schon klar, dass er nach dem demütigenden Rausschmiss aus der Bar irgendwie seine Männlichkeit beweisen musste. Ich war Zeuge gewesen, wie er gebettelt hatte, dass sie ihn wieder in die Kaschemme hineinließen – und wie er abgeschmettert wurde. Insofern war ich jetzt das ideale Opfer für ihn. Ich drehte mich zu dem Paar um, das eben noch neben mir gesessen hatte, da stand er plötzlich hinter mir und nahm mich in den Schwitzkasten. Er riss mich von der Bank, und einen Moment lang stand ich da, unfähig, mich zu wehren, weil ich einfach nicht glauben konnte, wie mir geschah. Jetzt hatte ich sechs Monate in der Wildnis überlebt, nur um in einer Kneipe von einem dahergelaufenen Penner abgemurkst zu werden. Ich studierte das offenbar selbstgestochene

Tattoo auf dem Arm direkt vor meinem Gesicht. *Cathy* stand da in krakeliger Schrift.

Und im selben Augenblick hatte ich die Schnauze voll von diesem Theater. Ich würde mich nicht eine Sekunde länger von einem solchen Idioten tyrannisieren lassen. Mit einem kräftigen Ruck zog ich meinen Kopf aus seinen Armen, packte ihn meinerseits von hinten, dass er die Arme nicht mehr bewegen konnte – wie ein Zoowärter, der einen widerspenstigen Affen umklammert, damit er keinen Unfug mehr anstellen kann. Der Südstaatler ließ sich in meiner Umklammerung hängen, ganz ruhig war er plötzlich, und ich versuchte es noch einmal auf die nette Tour: »Du bist jetzt schön friedlich, und wir vergessen die ganze Angelegenheit, okay? Ich bin nur zu Besuch hier und habe keinen Bock auf Stress. Kapiert?«

Als ich schon dachte, dass meine Taktik aufgehen würde, fing er an, laut fluchend zu zappeln. Was machen? Loslassen war jedenfalls keine Option, er würde sofort auf mich einschlagen. Die Treppe runterwerfen? Da bestand die Gefahr, dass er sich übel verletzen könnte, was ich auch nicht wollte, sosehr er es vielleicht verdient hätte. Wir taumelten ziellos auf der Veranda hin und her, und ich fragte mich ernsthaft, wie ich aus der Nummer wieder rauskommen sollte, als einer der Umstehenden die Saloontür öffnete und nach drinnen zeigte. Ich nickte dankbar und stieß den Kerl mit aller Kraft vorwärts in die Spelunke. Ich sah noch, wie er über einen Stuhl stolperte und dann der Länge nach hinknallte. Die Tür schlug zu, und ich schaute mich nach meinem Helfer um. »Und was jetzt?«, fragte ich.

»Wie wär's mit: schnell abhauen?«

»Gute Idee!« Ich rannte zu meinem Schneemobil und schmiss den Motor an. Keine Sekunde zu früh: Die Tür des Saloons schwang auf, und aus dem fahlen Neonlicht trat der Dreckskerl, den ich eben in den Staub befördert hatte. »Hey, komm her, du schottischer Hosenscheißer.« Ich winkte ihm noch einmal fröhlich zu und brauste davon.

KAPITEL 34

EIS IM SCHUH

Ich stand neben Don, die Hände tief in den Taschen meiner Jacke vergraben, und blickte über den zugefrorenen Fluss. Es schneite leicht, und an der düsteren Farbe der Wolken konnte ich sehen, dass noch mehr Schnee unterwegs war. »Wie schwer wird es sein, den ganzen Weg bis zu meiner Hütte zu spuren?«, fragte ich Don.

»Ist wirklich viel Schnee dieses Jahr«, sagte er. »Das wird 'ne Menge Arbeit. Aber wir kommen mit und helfen dir, dann geht es schneller.« Er zeigte auf sein altes Schneemobil. »Du kannst mit der Tundra fahren. Wenn der Schnee nicht zu heftig runterkommt, ziehen wir morgen los.«

Wenn man durch verschneites Land reist, sollte man sich einen Tag aussuchen, an dem wenigstens so viel Licht durch den Schnee kommt, dass man Kontraste ausmachen kann. Ohne jedes Gefühl, wo Senken oder Bodenwellen lauern, kommt man nur schwer vorwärts.

Noch am selben Abend zeigte mir Don, wie ich die Tundra warten musste, damit sie mich auch unter widrigsten Bedingungen nicht im Stich ließ, und welche Handgriffe nötig waren, um im Notfall die Antriebskette wechseln zu können. Es haben sich schon viele Leute mit ihrem Schneemobil in ernste Schwierigkeiten gebracht, und nicht wenige sind zu Tode gekommen, weil sie einfachste Reparaturen nicht beherrschten. Die Maschinen sind schnell, die großen Modelle schaffen an die 190 Sachen, und deshalb ist die Versuchung groß, sich lange Strecken vorzunehmen. Man hat ja in einer halben Stunde mehr geschafft, als ein Mann auf Schneeschuhen an einem ganzen Tag zurücklegen kann. Nur fahren die Leute gerne ohne dicke Stiefel und Handschuhe los, weil sie sich völlig darauf verlassen, dass die Maschine mit den beheizten Griffen am Lenker sie schön bequem ans Ziel bringt. Wenn dann etwas schiefgeht, es reicht ja eine Motorpanne, geraten die leichtsinnigen Fahrer in eine heikle Lage. Man muss sich das einmal vorstellen: die schnelle Jagd durch die eisige Landschaft, dann gibt plötzlich die Maschine ihren Geist auf, irgendwo im Nirgendwo, meilenweit vom nächsten Ort entfernt. Es ist absolut still, und man spürt, wie die Kälte einen langsam lähmt. Der Tod kommt dann sehr bald.

Glücklicherweise hatte ich einen Lehrer der alten Schule, und seine wichtigste Lektion war simpel: Rechne immer mit dem Schlimmsten. Also packte ich, egal wohin und wie weit ich fuhr, ausreichend Proviant und warme Klamotten für fünf Tage ein; plus meine Schneeschuhe, für den Notfall, dass ich die Maschine nicht wieder flottmachen konnte. Fast schon besessen war ich bei der Ausrüstung zum Feuermachen; ich hatte alles dabei: Feuerzeuge, Streichhölzer und Feuersteine. Als Zunder steckte ich Birkenrinde ein und für wirklich widrige Bedingungen ein paar kleine Flaschen mit Frostschutzmittel – damit kriegt man ein Lagerfeuer immer zum Brennen.

Am nächsten Morgen fuhren wir im Konvoi los: Charlie vorne, gefolgt von Don, hinter ihm kam Chris und ganz hinten ich. Von Dons Hof sausten wir runter zum Fluss und schwenkten auf eine Schneemobilspur ein, die Galena mit den umliegenden Dörfern verband. Einmal noch hielten wir kurz an, um zu prüfen, ob unsere Schutzkleidung richtig saß, denn bei den hohen Geschwindigkeiten, die wir jetzt fahren würden, war der Windchill-Faktor eine echte Gefahr. Charlie drehte sich zu uns um, ein Blick, ob alle bereit waren, dann hob er die Hand, das Signal zum Start. Er jagte los, Don und Chris gleich hinterher. Auch ich gab Vollgas, musste jedoch sehr bald feststellen, dass ich nicht mithalten konnte. Wie konnten die drei bloß so schnell sein? Mit einer Geschwindigkeit nahe am Kontrollverlust rumpelte ich über die bucklige Piste und fiel trotzdem immer wieder so weit zurück, dass die anderen warten mussten, bis ich zu ihnen aufgeschlossen hatte. Unerbittlich ging es weiter, über Beulen im Eis und durch tiefe Schneewehen. Der Untergrund war so zerklüftet und zerfurcht, dass ich bis auf die Knochen durchgeschüttelt wurde. Ich dachte an meine erste Fahrt auf dem Yukon und die Gefahren, die unter Wasser lauerten. Der Fluss machte es einem wirklich nicht einfach, niemals. Ohne Eis nicht und mit Eis auch nicht.

Am Four Mile Point wurde der Fluss noch einmal breiter; so weit das Auge sehen konnte, erstreckte sich eine weiße Fläche vor uns, der Horizont wie mit dem Lineal gezogen. Auf dem Eis war es jetzt mörderisch kalt, und ich zog mir zusätzlich meine dicken Fäustlinge über die Handschuhe. Wir rasten weiter, eine Meile nach der anderen, ohne dass die Abzweigung in den Nebenarm auch nur zu sehen war. Wie sollte ich diese Strecke bloß mit meinem Hundeschlitten schaffen? Endlich legten wir eine Pause ein, und Don zeigte auf eine Kerbe im schneeweißen Ufer: »Da ist unsere Abzweigung. Viel Schnee offensichtlich, da müssen wir mit überlaufendem Wasser rechnen.«

In dem Moment machte ich mir noch keine Gedanken, was das bedeuten mochte, mir grauste auch so schon vor dem nächsten Abschnitt der Reise. Bisher waren wir auf einer bestehenden Spur gefahren, aber jetzt ging es querfeldein durch den tiefen Schnee. Don drehte sich um und suchte das gegenüberliegende Ufer ab. Sein Blick blieb an einem umgestürzten Baum hängen, und ich versuchte mir einzuprägen, wo das Ding lag. Ein guter Orientierungspunkt kann einem das Leben retten, wenn man so richtig vom Kurs abgekommen ist. Don preschte als Erster los – und sackte sofort im tiefen Schnee ein. Er richtete sich aus dem Sitz auf, auf einem Bein stehend und mit dem anderen auf dem Sattel kniend, und man sah ihm seine Vergangenheit als Hells-Angels-Biker an, wie er mühelos und kontrolliert aus dem Loch herausbeschleunigte. Wir rasten sofort hinterher, aber obwohl ich als Letzter in einer Spur fuhr, die schon drei Maschinen vor mir in den Schnee gepflügt hatten, fiel es mir extrem schwer, die richtige Balance zu finden. Ich musste einerseits so schnell sein, dass ich nicht im Schnee versank, und gleichzeitig so langsam und kontrolliert fahren, dass ich Hindernissen ausweichen konnte. Es ging natürlich schief, und nicht nur einmal: Einen Moment zu langsam gewesen – und schon sackte meine Tundra nach unten weg; der Antriebsriemen setzte sich mit Schnee zu und würgte den Motor ab. Also runter von der Maschine, den Riemen freilegen, Schnee rundherum festtreten und dann wieder los. Ein paarmal hatte ich mich so festgefahren, dass die anderen mir aus dem Loch heraushelfen mussten, in das ich mich selbst versenkt hatte.

Schließlich erreichten wir die Mündung des Nebenarms. Wir stellten unsere Maschinen auf einer kleinen Erhebung ab, wahrscheinlich hatte der Yukon hier mehrfach Eisschollen übereinandergeschoben, und blickten zurück auf die Spur, die wir in den Schnee gezogen hatten. Don, der als Einziger auf einen Gesichtsschutz verzichtete, rubbelte den Frost aus seinem Schnurrbart. »Sieht doch schon ganz ordentlich aus«, erklärte er. »Auf dem Rückweg machen wir die Spur noch ein Stück breiter. Und dann kann das Ganze über Nacht so festfrieren.« Von diesem Punkt aus waren es noch etwa acht Meilen bis zu dem Weg, den ich durch den Wald geschlagen hatte. Don warf mir einen schrägen Blick zu, als wollte er sagen: *Siehst du eigentlich, was wir hier für einen Aufwand treiben für dich?* Aber stattdessen rief er: »Okay, Männer. Weiter geht's!«

Allmählich bekam ich die Maschine besser in den Griff und entwickelte ein Gespür dafür, wie das schwere Gerät auch über schwieriges Terrain zu lenken war. Etwa drei Meilen weiter war ich ganz auf die Spur vor meiner Tundra konzentriert, als ich über den Lärm der Motoren einen lauten Ruf gellen hörte. Ich blickte auf und sah, dass die anderen drei angehalten hatten. Sie standen aufrecht auf den Fußrasten ihrer Maschinen und gaben mir ein Zeichen zu stoppen. Ich bremste und konnte erst gar nicht erkennen, was denn das Problem war. Bis mir der Geruch von fauligem Wasser in die Nase stieg und ich die lange braune Pfütze entdeckte, die sich vor mir im Schnee ausbreitete. Das Wasser dampfte wie ein Outdoor-Jacuzzi im Garten, wenn es draußen richtig kalt ist. Es war Flusswasser, eindeutig, und auf einmal wurde mir klar, was Don mit überlaufendem Wasser gemeint hatte.

»Overflow« sagen die Einheimischen zu diesem Phänomen, und in diesem Winter trat es anscheinend besonders häufig auf, weil so viel Schnee gefallen war. Das enorme Gewicht des Schnees drückt dabei das Eis nach unten, und an den Rändern fließt das Wasser unter dem Eis hervor. Es breitet sich aus, ohne sofort zu gefrieren, weil der darüberliegende Schnee wie eine Isolationsschicht wirkt. Das Tückische daran ist, dass man das Wasser von der Position auf dem Schneemobil aus nicht sehen kann. Wenn man nicht schnell genug hindurchfährt und steckenbleibt, kann es einem passieren, dass man mit seiner Maschine in der Pfütze festfriert. Die Rettung ist in diesem Fall ein heikles Manöver – man muss das Gefährt vom Ufer aus mit einer Seilwinde aus dem Eis brechen, und dabei wird der Fahrer unweigerlich nass. Was das in der arktischen Kälte bedeutet, kann sich jeder leicht ausmalen.

Meine Begleiter winkten hektisch, ihre Botschaft unmissverständlich: »Attacke!« Ich holte tief Luft und gab Vollgas. Meine Maschine preschte vorwärts, das stinkende Wasser spritzte zur Seite, und dann kam ich ins Trudeln. Das Heck sackte ab, die Lenkkufen schwammen auf. »Komm schon!«, brüllte ich und warf mein Gewicht nach vorne. Einen Moment knatterte die Tundra hilflos, dann bekam die Antriebskette Grund zu fassen, und meine Maschine schoss vorwärts aufs feste Eis. Ich war in Sicherheit.

»Leg das Ding auf die Seite und schlag das Eis weg«, sagte Don. Tatsächlich hatten sich unter der Abdeckung der Antriebskette bereits dicke Klumpen gebildet, die ich mit dem Schaft meiner Axt weghämmerte. Ohne ein weiteres Wort zu verlieren, richtete ich meine Tundra wieder auf und stieg in den Sattel. Wir fuhren weiter, nicht auf dem Eis, sondern an der Böschung entlang, was nur einfacher klingt als die gefährliche Fahrt im Overflow. Denn der Hang war steil, wir mussten uns mit unserem ganzen Gewicht bergan lehnen, damit wir nicht in die andere Richtung talwärts kippten und uns überschlugen. Doch alles ging gut, und wir erreichten den Punkt, wo wir den Nebenarm überqueren mussten – wieder durch das braune Wasser des Overflows. »Ich fahre zuerst«, sagte Charlie, was durchaus Sinn machte: Seine Maschine hatte am meisten Power.

»Und Guy bildet die Nachhut«, sagte Don und nickte mir zu.

Charlie raste den Hang hinunter und über den Fluss. Etwa auf der Hälfte des Wegs sackte sein Schneemobil plötzlich nach hinten ab, und braunes Wasser spritzte auf. Er gab noch mehr Gas, der Motor heulte auf, und dann war er drüben auf der anderen Seite. Charlie winkte uns kurz zu, und Don rauschte los. Er kam ohne Probleme durch, wie auch Chris nach ihm. Also gab auch ich kräftig Gas und stürzte mich in den Overflow. Das Wasser war so tief, dass ich die Schlacht schon fast verloren gab, doch dann gelang mir ein Schlenker, der mich auf festen Grund brachte, und meine Maschine machte einen Satz vorwärts und die Böschung hoch.

Wenig später standen wir an dem kleinen Strand, wo der Pfad zu meiner Hütte begann. Nun war ich froh über meine weise Voraussicht, noch eine Rampe in die Böschung gegraben zu haben, denn wir kamen mit unseren schweren Maschinen ohne weitere Schwierigkeiten das steile Ufer hoch. Jetzt mussten wir nur noch den Weg durch den Wald spuren, und dann konnte ich endlich in mein Camp zurückkehren. Als wir schließlich die Hütte erreichten, war von ihr kaum noch etwas zu sehen, so tief hatte sie der Schnee begraben. Innen waren die Wände komplett mit Eis überzogen; ich würde lange heizen müssen, bis die Bude wieder bewohnbar war. Wir machten nur ein paar Minuten Pause, dann setzten wir uns wieder auf unsere Maschinen.

Inzwischen war es dunkel geworden, und die Scheinwerfer der Schneemobile erhellten unseren Rückweg durch den Wald. Meine Position als Letzter im Konvoi war jetzt besonders undankbar, vor allem bei der kritischen Querung des übergelaufenen Wassers. Die anderen drei vor mir hatten das frisch gebildete Eis aufgerissen, sodass ich wieder durchs tiefe Wasser platschen durfte. Don, Chris und Charlie erreichten das andere Ufer ohne Mühe und winkten mir zu. Im Licht der Scheinwerfer sah die dampfende Brühe noch unheimlicher aus als bei Tageslicht. Mein Instinkt sagte mir: bloß schön langsam. Aber ich musste meine Angst überwinden und mit Vollgas durch, es ging nicht anders. Mit heulendem Motor fuhr ich an – und geriet sofort in Schwierigkeiten. Dieses Mal sackte ich seitlich weg, und als ich meinen Fuß ausstreckte, um mich abzustützen, spürte ich, wie eisiges Wasser in meinen Stiefel lief. Irgendwie ruckelte ich weiter und schaffte es auf die andere Seite. Eine peinliche Vorstellung, wieder einmal, und das war wohl der Grund, warum ich die nasse Socke gar nicht erst erwähnte. Nur hatten wir leider noch viele Meilen vor uns, und mein Fuß wurde kälter und kälter, bis ich ihn gar nicht mehr spürte.

Als wir das nächste Mal anhielten, beichtete ich Don, dass mein Stiefel vollgelaufen war, und er sagte mir, dass ich ihn sofort ausziehen und meinen Fuß massieren sollte, während er versuchen wollte, meine Socke an seinem heißen Motor zu trocknen. Kleine Stücke Eis rieselten aus meinem Stiefel, als ich ihn vom Fuß zerrte, und nachdem ich auch die Socke entfernt hatte, sah ich, dass eine Zehe bereits die ersten Symptome einer Erfrierung zeigte. Panisch rubbelte ich meinen Fuß ab und fragte mich schon, ob ich die Zehe möglicherweise verlieren würde. Als jedoch der gesamte Fuß gefühllos blieb, schien es mir fast wie das geringere Übel, nur eine kleine Zehe zu verlieren. Charlie kniete sich neben mich hin, nahm seine Handschuhe ab und begann, meinen klammen Fuß mit seinen warmen Händen zu kneten. Bei den herrschenden Minusgraden die Handschuhe auszuziehen, zählt nicht gerade zu den empfohlenen Vorgehensweisen, umso mehr wusste ich es zu schätzen, dass ausgerechnet Charlie mir ohne Zögern zu Hilfe kam. »Danke, Charlie«, sagte ich. »Aber in meinem Survival-Buch steht, dass du den Fuß an deinem nackten Bauch aufwärmen sollst.«

»Fuck you«, sagte er und grinste.

»Ah, Charles Bronson vom Stamm der Athabasken spricht zu uns«, sagte ich, und wir mussten alle lachen.

Zurück auf dem Eis des Yukon konnten wir das Tempo wieder anziehen; die Piste, die mir am Vormittag so unmöglich bucklig vorgekommen war, schien mir jetzt plötzlich sehr beherrschbar. Während der weiteren Fahrt versuchte ich, meinen Fuß im Stiefel hin- und herzubewegen, so gut es ging, und hielt sogar regelmäßig an, um abzusteigen und auf und ab zu laufen. Hauptsache, die Durchblutung kam wieder in Gang. Die Lichter von Galena kamen in Sicht.

Schon eine halbe Stunde später saß ich vor Dons heißem Ofen und wärmte meine Füße, bis die Zehen glühten. Ich war – schon wieder – knapp an einer Katastrophe vorbeigeschrammt. Glück gehabt.

Kapitel 35

DUNKLE AUGEN

Seit Weihnachten waren einige Wochen vergangen, und mit jedem Tag, den ich im Dorf verbrachte, wog die Last meiner Sorgen schwerer. Da war zum einen die Versuchung, in Gesellschaft netter Leute zu bleiben. Wenn ich überhaupt wieder in der Einsamkeit der Wälder zurechtkommen wollte, musste ich schnell zurück in mein Camp. Außerdem war ich doch nicht nach Alaska gekommen, um irgendwo in einem Dorf herumzuhängen, und je länger ich blieb, desto schuldiger fühlte ich mich. Dass ich dafür die Trennung von meiner Familie in Kauf genommen hatte, machte nun wirklich keinen Sinn. Nur: Solange das Problem mit dem Overflow bestand, war nicht daran zu denken, mit den Hunden aufzubrechen – und die Lage hatte sich in den letzten Tagen sogar verschlimmert, weil es noch einmal wärmer geworden war. Leute, die auf dem Yukon nach Galena gekommen waren, berichteten sogar, dass die sonst immer gut fahrbare Route auf dem Eis kaum mehr passierbar war. Auf meinem Nebenarm würden die Bedingungen noch schwieriger sein, das stand fest.

Eines Morgens, ich saß bei Jenny im Büro, platzte der ganze Frust aus mir heraus. Geduldig hörte sie sich mein Klagelied an, überlegte kurz und schlug dann vor: »Vielleicht kann Brad helfen. Er ist ein guter Pilot und kommt mit seiner kleinen Maschine eigentlich überall hin.« Bradley Scotton, kurz Brad, war einer ihrer Kollegen von der Forstbehörde.

Hoffnung schimmerte auf: »Was für ein Flugzeug hat er denn?«

»Eine Piper Cub* – Baujahr 1940, glaub ich.«

»Baujahr 1940? Dann vielleicht lieber doch nicht.«

»Du hast Schiss vor dem Fliegen?«, fragte Jenny ungläubig. Flugangst gilt in Alaska als extrem seltene Marotte; die Leute steigen mit derselben Selbstverständlichkeit in einen Flieger, mit der wir uns in ein Taxi setzen.

»Nein, gar nicht, so hab ich das nicht gemeint!«

Jenny lachte. Sie war eine hochqualifizierte Biologin, und mir kam es immer so vor, als würde sie mein Verhalten aufmerksam studieren. Wie ein Exemplar der heimischen Fauna, die sie natürlich aus dem Effeff kennt. »Brad ist oben, im ersten Stock«, meinte sie. »Frag ihn doch einfach.«

Ich nahm die Holztreppe, zwei Stufen mit einem Schritt, und klopfte an seine Tür.

Bradley Scotton saß an seinem Schreibtisch und schaute mich mit spöttisch fragender Miene an. Ein Gesichtsausdruck, wie sich später herausstellte,

Die Piper J-3 Cub des US-Flugzeugbauers Piper Aircraft war so etwas wie ein Ford Model T der Lüfte, viele tausend Mal gebaut, ein gutmütiger Schulterdecker mit einem Leergewicht von nicht mal 400 Kilogramm. Langsam, aber absolut zuverlässig.

der seine Lebenseinstellung perfekt auf den Punkt brachte. Brad war Mitte dreißig, schlank und agil, er hatte strahlend blaue Augen und einen dichten Vollbart, der ihm ein rebellisches Aussehen verlieh. Er sah genau so aus, wie man sich einen Buschpiloten vorstellt.

»Hallo, du bist Bradley? Ich bin Guy.«

»Ach ja – das Greenhorn aus Schottland.« Er nickte, lehnte sich in seinem Stuhl zurück und musterte mich mit belustigtem Blick. Offensichtlich war mir mein Ruf auch hier bereits vorausgeeilt, und ich durfte wohl davon ausgehen, dass Brad sehr bald zum wachsenden Club derer gehören würde, die sich auf meine Kosten prächtig amüsierten. »Ich hab schon gehört, dass du dich im Dorf rumtreibst«, sagte er. »Wie läuft's mit den Hunden?«

»Och, alles bestens, keine größeren Desaster bisher, von einem demolierten Knie einmal abgesehen.«

»Auch davon hab ich schon gehört ...«

»Also, was ich eigentlich sagen wollte«, stolperte ich nach den richtigen Worten suchend los, aber Brad kam mir zuvor. »Du brauchst jemanden, der dich zum Camp fliegt. Hab ich recht?«

Ich nickte und fragte mich gleichzeitig, woher er das jetzt schon wissen konnte. »Das Problem ist das viele Wasser, der Overflow. Solange das Eis nicht richtig fest ist, kann ich nicht mit den Hunden los. Wenn ich nur irgendwie ans Ufer des Nebenarms kommen könnte, wo mein Weg zum Camp losgeht, dann wäre alles gut. Klingt das machbar?«

»Könnte man zumindest versuchen. Das Wasser unter dem Schnee ist auch mit einem Flugzeug kein Vergnügen. Aber vielleicht können wir auf einer der Sandbänke runterkommen. Dann müsstest du von da aus zu Fuß weiter.«

»Was würde der Spaß denn kosten?«

»Gar nix, mache ich gerne. Ich ruf dich an, wenn es aufgehört hat zu schneien. Dann sehen wir weiter.«

Als ich wieder auf meinem Schneemobil saß, spürte ich, wie mein Optimismus zurückgekehrt war. Auch wenn ich nicht gerade begeistert von der Vorstellung war, mich erneut in so ein kleines Flugzeug quetschen zu müssen.

Über Nacht klarte es auf, und am Morgen sagte mir Don beim ersten Kaffee, dass Brad später am Vormittag mit mir losfliegen wollte. Schweigend starrte ich in meine Tasse. »Ich hasse es, in solchen klapprigen Fliegern zu sitzen«, gab ich schließlich zu. »Nicht weil ich Angst habe. Sondern weil mir in den wackligen Kisten immer sauschlecht wird.«

»Hast du das gehört, Carol?«, fragte Don seine Frau und lachte sich halb schief: »Der Junge hier wird Brads schöne Piper vollkotzen.« Er konnte gar nicht aufhören zu kichern und zu glucksen, bis ihm eine andere Frage einfiel. »Was machst du eigentlich mit deinen vierbeinigen Freunden?«

»Die hole ich ab, wenn der Overflow gefroren ist.«

»Dann nix wie los. Pass auf dich auf!«

Ich ging zurück zu meiner Unterkunft, um zu packen. In letzter Sekunde fiel mir ein, dass ich unbedingt 22er-Munition brauchte, und Zucker war auch nicht mehr da. Schnell lief ich zurück zu Dons Haus. »Hat der Laden des Bürgermeisters offen?«, fragte ich atemlos.

»Ja, müsste eigentlich. Falls er nicht verpennt hat.«

Das Geschäft des Bürgermeisters war möglicherweise der teuerste Laden, in dem ich je eingekauft hatte, schließlich musste sein komplettes Sortiment extra eingeflogen werden, aber ich ging gerne hin. Der Bürgermeister war einer von diesen seltenen Menschen, die glücklich und zufrieden sind mit ihrem Leben, er hatte immer ein Lächeln im Gesicht. Normalerweise hielten wir ein kurzes Schwätzchen, wenn ich zum Shoppen kam, aber an diesem Morgen lief ich mit einer Tüte Zucker und einer Box Patronen gleich hektisch zur Kasse durch. Vor mir in der Schlange stand eine attraktive Indianerin, die mich mit unverhohlenem Interesse musterte und fragte: »Hey – wen haben wir denn da?«

Ihre direkte Art verunsicherte mich. Eigentlich hatte ich bei meiner Abreise geschworen, dass ich in Alaska wie ein Mönch leben würde, doch nach Monaten der Abstinenz blieb natürlich ein Restrisiko, trotzdem schwach zu werden.

Ihre wunderschönen dunklen Augen tasteten mich ab. »Sprichst du Englisch?«, fragte sie.

»Ja, tue ich. Also ... äh ... hallo. Ich heiße Guy und komme aus Schottland«, stotterte ich.

»Aus Schottland, aha.« Sie lehnte sich lässig gegen ein Regal, das sehr wacklig aussah. »Und was treibst du hier so?«

»Ich lebe im Wald.«

Sie zog die Augenbrauen hoch. »Du hast ein Camp da draußen?«

»Genau.«

»Und wie lange bleibst du da?«, wollte sie wissen.

»Ein paar Monate hab ich noch.«

»Ein paar Monate?« Sie schenkte mir ein komplizenhaftes Lächeln, wie es nur Frauen hinbekommen; die Kunst des Flirtens beherrschte sie perfekt. »Wo liegt denn dein Camp?«

Wieder dieses Lächeln, aber jetzt war mein Moment der Wahrheit gekommen, ich musste mit Standhaftigkeit und Tugend glänzen. Ich hob meine linke Hand und zeigte ihr meinen Ehering, aber die Botschaft beeindruckte sie nicht im Geringsten. Sie fixierte mich weiter mit diesem Blick, der keinen Zweifel an ihren Absichten ließ. »Jetzt, wo du fragst: So genau kann ich dir gar nicht sagen, wo meine Hütte steht«, brachte ich heraus, was sich selbst in meinen Ohren als Ausrede ziemlich plump anhörte. Sie schenkte mir noch einmal einen verführerischen Blick, als ob sie mir eine zweite Chance geben wollte. Und dann sagte sie: »Hey, kein Problem.« Sie drehte sich um und widmete sich ihren Einkäufen, als hätten wir gerade nur über den Preis für Eier gesprochen.

Ich fühlte mich nicht ganz so cool, als ich endlich meinen Einkaufskorb an der Kasse auspackte. Den Charaktertest hatte ich zwar mit Bravour bestanden, nur spürte ich jetzt quälender denn je die Sehnsucht nach meiner Frau. Ich hatte schon die erstaunlichsten Prüfungen über mich ergehen lassen müssen in diesem Kaff: Erst der emotionale Stresstest mit der Weihnachtsfeier, dann wurde im Saloon meine Männlichkeit auf die Probe gestellt, und jetzt hatte ich auch noch eine Versuchung biblischer Dimension abwenden müssen. Im selben Moment schlitterte Chris auf seinem Schneemobil an mir vorbei und unterbrach meinen wundersamen Gedankengang. Er hielt an und drehte sich zu mir um.

»Hey, Guy«, rief er mir zu. »Du fliegst heute?«

»Yeah.« Ich war nicht ganz bei der Sache und lief einfach weiter.

»Was ist denn los? Alles in Ordnung?«

Für die ausführliche Erklärung musste ich wohl doch anhalten: »Nun, ich habe gerade einer sehr attraktiven Indianerin einen Korb gegeben, was mir nicht leichtgefallen ist. Ich muss jetzt schleunigst den Abflug machen hier, sonst endet das alles in einer Katastrophe. Entweder werde ich im Saloon erschossen – oder ich habe in kürzester Zeit eine nette kleine Familie an der Backe, was Juliet nicht so toll finden dürfte.«

Chris lachte. »Wer ist denn die unbekannte Schöne?«

Ich beschrieb ihm die Frau.

»Die kenne ich, die ist wirklich nett«, meinte er.

»Ich habe ihr nicht gesagt, wo meine Hütte steht.«

»Ist vielleicht besser so. Sonst hätte sie sich bei nächster Gelegenheit ihre Jacke übergezogen und wäre mit dem Schneemobil und Tempo 200 zu dir rübergesaust.«

»Wäre sie wirklich mal eben die ganze Strecke zu mir rausgefahren?«

Er schaute mich verwundert an. »Hey, sie ist eine von uns. Wir fahren überallhin, wenn wir nur wollen.« Das hatte ich auch von Don schon gehört, als er sich über einen so genannten Abenteurer lustig machte, der als erster Mensch über das Eis der Beringstraße wandern wollte. »Oh, Mann«, hatte Don gesagt. »Die Eskimos machen das seit zig Jahren, wenn sie ihre Familien auf der anderen Seite besuchen wollen. Nicht mal der Kalte Krieg hat sie davon abhalten können. Aber okay: Vielleicht ist er der erste Weiße, der sich das traut.«

»Gewundert hat mich nur«, sagte ich zu Chris, »dass es sie gar nicht gestört hat, als ich ihr meinen Ehering gezeigt habe. Ich bin nicht zu haben – und sie flirtet einfach weiter.«

»Nicht zu haben?« Chris lachte laut auf. »Guy, weißt du, was sie mit deinem Ring gemacht hätte?« Er mimte ein Raubtier, dass sein Opfer in Stücke reißt. »So ein Ring hält dieses Mädchen nicht auf, verstehst du?«

Ich verabschiedete mich von Chris und marschierte weiter zu Brad. Ich durfte nicht eine Sekunde länger bleiben. Für ein Greenhorn wie mich waren diese Leute hier einfach zu gefährlich. Und wenn das Flugzeug noch so alt und klapprig war – ich musste zurück zu meiner Hütte im Wald.

Kapitel 36

BRADLEYS WUNDERBARE FLUGMASCHINE

Als ich bei Brad ankam, wartete er schon auf der Treppe, die von seinem Haus hinunter zum See führte. Draußen auf dem Eis stand seine Piper Cub startbereit. Ich musste an meinen letzten turbulenten Flug denken, mit Brownie und den beiden Reportern, wie auch an die zahlreichen Langstreckenflüge nach Südafrika, die mir als Kind zugemutet worden waren. Übelkeit und Fliegen waren für mich untrennbar miteinander verbunden. Brad sah, wie sich meine Miene verdüsterte, und fragte: »Du gehörst aber nicht zu den Leuten, denen gleich beim Start schlecht wird, oder? Wir haben hier drinnen nämlich keinen Platz für solche Sperenzchen.« Mit zittrigen Beinen stieg ich ein. Ich kam mir vor wie ein Gefangener auf dem Weg in den Folterkeller.

»Du sitzt hier hinten«, erklärte Brad. Er klappte den Vordersitz um, und ich quetschte mich auf den unfassbar engen Platz dahinter. Meine Schultern drückten an beiden Seiten gegen die Wand der Kabine, und mein Kinn klemmte zwischen den Knien. Unangenehm war auch der faulige Geruch im Flugzeug, mit dem Brad, wie er mir grinsend erklärte, regelmäßig die Kadaver von Bibern transportierte. Er verdiente sich als Trapper ein wenig Geld dazu, seine Frau verarbeitete die Felle zu Jacken und Mützen. In einem Gepäckfach hinter meinem Sitz verstauten wir meine Tasche und mein Jagdgewehr, und auch für Fuzzy war noch Platz, der die Angelegenheit für meinen Geschmack viel zu gelassen nahm. Er rollte sich zusammen, als wollte er gleich wieder ein Nickerchen machen. Verzweifelt schaute ich mich um und fragte mich, was ich machen sollte, wenn mein Mageninhalt hochkam. Viele Optionen hatte ich nicht, eigentlich nur direkt vor mir, und da saß Brad.

Er ging jetzt nach vorne zum Propeller, um seine Maschine anzuwerfen, wie ich das bisher nur aus alten Schwarz-Weiß-Filmen kannte. Nach zwei erfolglosen Kurbelversuchen sprang der Motor mit einem ohrenbetäubenden Knattern an. Brad quetschte sich auf seinen Sitz, reichte mir einen Kopfhörer und zog die klapprige Tür seines Fliegers zu. Ehe ich mich's versah, rasten wir auf die Bäume am Ufer des Sees zu. Dann waren wir in der Luft und stiegen in einen klaren, blauen Himmel auf.

Als wir über dem Dorf in eine langgezogene Kurve gingen, sah ich unter mir den Saloon und musste an den verrückten Typen denken, der sich in seinem Männlichkeitswahn wie ein wild gewordener Pavian aufgeführt hatte. Der Schatten der kleinen Maschine huschte weiter, über die Dächer der Hütten von Galena und vorbei an einem eingefrorenen Fischrad*, und dann flog Brad auf den Fluss hinaus. Weit und weiß breitete sich das Eis unter mir aus – da war sie endlich wieder, die großartige Wildnis, wegen der ich nach Alaska gekommen war. Meine Übelkeit war vergessen, ich spürte nur noch das unendliche Glück, in die Wälder zurückzukehren und das Durcheinander der Emotionen hinter mir zu lassen, das mir die vergangenen Wochen beschert hatten. Bradley steuerte seine Piper im Tiefflug über die Winterlandschaft, er folgte den Windungen des Flusses und seiner Nebenarme, und wir konnten sehen, wie unter uns Elche durch den tiefen Schnee stapften. Auf dem Eis waren immer wieder dunkle Flecken zu erkennen – die tückischen Stellen, an denen Wasser übergelaufen war. Ich war froh, dass mich Brads Flieger über diese gefährlichen Hindernisse nun einfach hinwegtrug. Erleichtert stellte ich außerdem fest, dass die Spur gut zu sehen war, die wir mit den Schneemobilen hinterlassen hatten; sie dürfte mir noch sehr nützlich sein, wenn ich da unten mit meinen Schneeschuhen und später mit dem Hundeschlitten unterwegs sein würde.

Ein Fischrad ist eine geniale Konstruktion der Athabasken: Wie ein Mühlrad wird es vom fließenden Wasser angetrieben – und schöpft mit Keschern die vorbeischwimmenden Fische aus dem Fluss. Der Fang rutscht zur Radmitte, fällt in eine Rinne, die zu einem Trog führt, in dem die Fische gesammelt werden.

Als wir einen geraden Abschnitt auf dem Nebenarm des Yukon erreicht hatten, begann Brad, in einem engen Radius über unserem potenziellen Landeplatz zu kreisen. Sofort meldete sich mein Magen zurück, dieses Manöver vertrug er überhaupt nicht. »Also schön, dann schauen wir mal, ob wir hier runterkommen«, brüllte Brad gegen den Lärm des Motors an. Ich versuchte, den Horizont zu fixieren, während er noch mal einen weiten Bogen flog, um die Maschine probeweise aufzusetzen, wie ich das damals auch bei

Brownies erstem Anflug auf meinen See beobachtet hatte. Brad ging in den Sinkflug, kratzte mit seinen Kufen eine doppelte Furche in den Schnee – und zog die Piper wieder hoch. »Ja, sieht gut aus, da gehen wir runter«, erklärte er. »Ist auf 'ner Sandbank, kein Overflow.« Wieder eine schrecklich enge Wende, bei der ich an die Kabinendecke starrte und betete, dass mein Magen durchhielt, und schon ging es abwärts. Ich ballte meine Fäuste in Erwartung eines heftigen Aufpralls, mein ganzer Körper angespannt, doch die Landung gelang so sanft und leicht, dass ich beinahe nicht gemerkt hätte, wie Brad seinen Flieger aufsetzte. Wir rutschten noch ein wenig weiter auf unseren Kufen, dann schaltete Brad den Motor aus. Sofort war es absolut still, und als ich mich erleichtert in meinem engen Sitz zurücklehnte, kletterte Brad schon auf den Kufen nach vorne, um eine Decke über den Motor zu werfen, damit er bis zum nächsten Start schön warm blieb. Er ließ sich vom Fahrwerk der Piper in den Schnee fallen – und sank bis zur Brust ein. »Manchmal wünschte ich mir, ich wäre ein paar Zentimeter größer«, rief er mir zu.

Ich sprang hinterher und steckte ebenfalls so tief im Schnee, dass wir beide lachen mussten. Fuzzy kam als Nächstes dran: Er hüpfte los – und war mit einem WUMMPFF komplett verschwunden. Wir hörten ein klägliches Kläffen vom Grund seines Lochs, doch wenig später hatte er sich zurück an die Oberfläche gewühlt, wo er sich glücklich den Schnee aus dem Pelz schüttelte. Ich schnallte meine Schneeschuhe an, schulterte mein Gepäck und verabschiedete mich von Brad. Mit knatterndem Motor wendete er seine Piper; kurzer Anlauf in einer Wolke aus wirbelndem Schnee, und er war wieder in der Luft. Noch einmal drehte er einen Kreis über uns, ich winkte mit beiden Armen über dem Kopf, und er antwortete mit einem kurzen Wippen der Flügelspitzen. Wie oft hatte ich als Kind den vorbeifliegenden Maschinen nachgewunken – und endlich winkte mal ein Pilot zurück. Fuzzy und ich schauten ihm hinterher, bis seine Piper nur noch so groß wie eine Mücke war. Einen Moment wollte ich die Ruhe genießen, da hörte ich einen kräftigen Flügelschlag. Von der schneebedeckten Sandbank kam ein Rabe auf uns zugesegelt und krächzte seinen heiseren Gruß.

Jetzt musste ich also über den Fluss. Die Schneedecke auf dem Eis war erstaunlich dünn, was offenbar daran lag, dass der Wind das Flussbett hinunterfegte und den Schnee an den Ufern zu großen Wehen auftürmte. Ich schnallte die Schneeschuhe wieder ab, weil ich nicht wollte, dass sie im Overflow nass wurden. Das Wasser würde an der kalten Luft sofort gefrieren, und von dem Geflecht der Schneeschuhe war das Eis nur schwer loszuschlagen. Glücklicherweise hatte ich meine brandneuen Spezialstiefel an, eine Entwicklung für die US Army, die mir Jenny nach der Episode mit den fast erfrorenen Zehen besorgt hatte. Sie bestanden aus zwei Lagen eines robusten Gummimaterials, die einen Zwischenraum umschlossen, den man mit Luft aufpumpen konnte. Weil die Füße riesenhaft wirkten in diesen sonderbaren Apparaten, hießen sie bei den Einheimischen nur »Bunny Boots«, frei benannt nach Bugs Bunny, dem Trickfilm-Hasen mit seinen überproportional großen Pfoten. Aber sie waren absolut wasserdicht und sollten die Füße bis zu einer Temperatur von minus 60 Grad warmhalten, genau richtig für mein Vorhaben.

Schon beim ersten Schritt auf das Eis krachte ich ein, erst in einer Tiefe von etwa 30 Zentimetern fand ich festen Grund. Es war schon ein unheimliches Gefühl, auf einem schnell fließenden Fluss ins Eis einzubrechen, da half auch das Wissen nicht, dass die eigentliche Eisdecke unter meinen Füßen noch einmal rund einen Meter dick war. Schön langam, einen Fuß nach dem anderen, watete ich durch das dampfende Wasser des Overflows, mich mit dem Stiel meiner Axt vorwärtstastend. Als ich die andere Seite erreicht hatte, trocknete ich zuallererst Fuzzy die Pfoten ab; ich hatte dafür eigens ein kleines Handtuch mitgebracht. Dann schnallte ich meine Schneeschuhe wieder an und machte mich auf den Weg zu meinem Camp. Dass es bereits dunkel wurde, beunruhigte mich nicht weiter. Das hier war meine Nachbarschaft, jeder Meter war mir bestens vertraut. Wie mild das Wetter in den letzten Tagen war, konnte ich an den vielen Spuren auf meinem Weg ablesen – bei weniger als 25 Grad unter null hatten sich viele Tiere aus dem Schutz ihrer Winterhöhlen hervorgewagt. Der klare Himmel verriet mir allerdings, dass diese Warmphase nicht mehr von langer Dauer sein würde; die nächste Welle kalter Luft war unterwegs. Wenn das Thermometer unter minus 30 Grad fällt, erstarrt das Leben im Wald wieder. Auch die Einheimischen bleiben übrigens in ihren Hütten, wenn es so grimmig kalt wird, und wer dann draußen zu Schaden kommt, hat von ihnen kein Mitleid zu erwarten. Wer sich über die Natur erhebt und vergisst, dass er zumindest körperlich auch nur ein Tier ist, bekommt eben die Konsequenzen seiner Arroganz zu spüren. Man muss seine Grenzen kennen und akzeptieren.

Im Lager angekommen streute ich Fuzzy ein wenig Futter in den Schnee und träumte schon von einer heißen Tasse Tee, als ich mich daran machte, die Tür zu meiner Hütte zu öffnen. Nur war sie leider so fest zugefroren, dass ich sie mit Gewalt aufbrechen musste. Ich war zwar nur für einen Monat in Galena gewesen, aber es fühlte sich an, als ob tausend Jahre vergangen waren, seit hier zuletzt ein Ofenfeuer gebrannt hatte. Wie ein Relikt aus der Zeit der Goldgräber kam mir meine Hütte vor, und ich verspürte nur wenig Lust, ihr wieder Leben einzuhauchen. Aber dann machte ich mich an die Arbeit: Wischte den Frost von dem Eimer mit Zunder und machte Feuer mit einer Handvoll Birkenrinde. Schloss die Tür und hängte die steif gefrorene Decke wieder davor. Füllte den Tank der Kerosinlampe und zündete den Docht an. Das warme Licht und das freundliche Zischen der alten Lampe trösteten mich ein wenig, auch wenn mir klar war, dass es ewig dauern würde, meine Bude wieder bewohnbar zu machen. Ich las die Temperatur in der Hütte an meinem Thermometer ab, fast 30 Grad minus, und darüber musste ich dann doch lachen: In unserem Tiefkühlschrank zu Hause war es vergleichsweise warm.

Ich setzte einen Tee auf und legte mich ins Bett. Die Balken der Hüttenwand fingen an aufzutauen, alles war nass. Ich versuchte, mein Bett in eine trockene Ecke zu ziehen, musste aber bald feststellen, dass es dort dicke Tropfen von der Decke regnete, weil das Eis am Blechdach schmolz. Noch mal umziehen? Aber wohin? Genau genommen war ich dabei, einen Tiefkühler zu entfrosten – und saß leider mittendrin. Ich konnte den Tropfen nicht entkommen. Trotzdem: Ich war froh, wieder in meinen eigenen vier Wänden zu sein.

Kapitel 37

DIE WILDEN SECHS

Im Verlauf der nächsten Woche wurde es noch mal kälter, und es hörte auf zu schneien. Das überlaufende Wasser sollte also kein Problem mehr sein. Ich wollte unbedingt meine Hunde und den Schlitten holen, solange ich die Gelegenheit dazu hatte, und konnte Brad überreden, mich mit seiner Piper wieder an der Sandbank abzuholen. Zurück in Galena erfuhr ich von Don, dass in derselben Nacht, als wir mit den Motorschlitten unterwegs waren, ein Mann auf dem Eis umgekommen war. Ein junger Indianer, vom Schneemobil gestürzt und erfroren.

Ich schaute auf den weißen Fluss hinaus und stellte mir zum wiederholten Male die Frage, wie grausam es hier im Norden zuging. Zu Don gewandt murmelte ich: »Wie viele Menschen der Yukon wohl schon auf dem Gewissen hat?«

»Das sind nicht wenige. Aber die meisten bringen sich selbst um, weil sie ihm nicht den nötigen Respekt erweisen«, knurrte Don. »Also, wie willst du die Hunde ins Lager kriegen? Du weißt, dass ich die Viecher nicht ausstehen kann. Denk bloß nicht, dass ich dir dabei helfen werde.«

»Schon klar. Ich werde mir was einfallen lassen.«

»Aha. Und was denn, wenn ich fragen darf?«

»Glenn meint, dass ich mir seine große Transportbox ausleihen kann. Die muss ich nur auf einem großen Schlitten festzurren und kann sie mit einem Schneemobil ins Camp bringen.«

»So, so. Und an welchen großen Schlitten hattest du dabei gedacht?«, fragte er mit einer Mischung aus Resignation und Belustigung.

»Nun ja, da kommst du dann doch ins Spiel ... ich hatte eigentlich gehofft, dass ich mir deinen leihen könnte.«

»Dachte ich mir«, brummte Don mit einem sarkastischen Lächeln. »Dann fahren wir morgen.«

»Wir?«

»Ganz recht, wir.« Don setzte in gespieltem Ernst mit einem Zeigefinger noch ein Ausrufezeichen dahinter. »Glaubst du etwa, ich werde es zulassen, dass du meinen schönen Holzschlitten zu Schrott fährst? Aber damit das klar ist: Das ist das einzige Mal, dass ich dir mit den verdammten Kötern helfe. Kapiert?«

»Natürlich, Don. Aber ...«

Doch da war er bereits aufgestanden und auf dem Weg aus dem Zimmer. Über die Schulter rief er mir noch zu: »Und jetzt zieh Leine. Ich muss mal ein paar Dinge für *meine* Familie erledigen.«

Das war wieder einmal typisch Don: Lautes Grummeln, und dann half er dir doch. Er gehörte zu der Sorte Mensch, die einen Freund einfach nicht hängenlassen konnte.

AM TAG DARAUF FUHREN WIR ZU GLENN, um das Gespann abzuholen. Während Don die Transportbox auf dem Schlitten festzurrte, leinten Glenn und ich meine sechs Hunde drinnen an. Dann kam der Deckel auf die Box, und wir türmten noch den Rest der Ausrüstung auf den Schlitten - Kisten mit dem Geschirr, Hundefutter, Fressnäpfen, Ketten, Überschuhen für die Hundepfoten sowie einer Extrarolle mit Leine für Reparaturen. Ich packte sogar eine Schaufel und eine Harke ein, um den Lagerplatz der Hunde sauber zu halten. Dazu kamen ein paar Eimer, eine Schöpfkelle und das große Fass, in dem ich das Futter für die Hunde aufwärmen wollte. Als alles gut vertaut war, legte Glenn den Schlitten aus Birkenholz obendrauf und fixierte ihn mit zwei Spanngurten. Er drehte sich zu mir um und gab mir mit ernster Miene eine letzte Mahnung mit auf den Weg: »Jetzt bist du auf dich allein gestellt. Fahr vorsichtig. Und pass auf, dass ihr in Form bleibt. Die Hunde natürlich, und du auch.«

»Ich werd mein Bestes geben, Glenn. Tausend Dank für alles. Ich weiß, dass es manchmal ganz schön nervig gewesen sein muss mit einem Greenhorn wie mir. Aber vielleicht kannst du irgendwann mal drüber lachen, wie wir uns abgemüht haben.«

Unter seinem buschigen Schnurrbart zeichnete sich ein Lächeln ab. »Das kann ich jetzt schon. Alles gut.« Er winkte uns noch einmal zu und fuhr mit seinem Schneemobil vom Hof.

Mit sechs HS (Hundestärken) über Schnee und Eis. Guy lernt, wie man das Gespann lenkt, und genießt die Touren mit den Hunden. In den kalten Monaten ist es der einzige Weg für ihn, ins Dorf zu kommen, um Vorräte aufzufrischen oder um kurz der Einsamkeit zu entkommen.

»Ich kann nicht glauben, dass du mich dazu gebracht hast, bei diesem Quatsch mitzumachen«, murmelte Don. Die Hunde bellten und jaulten, und der alte Mann schüttelte den Kopf. »Kann nur hoffen, dass mich heute niemand sieht.«

Don zog den Schlitten mit seinem Schneemobil, ich folgte mit Fuzzy auf der alten Tundra. Als die Spur an einem recht steilen Hang entlangführte, zeigte Don sein ganzes Können, indem er sein Gewicht geschickt zum Berg hin verlagerte und Motorschlitten samt Anhang sicher durch die gefährliche Passage steuerte. Unterwegs fiel mir außerdem auf, dass er nie genau in der Mitte des Weges fuhr, sondern immer ganz außen, um auch den Schnee am Rand mit dem Gewicht seiner Maschine zu komprimieren. Als wir später eine kurze Rast einlegten, erklärte er warum: »Die meisten rasen doch einfach nur von A nach B und so schnell sie können. Aber du musst dich immer darum kümmern, dass deine Routen durch den Schnee in einem guten Zustand sind. Damit sie auch dann noch gut befahrbar sind, wenn es anfängt zu tauen.«

Ein paar Stunden später erreichten wir den Nebenarm des Yukon und schließlich die Stelle, wo mein Weg in den Wald abzweigte. Don streifte den Frost aus seinem Schnurrbart. »Du spannst die Hunde an, ich lade deinen Kram ab und lagere ihn so, dass du alles später abholen kannst«, sagte er. Ich war schon ein wenig nervös, als ich den Hundeschlitten losband und ihn mit dem Schneeanker fixierte. Zur Sicherheit vertäute ich ihn außerdem mit Dons Schneemobil, bevor ich mich daranmachte, das Gurtzeug für die Hunde auszulegen. Langsam und systematisch arbeitete ich die Schritte ab, wie Glenn es mir gezeigt hatte.

»Okay«, sagte Don. »Bist du bereit, die Hunde rauszuholen?«

Ich holte schon Luft, um mit »Ja« zu antworten, da fiel mir Fuzzy ein. Er war die ganze Zeit wie ein blonder Schatten um mich herumgestrichen und ahnte wahrscheinlich schon, was jetzt auf ihn zukam – sechs ziemlich wilde Hunde nämlich, und sie sollten uns auch noch zur Hütte begleiten. »Verdammt«, sagte ich. »Was mache ich eigentlich mit Fuzzy?«

»Das habe ich mich auch schon gefragt«, erwiderte Don.

Wie in Alaska jeder weiß, vertragen sich Schlittenhunde und Haushunde nämlich überhaupt nicht. Wenn ich auf meinen Trainingsrunden mit dem

Schlitten mal durch Galena fuhr, hielten alle Hundebesitzer ihre Vierbeiner verzweifelt fest, denn es kam durchaus vor, dass die Schlittenhunde sich die zahme Konkurrenz im Vorbeifahren schnappten und totbissen. Keine einfache Situation für meinen Fuzzy also, obwohl ich wusste, dass er ein vorsichtiger Kerl war und mir aufs Wort gehorchte. Ich musste also mit sofortiger Geltung eine neue Regel einführen, dass er immer hinter dem Schlitten blieb, wenn wir mit seinen Artgenossen unterwegs waren. Solange er nicht neben den anderen Hunden aufkreuzte, sollte eigentlich keine Gefahr bestehen. Ich fragte Don, was er von der Idee hielt, und er klang optimistisch: »Könnte klappen. Und wer weiß schon, wie deine Schlittenhunde auf Fuzzy reagieren? Vielleicht behandeln sie ihn ja auch ganz anders.«

»Wie meinst du das?«

»Na, wenn sie den lieben langen Tag an der Kette liegen und sehen, dass er mit dir rumlaufen darf, dann bedeutet das in Hundesprache ...« Er vollendete den Satz nicht gleich, und ich konnte in seinen Augen schon die Vorfreude auf die Pointe sehen: »... dass er der *Hund vom Chef* ist.« Trotz der Betonung brauchte ich einen Moment, bis ich verstanden hatte, worauf er hinauswollte.

»Ah, jetzt habe ich es kapiert. Du meinst, Fuzzy ist so etwas wie das Alpha-Weibchen, meine Freundin.«

Don hob seine Hände. »Das hast du gesagt.« Aber auf seinem Gesicht machte sich ein spöttisches Grinsen breit.

Ich führte Fuzzy hinter den Schlitten und befahl ihm, dort sitzenzubleiben. Braver Hund, der er war, legte er sich in den Schnee und schaute mich selig und erwartungsvoll an. Wie ich hatte er es kaum erwarten können, endlich aus dem Dorf rauszukommen. Aber jetzt stand ihm die nächste Mutprobe bevor: Ich öffnete den Transportcontainer auf dem Schlitten, und ein Krawall brach los, als hätte ich die Bestie von Bodmin Moor* losgelassen. Die Hunde drehten durch vor Aufregung, sie sprangen an den Wänden der Box hoch, dass der ganze Apparat schaukelte wie im Sturm, und kläfften und heulten dazu wie verrückt. Nur ein Hund blieb still und schaute mich mit festem Blick an –

Die Bestie von Bodmin Moor *trieb ihr Unwesen im englischen Cornwall, wo sie auf ihren Raubzügen reihenweise Schafen und anderen Tieren die Kehle durchbiss. Niemand hat das Monster je gesichtet, aber 1997 wurden Pfotenabdrücke gefunden, die nicht von heimischen Räubern stammen können. Die Theorie der Experten: eine entlaufene Großkatze, möglicherweise ein Puma.*

Bubbles, meine Leithündin. Ich machte ihre Leine los und zog sie zu mir herüber. Sie schleckte mir einmal mit der Zunge durchs Gesicht und sprang aus der Box in den Schnee, und ich legte ihr gleich das Gurtzeug an und ihre Hundeschuhe. »Line out«, rief ich, und sofort stemmte sie sich ins Geschirr, um die Zugleine zu spannen. In diesem Moment tauchte Fuzzy neben mir auf, ein klarer Bruch der neuen Regeln. »Nein!«, blaffte ich und packte ihn mit einer Hand am Halsband, um ihn wieder hinter den Schlitten zu befördern. »Du bleibst hier. Platz!« Fuzzy sah mich empört an, blieb aber tatsächlich sitzen.

Wenig später hatte ich auch die anderen Hunde angespannt, das Team war komplett. Fuzzy hatte offenbar kapiert, was ich von ihm erwartete, vielleicht war er sich ja der Gefahr bewusst. Auch für mich wurde es jetzt spannend: Bubbles kannte meinen Weg durch den Wald nicht, und da warteten durchaus ein paar anspruchsvolle Kurven auf uns, um es vorsichtig zu formulieren. Die Hunde zerrten bereits mit aller Macht am Schlitten, sie waren kaum noch zu bremsen. Ob es wirklich so klug gewesen war, die gesamte Strecke zu meiner Hütte gleich mit vier Schneemobilen zu spuren? Ein weicherer Untergrund hätte die Fahrt wenigstens ein bisschen verlangsamt. So aber war die Route hart und glatt, die perfekte Rennstrecke für meine wilde Bande. Don war immer noch damit beschäftigt, Ausrüstung vom Schlitten zu laden. »Das wird eine verdammt schnelle Reise«, sagte ich, und Don nickte.

»Die Hunde sind echt fit, und sie wollen laufen. Wird 'ne Weile dauern, bis du sie an ein normales Tempo gewöhnt hast. Sind halt Hunde, die für Schlittenrennen gezüchtet wurden«, knurrte er und zog seinen rechten Handschuh aus, um mir zum Abschied die Hand zu geben: »Na dann, viel Glück.«

Er machte meine Extraleine von seinem Schneemobil los, und ich konnte spüren, wie die geballte Kraft der Hunde meinen Schlitten zittern ließ. Also: Anker los und ab. Die wilden sechs schossen sofort los, und ich hing hinten am Haltegriff wie ein Familienvater, den man gegen seinen Willen auf dem Rummel in die Achterbahn gesetzt hat. Die Hunde rasten den ersten Anstieg hoch, ohne Fahrt zu verlieren, im Gegenteil, sie schienen sogar noch schneller zu werden. Der Schlitten flog nur so über den schmalen Weg. »Easy!«, brüllte ich und trat auf die Bremse. Zu meiner Erleichterung gehorchte Bubbles tatsächlich und trabte mit einem vertretbaren Tempo weiter. Aber wenig später verschärfte sie die Gangart wieder, ohne dass ich das Kommando dazu gegeben hätte, bis wir erneut im vollen Galopp über den harten Schnee preschten. Ich kam mir vor, als würde ich mit einem Ferrari über einen Feldweg rasen. Der Schlitten bockte und schleuderte hinter den Hunden her, dass ich es nur so gerade eben schaffte, mich festzuhalten. Als die Hunde den nächsten Hügel hinaufzischten, rutschte ich mit den Füßen von den Kufen. Ich klammerte mich an meinen Griffen fest und versuchte, mich wieder hochzuziehen, doch die wilden sechs rasten mit einer solchen Geschwindigkeit weiter, dass ich keine Chance hatte. Auf die Beine kam ich zwar, immerhin, aber es war wie auf einem Laufband, das außer Kontrolle immer schneller unter mir durchsauste. Ich rannte und stolperte hinter meinem eigenen Schlitten her, bis mich der Schnee schließlich von den Füßen holte. In der nächsten Kurve rutschte der Schlitten aus der Bahn und landete in einem dick eingeschneiten Busch. Die Hunde blieben stehen, endlich, und keuchend rammte ich den Anker in den Boden. Fuzzy sprang auf meinen Rücken und bellte. *Los, weiter!,* sollte das wohl heißen. Ich stand auf, zog den Schlitten aus dem Gebüsch und stellte ihn wieder in die Spur. Einmal noch durchatmen, dann nahm ich meine Position auf den Kufen ein. »Also, los«, seufzte ich und zog den Anker. Weiter ging die wilde Fahrt.

Eine enge Kurve in schwierigem Gelände zu nehmen, ist für einen Musher wahrscheinlich die größte Herausforderung überhaupt. Weil das Gespann so lang ist, sind die Hunde schon längst um die Kurve, wenn der Schlitten gerade erst dort ankommt. Der Instinkt sagt einem, dass man hart auf die Bremse treten sollte, doch das ist das Verkehrteste, was man in einem solchen Moment tun kann. Wenn nämlich plötzlich mehr Spannung auf die Zugleine kommt, reißt es den Schlitten einfach aus der Bahn, und wenn der Musher Pech hat, wird er gegen einen Baum geschleudert oder von Ästen durchbohrt. Besser also, man überwindet die instinktive Reaktion und stemmt sich mit dem ganzen Gewicht auf die außenliegende Kufe. Man muss sich eben darauf verlassen, dass einen die Hunde sicher aus der Kurve ziehen, ganz einfach.

Dieses Experiment hatte ich noch einige Male zu bestehen, bis wir das Camp erreichten. Meine Erleichterung war so groß, dass ich am liebsten erst mal im Schnee liegengeblieben wäre. Doch auch wenn mein Knie wieder schmerzte, blieb keine Zeit zum Ausruhen. Ich musste für die Hunde ein provisorisches Lager einrichten, das wenigstens so lange hielt, bis ich den Rest meiner Ausrüstung vom Fluss nachholen konnte. Im Licht meiner Stirnlampe sah ich große Flocken wirbeln, die Hunde würden in der ersten Nacht im Freien also keinem unerträglichen Frost ausgesetzt sein. Ich schnallte meine Schneeschuhe an, schlug das Buschwerk um die sechs schlanken Erlen hinter meiner Hütte weg und lief ein paarmal um jeden einzelnen Baum herum, um den Schnee plattzutrampeln. Jetzt noch ein paar Fichtenzweige angeschnitten, die den Hunden als Matratze dienen sollten, und fertig war mein Husky-Camp. Eines nach dem anderen befreite ich meine rasenden Zugtiere aus ihrem Geschirr und band sie jeweils mit einer Leine an ihren eigenen Baum. Interessiert beschnüffelten sie ihr neues Zuhause und hoben gleich das Bein, um ihr Revier zu markieren. Ich stellte ihnen einen Napf mit Futter hin, das innerhalb weniger Sekunden verschlungen wurde. Dann rollten sich die Hunde auf ihren Fichtenbetten zum Schlafen zusammen. Mir wurde schon vom Zuschauen eisig kalt.

Als ich in meinem warmen Schlafsack lag, flackerten noch einmal die Bilder des wilden Ritts vor meinem geistigen Auge auf. Ich sah die Rücken der Hunde vor mir, wie sie unbändig voranstürmten, und die viel zu engen Kurven meiner Route zum Camp. Hörte das leise Klirren und Knarren des Geschirrs und das Surren der Kufen im Schnee. Spürte noch einmal die Leichtigkeit, mit der wir dahinzischten, wo ich mich noch im Sommer so gequält hatte. Ausgedörrt und von Mücken umschwirrt war ich da über den langen Weg zu meinem Zelt gestapft, das sich mal mehr und mal weniger sanft im Wind blähte. Dann erloschen die Bilder, und ich fiel in einen tiefen, traumlosen Schlaf.

Kapitel 38

WENN WÖLFE RAUNEN

Bis zum Einbruch der nächsten Nacht war mein Eisklotz von einer Hütte weitgehend aufgetaut und fühlte sich fast schon wie ein echtes Zuhause an. Auch für die Hunde wurde es gemütlicher; ich baute ihnen kleine Hütten, und zur besseren Isolierung gegen die Kälte bekam jedes kleine Häuschen eine dicke Haube aus Schnee. Das große Fass, das ich für die Zubereitung des Hundefutters verwendete, stellte ich direkt hinter meinem Blockhaus auf. Den Topf ständig am Köcheln zu halten, bescherte mir allerdings einen deutlichen Anstieg bei meinem Holzverbrauch, was dazu führte, dass ich erst einmal tagelang damit beschäftigt war, mehr Brennmaterial heranzuschaffen. Immerhin hatte ich jetzt die Hunde, die mir helfen konnten, die Stämme zum Lager zu ziehen. Dort sägte ich sie in ein handliches Format und schlug sie mit der Axt zu kleinen Scheiten, die ich neben der Hütte stapelte. Es dauerte eine Weile, bis ich einen guten Rhythmus gefunden hatte, doch dann machte mir die harte Arbeit regelrecht Freude.

Meine Tage begannen damit, dass ich die Hunde vor ihren Schlitten spannte, um mit ihnen runter zum See zu fahren, wo ich sie dann zehn Minuten mit vollem Tempo rennen ließ. Einmal am Tag mussten sie sich richtig austoben können. Wenn sie sich wieder beruhigt hatten und in einen gemächlicheren Trott verfallen waren, lenkte ich den Schlitten zum hinteren Ende des Sees, um mich erneut an die Holzfällerei zu machen. Am Rand meines Fichtenhains schlug ich zwei Anker in das Eis des Sees, einen zwischen den beiden Hunden ganz vorne im Gespann und einen zweiten hinten neben dem Schlitten. Denn ich hatte aus schlechter Erfahrung gelernt: Einmal hatte ich nur einen Anker gesetzt, und da war Bubbles einfach in die Gegenrichtung losgelaufen, am Schlitten vorbei, die anderen Hunde hinterher, und so hatten sie den Schneeanker ohne Probleme aus dem Boden gerupft. Zum Glück hatten sich meine wilden sechs dann mit der Zugleine in einem Busch verheddert, sonst hätte ich sie kaum wieder eingeholt.

Der Schnee lag an manchen Stellen zweieinhalb Meter hoch, weshalb ich beim Holzfällen in bewährter Manier vorging. Erst ein paar Zweige abschneiden und in Fallrichtung ausbreiten, damit der Baum nicht im lockeren Schnee versank, dann war die Axt dran. Damit ich bei der Arbeit nicht ins Schwitzen geriet, trug ich selbst bei minus 30 Grad nur leichte Kleidung. Pullover und dicke Jacke waren allerdings immer griffbereit – sobald ich eine Pause einlegte, musste ich schnell eine Extralage drüberziehen, wenn ich nicht auskühlen wollte. Ich sägte die Stämme an Ort und Stelle in kürzere Stücke, etwa zweieinhalb Meter lang, die gerade so schwer waren, dass ich sie noch auf der Schulter zum Schlitten tragen konnte. Das Holz wurde hinten am Schlitten festgebunden und dann, jeder Stamm einzeln, von den Hunden zurück zum Camp geschleppt. Sie lernten schnell, dass sie diesen Job am besten ruhig und langsam angingen, und schienen an ihrer neuen Rolle als Lastenträger sogar Gefallen zu finden.

Das Schönste an meiner Arbeit, das muss ich zugeben, war allerdings die Vorstellung, dass abends eine gemütliche und warme Hütte auf mich wartete, und ich schaute tagsüber immer wieder sehnsüchtig in Richtung Camp. Wenn es richtig kalt war und der Himmel klar, konnte ich die dünne Rauchsäule von meinem Schornstein nämlich schon aus großer Entfernung ausmachen. Bevor ich morgens losging, setzte ich den Topf mit meinem Abendessen auf, Bohnen und Speck, und ließ das Ganze den Tag über köcheln. Der Gedanke, dass mein Essen auf mich wartete, wenn ich abends von der Arbeit zurückkam, machte mich immer wieder froh. Es war in der Regel finstere Nacht, bis ich mich schließlich auf den Rückweg machte. Wenn ich Glück hatte, schenkte mir der Mond sein Licht für die Fahrt auf meinem hartgefrorenen Pfad, und gelegentlich funkelten sogar die Nordlichter. Zurück im Camp band ich als Erstes die Hunde fest, um mich dann an die Zubereitung ihres Futters zu machen. Sie japsten und jaulten schon vor Freude, wenn ich nur mit Holz und Zunder ankam, um ihren Ofen anzuschmeißen. Sobald das Feuer brannte, kamen die üblichen Zutaten in den Topf: ein paar Schaufeln Schnee, reichlich Reis, kleingehackter Fisch und die Reste von meinem letzten Schneehuhn.

Der Geruch der Pampe trieb die Hunde fast in den Wahnsinn, aber ich war noch nicht ganz fertig. Komplett in einen übel nach Fisch stinkenden Nebel eingehüllt rührte ich mit meinem Löffel in dem großen Topf, der in der Kälte so viel Dampf produzierte, dass ich meine Hände kaum sehen konnte, geschweige denn die Stücke Huhn oder Hecht, die immer mal wieder an der Oberfläche auftauchten. Als das sonderbare Gericht fertig war, schöpfte ich es mit der Kelle in einen Eimer und gab noch mal eine Schaufel Schnee dazu, damit sich die Hunde an dem heißen Brei nicht die Schnauze verbrannten. Jeder bekam eine ordentliche Portion in seinen Napf, und wie ausgehungerte Haie machten sie sich über das Futter her. Anders als Fuzzy teilten sie sich nicht ein, was sie hatten, sie hoben nicht einen Bissen für später auf, sondern verschlangen auch die größeren Brocken, ohne lange zu kauen. Mich machte der Anblick froh, denn es war gut zu wissen, dass sie jetzt eine warme Mahlzeit im Bauch hatten, wenn sie sich in ihre Hütten zurückzogen.

Kaum war ich durch den Schnee zurück zu meiner Hütte gestapft, begann der erste Hund zu heulen. Dann hörte ich das leise Klirren einer Kette, der nächste war aus seiner Hütte gekommen und stimmte sofort in das Gejaule ein. Einer nach dem anderen kroch noch einmal aus seinem Loch im Schnee, um in diesem schaurigen Chor mitzusingen. Von erfahrenen Waldläufern hatte ich gehört, dass sich die Hunde so für ihr Futter bedankten, ein »howlankyou« nannten sie das in Alaska, ein gejaultes »thank you«. Ich bin oft wieder aus meinem Haus gekommen, um mir das anzuhören. Vorsichtig, damit sie mich nicht zu sehen bekamen, denn sonst wäre sofort Schluss gewesen mit dem schrägen Geheul.

In meinem alten Leben als Büroklammer hatte ich nicht viele Glanzleistungen zustande gebracht, und wenn ich doch einmal Lob von meinen Chefs erntete, bedeutete es mir nicht viel. Doch hier in der Wildnis hätte ich vor Freude heulen können, wenn ich neben meiner Hütte stand und dem Jaulen der Hunde lauschte. Ihre Serenade der Dankbarkeit bedeutete mir in diesem Augenblick mehr als alles andere auf der Welt. Ich wusste, dass es meiner wilden Bande gutging. Und morgen würden sie für mich wieder rennen und rennen und rennen.

Als die Versorgung der Hunde zur Routine geworden war und ich genug Holz geschlagen hatte, um die nächsten Wochen ausreichend heizen und Hundefutter kochen zu können, wandte ich mich dem nächsten wichtigen

Projekt zu: Ich brauchte einen besseren Weg durch den Wald, eine spezielle Winterroute sozusagen, denn der Pfad, den ich im Sommer freigeschlagen hatte, war für die Fahrt mit dem Hundegespann zu eng und zu kurvig. Der neue Weg sollte schwieriges Gelände umgehen und nur auf der letzten halben Meile durch bewaldetes Gebiet führen. Klar, ich musste für den geplanten geraden Streckenverlauf einen Umweg in Kauf nehmen, aber mit den Hunden würde ich dafür viel schneller unterwegs sein können als zu Fuß. Also stapfte ich jeden Tag mit meinen Schneeschuhen los, um die neue Spur in den Schnee zu treten. Mein Werkzeug – Kettensäge, Axt und Sandvik – zog ich auf meinem kleinen Handschlitten hinter mir her. Runter zum See, übers Eis zu dem Weidenhain am Westufer und von da aus weiter zum Fluss, Fuzzy immer direkt an meinen Fersen. Über Nacht sorgte der Frost dafür, dass mein neuer Weg eine schöne, feste Oberfläche bekam, und wenn es schneite, trat ich den Neuschnee am Tag darauf wieder fest. Jeden Tag zog ich morgens im Dämmerlicht los, und abends kehrte ich im Mondlicht zu meiner Hütte zurück, an den Wimpern kleine Perlen aus Eis.

Das schwerste Stück Arbeit war es, mir einen Weg durch einen unheimlichen Weidenwald zu bahnen, in dem die Bäume wild durcheinanderwuchsen. Ursache für das Chaos waren offenbar Elche, die hier regelmäßig geweidet und die jungen Bäume dabei so zur Seite gedrückt hatten, dass sie völlig schief und krumm geworden waren. Das Ganze taugte perfekt als Kulisse für einen Horrorfilm, so etwas wie *The Legend of Sleepy Hollow* hätte man hier prima drehen können. Gelegentlich ist mir schon ein Schauer über den Rücken gelaufen, wenn ich von meiner Arbeit aufblickte und die verkrüppelten und mit Eis überzogenen Äste im Mondlicht sah, die förmlich nach mir zu greifen schienen. Natürlich hatte ich die Geschichten über die Waldmenschen gehört, einen verlorenen Stamm von Ureinwohnern, der tief im Landesinneren hausen sollte. Wenn die Männer Frauen brauchten, hieß es in diesen Gruselstorys, zögen diese Wilden los und raubten die Frauen der braven Bürger Alaskas.

In einer besonders finsteren, mondlosen Nacht war ich einmal auf dem Rückweg zu meiner Hütte, als mich ein seltsames Geräusch aufschreckte: ein Flüstern, ein Raunen, das immer wieder kurz zu einem Crescendo anschwoll und dann wieder verebbte. Der gespenstische Chor schien aus der Richtung des Camps zu kommen. Bei Fuzzy, der direkt neben mir stand, sträubte sich das Fell. Es konnte eigentlich nur das Wolfsrudel sein, auch wenn ich von Wölfen noch nie solche Laute gehört hatte. Das Raunen klang wirklich fies, ein Mantra der Bösartigkeit. Wie gebannt stand ich da und lauschte, als vor meinem geistigen Auge plötzlich meine Leithündin Bubbles erschien. »Ach, du Scheiße«, rief ich aus, »die Hunde!« Sie waren festgebunden, konnten sich nicht wehren und nicht weglaufen. Hatte Glenn nicht davon erzählt, wie Wölfe auf Schlittenhunde losgehen würden und sie an den Leinen in Stücke rissen? Ich lief los, so schnell es mit den Schneeschuhen an den Füßen nur ging. Das Murmeln wurde stärker, je näher ich an das Camp kam, und ich war bereit, alles und jeden über den Haufen zu schießen, der meine Hunde bedrohte. Ich rechnete mit dem Schlimmsten, als ich meine Hütte erreichte, und war innerlich schon auf ein wahres Blutbad vorbereitet, doch dann sah ich zu meiner Erleichterung, dass die Hunde unversehrt waren. Kaum war ich im Lager, verstummte das mysteriöse Raunen. Doch die Wölfe mussten schon sehr nahe gewesen sein. Mit Sicherheit hatten sie Witterung von meinen Hunden gehabt, und auch der fischige Gestank ihres Futters dürfte ihnen kaum entgangen sein. Das üble Aroma breitete sich bestimmt im ganzen Wald aus, es war wie eine Einladung an alle hungrigen Kreaturen da draußen. Der Winter im Binnenland von Alaska war für alle Tiere hart, und was ich hier jeden Abend in meinem Fassofen zusammenrührte, muss für viele Waldbewohner unwiderstehlich lecker gerochen haben.

Für mich selbst kochte ich an diesem Abend mein Standardessen: Pasta mit gebratenen Schenkeln vom Schneehuhn. Anschließend genehmigte ich mir einen ordentlichen Schluck Whisky und schlüpfte in meinen Schlafsack. Ich lag lange wach und starrte den Firstbalken über mir an. War das gespenstische Flüstern wirklich von den Wölfen gekommen? Ich dachte an die vielen Meilen dunklen Wald, die meine kleine Hütte umgaben, und fragte mich, welche Überraschungen in der Wildnis wohl sonst noch lauern mochten. Es gibt viele Legenden, wer außer den Wölfen noch sein Unwesen treibt im Binnenland Alaskas, und in manche Gegenden trauen sich selbst die Einheimischen bis heute nicht. Don hatte ich mal gefragt, was er über die Waldmenschen wusste, die hier angeblich unterwegs sein sollten. Damals hauste ich noch in meinem Zelt und fühlte mich verständlicherweise ungeschützter und angreifbarer als jetzt in der festen Hütte. »Yeah. Manche Leute glauben fest daran, dass es diese Waldwesen gibt«, hatte er gesagt. »Ich gehöre nicht dazu, aber es gibt nicht wenige, die fest von ihrer Existenz überzeugt sind.«

»Hast du mal jemanden getroffen, der so einen Waldschrat gesehen hat?«, fragte ich.

»Klar«, meinte Don. »Reichlich.«

Die Stille, die folgte, genügte mir als Antwort nicht: »Und?«

»Nun, die meisten können es nicht ab, wenn man sich über sie lustig macht. Ich habe mal erlebt, wie einer mitten im Gespräch aufstand und das Haus verließ, weil man ihn nicht ernst nahm. Angeblich hatte er wegen eines Waldmenschen Haus und Hof verloren. Musste mit seiner Familie fliehen, hat er gesagt.«

»Was war denn passiert?«

»Es hatte wohl damit angefangen, dass Fleisch aus der Räucherkammer verschwunden war. Und dann saß er eines Abends mit der Familie beim Essen, als Steine auf sein Dach prasselten. Sie rannten vor die Tür, um nachzusehen, was los war. Und da soll dann der Waldmensch auf einer Anhöhe gestanden haben. Mit einer Steinschleuder.«

»Aber du glaubst doch kein Wort davon, oder?«

»Ach, dieses Land ist verdammt groß, und so genau kann man nie sagen, wer oder was sich da rumtreibt. Nur eines kann ich mit Gewissheit sagen: Alles, was kreucht und fleucht, hinterlässt Spuren. Und irgendwann auch eine Leiche oder einen Kadaver. Und ich habe bis jetzt beides nicht gesehen – weder Spuren noch sterbliche Überreste.«

Auch später habe ich immer wieder von unheimlichen Gestalten gehört, die Angst und Schrecken verbreiteten, aber ich konnte den Verdacht nicht abschütteln, dass es möglicherweise eine sehr einfache Erklärung für die »übernatürlichen« Phänomene gab – dass sie nämlich nur eine besonders geschickte Tarnung für gewöhnliche Verbrecher waren. Andererseits war auch an der Erklärung etwas dran, die ich von einem erfahrenen Musher gehört habe: dass die Leute einen Bären sehen und ihn für einen unheimlichen Waldmenschen halten. Wenn ein Bär auf seinen Hinterbeinen steht, sehen seine Bewegungen aus der Entfernung aus wie bei einem Menschen. Etwas langsamer vielleicht, etwas ungelenker, aber schon so, dass man sich bei schlechten Sichtverhältnissen nicht ganz sicher sein konnte. Mir war es ja selbst auch einmal passiert, dass ich die Gestalt vor mir im Wald für einen Jäger gehalten hatte. Dazu kamen dann noch Witzbolde wie der Freund von Charlie, der sich einen Spaß daraus machte, in einem Gorillakostüm durch den Wald zu spazieren. Mit schöner Regelmäßigkeit gingen wenig später aus dem ganzen Dorf Meldungen ein, man habe einen Waldmenschen gesichtet. Selbst Glenn ist einmal auf den Gorilla hereingefallen, als das haarige Ungeheuer plötzlich unter einer Bootsplane hervorkam; er soll vor Schreck einen Satz wie eine aufgescheuchte Gazelle gemacht haben. Don und Charlie haben den Hobby-Gorilla gewarnt, und nicht nur einmal, dass er irgendwann von einem Jäger zur Strecke gebracht werden würde, wenn er so weitermachte.

Viele der Geschichten, die über Waldmenschen kursierten, konnte man also getrost als Spinnereien abhaken. Doch es waren auch immer wieder Berichte von erfahrenen Jägern und Trappern zu hören, die schworen, dass sie wirklich einer solchen Gestalt begegnet waren. Als ich an diesem Abend meine Augen schloss, hatte ich jedenfalls noch immer dieses unheimliche, düstere Raunen im Ohr.

Kapitel 39

DER HUND VOM BOSS

Sobald meine Wege gut gespurt und fest waren, begann ich damit, die Hunde zu trainieren. Sie durften auch über längere Distanzen, wenn es etwa ins 50 Kilometer entfernte Galena ging, nicht schlappmachen. Das Eis auf dem Fluss wurde unsere Trainingsbahn, und jeden Tag ließ ich die Hunde ein Stück weiter laufen, bis wir an den Yukon gelangten. Offenbar tat es ihnen gut, sich zu verausgaben, denn sie kehrten jedes Mal zufrieden hechelnd und mit dem Schwanz wedelnd ins Camp zurück. Mit der Zeit lernte ich die Eigenheiten der einzelnen Hunde kennen und baute zum gesamten Team eine Beziehung auf, die vielleicht am ehesten mit dem Verhältnis zu vergleichen ist, wie es zwischen einem Klassenlehrer und seinen Schülern herrschte … im frühen 19. Jahrhundert.

Die Hunde wollten für mich arbeiten, und obwohl sie mich mochten und wussten, dass ich sie ebenfalls gernhatte, spielte auch Angst eine gewisse Rolle: Wenn es sein musste, konnte ich streng sein, und das hatten sie gelegentlich auch schon zu spüren bekommen. Glenn hatte mir immer wieder eingeschärft, dass ich von Beginn an unmissverständlich klarmachen musste, wer das Sagen hat. Wenn ein Hund trödelte oder nicht ganz bei der Sache war, wurde er sofort diszipliniert. Mit Bubbles hatte ich mich auf Anhieb gut verstanden, und das war wichtig, denn als Leithündin war sie so etwas wie der Erste Offizier in meiner Crew. Sie sprach am besten auf meine Befehle an, wenn ich nicht laut brüllte, sondern ruhig im Ton blieb. In schwierigerem Terrain feuerte ich sie an, mit kurzen Rufen, ohne dabei gleich in den Bass der lauten Kommandos zu verfallen. Es war immer wieder erstaunlich, was ich mit einer freundlichen Ansprache erreichen konnte. Die Hunde zogen spürbar an, legten sich noch mehr ins Zeug, als sie es ohnehin schon taten. Wenn es hart wurde, an steilen Hängen oder auf weichem Untergrund, brauchten sie jedenfalls sanften und positiven Zuspruch. Schimpfen und fluchen war hingegen Gift für die Motivation – die Hunde verloren sofort an Elan und Energie.

Der Platz neben Bubbles gehörte Sprite, einer schneeweißen Hündin mit einer positiven Energie, wie ich sie bei einem Hund selten gesehen habe; ihre Energiereserven waren schier unerschöpflich. Wäre sie als Mensch auf die Welt gekommen, könnte ich sie mir gut als Tennisspielerin vorstellen: attraktiv, immer gut gelaunt, vielleicht nicht gerade superklug, aber auf jeden Fall perfekt durchtrainiert. Sprite gab niemals auf, nicht bei Tiefschnee oder bei Gegenwind, selbst in einem ausgewachsenen Schneesturm verzagte sie nie. Hinter Bubbles und Sprite kamen Spot und Lefty. Spot lief links im Geschirr und war der Jüngste im Team, fast noch ein Welpe. Einfach nur zu traben, was auf langen Strecken unerlässlich war, kam für ihn nicht infrage, er wollte immer mit maximaler Kraft rennen und brachte mit seinem Galopp das ganze Team aus dem Rhythmus. Aber ich hatte ihn mit seiner ungestümen Art in mein Herz geschlossen. Er war bei einem bekannten französischen Musher groß geworden, für den er im Süden Alaskas Touristen über die Gletscher gezogen hatte. Mit seinem extrem dicken Fell war er eigentlich nicht die ideale Besetzung, wenn man schnell fahren wollte, aber seine Kraft und sein Enthusiasmus waren wirklich außergewöhnlich. Rechts neben ihm hatte ich den erfahrensten Hund angespannt, Lefty. Selbst wenn alle anderen aufgeregt kläfften und jaulten, blieb er absolut gelassen, was mich immer wieder schwer beeindruckt hat. Lefty hatte schon dreimal den Yukon Quest* absolviert und reichlich erstklassigen Nachwuchs gezeugt, wie mir Glenn versichert hatte. Nur gestreichelt oder gekrault zu werden, war so gar nicht seine Sache: Wenn ich die Hand nach ihm ausstreckte, machte er einen Satz zur Seite und schaute mich beleidigt an, als wollte er sagen: »Hey! Ich bin hier, um zu laufen. Wenn du ein Kuscheltier brauchst, versuch's mal mit 'ner Katze.« Auch als Wachhund war er super – und immer der Erste, der sich bellend aufrichtete, wenn er Gefahr witterte. Er hatte schon viel erlebt, und vielleicht war er als junger Hund einmal Zeuge geworden, wie sich ein Wolf ins Camp geschlichen hat.

Der Yukon Quest zählt zu den längsten und härtesten Schlittenrennen der Welt; er führt vom kanadischen Whitehorse bis nach Fairbanks in Alaska – über 1600 Kilometer, durch schwierigstes Gelände. Je nach Wetter sind die Musher zwischen zehn und zwanzig Tagen mit ihrem Gespann unterwegs.

Hinter Lefty rannten Blackie und Brownie auf der so genannten Radposition direkt vor dem Schlitten, die die Hunde extrem beansprucht. Wie der Stoßdämpfer im Auto federn sie die Schläge im Gespann ab, wenn der Schlitten auf Lastwechsel mit einem plötzlichen Ruck reagiert. Dabei war Blackie eher klein und schmächtig, eigentlich nicht die Sorte Hund, der man diesen schwierigen Job zutraut. Als ich bei Glenn auf dem Hof das erste Mal auf sie zukam, hat sie sich sogar schüchtern in ihrer Hütte versteckt. Aber sobald man sie vor den Schlitten spannte, verwandelte sich Blackie in eine wahre Zugmaschine, die niemals schwächelte. Einen zäheren Hund gab es im ganzen Team nicht. Brownie wiederum war der größte und auffälligste Hund im Gespann. Er war es, der bei Glenn auf dem Hof von dem aggressiven Dingo attackiert worden war. Wie Spot war er nicht zu bremsen; sowie der Anker aus dem Boden kam, jagte er los. Nur dass man bei ihm nicht mit jugendlicher Unerfahrenheit argumentieren konnte; sein Verhalten war schlicht nicht zu erklären. Schwieriger fand ich allerdings, dass er einer von diesen Hunden zu sein schien, die eine extrem unterschiedliche Tagesform demonstrierten: Mal zog er mit voller Kraft, mal ließ er sich hängen. Als wir einmal nachts von einem Trainingslauf auf dem Eis zurückkamen, sah ich im Licht meiner Stirnlampe, dass Brownie seitlich ausgeschert war und sich von den anderen Hunden, die bestimmt genauso müde waren wie er, mitziehen ließ. Aber was sollte ich tun? Anhalten und ihn aus dem Geschirr nehmen, um ihn auf dem Schlitten mitfahren zu lassen? Dann hätte ich dasselbe Problem am nächsten Tag garantiert wieder erlebt. So gönnte ich den Hunden eine kurze Rast, was auch nicht richtig funktionierte, denn die anderen Hunde wollten keine Pause, sie schauten mich geradezu angewidert an. Also zog ich den Anker aus dem Schnee, doch nun klappte Brownie endgültig zusammen. Erneut hielt ich den Schlitten an und legte eine längere Ruhezeit ein, in der ich Brownie gut zuredete und ihn ausgiebig kraulte. Als wir schließlich im Lager ankamen, sprangen alle aufgeregt kläffend um mich herum, weil sie es kaum erwarten konnten, dass ich ihnen ihre Gourmetpampe servierte – nur Brownie stand vollkommen ausgepumpt da. Jetzt tat er mir fast schon ein wenig leid, aber meine Empathie allein würde ihm auch nicht weiterhelfen. Er wurde im Team gebraucht, also musste er eben noch härter trainieren, wenn er mithalten sollte.

Sein Napf mit Schneereisfischsuppe munterte ihn ein bisschen auf. Ich schaute ihm zu, während er seine Portion vertilgte, und fragte mich, warum sich ein derart kräftiger Hund im Gespann so anstellte. Vielleicht war die Antwort sehr einfach – er war nicht clever genug, um den Deal zwischen dem Musher und seinen Hunden zu verstehen: Wenn sich die Hunde abrackern, bekommen sie Futter. Je näher sie ihrem Ziel kamen, desto schneller rannten sie, weil sie mit ihrer Belohnung rechnen durften. Nur bei Brownie war das anders. Am Ende eines Tages, wenn er langsam müde wurde, hatte er längst vergessen, warum er eigentlich gerannt war – und dass im Camp ein voller Fressnapf auf ihn wartete.

Immerhin machte sich unser Training auch bei Fuzzy bemerkbar, der unermüdlich hinter den Kufen des Schlittens herwetzte. Die nahrhafte Fischpampe schien ihm bestens zu bekommen, denn sein langes helles Fell glänzte heller als je zuvor. Wenn ich unterwegs eine Pause einlegte, um jedem Hund ein paar Streicheleinheiten zu gönnen und ihnen den Schnee aus den glücklichen Gesichtern zu wischen, blieb er immer auf Distanz. Er lehnte sich gegen den Schlitten, knabberte das Eis zwischen seinen Fußballen weg und warf uns nur gelegentlich einen verächtlichen Blick zu. Dass er den Macker markierte, hatte einen guten Grund: Einmal hatte ich nicht aufgepasst, und er war versehentlich in Brownies Reichweite geraten. Ich wollte ihn schon aus der Gefahrenzone ziehen, aber dann entschied ich mich im letzten Moment, dass er diese Erfahrung einmal selbst machen sollte. Es war keine gute Idee, sich mit einem Schlittenhund anzulegen, schon gar nicht mit einem großen Exemplar, wie Brownie es war. Ich trat einen Schritt zurück, jederzeit bereit, im Notfall dazwischenzugehen. Es wurde eine kurze und heftige Rauferei, die mit einem kapitulierenden Winseln endete. Nur war es nicht Fuzzy, der sich mit eingezogenem Schwanz zurückzog, sondern Brownie, der Riesenhund. Fuzzy knurrte triumphierend und schüttelte sich den gefrorenen Hundesabber aus dem Fell. Seine Botschaft an den Rest der Truppe war unmissverständlich: *Da seht ihr's mal: Ich bin der Hund vom Boss. Vergesst das nicht.*

Einmal schleuderten wir mit dem Schlitten über eine derart buckelige Passage, dass mein Schneeschuh vom Schlitten fiel. Ich bremste, doch wir kamen erst 50 Meter weiter zum Stehen, und den Anker konnte ich auch nicht ins Eis schlagen, weil der Boden an dieser Stelle einfach zu hart gefroren war. Ich schaute erst zurück zu meinem Schneeschuh und dann runter zu Fuzzy. »Los, hol ihn!«, sagte ich, und er flitzte sofort los. Mit dem sperrigen Ding quer im Maul kam er wieder zurück, sichtlich zufrieden mit sich selbst. Ich zurrte den Schneeschuh auf dem Schlitten fest und sagte zu ihm: »Ich liebe dich, Fuzzy, weißt du das eigentlich?« Fuzzy antwortete mit einem hingebungsvollen Knurren. Er ließ seine Zunge aus dem Maul hängen, nur um sie sofort wieder mit einem schmatzenden Geräusch einzuziehen. Eine Geste der Zuneigung offenbar, die ich lange unerträglich gefunden hatte, aber inzwischen zu schätzen wusste. Von nun an übernahm Fuzzy offiziell die Rolle der Nachhut. Wenn etwas vom Schlitten fiel, war er dafür zuständig. Ohne dass es eines weiteren Kommandos bedurfte, sprintete er zurück, um einzusammeln, was sich selbstständig gemacht hatte. Ich musste nicht einmal anhalten - er übergab mir sein Fundstück im fliegenden Galopp, wie ein Läufer, der sein Staffelholz weiterreicht. Um mich war es damit geschehen: Der eingeschworene Katzenliebhaber war endgültig zum Hundefreund bekehrt.

Kapitel 40

LANGSTRECKE AUF KUFEN

Meine Vorräte an Lebensmitteln gingen zur Neige, und ich beschloss, dass die Hunde jetzt fit genug waren, um den weiten Weg ins Dorf zu schaffen. Ich stand früh auf und machte ihnen den Rest der Fischpampe vom Abend warm. Allerdings bekamen sie diesmal keine großen Stücke Fleisch oder Fisch dazu, sondern eine Extraschippe Schnee, damit sie ordentlich Flüssigkeit tanken konnten. Während der eisige Eintopf über dem Feuer warm wurde, packte ich den Schlitten. Meinen großen Tagesrucksack schnallte ich als Erstes fest; er enthielt alles, was ich zum Überleben in der Wildnis brauchte: Klamotten zum Wechseln, Proviant für fünf Tage plus drei Packungen mit Survival-Rationen, wie sie bei der US Army üblich waren. Außerdem natürlich extra Socken, Mützen und Handschuhe, eine Notfunkbake, wie sie Segler an Bord haben,* Karte, Kompass, Schlafsack und Biwak-Schutzhülle sowie meinen Heliografen. Auf dem Rucksack zurrte ich dann eine Schneeschaufel fest, eine Axt, eine Rolle Seil und meine 45/70er-Flinte, über deren Mündung ich einen von den Hundeschuhen gestülpt hatte, damit kein Schnee in den Lauf kam. Das Gewehr war so festgeschnallt, dass ich es mit

Solche Notfunkbaken *(oder EPIRBs: Emergency Position-Indicating Radio Beacon) gibt es in jedem Laden für den Yachtbedarf. Sie funken via Satellit ein Notsignal an die Rettungsleitstellen. Manche Geräte senden außerdem auf einer zweiten Frequenz ein Peilsignal aus, dem Suchtrupps folgen können.*

einem schnellen Ruck aus seiner gepolsterten Hülle ziehen konnte. In den Außentaschen meiner Jacke hatte ich Nylonschnüre verschiedener Längen verstaut, außerdem Gurte und Schnallen, um das Geschirr der Hunde zu flicken. Ersatzbatterien für mein GPS-Gerät steckte ich in die Innentaschen, damit sie auf Betriebstemperatur blieben. Und nicht zuletzt hatte ich wie immer in jede verfügbare Tasche Feuerzeuge, Streichhölzer und Zunder gestopft, um schnell Feuer machen zu können.

Nachdem ich den Schlitten bepackt hatte, schöpfte ich den Hunden ihre Suppe in die Näpfe und hackte noch ein paar Fische klein, als Reiseproviant für die Meute. Ich nahm nur die saftigsten Stücke, denn die enthielten am meisten Flüssigkeit und waren leicht und schnell zu verdauen. Zum Schluss zurrte ich ein langes Drahtseil auf dem Schlitten fest, das ich zwischen zwei Bäume oder Schneeanker spannen konnte, um die Hunde festzubinden. Man konnte sie nicht einfach in ihrem normalen Geschirr lassen – früher oder später würden sie das Gurtzeug durchkauen.

Endlich war ich so weit, die Hunde anzuspannen, und dabei fiel mir zum ersten Mal richtig auf, wie fit sie in den vergangenen Wochen geworden waren. Sie wirkten wie aufgeladen mit Energie und stemmten sich mit einer solchen Kraft ins Geschirr, dass die Gurte ächzten. Ich zog den Anker aus dem Schnee, den Fuß noch fest auf der Bremse, aber sie zogen so mächtig an, dass wir sofort eine tiefe Furche in den festen Schnee pflügten. »Na, dann los«, sagte ich leise und nahm den Fuß von der Bremse. Wir preschten mit einem Tempo los, dass mir angst und bange wurde. Wer hatte hier eigentlich die Kontrolle über die Fahrt? Ich schickte ein stilles Gebet an den Schutzpatron aller Musher-Greenhorns. 50 Meilen bis Galena, hoffentlich hielt ich das durch.

Irgendwie schaffte ich es, auch in den Kurven nicht von den Kufen zu fliegen. Wie ein Bob in seinem Eiskanal zischten wir im Slalom um die Bäume. Mit meinem gesamten Gewicht stemmte ich mich in den engen Biegungen auf die außenliegende Kufe und lehnte mich an meinem Handgriff so weit zurück, wie es ging. Wir zogen einen Schweif aus aufgewirbeltem Schnee hinter uns her, und ich spürte zum ersten Mal an diesem Tag eine pure und tiefe Freude. Als wir auf eine weite Lichtung kamen, wollten die Hunde noch einmal richtig aufdrehen, aber ich musste sie auf einen Trab runterbremsen, den sie den ganzen Tag durchhalten konnten. »Eaaaasy!«, rief ich und ließ meinen Fuß einen Moment auf dem Stollenpedal, damit absolut klar war, was ich wollte. Nahezu lautlos bewegten wir uns jetzt durch den Wald, das leichte Trappeln der Hundepfoten im Schnee war kaum zu hören, und auch von den Kufen des Schlittens war nur ein leises Surren zu vernehmen. Ich schaute immer wieder mal nach oben in die Bäume, wo ich die Konturen von Schneehühnern entdeckte; eigentlich schade, dass ich nicht zur Jagd gekommen war. Doch dann tauchte vor uns plötzlich ein riesiger dunkler Schatten auf. »Whoa!«, brüllte ich und trat mit voller Wucht auf das Bremspedal, sodass wir in einer Wolke aus Schnee zum Stehen kamen. Der Schatten kam auf uns zu: Es war ein gigantischer Elchbulle – und er blockierte unseren Weg. Ausweichen ging nicht, rechts wie links war der Schnee tief und pudrig-weich.

Ich steckte den Anker in den Schnee, die Hunde bellten wie verrückt und bäumten sich in ihren Gurten auf. Sie wären am liebsten sofort auf den Elch losgegangen. Zum Glück konnte sich das Riesenvieh nicht entscheiden, was es tun sollte, und starrte uns einfach nur an. Ich nutzte die Gelegenheit, um meine Knarre aus dem Schaft zu ziehen. Kurzer Test: Der Abzug war nicht festgefroren. Die Hunde kläfften noch lauter, und der Elch senkte seinen enormen Schädel. »Verdammte Scheiße!«, murmelte ich. Wenn ich jetzt nichts unternahm, würde er gleich meine Hunde platttrampeln. Ich entschied mich für die Brülltaktik, die mich schon einmal aus einer solchen Lage gerettet hatte: »Hau ab, Mann, verzieh dich, los jetzt!« Ich wedelte mit den Armen, aber der Elch ließ sich so leicht nicht verscheuchen, er legte lediglich den Kopf auf die Seite, als müsste er sich die Angelegenheit noch einmal genau überlegen. Das hatte ich jetzt davon, dass ich meinen Weg durch den Wald so schön gespurt hatte: Auch für die Tiere war es natürlich viel bequemer, auf der Straße zu bleiben, als durch den tiefen Schnee zu stapfen. Schnell ging ich meine Optionen durch: Ich konnte den Elch mit einem Schuss erlegen, das war kein Problem, und die Aussicht auf einen solchen Vorrat an Fleisch war durchaus verlockend. Nur war die Jagdsaison* leider vorbei, und das Gesetz sagte unmissverständlich, dass man das Fleisch in

Die Jagd auf Elche *ist in den meisten Regionen Alaskas auf die Monate September und Oktober beschränkt.*

einem solchen Notfall nicht anrühren durfte. Den Schlitten wenden und in die andere Richtung fahren konnte ich auch nicht, der Weg war zu eng. Wäre ich allein mit Fuzzy unterwegs gewesen, hätte ich den Hund links am Elch vorbeischicken können und wäre selbst rechts gegangen. Für den Elch sieht es dann aus, als wollten wir ihn umzingeln, wie es Wölfe tun, und er zieht in der Regel ab. Ein Warnschuss? Leider nicht auszuschließen, dass er dann erst recht auf uns losging. Aber meine Brüllerei brachte auch nichts, der Elch stand immer noch wie festgewurzelt auf unserem Weg. Ich beschloss, das Risiko einzugehen, lud mein Gewehr durch und feuerte einmal in die Luft. Einen Augenblick wirkte der Elch wie betäubt von der Explosion, dann drehte er sich langsam um und trottete davon. Die Hunde wollten ihm nachsetzen, doch der Anker hielt. Ich wartete, bis der Elch außer Sichtweite war, und entlud das Gewehr. Weiter ging's.

Die Wolken hatten sich verzogen, es versprach, ein klarer, kalter Tag zu werden. Ich war versucht, die Hunde anzutreiben, um schneller Strecke zu machen, aber es wäre unklug gewesen, die Tiere bereits am Anfang der langen Fahrt zu sehr zu strapazieren. Ich hielt kurz an, um eine Extralage Kleidung anzulegen, inklusive Sturmhaube, Schal und Skibrille. Die Hunde standen in einer Wolke ihres eigenen Atems, und die Feuchtigkeit legte sich wie Raureif über ihr Fell. In der Ferne sah ich einen Elch auf dem Eis, wo er eigentlich nichts verloren hatte. Ein deutliches Zeichen, dass ein Wolfsrudel in der Nähe war; denn dann suchten sich die Elche einen Flecken, wo sie freie Sicht in alle Richtungen hatten und nicht in Gefahr gerieten, von den Räubern überrascht zu werden.

Nach knapp zwei Stunden kamen wir an die Mündung des Flusses und sahen vor uns nur noch Weiß. Bis an den Horizont eine einzige weite Ebene, wir hatten den Yukon erreicht. Ich stoppte den Schlitten und verabreichte den Hunden ihre Fischration. Jeder bekam außerdem eine Streicheleinheit, und dann ging es gleich weiter. Es war zu kalt für eine längere Rast, und ich wollte nicht, dass die Hunde auskühlten. Wir fuhren über das Eis des Yukon, der an dieser Stelle bestimmt fünf Meilen breit war, in Richtung Osten. Zu meiner Rechten konnte ich in großer Entfernung Schneeverwehungen ausmachen, aus denen der Wind bizarre Skulpturen geformt hatte, und direkt neben unserer Spur schimmerten bläulich die Abdrücke im Schnee, die Füchse hinterlassen hatten. Es war bitterkalt auf dem Eis, und immer wenn sich die Kälte in meinem Gesicht schmerzhaft bemerkbar machte, folgte ich Dons Rat und deckte die Stelle mit einem Pelzfäustling ab, bis sie wieder aufgetaut war. Einmal nahm ich die Skibrille ab, um die Farben um mich herum in ihrem wahren Spektrum zu sehen, und probierte sogar aus, wie die Schneelandschaft durch meine Gletscherbrille aussah. Nur um festzustellen, dass sie mit ihrem Gestell sofort an meiner Haut festfror. Wütend stopfte ich sie wieder in eine der Jackentaschen. Wer zum Teufel war denn bloß auf die blöde Idee gekommen, so ein Gestell aus Stahl anzufertigen?

Weiter, immer weiter. Damit ich nicht einrostete auf der langen Fahrt, änderte ich regelmäßig meine Position hinten auf dem Schlitten. Manchmal stand ich sogar seitlich auf den Kufen, um bessere Sicht auf das Ufer zu haben. Der Himmel düster, der Fluss gefroren, das Land unter dem Schnee – ein großartiger Anblick. In Momenten wie diesem hätte ich am liebsten die Welt umarmt und mich dafür bedankt, dass sie meinen Traum von einem Leben in der Wildnis so wunderbar erfüllt hatte. Ich juchzte vor Freude, auch wenn die Tränen, die mir über die Wangen kullerten, sofort zu Eis wurden. Ich dachte an die sieben Hunde, die mich treu begleiteten, und dankte dem Schicksal gleich auch noch für das Vertrauen, das zwischen uns gewachsen war. Wir konnten uns aufeinander verlassen, unsere gemeinsamen Abenteuer hatten uns zusammengeschweißt, und wir waren in den vergangenen Wochen zu einem echten Rudel geworden. Wieder drosselte ich das Tempo, weil ich mir Sorgen machte, dass die Hunde sonst zu schnell ermüdeten.

Ich lehnte mich an meinem Handgriff zurück und schaute in den Himmel. Es war Nacht geworden, der Große Wagen zog bereits seinen weiten Kreis um den Polarstern. Meine Gedanken wanderten zu meinem Stiefvater, der vor nun dreizehn Jahren gestorben war, und zu meiner Mutter, die noch immer auf Mull lebte, allein, seit die Liebe ihres Lebens nicht mehr da war. In diesem Moment unter dem grandiosen Nachthimmel fragte ich mich, ob er wirklich ganz verschwunden war – oder ob da nicht doch noch etwas war, auch nach dem Tod. Und ich dachte an meine beiden Jungs, die ihr Leben in dieser rätselhaften Welt gerade erst begonnen hatten.

Sechs Stunden nachdem wir auf den Yukon eingeschwenkt waren, sah ich ein paar vom Wind gekrümmte Fichten am Ufer, die mir bekannt vorkamen: Four Mile Point, endlich. Wenig später kamen die ersten Lichter von Galena in Sicht. Mit großer Erleichterung steuerte ich den Schlitten die Böschung hinauf und über den Deich. Die Hunde waren jetzt wie auf Autopilot – die Strecke war ihnen bestens vertraut, und ich ließ sie einfach laufen. Neun Stunden waren wir unterwegs gewesen, aber ihnen war nichts anzumerken. Wirklich bewundernswert, zu welchen Leistungen diese Hunde fähig waren. Auf Glenns Hof befreite ich sie von ihrem Geschirr, band sie vor ihren Hundehütten fest und kochte ihnen noch eine große Portion ihres Schneefischeintopfs. Dann lud ich mir Rucksack und Gewehr auf den Rücken und marschierte los durch das unscheinbare kleine Dorf, um Don und seiner Familie einen Besuch abzustatten. Es war schön, wieder hier zu sein, doch gleichzeitig sehnte ich mich schon wieder nach meiner einsamen Hütte im Wald.

rechts
Wichtig sind die Pfade, die Guy präpariert hat – wie Straßen führen sie ihn durch die Wildnis.

oben
Zu den Hunden entwickelt er ein besonderes Verhältnis. Er lernt die Charaktere kennen und stellt so das Team zusammen.

oben rechts
Besonderer Höhepunkt ist für die Tiere die Fütterung mit einer übelriechenden Mischung.

TEIL

5

Es gibt eine Ekstase, die den Höhepunkt
des Lebens kennzeichnet … und über die hinaus
das Leben sich nicht steigern kann …
Diese Ekstase kommt über einen in der äußersten Hingabe
an das Leben, und in ihr vergisst man völlig,
dass man dem Leben verhaftet ist.

JACK LONDON, »RUF DER WILDNIS«

Kapitel 41

BIBERFANGEN FÜR ANFÄNGER

Erst kommt das Fressen, dann die Moral.
Bertolt Brecht

Die Kälte hatte meine Welt fest in ihrem Griff, und sie ließ den ganzen Januar über nicht mehr los. Ein enormes Hochdruckgebiet war aufgezogen, und das Thermometer stand nicht selten bei unter minus 50 Grad. Mit Ehrfurcht registrierte ich, was das für mein Leben bedeutete. Die Balken meiner Hütte knisterten wie Knäckebrot, wenn man es bricht, und wenn ich meine Wäsche draußen zum Trocknen aufhängte, wurde sie steif wie ein Brett. Obwohl ich eigentlich genug zu essen hatte, verlor ich in der Kälte weiter an Gewicht. Ich brauchte unbedingt fetthaltiges Fleisch, und das würde ich nur bekommen, wenn ich mich auf die Biberjagd machte. In der unbarmherzigen Kälte, die gerade herrschte, konnte ich mich allerdings nicht vor einem Biberbau auf die Lauer legen und warten, dass einer rauskam, den ich schießen konnte – so lange würde ich es draußen nicht aushalten. Ich musste wohl eine Falle bauen, dann schnell wieder in die Hütte zurück und am nächsten Tag nachschauen, ob ich einen Biber erwischt hatte.

Den ganzen Herbst über hatte ich eine Biberfamilie beobachtet, an die zehn Tiere, die fleißig an ihrem Bau gearbeitet hatten und immer wieder Zweige unter Wasser in ihre »Vorratskammer« gezogen hatten. Biber halten nämlich keinen Winterschlaf, sie müssen auch in der kalten Jahreszeit fressen. Wenn das Eis so dick ist, dass sie nicht aus ihrer Burg herauskommen, um auf Nahrungssuche zu gehen, machen sie sich über ihre Vorräte her, die sie im Herbst direkt vor ihrem Unterwassereingang verstaut haben, und nagen die Rinde von den Ästen. Ich hatte keine Ahnung, wie man die Nager in eine Falle locken konnte, und verbrachte Stunden damit, mir einen Plan zurechtzulegen. Biber waren sehr intelligent; es würde nicht leicht werden, einen zu fangen.

Dann kam der Morgen, an dem ich mich warm einpackte und mit Fuzzy loszog, um einen leckeren Köder zu suchen. Ich schaufelte den Schnee um eine appetitlich aussehende kleine Pappel weg und sägte sie kurz über dem Waldboden ab. Außerdem brauchte ich für meine Falle einen etwa einen Meter langen Stock, am besten Fichtenholz. Ich warf meine Baumaterialien auf meinen Handschlitten und machte mich auf den Weg zum See. Die Biberburg war schneebedeckt, doch über ihrem höchsten Punkt, über dem Dachfirst sozusagen, stand eine schmale Wolke wie aus einem Schornstein. Die Kammer, in der die Biber wohnten, lag direkt unter der Kuppel; von ihren Körpern stieg Wärme auf, die an der eisigen Luft sofort kondensierte. Bei dem Gedanken, wie sich die Biber da gemütlich in ihrem Bau zusammenkuschelten, kamen mir prompt Schuldgefühle: War ich nicht wie der kaltblütige Killer, der sich draußen vor der Hütte überlegte, wie er die nichtsahnende Familie massakrieren sollte, die sich drinnen am Herdfeuer wärmte? Aber dann dachte ich an den leckeren Eintopf, der schon bald bei mir auf dem Ofen köcheln würde, und meine Zweifel waren wie weggewischt. Ich versuchte zu rekonstruieren, wo genau die Biber abgetaucht waren, als sie ihre Zweige unter Wasser gezogen hatten. Denn mein Plan war, den Köder so vor dem Eingang ihrer Burg zu platzieren, dass die Nager der schmackhaften kleinen Pappel nicht widerstehen konnten. Wer sich den Leckerbissen holen wollte, musste seinen Kopf durch meine Schlinge stecken – und schon war es um ihn geschehen. Denn mit seinem breiten, platten Schwanz konnte der Biber nur schlecht rückwärtsschwimmen; er würde versuchen, nach vorne aus der Schlinge zu entkommen, und sie nur noch fester um seinen Hals ziehen.

Als ich mir halbwegs sicher war, wo der Eingang zur Burg lag, schaufelte ich den Schnee vom Eis; anderthalb Meter hoch war die Schneedecke an dieser Stelle und sehr fest, offenbar vom Wind stark komprimiert. Dick angezogen, wie ich war, konnte das nicht lange gutgehen, und ich begann, die ersten Lagen meiner Kleidung auszuziehen. Langsam und methodisch arbeitete ich mich weiter vor, bis ich auf eine Schicht mit braunem, bröseligem Eis stieß, ein typischer Fall von Overflow, der in der extremen Kälte blitzschnell gefroren war. Jetzt kam ich nur noch mit dem Eispickel weiter. Geduldig hackte ich ein großes Loch in das braune Eis, etwa einen Meter im Durchmesser, und traf etwa 30 Zentimeter tiefer auf die eigentliche Eisdecke des Sees. Meine Arme und Schultern schmerzten, und meine Hände waren bereits taub von der Kälte. Aber ich ackerte weiter und weiter und hatte schließlich fast einen Meter weggekerbt, als ich mit dem letzten Hieb durch das Eis brach. Ein Glück, dass ich den Pickel mit einem Gurt am Handgelenk gesichert hatte, denn er glitt mir aus der erschöpften Hand und wäre auf Nimmerwiedersehen im See verschwunden.

Braunes Wasser schwappte gurgelnd im Loch hoch, es stank wie in einer Jauchegrube. Unbeirrt hämmerte ich weiter auf das Eis ein, um mein Loch zu vergrößern. Der Geruch, der vom See aufstieg, war wirklich ekelerregend. Im Vergleich dazu schien mir sogar die üble Fischpampe, die meine Hunde fraßen, den Duft eines Rosengartens zu verströmen. Wollte ich wirklich ein Tier verspeisen, das diese Gülle sein Zuhause nannte? Nicht besonders verlockend, diese Vorstellung. »Kommt mir vor, als würden wir im Abflussrohr nach Ratten fischen«, murmelte ich und schaute hoch zu Fuzzy, der oben am Kraterrand saß und mit dem Schwanz wedelte. *Super,* sollte das wohl heißen: *Ich bin dabei.*

Aber dann entdeckte ich direkt unter der Wasseroberfläche einen Ast. Ich stocherte mit meinem Eispickel im Loch und stellte fest, dass ich offenbar genau über dem Vorratshaufen der Biber gelandet war – und da waren zu viele andere Zweige im Weg, um meine Schlinge effektiv zu platzieren. Während ich noch überlegte, blähten sich Methanblasen in meinem Loch auf, sie platzten an der Oberfläche und gaben ihr scheußliches Aroma frei. Ich musste wohl oder übel eine andere Stelle suchen und ein neues Loch ins Eis hacken.

Es war bereits dunkel, als ich zum zweiten Mal an diesem Tag durch die Eisschicht stieß. Dieses Mal hatte ich Glück – der Abstand zum Eingang der Biberburg schien zu passen. Ich versenkte meinen Pappelköder im Wasser, bis nur noch die Spitze herausguckte, und legte meinen Fichtenstock quer über das Loch im Eis. Daran befestigte ich zwei Schlingen, die ich so in das dunkle Wasser herabließ, dass sie direkt vor meinem Köder baumelten. Ich rechnete mir keine großen Chancen aus, mit dieser improvisierten Konstruktion einen Biber zu erwischen, aber immerhin: Die Falle war gelegt.

Am nächsten Tag zeigte das Thermometer minus 45 Grad, und ich wäre lieber in meiner Hütte geblieben, aber ich musste selbstverständlich nach meiner Falle sehen. Also stapfte ich zu meinem Loch im See, das fast komplett unter einer großen Schneewehe verschwunden war. Nur die Spitze meines Köders war noch zu sehen. Ich schaufelte den Schnee beiseite und drückte mit dem Handschuh die dünne Eisschicht ein, die sich über dem Loch gebildet hatte. Kleine Rindenstückchen oder Luftblasen wären ein Zeichen gewesen, dass sich ein Biber für meine leckere Pappel interessierte, doch es war nichts zu sehen. Seufzend machte ich mich auf die Suche nach einer geeigneten Stelle für eine zweite Falle und fing an zu schaufeln. Dieselbe mühselige Prozedur von vorn: erst den harten Schnee weg, mit dem Eispickel durch das braune Eis des Overflows, dann fast ein Meter glasklares Eis, den Köder platzieren und schließlich die Schlinge auslegen. Bevor ich zu meiner Hütte zurückkehrte, schaute ich noch einmal nach, ob sich an der ersten Falle etwas getan hatte. Und tatsächlich: Die Biber hatten sich wirklich über meine Pappel hergemacht. Nur waren sie dabei sehr vorsichtig zu Werke gegangen, hatten nur die kleineren Zweige abgeknabbert und waren so der Schlinge entgangen. Clevere Biester. Ich lief zum Seeufer, schnitt einen frischen Zweig als Köder ab und richtete die Falle wieder her.

Im Laufe der folgenden Woche testete ich alle möglichen Varianten durch: Zweige von anderen Bäumen, die Schlinge mal höher und mal tiefer oder mit einem anderen Durchmesser. Jedes Mal war die Rinde fein säuberlich abgenagt, ohne dass ein Biber in der Falle steckte. Doch ich war fest entschlossen, die Sache durchzuziehen, mein knurrender Magen lieferte die nötige Motivation. Ich grub und hackte neue Löcher, bis das Eis um die Biberburg komplett durchsiebt war – und immer noch kein Erfolg. Bis ich mir eines Morgens – nach einem weiteren vergeblichen Kontrollgang zu den diversen Fallen – einen der abgenagten Äste genauer anschaute. Die Biber ließen sich durch meinen Köder tatsächlich anlocken, und das war schon mal gut. Nur wie schafften sie es jedes Mal, der Schlinge zu entgehen? Offensichtlich hing sie immer noch nicht in der optimalen Höhe vor dem Köder, obwohl ich schon verschiedene Einstellungen ausprobiert hatte. Dann hatte ich es, und die Lösung war eigentlich gar nicht so kompliziert: Anhand der Nagespuren am Köder konnte ich doch ablesen, in welcher Wassertiefe sich die Biber nach der frischen Rinde streckten. Ich musste die Länge meiner Schlinge nur genau auf diesen Punkt abstimmen. Sofort machte ich mich noch einmal auf zum See, um meine Fallen neu zu setzen.

Als ich am nächsten Tag den Schnee vom frischen Eis wischte, wusste ich sofort, dass ich dieses Mal nicht leer ausgehen würde. Unter meinem Fenster im Eis hatten sich Rindenstückchen angesammelt – und vor allem viele kleine und größere Luftblasen, als hätte es unter Wasser eine Explosion gegeben. Ich schlug das Eis weg und zog an meiner Schlinge. Aber sie hing fest, der Widerstand war so groß, dass ich den Strick nicht einen Zentimeter bewegen konnte. Ich nahm den Fichtenstock vom Eis, an dem die Schlinge ja befestigt war, und zog erneut mit meiner ganzen Kraft. Wieder nichts, der Widerstand war zu groß. Mit einem der abgenagten Köderäste stocherte ich im Loch, erst am Strick entlang und dann rund um das Loch unter dem Eis. Tatsächlich, da war etwas, und auf Druck gab es ein wenig nach. »Ein Biber!«, rief ich triumphierend, und Fuzzy führte einen wahren Freudentanz auf.

Damit war das Problem, wie ich meine Beute aus dem Wasser ziehen sollte, leider immer noch nicht gelöst. Der Biber musste unter der Eisdecke festgefroren sein. Und das bedeutete, dass es nur einen Weg gab, ihn rauszuholen: Ich musste wieder mit dem Eispickel ran, um das Vieh komplett freizulegen. Zwei Stunden später hatte ich es geschafft: Kopf voran fischte ich meinen Biber aus dem Wasser – und bekam erst mal einen gehörigen Schreck: Die enormen Schneidezähne waren ganz entblößt und schimmerten unheimlich, während die Pfoten mit ihren scharfen Krallen nach vorne gestreckt waren, als wollte mich das Biest posthum noch attackieren. Die Schlinge saß fest um seinen Hals, was mich wenigstens von einer Sorge befreite – das Tier hatte nicht lange leiden müssen. Es war ein schwerer Brocken, und ich hatte einige Mühe, ihn aus dem Wasser zu hieven und auf meinen Schlitten zu wuchten. 50 Pfund war meine erste Schätzung, nicht schlecht.

Bis ich meine Hütte erreicht hatte, war der Kadaver steinhart gefroren. Ich musste ihn wieder auftauen, bevor ich ihn ausnehmen konnte, und es gab im Umkreis von zig Meilen nur einen warmen Platz, wo das gelingen würde. Schweren Herzens nahm ich die Riesenratte mit in meine Hütte, hängte sie hinter dem Ofen an die Wand und stellte den Handschlitten darunter, um das Tropfwasser aufzufangen. Als ich an diesem Abend meine Bohnen löffelte, wanderte mein Blick immer wieder zu den gelben Zähnen im Halbdunkel unter der Decke, und es fiel mir schwer, meine Portion mit Appetit aufzuessen.

Nach drei Tagen war der Biber aufgetaut und sah auch nicht mehr gar so schauderhaft aus, im Gegenteil: Das Fell hatte wieder eine satte braune Farbe und wirkte unfassbar dicht. Ich hängte den Kadaver draußen vor der Hütte an einen Ast und schnitt ihn von oben nach unten auf, ganz vorsichtig natürlich, damit ich keines der Organe verletzte. Als die glänzenden Innereien freilagen, trennte ich als Erstes die Leber heraus und legte sie in Fuzzys Napf, der sich sofort mit Hingabe darüber hermachte. Den Rest der Innereien warf ich in den großen Topf mit dem Hundefutter. Mit Schnee wischte ich die leere Körperhöhle des Bibers aus, bevor ich ihn wieder mit in die Hütte nahm. Ich war entschlossen, nicht ein Gramm meiner Beute zu verschwenden, und machte mich daran, dem großen Nager das Fell abzuziehen. Darunter kam tatsächlich eine beeindruckende Fettschicht zum Vorschein, was mich einerseits froh stimmte, weil ich dringend mehr Fett auf dem Speiseplan brauchte. Aber andererseits war es auch eine Riesensauerei: In der Wärme der Hütte schmolz mir das Fett nur so unter den Händen weg und überzog alles mit einem widerwärtigen Schleim. Biber besitzen außerdem Drüsen, die ein Sekret produzieren, mit dem sie ihr Fell pflegen und ihr Revier markieren. Die ölige Substanz, Bibergeil oder auch Castoreum genannt, verströmt ein – vorsichtig formuliert – gewöhnungsbedürftiges Aroma. Kenner schwärmen von einer Moschus-Note und einem Hauch von Minze, weshalb das Sekret sogar hochwertigen Parfüms zugesetzt wird. Liebhaber von Biberfleisch riechen es jedenfalls schon aus großer Entfernung, wenn irgendwo Biber zubereitet wird.

Als Nächstes spannte ich das Fell auf ein Brett und schlug an den Rändern kleine Nägel hinein, damit es in der warmen Luft der Hütte trocknen konnte. Der breite, schuppige Schwanz kam zu den Innereien in den Fischpampeneintopf. Ich hatte zwar gelegentlich von Indianern gehört, dass der Schwanz eine besondere Delikatesse sein sollte, aber das lachsrosafarbene Fleisch, das sich unter der schuppig-ledrigen Haut abzeichnete, kam mir nicht gerade appetitlich vor. Ich hängte den ausgenommenen und gehäuteten Biber

oben
Guy wird auf einen großen Biber-Bau aufmerksam. Wie kann es ihm gelingen, an die Tiere heranzukommen?

rechte Seite
Das Seewasser sinkt. Guy baut eine Falle – und hat nach einigen Reinfällen Erfolg. Die Beute trocknet er in der Hütte, was zu seinem Leidwesen mächtig stinkt.

vor der Hütte auf die Stange, an der schon mein Vorrat an Schneehühnern baumelte. Es bestand kein Zweifel: Je länger ich in der Wildnis hauste, desto barbarischer sah es bei mir im Camp aus. Als ich mich später in meinen Schlafsack rollte, überlegte ich bereits, wie ich den Biber zubereiten würde. Ich musste eben nur den Gedanken verdrängen, dass ich im Prinzip eine riesengroße Ratte verspeiste.

Kapitel 42

WILLKOMMEN IN DER WIRKLICHKEIT

In den nächsten Wochen fing ich noch ein paar Biber, und der hohe Fettgehalt des Fleisches machte sich bei mir schnell bemerkbar; ich kam wieder zu Kräften. Mein Lieblingsrezept waren Biberrippchen: Ich briet sie mit Paprika und Zwiebeln in der Pfanne an, bis sie fast durch waren, dann gab ich getrocknete Schälerbsen dazu und meinen selbstgemachten Schneehuhnfond - fertig war eine extrem leckere Erbsensuppe. Meine Kochkunst war nur ein Beispiel dafür, wie gut ich mich inzwischen in der Wildnis eingerichtet hatte, endlich lief alles so, wie ich mir das immer vorgestellt hatte. Aber vielleicht war genau das der Grund, dass ich in Gedanken und auch in meinen Träumen immer häufiger bei meiner Familie war. Als ob mich mein Unterbewusstsein daran erinnern wollte, wo ich wirklich zu Hause war.

Eines Abends schaltete ich mein Satellitentelefon ein und schloss meinen Laptop an, um nachzusehen, ob neue E-Mails im Posteingang waren. Tatsächlich hatte ich eine Nachricht von Juliet bekommen, in der Betreffzeile stand: *RUF MICH AN - JETZT!* Die Mail war gestern abgeschickt worden, deshalb wählte ich sofort ihre Nummer, ohne mir vorher durchzulesen, was sie eigentlich geschrieben hatte.

»Hallo?« Juliet war am Apparat. »Bist du das, Guy?«

Die Verbindung war leider schlecht: »Ja, ich bin's«, sagte ich, so laut es ging, ohne gleich zu brüllen. »Alles gut bei dir?«

»Ja ...« Ihre Antwort kam ein wenig zögerlich, und trotz der Störgeräusche in der Leitung konnte ich hören, dass sie aufgeregt war. »Also wenigstens hoffe ich, dass alles gut ist. Ich hab nämlich unser Haus verkauft!«

»Du hast was ...?« Ich musste mich verhört haben.

»Ich hab das Haus verkauft. Sorry, Guy. Ich hoffe, das ist okay. Aber ich musste mich schnell entscheiden und konnte dich nicht erreichen.«

Wie bei einem Diavortrag flimmerten die Bilder von unserem Häuschen vor meinem inneren Auge vorbei. Bei meinem kleinen Gemüsegarten blieb ich hängen. Würde ich den jetzt nie wiedersehen? Aber ich konnte mich ja wohl kaum beschweren: So was kommt eben vor, wenn man seine Frau allein lässt und sie sich um alles kümmern muss.

»Und ... wie geht es jetzt weiter?«, fragte ich, noch ziemlich benommen.

»Wir leben hier auf der Insel, auf Mull. Das hatten wir doch ohnehin immer mal wieder überlegt, und jetzt ist genau der richtige Zeitpunkt. Die Jungs sind happy hier, und es würde ihnen das Herz brechen, nach der langen Zeit bei ihren Großeltern wieder wegzuziehen. Das wird schon klappen, ich bin mir da ganz sicher.«

Ich war erst mal sprachlos, aber sie hatte wahrscheinlich recht, und als wir schließlich auflegten, war auch ich regelrecht beseelt von der Idee, einen Neuanfang zu wagen. Jetzt gab es kein Zurück mehr, unser altes Leben war abgehakt, vorbei, was auch immer kommen mochte. Vorausgesetzt, ich würde diesen Winter überstehen und heil wieder nach Hause kommen.

Mein Schlittenteam funktionierte wie eine gut eingespielte Eliteeinheit der Fremdenlegion, und einmal retteten die Hunde mich aus einem richtigen Schlamassel. Wir waren auf dem Eis des Yukon unterwegs, meilenweit vom Camp entfernt, obwohl mir ein Bauchgefühl eigentlich gesagt hatte, dass es Schnee geben würde. Wir waren mitten auf dem Eis, ohne jeden Schutz, als der Blizzard losbrach. Die Sicht wurde schnell so schlecht, dass ich selbst die gut präparierte Spur kaum noch ausmachen konnte, und es würde verdammt schwer werden, unter diesen Bedingungen unsere Abzweigung in den Nebenarm des Yukon zu finden. Der Schnee fiel so heftig, dass sich trotz des kräftigen Gegenwinds eine dicke Schicht auf dem Schlitten bildete. Es dauerte nicht lange und ich konnte überhaupt nichts mehr sehen, ich war in einen echten Whiteout geraten und verfluchte mich innerlich, dass ich so blöd gewesen sein konnte, alle Warnsignale zu ignorieren. Ich hielt den Schlitten an, um nachzudenken.

Die Lösung der Inuit in einem solchen Fall ist simpel: warten, bis der Sturm vorbei ist. Natürlich konnte ich mir jetzt einen Unterschlupf bauen, ich hatte alles dabei, was man dafür brauchte, aber mir war klar, dass es noch tagelang weiterschneien konnte, wenn ich Pech hatte. Und die Vorstellung, die ganze Zeit in meinem Biwaksack zu stecken, war nicht besonders einladend. Das größte Problem war, die Abzweigung zu erwischen. Wenn ich bei null Sicht an der Mündung des Yukon-Nebenflusses vorbeifuhr, lief ich Gefahr, hier draußen völlig die Orientierung zu verlieren. Aber was blieb mir übrig? Ich musste es versuchen: langsam fahren, die Zeit im Blick behalten, um wenigstens ungefähr schätzen zu können, wie viel Strecke wir zurücklegten, und dann darauf hoffen, dass Bubbles instinktiv in Richtung Camp abbog. Im Licht meiner Stirnlampe wirkte der Schnee wie eine weiße Wand, die außerdem jedes Geräusch zu schlucken schien. Ich gab den Hunden das Kommando anzufahren, und sie trappelten sofort los. Nach einer Weile schwenkten sie plötzlich scharf nach links, und mir war klar, dass sie das ohne ein klares Signal von Bubbles nicht getan hätten. Ich beschloss, mich auf ihren Orientierungssinn zu verlassen, und bereits ein paar Minuten später erkannte ich vertraute Konturen am Ufer: einen auffälligen Stand von Weiden, der die Mündung meines Flusses markierte. Sie hatte es geschafft, meine clevere Leithündin, und dafür war ich ihr sehr dankbar.

Wir folgten dem gespurten Weg, der allerdings unter den vielen Schneewehen kaum noch zu erkennen war, bis sich die Bedingungen etwa eine Meile weiter noch einmal dramatisch verschlechterten. Der Blizzard nahm an Stärke zu, der Schnee raubte uns auch das letzte bisschen Sicht. Es war ein Wetter zum Sterben. Niemand, der auch nur halbwegs bei Trost ist, geht bei einem solchen Wetter vor die Tür, und selbst für Bubbles wurde es jetzt zu viel. Zweimal kam sie ganz vom Weg ab und steuerte das Gespann in den tiefen Pulverschnee. Beide Male gelang es mir, das Geschirr der Hunde zu entwirren, mehr dem Gefühl meiner Hände folgend als wirklich sehend, was ich tat, und den Schlitten wieder in die Spur zu heben. Doch Bubbles war am Ende ihrer Kräfte, und wenn ich mir jetzt nicht schnell etwas einfallen ließ, waren wir geliefert. Im seltsam düsteren Licht des Schneesturms sah ich, wie Lefty mich anschaute, wie immer ruhig und gelassen, als wollte er sagen: *Okay, Boss, das wird mir zu albern hier. Lass mich mal ran, ich mach das schon.* Was blieb mir anderes übrig? Ich machte Bubbles los, und die beiden Hunde tauschten im Gespann die Plätze. Lefty legte sich sofort ins Zeug, und die Towline spannte sich, ein gutes Zeichen. Ich streichelte jedem Hund noch einmal über den Kopf, jeder bekam sein Lob. Sie wedelten mit ihren Schwänzen und schüttelten sich den Schnee aus dem Fell – sie waren bereit. Ich stellte mich wieder auf die Kufen, zog den Anker und murmelte ein leises »Okay, los geht's«, das wahrscheinlich in keinem Handbuch für Musher zu finden ist. Wir setzten uns in Bewegung, nicht so schnell wie mit Bubbles als Leithündin, aber in einem ruhigen, gleichmäßigen Trab. Wind und Schnee peitschten uns entgegen, dass die Hunde ihre Köpfe duckten, doch sie ließen nicht nach und zogen unerschrocken weiter durch den Sturm. Zeitweise schneite es so heftig, dass ich die Hände am Griff vor mir nicht mehr sehen konnte. Dennoch war ich mir plötzlich sicher, dass Lefty uns nach Hause bringen würde.

Nach knapp zwei Stunden erkannte ich am Ufer die auffällige Formation von Pappeln, die den Beginn meines Winterwegs durch den Wald markierten. Der alte, erfahrene Hund hatte es wirklich geschafft. Er führte uns in den Windschatten der Bäume und weiter den Weg entlang, immer im selben unerschütterlichen Tempo, bis wir schließlich vor meiner Hütte standen. Ich stieg von den Kufen und hätte heulen können vor Erleichterung. Bei jedem Hund bedankte ich mich, jeder bekam eine Extraration Streicheleinheiten, doch als Lefty an die Reihe kam, schaute er mich mit einem müden Blick an, der unmissverständlich sagte, was ihm durch den Kopf ging: *Ja, ja. Genug gequatscht. Setz lieber schnell das Abendessen auf.* Wenig später war von den Hunden nicht mehr viel zu hören, vom gelegentlichen Schmatzen und Schlürfen einmal abgesehen. Zur Feier des Tages gab es Biberinnereien, dazu Happen vom Schneehuhn, Fisch und Reis. Mein Herz platzte vor Stolz auf diese sechs Helden, die heute wettgemacht hatten, was mir an Erfahrung fehlte. Ein Schneemobil hätte mich unter diesen Bedingungen niemals heil ans Ziel gebracht. Aber ein Schneemobil wird auch niemals so geliebt werden, wie ich diese Hunde liebte.

Kaum hörte es auf zu schneien, fielen die Temperaturen wieder, das Thermometer stürzte auf brutale minus 50 Grad, und da verharrte es auch die folgenden paar Wochen. Wenn ich Glück hatte, stieg das Quecksilber tagsüber auch mal auf minus 40 Grad, nur um nachts sofort wieder zu fallen. Wie die Hunde unter solchen Bedingungen überleben konnten, war mir ein Rätsel und flößte mir noch mehr Respekt ein. Es ist wirklich erstaunlich, was Huskys aushalten können. Ab und zu beobachtete ich sie, wie sie an ihren Leinen vor ihren Hütten auf und ab liefen, und manchmal hoben sie ein Bein, um ungelenk auf drei Beinen weiterzuhinken, nur um dieselbe Prozedur wenig später mit einem anderen Bein zu wiederholen. Es dauerte eine Weile, bis ich begriffen hatte, dass es auch ihnen zu kalt war. Sie versuchten, ihren Pfoten wenigstens einen Moment lang den Kontakt mit dem eiskalten Untergrund zu ersparen.

Als ich eines Morgens nach den Hunden schaute, stellte ich fest, dass Blackie nicht aus ihrer Box gekommen war. Erst auf meinen Ruf kam sie heraus und kuschelte ihren Kopf in meinen Handschuh; irgendetwas stimmte nicht mit ihr. Ich sah sie mir genauer an, konnte aber nichts entdecken und guckte auch kurz in ihre Hütte hinein. Und da fand ich sie: zwei Welpen. Behutsam hob ich sie heraus, nur um festzustellen, dass beide komplett gefroren waren. Glenn hatte mir gesagt, dass Blackie trächtig war, aber weil nichts zu sehen war, hatte ich vermutet, dass sie eine Fehlgeburt gehabt haben musste. Eine Zeit lang saß ich niedergeschlagen neben der Box, mit den beiden erfrorenen Welpen im Schoß. Wie grausam das Schicksal sein konnte – eben erst auf die Welt gekommen und schon dem Tod geweiht. Aber wo gab es für neugeborenes Leben einen schwierigeren Start als unter Huskys im Winter von Alaska?

Sprite kam herüber und schnappte nach den beiden Leichen. Ich machte einen schnellen Schritt zur Seite und beschloss, die Welpen ein Stück weiter vom Lager entfernt im tiefen Schnee zu begraben, auch wenn mir natürlich bewusst war, dass es nicht lange dauern würde, bis irgendein Räuber auftauchte und sie wieder ausgrub. Ich kehrte in meine Hütte zurück und setzte mich an den Ofen, in Gedanken noch immer bei den toten Welpen und der Erbarmungslosigkeit der Welt. Dass direkt über meinem Kopf ein ausgenommener Biber baumelte, machte es auch nicht gerade leichter. Wie sehr sehnte ich mich nach einem Alltag, in dem Mitgefühl und Sanftmut regierten. Wo ich jetzt war, durfte ich mit solchen Freundlichkeiten nicht rechnen, im Gegenteil: Wenn ich nicht aufpasste, konnte ich in diesem erbarmungslosen Kosmos genauso leicht umkommen wie die beiden neugeborenen Huskys.

Als ich später am Tag bei Juliet anrief, klang sie so fröhlich und optimistisch, dass ich die Welpen lieber nicht erwähnte. Sie erzählte von ihrem Leben mit den Kindern auf Mull, und mir wurde wieder einmal klar, wie friedlich es in Schottland doch zuging. Meine Familie war auf Mull sicher und geborgen, und Juliet würde dafür sorgen, dass meinen Jungs nichts passierte. Kaum hatten wir unser Gespräch beendet, begannen die Wölfe oben auf dem Berg ihren traurigen Choral. Ich lauschte ihnen, bis das Öl in meiner Lampe versiegte. Das Licht flackerte noch kurz, erst gelb, dann blau, und war verloschen.

Eisige Wochen vergingen, und ich verbrachte die Zeit mit den Aufgaben, die sich mit jedem Tag aufs Neue stellten: Bäume fällen und Holz hacken, Schneehühner jagen und Biber fangen, die Hunde vor dem Schlitten rennen lassen. Aber dann, es muss Anfang März gewesen sein, spürte ich, wie sich meine Welt langsam veränderte. Die Tage wurden merklich länger, und die Sonne hatte bereits etwas mehr Kraft. Mit den ersten Anzeichen des Frühlings kam auch die Erkenntnis, dass ich es tatsächlich geschafft hatte, den Winter in einer der unwirtlichsten Regionen auf diesem Planeten zu überstehen. Ich konnte es jetzt ein wenig lockerer angehen, und das fühlte sich wirklich gut an. Die Hunde waren superfit, und wenn ich sie morgens vor den Schlitten spannte, kam ich mir vor wie der Trainer eines Leichtathletikteams, das sich auf die Olympischen Spiele vorbereitete. Und mit der moralischen Unterstützung durch die ersten warmen Sonnenstrahlen rannten sie noch einmal schneller. Mit dem Wetter in England verglichen war es zwar immer noch relativ kalt, so um die minus 5 bis minus 10 Grad, doch im Vergleich zu dem, was ich in den Wochen zuvor erlebt hatte, waren das schon fast milde Temperaturen.

Bis richtiges Tauwetter* einsetzte, würde noch eine ganze Weile vergehen, und meine gespurten Wege durch den Wald blieben fest und gut befahrbar. Ich war fast jeden Tag mit den Hunden unterwegs, meist auf dem Eis des Yukon-Nebenflusses, und konnte förmlich riechen, dass der Frühling kam. Besonders gerne steuerte ich einen Weidenhain an der Mündung des Bishop Creek an. Hier war die Luft geradezu erfüllt vom Aroma der Bäume, und ich genoss jeden Atemzug. Wahrscheinlich hatte die sterile Winterluft meinen Geruchssinn geschärft, mir kam es jedenfalls so vor, als würde ich den Duft des aufsteigenden Safts wahrnehmen können.

Im Landesinneren von Alaska klettert die Temperatur meist erst ab April oder sogar Mai über null.

Als wir wieder einmal in Richtung Bishop Creek fuhren, wurden die Hunde plötzlich schneller. Sie rannten los wie wild, die Köpfe hochgereckt und den Blick auf einen Punkt unter den Weiden fixiert. Ich erkannte zwei Elchkälber im Schnee, eng zusammengekuschelt unter dem rostbraunen Geäst der Bäume. Ich bremste, um meine aufgeregte Meute unter Kontrolle zu bekommen. Zu meiner Überraschung blieben die Elchkälber vollkommen unbeeindruckt; sie kauten weiter an den Weidenzweigen und schauten gelangweilt zu uns hinüber. Die niedrig stehende Sonne tauchte die beiden Tiere in ein besonders warmes Licht, es war ein idyllischer Anblick. Da sprang Bubbles plötzlich jaulend auf, und ich sah sofort warum: Auf der Böschung hinter den Weiden war die Mutter der Elchkälber aufgetaucht – und kam mit einem wütenden Schnauben auf uns zu. Ich nahm den Fuß von der Bremse, und wir zischten los. Zurück über meine Schulter schauend sah ich, wie sich die Elchkuh quer auf unserem Weg aufgebaut hatte. Bewundernswert, dass sie ihre Jungen durch diesen eisigen Winter gebracht hatte, dachte ich. Hoffentlich blieb das Glück ihr treu.

Von nun an sahen wir die Kälber fast jeden Tag, wenn wir an dem Weidenhain vorbeikamen. Wie schokoladenbraune Findlinge ragten ihre Rücken aus dem Schnee. Einen kurzen Moment hielt ich an, den Fuß auf der Bremse, damit meine Hunde nicht auf die Elche losgingen, nur um sofort wieder zu verschwinden, wenn die Kuh auf der Bildfläche erschien. Konnte gut sein, dass meine Sehnsucht nach meinen eigenen Kindern da eine Rolle spielte; vielleicht musste ich mich einfach vergewissern, dass meine väterlichen Instinkte noch funktionierten.

Ein paar Nächte später hörte ich nachts die Wölfe heulen; sie waren wieder in ihr angestammtes Territorium zurückgekehrt, um zu jagen. Ich saß neben dem Ofen, nippte an meiner Blechtasse mit Whisky und musste sofort an die tapfere Elchfamilie unter den Weiden denken. Gleich am nächsten Nachmittag fuhr ich wieder bei ihnen vorbei und schaute ihnen zu, wie sie Weidenzweige mampften. Ich sah mich auch nach der Mutter um, aber keine Spur von ihr. Auch später am Tag nicht, als wir die Stelle am Bishop Creek auf unserem Rückweg erneut passierten. Tage vergingen, und die Elchkuh tauchte nicht wieder auf. Hatten die Wölfe sie geholt? Die beiden Kälber rührten sich nicht von der Stelle, und ich begann, mir Sorgen zu machen. Völlig hilflos und schutzlos lagen sie da in ihrem Bett aus Schnee. Aber was konnte ich tun?

Wenig später baute ich mir nach einer langen Ausfahrt mit den Hunden ein Siwash-Camp* auf einer Sandbank am Fluss, etwa eine Meile von dem Weidenhain entfernt. Weil es kein anderes Baumaterial als Schnee und Weidenzweige gab, entschied ich mich für einen »Quinzhee«, den simplen Verwandten des Iglus. Dafür türmt man erst einen großen Berg Schnee auf, gut drei Meter braucht man schon, und dann verdichtet man den lockeren Haufen, indem man mit den Schneeschuhen darauf herumspringt. Nächster Schritt, sehr wichtig: Man bricht oder schneidet sich etwa 30 Zentimeter lange Stücke aus Weidenzweigen zurecht und steckt sie in den Haufen. Wenn man nun eine Höhle in den Schneeberg gräbt, sagen einem die kurzen Stöcke, wie weit man buddeln darf. Trägt man

* Siwash *ist ein Wort aus der Sprache der Chinook-Indianer – es steht für die Kunst, einen Unterschlupf in der Wildnis zu bauen, und zwar ohne Hilfsmittel, nur mit dem Material, das sich vor Ort finden lässt.*

nämlich zu viel Schnee ab, kracht das Höhlendach zusammen. Jetzt noch den Boden mit Zweigen auslegen, wo ich schlafen wollte, und fertig war die Behausung für die Nacht. Fuzzy würde mir als Kissen dienen, und wenn es zu kalt wurde, konnte ich das ganze Team reinholen, um mich warmzuhalten. Musher sprechen auch von einer »four-dog-night«, wenn sie sich vier Hunde in den Quinzhee holen, um die Temperaturen drinnen einigermaßen erträglich zu gestalten.

Als ich schon fast eingeschlafen war, hörte ich wieder die Wölfe, sie mussten ganz in der Nähe sein. Die Hunde bellten nervös, und ich wünschte mir, ich hätte statt der Flinte doch besser die Pumpgun mitgenommen. Die Wölfe heulten nicht, sondern gaben wieder dieses seltsame Raunen und Brummen von sich, das ich neulich schon einmal so verstörend fand. Inzwischen wusste ich, dass der gespenstische Choral immer dann erklang, wenn sie Beute gemacht hatten. Ich war jetzt wieder hellwach, denn meine Lage war schon ein wenig prekär: Es waren minus 35 Grad, ich campierte in einem ausgehöhlten Schneeball, der nicht gerade viel Schutz bot, und draußen trieben vierzehn kampfstarke Wölfe ihr Unwesen.

Am nächsten Morgen machte ich mir ein Feuer und wickelte einen großen Klumpen Schnee in ein Stück Stoff, das ich an einen Ast neben dem Lagerfeuer hängte. Die Hitze ließ den Schnee schmelzen und durch den Stoff quasi gefiltert in meine Kanne tropfen. Um meine Lebensgeister zu wecken, braute ich mir einen starken Kaffee mit viel Zucker, und als Frühstück gab es dazu getrockneten Lachs und ein paar Scheiben Schiffszwieback*. Dann spannte ich die Hunde an und machte mich auf den Weg zum Bishop Creek. Die Sonne schien heller als je zuvor in diesem Jahr, und der Schnee glitzerte magisch in ihrem warmen Licht. Doch der Anblick war schnell vergessen, als ich die vielen Wolfsfährten vor mir im Schnee sah. Schon von Weitem konnte ich die Raben ausmachen, die in den Weiden über dem Versteck der Elche saßen. Da wusste ich, dass die Kälber tot waren.

Ich schlug den Anker in den Schnee, schnallte meine Schneeschuhe an und lief zu den Weiden.

*

SCHIFFSZWIEBACK *wird aus so genanntem Hartkeksteig gebacken – und er ist wirklich sehr, sehr hart. Am besten, man tunkt ihn in Kaffee oder Tee, bevor man reinbeißt. Geschmacklich wie Leibniz-Kekse – nur nicht ganz so butterig. Richtig verpackt hält er jahrelang und wird von vielen Streitkräften als Feldverpflegung eingesetzt.*

Mit den Händen schob ich die dichten Zweige beiseite und schaute direkt auf die traurigen Überreste der Elchkälber. Sie lagen dicht zusammen, im Tod wie im Leben, und waren von den Wölfen förmlich in Stücke gerissen worden. Ihre Rippenknochen ragten aus den Kadavern heraus, das Fell war bis auf den letzten Fetzen Fleisch abgenagt, als hätte ein Jäger die Tiere professionell gehäutet. Die Wölfe hatten alles gefressen, was verwertbar war, und den Rest hatten sich die Raben geholt. Von den Knochen und dem Fell einmal abgesehen, war nur der Mageninhalt der Kälber übriggeblieben, zu einem festen Klumpen gefroren. Wie erstarrt stand ich neben den Kadavern, vom Schmerz elend und wie ausgehöhlt. Es war ein Fehler gewesen, emotional solchen Anteil am Schicksal der beiden Kälber zu nehmen, und natürlich musste ein Wolfsrudel dafür sorgen, dass alle genug zu fressen bekamen. Aber meine Trauer ließ sich auch durch diese rationalen Überlegungen nicht verdrängen. Ich hatte wieder einmal demonstriert bekommen, wie grausam es zuging in der Wildnis Alaskas, und dass die beiden Jungtiere gerade erst diesen harten Winter überstanden hatten, machte ihren Tod irgendwie erst recht unerträglich. Als ich mich endlich losreißen konnte, hörte ich hinter mir ein Knacken und Knirschen. Ich wirbelte herum, das Gewehr im Anschlag - aber es war nur Fuzzy, der genüsslich an einem Rippenknochen nagte. Für einen Moment hielt er erschrocken inne, aber dann schaute er ungerührt in die Mündung meiner Flinte und kaute weiter. *Willkommen in der Wirklichkeit,* sollte das wohl heißen. *So ist das Leben, finde dich damit ab.*

Ich stieg auf den Schlitten und fuhr zurück zum Lager, entsetzlich niedergeschlagen. Fuzzy trabte hinterher, einen großen Knochen quer im Maul. Als wollte er mir beweisen, dass man sich hier draußen alles erlauben durfte - nur keine Empfindsamkeit.

oben
Die Kälte am Yukon kann tödlich sein. An manchen Tagen fällt die Säule des Thermometers auf minus 45 Grad.

rechte Seite
Lieblingsspeise: Rippchen vom Biber. Zum Jagen errichtet Guy ein provisorisches Camp aus Fichtenzweigen.

Kapitel 43

MEIN KÖNIGREICH SCHMILZT

Es war Mitte März, und die Sonne machte sich langsam über die Fundamente meines Winterreichs her. Einerseits genoss ich die Veränderungen: Ich ließ die Arbeit liegen, lehnte mich an einen Baum und saugte die warmen Sonnenstrahlen auf. In solchen Momenten fühlte sich der Frühling an wie eine Belohnung dafür, dass ich die Härten des Winters überstanden hatte. Aber gleichzeitig war mir natürlich klar, dass mit jedem warmen Tag das Ende meiner Reise näherrückte. Ich hatte erreicht, was ich mir vorgenommen hatte: allein draußen in der Wildnis von Alaska zu überleben. Jetzt wurde es langsam Zeit, das Lager abzubrechen und die Rückreise vorzubereiten. Meine Gefühle waren total widersprüchlich: Ich konnte es kaum erwarten, meine Familie wiederzusehen, klar. Und trotzdem fiel es mir schwer, mich von meinem Camp zu trennen, das für eine lange und schwierige Zeit mein Zuhause geworden war. Ich konnte kaum hinsehen, wie sich der blitzsaubere weiße Schnee in braunen Matsch verwandelte. Es tat mir in den Ohren weh zu hören, wie die Eiszapfen erst immer lauter tropften und schließlich mit einem lauten Krachen vom Dach meiner Hütte fielen. Mein Lager würde bald wieder aussehen wie zu Einbruch des Winters - nämlich wie ein einziges großes Schlammloch. Fortbewegung war schon jetzt ein Problem geworden: Der Schnee war so weich und schwer, dass ich mit dem Hundeschlitten bald nicht mehr vorankommen würde. Selbst mit den Schneeschuhen war es fast unmöglich: Tief sackte ich ein, der matschige Schnee trug mich nicht mehr, und wenn ich den Fuß wieder herauszog aus dem Loch, pappte der Schnee schwer am Geflecht der Schneeschuhe.

Immerhin zahlte sich jetzt aus, dass ich so viel Zeit und Mühe in die Präparierung meiner Schlittenspur durch den Wald investiert hatte: Die mehrfach komprimierten Lagen Schnee blieben noch lange befahrbar, als rechts und links davon alles schon weggeschmolzen war. Wo ich vorher wie in einem Eiskanal gefahren war, zwischen Wänden aus Schnee, war ich mit meinen

Hunden jetzt auf einer Art Bahndamm unterwegs, der sich an manchen Stellen gut 30 Zentimeter über den Matsch der galoppierenden Schmelze erhob. Mit dem einen Nachteil, dass ich jetzt noch besser aufpassen musste, nicht vom Weg abzukommen, denn neben unserem Highway war der Waldboden absolut unbefahrbar, ein tiefer Morast aus Schlamm und Schneematsch. Auch die Fahrt auf dem Eis des Flusses war eine heikle Angelegenheit geworden, ich konnte mich nicht mehr darauf verlassen, dass es mich überall trug. Wo der Nebenarm in den Yukon mündete, hatte sich bereits eine große Scholle gelöst, es klaffte ein beträchtliches Loch. Für jeden, der da hineinfiel, eine tödliche Falle, denn die starke Strömung würde einen sofort unter das Eis ziehen. Dennoch konnte ich noch nicht ganz darauf verzichten, über das Eis zu fahren, denn ich musste ja meine Hunde zurück nach Galena bringen, bevor die Schlittenspuren sich komplett mit der Schmelze aufgelöst hatten. Ich beschloss, sehr früh am Morgen aufzubrechen, denn nach dem Nachtfrost, der immer noch zweistellige Minusgrade erreichte, waren viele Stellen wieder fest zugefroren, die tagsüber gefährlich weich wurden. Sobald ich die Hunde bei Glenn abgeliefert hatte, wollte ich mit Dons Schneemobil zurück zum Camp und schon mal einen Teil der Werkzeuge und Ausrüstung nach Galena bringen. Danach musste ich die Hütte rechtzeitig fest verrammeln und mich aus dem Staub machen, bevor die Bären aus ihrem Winterschlaf erwachten. Die Räuber würden hungrig sein und entsprechend schlecht gelaunt – kein guter Zeitpunkt, ihnen in die Quere zu kommen.

Eines Morgens war ich dabei, meinen Kram zu sortieren, als ich in der Ferne ein Schneemobil hörte. Es kam auf dem Nebenfluss hochgefahren, und ich wusste, dass es meinem gespurten Weg folgen würde. Ich musste an Dons Warnung denken, dass in den Wäldern oft nicht Tiere die gefährlichsten Besucher sind, sondern Menschen. Im Landesinneren von Alaska hat es schon viele Morde gegeben, und die Beseitigung einer Leiche bereitet oft wenig Mühe: Man braucht nur ein Loch im Eis, die Strömung besorgt den Rest, und das Ganze sieht auch noch aus wie ein Unfall. Aber Don hatte mir einen Trick verraten: Ich schnallte die Schneeschuhe verkehrt herum an, damit es aussah, als wäre ich zu meiner Hütte gelaufen, hängte mir die 45/70er über die Schulter und stapfte los. Zum Ufer runter und über den

See, wo ich hinter Bäumen ein gutes Versteck fand. Von hier aus konnte ich meinen Besucher perfekt beobachten, ohne selbst gesehen zu werden. Ich kam mir dabei zwar selbst ein wenig paranoid vor, aber so geht es einem wahrscheinlich, wenn man zu lange allein im Wald gelebt hat. Ich hörte, wie das Schneemobil den Weg zu meinem Camp hochkam, mit einem lauten und durchdringenden Geknatter, das in meinen Ohren fast schon aggressiv klang. Wer wagte es da, meine Einsamkeit zu stören? Es war total irrational, aber ich verspürte tatsächlich Ärger, dass hier jemand ungebeten zu Besuch erschien. War das nur Vorsicht – oder ein erstes Zeichen, dass ich wunderlich wurde? Das Schneemobil hielt vor meinem Blockhaus, und der Fahrer nahm Schneebrille und Mütze ab. Es war ein Indianer, und ich konnte sehen, wie er meine Schneeschuhspuren untersuchte. Er klopfte höflich an meine Tür und trat einen Schritt zurück.

»Hallo!«, rief ich und kam zwischen den Bäumen hervor. Der Mann hob freundlich seine Hand zum Gruß. Wie sich herausstellte, war er auf dem Fluss unterwegs gewesen und hatte spontan beschlossen, sich den »Schotten im Wald« einmal näher anzuschauen. Vermutlich war ich inzwischen eine lokale Berühmtheit, so eine Art Schneemensch oder Yeti. Aber wahrscheinlicher war, dass mich die Einheimischen nur für einen armen Irren hielten, den es in die Wildnis verschlagen hatte. Wir unterhielten uns eine Weile, und mein Besucher schaute sich interessiert im Lager um. Viele Gäste hatte ich nicht gehabt, aber bisher waren es allesamt spannende Typen gewesen. Vor ein paar Monaten war einer sogar mit dem Flugzeug bei mir gelandet. Stieg aus seiner Maschine und schüttelte mir die Hand, als ob wir schon lange verabredet gewesen wären. Sein Anblick hat mir erst einmal einen gehörigen Schreck versetzt: das Gesicht verbrannt und vernarbt, als wäre er vor langer Zeit in einen schrecklichen Unfall verwickelt gewesen. Doch in seinen Augen sah ich sofort, dass ich es mit einem netten Kerl zu tun hatte; ein wärmeres Lächeln habe ich selten gesehen. Er ließ sich mein Camp zeigen, stellte noch ein paar Fragen – und dann war er wieder weg, genauso schnell, wie er aufgetaucht war. Später fragte ich Don, was es mit dem schrägen Vogel auf sich hatte, und er berichtete mir, dass der Mann mit seinem Flugzeug abgestürzt war. Er selbst hatte den Crash unverletzt überstanden, war dann aber noch einmal in das brennende Wrack gestiegen, um einen eingeklemmten Passagier zu befreien – und dabei hatte er die grässlichen Brandwunden erlitten. Trotzdem gelang es ihm, den verletzten Passagier zur nächsten Siedlung zu schleppen, ein Treck durch unwegsames Gelände, der die meisten Leute selbst in gesundem Zustand überfordert hätte. Dieser Mann hatte echt Mut, und ich empfand es als Privileg, dass ich ihn kennenlernen durfte.

An diesem Abend gab ich den Hunden eine Extraportion von ihrer Fischpampe, damit sie für den langen Tag auf dem Eis, der vor ihnen lag, genug Energie hatten. Als der Mond aufzog, war das Thermometer bereits auf minus 30 Grad gefallen. Unsere Spur durch den Wald und der Weg über das Eis würden am nächsten Morgen schön fest sein. Vor Sonnenaufgang wollte ich los nach Galena, um möglichst viel Strecke zurückzulegen, bevor der Untergrund weich wurde. Später am Abend rief ich noch kurz bei Juliet an, die fröhlicher klang, als ich sie überhaupt je in den vergangenen Monaten gehört hatte. »Guy! Wir zählen schon die Wochen ab. Ich kann gar nicht glauben, dass du endlich nach Hause kommst!«

Es war schön zu hören, dass sie so glücklich war, und es kam mir fast ein wenig unwirklich vor, wie wir schon über Flüge und Ankunftszeiten sprachen. Ich hatte auch die beiden Jungs am Telefon, was für mich nicht ganz leicht war, denn ich wusste natürlich, dass ich für sie ein abstraktes Wesen irgendwo in weiter Ferne geworden sein musste, vor allem für den kleinen Luke. Er war gerade einmal ein Jahr alt gewesen, als ich auf meine Reise gegangen war. »Papa« war für ihn nur eine Figur auf diversen Fotografien und eine Stimme am Telefonhörer. »Papa«, sagte er jetzt, »komms' du na' Hause?« Seine niedliche Stimme zu hören, brach mir fast das Herz, und ich hatte einen dicken Kloß im Hals, als Juliet wieder in der Leitung war.

»Was haben wir da bloß angestellt? Wie konnten wir das nur tun«, stammelte ich und gab mir keine Mühe mehr, meine Tränen zurückzuhalten.

»Gute Frage«, sagte sie. »Es war für uns wirklich hart. Eine schwere Zeit.« Auch sie schluchzte, so kurz vor dem Ende durften wir uns das beide erlauben. Wie lange hatten wir uns zusammengerissen, um es dem anderen nicht unnötig schwerzumachen. Jetzt konnten die Gefühle einmal raus.

»Schaffen wir das?«, fragte ich, noch völlig aufgewühlt. »Wird es wieder, wie es vorher war?«

»Klar doch«, erwiderte sie. »Und zwar noch besser, als es war. Den Kindern geht es so gut hier auf der Insel, sie lieben das Leben auf Mull. Wir können jederzeit zum Strand, wir können angeln gehen und zelten. Wir werden alles nachholen, was wir versäumt haben.«

»Und du meinst, dass Luke mich als Vater wiedererkennt?«

Sie hielt kurz inne, und wie immer bekam ich von ihr zu hören, wie es wirklich war: »Tja, das wird erst mal schwer für ihn, denke ich. Aber Oscar und ich werden ihm schon zeigen, dass du zu uns gehörst. Ich bin sicher, er wird nicht lange brauchen.«

Mein Hals fühlte sich an, als würde ich kein weiteres Wort herausbringen. Wie konnte ich das nur wiedergutmachen? Mir blieb nichts anderes übrig, als zu hoffen, dass ich das Herz des kleinen Jungen schnell zurückerobern konnte. »Ich muss jetzt auflegen«, sagte ich. »Morgen will ich früh los, die Hunde zurück nach Galena bringen. Der Schnee schmilzt überall.«

»Bitte sei bloß vorsichtig, Guy«, sagte Juliet eindringlich. »Es wäre so typisch für dich, wenn dir kurz vor Schluss irgendetwas Dusseliges passiert. Wir brauchen dich hier.«

Als ich am nächsten Morgen um vier Uhr aufstand, war es noch stockfinster. Mit gemischten Gefühlen machte ich mich daran, die Hunde anzuspannen: Ich freute mich, dass wieder eine wichtige Etappe vor mir lag – aber dass ich bald Abschied von meinen Hunden nehmen musste, stimmte mich gleichzeitig traurig. Sie waren so fit geworden in den letzten Wochen, so stark, und das machte mich schon ein wenig stolz. Wild kläffend stemmten sie sich ins Geschirr, bis ich schließlich das Kommando gab: »Okay, auf geht's.« Und dann zischten wir durch den dunklen Wald. Dieses Mal fuhr ich an der Abzweigung zu meinem Winterweg vorbei; ich wollte noch einmal mit den Hunden über den verschlungenen Pfad fahren, den ich im Sommer angelegt hatte. Nur zu gut konnte ich mich daran erinnern, wie ich mich damals abgerackert hatte. In meinen kühnsten Träumen hätte ich mir nicht vorstellen können, dass ich diese Strecke der Mühsal und Plackerei mal mühelos in fünf Minuten zurücklegen würde.

Auf dem Eis des Nebenflusses angelangt ließ ich die Hunde so schnell rennen, wie sie wollten. Wir jagten den Fluss hinunter, bis Bubbles kurz vor der Mündung in den Yukon das Gespann abrupt zum Halten brachte. Ich schlug den Anker in den Schnee, schnappte mir meine Axt und ging zu Fuß weiter, um nachzusehen, worauf Bubbles reagiert hatte. Tatsächlich: Nur wenige Meter weiter war der Weg eingebrochen, unter einer hauchdünnen Eisdecke war Wasser zu sehen. Sacht klopfte ich mit der Axt auf das Eis – und sofort hörte ich den Fluss gurgeln. Bubbles musste das Wasser gerochen haben; wieder einmal hatte sie mich buchstäblich im letzten Augenblick gerettet. Ich schnallte meine Schneeschuhe an und lief vorsichtig um das Loch herum, immer wieder mit der Axt auf das Eis hämmernd, um zu sehen, wie dick es war. Auf dem Weg zurück stapfte ich etwas beherzter auf, um den Schnee zu einer befahrbaren Spur festzutreten. Ich stieg auf die Kufen des Schlittens, löste den Anker und gab das Kommando zur Weiterfahrt: »Ha!« Bubbles setzte eine Pfote auf den neu gespurten Weg, sehr zögerlich, dann die nächste, die Nase immer am Boden. Doch schließlich stemmte sie sich mit der gewohnten Energie in die Gurte, und der Schlitten nahm Fahrt auf. Das kurze Stück um das Loch herum war mühsam, der Schnee tief und matschig. Aber dann waren wir auf der alten Route und konnten wieder Tempo machen.

Die Sonne ging auf, und es wurde bald so warm, dass ich meine Mütze abnehmen und meine Jacke ausziehen musste. Wir kamen extrem schnell voran, und als wir die Hälfte der Strecke geschafft hatten, gönnte ich uns eine lange Pause. Bei den jetzt herrschenden Temperaturen bestand keine Gefahr mehr, dass wir auskühlten, da konnten wir uns ein kleines Sonnenbad leisten. Später, da waren wir schon an Four Mile Point vorbei, sah ich eine Fata Morgana* über dem glitzernden Eis; meilenweit erstreckte sich das Zerrbild über den Yukon, wie ein gewaltiger schimmernder Vorhang. Die Sonne hatte das Flusstal zurückerobert, und es war, als bettelte das Eis darum, noch eine Weile länger bleiben zu dürfen. Die Luft schmeckte nach Frühling, das Aroma von

Eine Fata Morgana oder Luftspiegelung entsteht, wo Luftschichten von extrem unterschiedlicher Temperatur aufeinandertreffen. In diesem Fall liegt sehr kalte Luft unter vergleichsweise warmer Luft. Weil der Brechungsindex in warmer Luft geringer ist als in kalter Luft, werden die Lichtstrahlen abgelenkt. Die Landschaft scheint über dem Eis zu schweben.

Grün verdrängte das sterile Weiß, und ich war froh, endlich wieder klare Luft atmen zu können, ohne mein Gesicht hinter diversen Lagen von Schals und Sturmmasken zu verstecken.

Die ersten Häuser von Galena waren danach schnell erreicht. Über den Deich mussten wir noch, dann ein Stück auf der Straße entlang, und schon waren wir auf dem Hof von Glenn. In einer Wolke aus aufgewirbeltem Eis und Schnee kamen wir zum Stehen. Ich hielt die Hunde nur mit der Fußbremse und hätte dieses Gefühl gerne einen Moment verlängert, wie sie mit aller Kraft an ihren Gurten zerrten. Aber die Hunde drehten sich zu mir um, mit erwartungsvollen Gesichtern und wedelnden Schwänzen, und ich wusste, dass dieser Teil meiner Reise zu Ende war. Ich befreite sie von ihrem Geschirr, band sie vor ihren Hütten an und verstaute den Schlitten samt Geschirr in dem Container, in dem Glenn seine Ausrüstung lagerte. Nach der langen Zeit auf den Kufen fühlte es sich sonderbar an, wieder mit den eigenen Beinen auf festem Boden zu stehen, ich kam mir vor wie ein Seemann, der nach langer Fahrt durch den Sturm endlich an Land stand. Ich warf den Ofen an und kochte noch ein letztes Mal den übelriechenden Fischeintopf für die Hunde zusammen; jeder sollte zum Abschied eine extragroße Portion bekommen. Auf dem Hof herrschte das übliche Chaos: wild herumspringende Hunde, ohrenbetäubendes Jaulen und Bellen. Nur Bubbles saß mittendrin, ganz still, und schaute mich an. Sie war mir auf unseren vielen Fahrten eine treue Begleiterin gewesen, und jetzt ließ ich sie hier sitzen. Ich winkte ihr zu, goodbye Bubbles, und machte mich auf den Weg. Nie werde ich diese sechs Hunde vergessen, meine Meute, und als ich durch das stille Dorf wanderte, hoffte ich inständig, dass sie ein langes und glückliches Leben haben würden.

Draußen auf dem Eis schmolzen jetzt die Spuren, die wir mit unserem Schlitten in den Schnee gezeichnet hatten. In meinem Herzen würden diese zwei Linien für immer Bestand haben.

Kapitel 44

AUF DÜNNEM EIS

Die nächsten Wochen verbrachte ich damit, das geliehene Werkzeug und einen Teil meiner Ausrüstung mit Dons Schneemobil zurück ins Dorf zu fahren. Das Eis auf dem Fluss wurde jetzt schnell dünner, weshalb ich nachts unterwegs war oder wenigstens vor Sonnenaufgang, wenn die Temperaturen im Keller waren und das Eis noch schön fest. Meinen Krempel hatte ich auf Dons großen Holzschlitten geladen und mit einer Plane aus Segeltuch fest verzurrt. Nach ein paar Touren hatte ich alles nach Galena befördert, was ich nicht mehr brauchte im Camp, und freute mich darauf, die letzten Wochen in meiner Hütte zu genießen. Es war später Abend, als ich nach der letzten Fuhre mit dem Lastenschlitten das Dorf hinter mir ließ. Ein großer, gelber Mond war aufgestiegen, und der gespurte Weg über das Eis war gut zu erkennen – wie ein Bahndamm ragte er über den umliegenden matschigen Schnee hinaus. Es waren um die minus 20 Grad, und ich wusste, dass es weiter unten im Tal noch kälter sein würde.

Als ich den tiefsten Punkt der Strecke erreicht hatte, wo die Spur vom Ufer auf das Eis hinausführte, spürte ich, wie die Kälte mit ihrer unsichtbaren Hand nach mir griff. Es fühlte sich an, als würde sie an meiner Kleidung zerren, um einen Weg hineinzufinden und die Wärme zu verdrängen. Gerade dachte ich, dass diese Stelle die schlechteste von allen sein musste, um mit dem Schneemobil eine Panne zu haben, als ich vom Motor ein lautes Knacken hörte und irgendetwas seitlich von der Maschine wegflog. Die alte Tundra verlor sofort an Fahrt und kam stotternd zum Stehen. Einen Moment lang blieb ich ungläubig sitzen – das musste doch ein schlechter Witz sein.

Aber die absolute Stille, die mich sofort umgab, wirkte wie eine Bestätigung meiner exponierten Lage. Der Mond erschien mir plötzlich nicht mehr majestätisch und schön, sondern gnadenlos und kalt. Ich klappte die Motorhaube auf und erkannte, was das Problem war: Keilriemen gerissen. Glücklicherweise hatte ich Ersatz eingepackt. Ich zog meine Handschuhe aus, um die Überreste des alten Keilriemens zu entfernen, und meine Finger blieben sofort an dem eisigen Metall hängen – festgefroren. Fluchend zog ich meine Hand zurück und riss mir dabei die Haut von den Fingern. Dann eben doch mit Handschuhen. Nach ein paar Minuten ungelenker Fummelei saß der neue Riemen, und ich zog am Starterzug der Maschine. Nichts, der Motor sprang nicht an. Ich versuchte es erneut, ein paar Mal, immer wieder, aber ohne Erfolg. War hier eine unheimliche Kraft des Schicksals am Werk, die verhindern wollte, dass ich zurück in mein Camp kam? Ich schraubte die Zündkerze heraus und säuberte sie von Verbrennungsrückständen. Öffnete den Tankdeckel, tunkte die Elektroden ins Benzin und schraubte die Zündkerze wieder in den Motor. Klappte die Haube zu und sprach ein stilles Gebet, bevor ich erneut am Starterzug riss. Widerwillig ruckelnd sprang die Maschine an. Ich stieg auf und rief Fuzzy, der es sich vor mir auf dem Sitz bequem machte. Dann gab ich vorsichtig Gas.

Als wir endlich die Mündung unseres Flusses erreicht hatten, ließ ich Fuzzy eine Weile hinter mir herlaufen, damit er nicht zu sehr auskühlte. In Gedanken war ich schon in meiner Hütte, der knisternde Ofen verbreitete eine behagliche Wärme, und ich goss mir einen ordentlichen Schluck Whisky ein. So versunken war ich in meine Schwärmerei, dass ich den Wolf beinahe übersehen hätte, der sich vor mir über den Weg schleppte. Ich konnte auf den ersten Blick sehen, dass er schwer verletzt sein musste: Auf drei Beinen hüpfend schaffte er ein paar Meter, dann kippte er seitlich in den Schnee. Sein Hinterlauf musste gebrochen sein, mehrfach sogar, für mich sah das Bein aus wie Wackelpudding, den man in eine Hülle aus Leder verpackt hatte. Ich gab noch einmal Gas und fuhr 30 Meter weiter. Der Wolf versuchte wegzurennen, aber er schaffte es nicht und jaulte vor Schmerz auf. Wahrscheinlich hatte er einen Tritt von einem Elch abbekommen; sobald die Schmelze einsetzte und der Schnee nicht mehr so tief war, konnten sich die großen Tiere besser zur Wehr setzen, wenn sie von Wölfen attackiert wurden. Der Wolf tat mir leid; er litt offensichtlich große Schmerzen und hatte fürchterliche Angst. In meinem grenzenlosen Mitleid blendete ich aus, dass es sich bei dem Verletzten nicht um ein krankes Kaninchen oder einen angefahrenen Vogel handelte, sondern um ein gefährliches Raubtier, das mich unter normalen Umständen sogar töten könnte. Ich stellte den Motor ab und wollte schon nach der 45/70er-Flinte auf dem Schlitten greifen, als mir klar wurde, dass ich dieses Mal nur den Revolver dabeihatte, die 357er-Magnum. Ich zog die Waffe aus ihrem Holster und schoss auf den Wolf, der jaulend davonhumpelte. Daneben. Ich feuerte noch einmal, und dann noch mal, ohne zu treffen, mit Handfeuerwaffen hatte ich kaum Erfahrung. Ein letzter Schuss, und der saß offenbar, der Wolf ließ sich winselnd in den Schnee fallen.

Er war aber immer noch am Leben, und ich hatte keine Patronen mehr. Suchend schaute ich mich um, bis mein Blick an dem Beil hängenblieb, das ich am Schneemobil festgezurrt hatte. Es half nichts, ich musste den Job zu Ende bringen. Ich griff mir das Beil und ging schnell auf den Wolf zu, um ihn mit einem gezielten Schlag zu erlösen. Doch er fletschte die Zähne und begann, mit einer Bösartigkeit zu knurren, die selbst den fiesesten Hund wie ein zahmes Kätzchen erscheinen ließ. Erst jetzt kapierte ich, womit ich es hier zu tun hatte. Ein verletzter und in die Enge getriebener Wolf war ein ganz anderes Kaliber als etwa ein Fasan, der sich beim Aufprall auf ein Auto den Flügel gebrochen hatte. Eigentlich hätte ich den Räuber sich selbst überlassen müssen, er war auch mit seinem gebrochenen Bein noch eine echte Gefahr. Ich überlegte, ob es einen anderen Ausweg gab, als sich das Tier mit letzter Kraft und einem hässlichen Fauchen auf mich stürzte. Blindlings schlug ich mit meinem Beil auf den Wolf ein und erwischte ihn mit dem stumpfen Ende am Kopf, sodass er benommen zusammensackte. Eine Sekunde lag er still, und ich war mir schon sicher, dass er tot sein musste, da versuchte er noch einmal, auf die Füße zu kommen. Doch jetzt versetzte ich ihm zwei schnelle Hiebe mit dem Beil, die ihm endgültig den Garaus machten. Zitternd beugte ich mich über den Kadaver und stellte fest, dass es ein Weibchen war. Der Anblick der geschundenen, geschlagenen Kreatur versetzte mich regelrecht in Trauer. Bevor ihr das mit der Verletzung passiert war, muss diese Wölfin stark und geschmeidig gewesen sein. Mit der zerschmetterten Pfote aber hatte sie nicht mehr jagen können; sie wäre einen langsamen und schmerzvollen Tod gestorben, wenn sie mir nicht begegnet wäre.

Ich lud den Kadaver auf den Schlitten. Am nächsten Morgen würde ich per Satellitentelefon die Forstbehörde anrufen und den Vorfall melden. Hatte ich mich wirklich korrekt verhalten? Aus Sicht des Wolfes war es so vielleicht besser gewesen, als qualvoll zu verhungern. Was mich selbst betraf, konnte man nur von bodenlosem Leichtsinn sprechen. Ich hatte komplett außer Acht gelassen, wie gefährlich ein verwundetes Tier sein konnte. Wie hatte noch Juliets Warnung gelautet? Sei bloß vorsichtig in den letzten paar Wochen. Ich hatte den wertvollen Rat gleich bei der ersten Gelegenheit in den Wind geschlagen.

Mein Leben war deutlich weniger beschwerlich geworden. An die kalten Temperaturen hatte ich mich so weit gewöhnt, dass ich weniger Brennholz benötigte. Selbst wenn das Thermometer kaum mehr als minus 20 Grad zeigte, ging ich oft mal eben im T-Shirt vor die Tür. Auch bei der Versorgung mit Trinkwasser trieb ich längst nicht mehr so viel Aufwand wie zu Beginn. Ich spazierte einfach zum Fluss runter, schaufelte die oberste Lage Schnee beiseite, bis ich auf das klare Schmelzwasser direkt über dem Eis stieß. Überhaupt fühlte ich mich sehr entspannt in meiner Umgebung, es war mehr Gelassenheit eingekehrt in meinen Alltag. Nur war dabei auch die Vorsicht über Bord gegangen und Dons Warnung vergessen, dass man in der Wildnis nie zu selbstsicher sein durfte. Vor allem aber hatte ich begonnen, einen der wichtigsten Grundsätze zu ignorieren: dass man immer auf sein Bauchgefühl hören sollte.

Um etwas Abwechslung in den Speiseplan zu bringen und nicht immer nur Schneehuhn und Biber zu essen, beschloss ich eines Tages, fischen zu gehen. Ich schmiss die alte Tundra an und fuhr auf meinem alten Weg zum Fluss runter. Ich sauste die Böschung hinunter aufs Eis raus – und spürte plötzlich diesen unglaublich starken Drang umzukehren. Das Gefühl war so überwältigend, dass ich tatsächlich den Lenker herumriss und einen sauberen Halbkreis in den Schnee zeichnete. Nur erschien es mir auf einmal lächerlich, mich derart von meinen Instinkten leiten zu lassen, und ich vervollständigte den Kreis, um in der ursprünglichen Richtung weiterzubrausen. Mit hohem Tempo folgte ich den vagen Konturen einer Spur, die ich schon seit Wochen nicht mehr benutzt hatte. Plötzlich geriet der Motor ins Stottern, und ich spürte ein seltsames Ruckeln unter mir. Hatte ich etwas überfahren? Ich drehte mich um – und wo eigentlich meine Spuren zu sehen sein sollten, klafften dunkle Löcher im Eis. Mir war sofort klar, dass es sich dabei nicht um Schmelzwasser handeln konnte. Was ich sah, war der Fluss, und er war an dieser Stelle tief. »Scheiße!«, brüllte ich, als ich endlich kapierte, dass die Eisdecke hinter mir gebrochen war. Weil der Motor alles übertönte, hatte ich das Knacken und Krachen nicht gehört. Bevor ich irgendwie reagieren konnte, gab auch das Eis direkt unter mir nach, und ich sackte mitsamt meiner Maschine ins Wasser. Es gibt Schneemobile, die genug Power haben, über offenes Wasser zu surfen. Aber erstens braucht man dazu ein wenig Anlauf und zweitens war meine alte Tundra dafür nicht gemacht. Sie machte zwar einen Satz vorwärts, doch dann kippte sie zur Seite weg. Mit Schrecken erkannte ich, dass die Strömung sie unter das Eis ziehen würde – und mich gleich mit.

Ich ließ den Lenker los und sprang vom sinkenden Schneemobil in Richtung festes Eis. Ein schmerzhaftes Knacken spürte ich noch im Knöchel, dann brach das Eis unter meinem Gewicht, und ich tauchte in das eiskalte Wasser ein. Der Schock nahm mir im ersten Augenblick den Atem, aber ich merkte sofort, wie die Strömung an meinen Beinen riss. So fühlt sich das also an, wenn man ertrinkt, dachte ich. Ein Teil von mir schien seltsam unbeteiligt, eher wie ein Zuschauer des eigenen Kampfs ums Überleben, während der andere mit aller Macht versuchte, sich an der Eiskante festzuklammern. Mit einer Hand gelang es mir, mein Messer aus der Tasche zu ziehen und die Klinge ins Eis zu hacken, so weit auf dem festen Eis, wie ich meinen Arm strecken konnte. Dann fummelte ich mit der anderen Hand mein zweites Messer aus der Jackentasche und rammte auch dieses ins Eis. Mit einer unglaublichen Kraftanstrengung zog ich mich an den beiden Messergriffen aufs Eis und robbte vorsichtig weiter, bis ich mit dem gesamten Körper auf der festen Eisdecke lag. Erschöpft blieb ich einen Moment liegen.

Als ich endlich festen Boden unter den Füßen hatte, schaute ich mich nach dem Schneemobil um: Es war im Loch stromabwärts getrieben und hatte sich seitwärts an der Eiskante verhakt. Trotzdem machte ich mir keine Illusionen; es war nur eine Frage von Minuten, bis es unter Wasser verschwinden würde. Vorher musste ich allerdings meine Schneeschuhe retten, die ich an einer Seite der Maschine festgezurrt hatte. Vorsichtig kroch ich über das Eis zum

Loch und schnitt sie los. Ich schnallte sie an und stöhnte vor Schmerz, als ich versuchte, meinen verknacksten Fuß zu belasten. Mit einiger Mühe humpelte ich weiter in Richtung Flussmitte, wo das Eis fester war als am Rand. Vorsichtshalber hatte ich die Schneeschuhe nicht richtig fest verschnürt – denn wer die noch an den Füßen hat, wenn er ins Wasser fällt, hat ein echtes Problem. Aber wie jetzt weiter? Zum Glück hatte ich nicht alles vergessen, was ich in der Wildnis gelernt hatte: Meinen Rucksack mit der Ausrüstung für den Notfall hatte ich dabei, und dazu gehörte auch ein Satz Kleidung zum Wechseln. Also zog ich mich erst einmal um, zähneklappernd und am ganzen Körper zitternd. Danach fummelte ich mit klammen Fingern meinen Kocher aus dem Rucksack und braute mir einen Tee, um mich wieder aufzuwärmen und über meine Lage nachzudenken. Wie konnte ich nur so blöd gewesen sein? Wie oft hatte Don mir eingebläut, mit dem Schneemobil niemals am Rand des Flusses entlangzufahren? Denn da war das Eis immer am dünnsten und die Wahrscheinlichkeit, dass man einkrachte, am größten.

Mit dem Tee intus kletterte ich am Ufer die Böschung hinauf, um mir ein paar starke Äste zu besorgen; vielleicht gelang es mir, das Schneemobil zu bergen. Ich robbte zum Loch zurück, schob die Knüppel unter der Maschine durch und versuchte, sie aus dem Wasser zu hebeln, aber ich traute mich auch nicht, mit vollem Krafteinsatz zu arbeiten, weil ich fürchten musste, dass ich mit meinem Hebel durchs Eis brach. Leider ohne Erfolg, das Schneemobil bewegte sich keinen Zentimeter. Ich besorgte mehr Holz, das ich ebenfalls unter die Maschine schob. Wenigstens konnte ich so verhindern, dass die alte Tundra komplett versank. Dann machte ich mich auf den langen und qualvollen Marsch zurück ins Camp.

Mit jedem Schritt fuhr ein stechender Schmerz durch meinen Körper, und wie ich erst jetzt feststellte, hatte ich mir nicht nur einen Knöchel verletzt, sondern offenbar auch mein rechtes Knie demoliert. Nur blieb mir keine andere Wahl, als bis zu meiner Hütte weiterzuhumpeln. Nach einer Weile hörte ich ein bekanntes Dröhnen über mir – ich legte meinen Kopf in den Nacken und erkannte Brads Piper Cub. Er musste mich ebenfalls gesehen haben, denn er wackelte zum Gruß zweimal mit den Tragflächen, bevor er einen weiten Bogen flog und zur Landung auf dem Eis ansetzte. Er öffnete die Cockpittür und prustete sofort los: »Guy Grieve, verdammt noch mal! Ist das dein Loch im Eis, über das ich eben geflogen bin?«

»Fürchte ja«, sagte ich mit hängendem Kopf.

»Und: alles okay?«

»Geht so. Mal abgesehen von meinem verdrehten Knie und meinem verknacksten Knöchel.«

Brad lachte nur. »Vielleicht keine schlechte Idee, dass ich heute vorbeigekommen bin. Wollte einfach mal gucken, wie es dir geht. Und dann sehe ich das Loch im Eis und deine Spuren.« Sein Gesicht wurde auf einmal ernst: »Sieht aus, als ob das ganz schön knapp war. Kann ich irgendwas für dich tun?«

Es war mir sehr peinlich, aber irgendwer musste es Don ja sagen. Dass ich eingekracht war. Dass die Tundra im Fluss lag.

»Klar, ich werde ihm sofort Bericht erstatten«, versprach Brad und kletterte wieder in seinen Flieger. Er wendete seine Piper, gab Vollgas, und schon war er weg. Ich blickte ihm eine Weile hinterher und ließ den Vormittag noch einmal Revue passieren. So nah wie heute war ich dem eigenen Tod noch nie gekommen. Ich hatte Riesenglück gehabt, dass ich mit dem Leben davongekommen war.

Fünf schmerzerfüllte Stunden später kam ich endlich bei meiner Hütte an. Mein Knöchel war inzwischen so dick angeschwollen wie eine Pampelmuse, was mich nicht weiter kümmerte, weil ich wusste, dass es viel schlimmer hätte kommen können. Was mir mehr Sorgen machte, war die Tundra im Fluss. Ich musste Don auf dem Satellitentelefon anrufen und beichten, was ich angerichtet hatte.

»Wir fahren heute Nacht zu dir raus, wenn das Eis wieder fest ist«, sagte Don, als wäre es das Normalste der Welt, mit dem Schneemobil in den Fluss zu stürzen. »Chris kommt und holt dich im Camp ab.«

»Sorry, dass ich solche Umstände mache. Und es tut mir natürlich leid, das mit deiner Tundra ... Hoffentlich kriegst du sie wieder hin.«

Don schnitt mir das Wort ab. »Quatsch. Hauptsache, du bist am Leben. Das ist alles, was zählt. Was interessiert mich da die Scheiß-Tundra, Mann. Aber hatte ich dich nicht gewarnt? So was passiert, wenn man zu selbstsicher ist und nicht richtig aufpasst. Zum Glück scheint dein Schutzengel die Sache ganz gut zu machen.«

Es schneite, als Chris ankam, und er drückte mir erst mal eine Flasche Bier in die Hand, die er in seiner Jacke warmgehalten hatte. Ich setzte mich hinten auf seine Maschine, und wir fuhren runter zum Fluss, wo Don auf uns wartete. Gemeinsam schafften wir es tatsächlich, die Tundra aus dem Wasser zu fischen und auf einen großen Transportschlitten zu hieven. Von keinem der beiden hörte ich auch nur ein einziges Wort des Vorwurfs, nicht einmal einen Witz auf meine Kosten, und mir wurde wieder einmal klar, dass die Leute hier ganz klare Prioritäten hatten. Das Leben geht vor, erst dann kommt alles andere.

Don kam zu mir rüber. »Da hast du beinahe deine letzte Ruhestätte gebucht.«

»Ja, ich weiß«, sagte ich. »War verdammt knapp.«

Kapitel 45

BRETTER GEGEN BÄREN

Nach einer Woche war mein Knöchel so weit abgeschwollen, dass ich mich daranmachen konnte, meine Hütte bärensicher zu verrammeln. Als Erstes trug ich die Sperrholzplatten und die Rollen mit der Isolationsmatte zusammen und stapelte alles drinnen im Haus, denn ich wusste, dass Charlie später einmal ein richtiges Dach nachrüsten wollte. Es war Anfang April, und die Bären streiften bereits munter durch den Wald. Einen Tag bevor ich die Hunde zurück nach Galena gebracht hatte, war ich noch einem großen Grizzly begegnet. Er stand am Flussufer, nicht weit von der Stelle entfernt, wo mein Weg zur Hütte begann, und richtete sich auf den Hinterbeinen auf, um mich besser sehen zu können. Er war wirklich ein riesiger Kerl, und das Licht der niedrig stehenden Sonne ließ sein dunkles Winterfell glänzen. Ich hielt den Schlitten an und staunte. Der Gedanke, der mir sofort durch den Kopf ging, war natürlich: Was würde ich machen, wenn er auf mich losging und es auf mein Leben abgesehen hatte?

Die Hunde verharrten vollkommen regungslos in ihrem Geschirr, kein Ton war von ihnen zu hören, kein freches Kläffen, kein empörtes Jaulen. Wenn man einem solchen mächtigen Raubtier begegnete – das hatten wir alle in den Genen, Menschen wie Hunde –, war es besser, still zu sein und unterwürfig zu erscheinen. Ich hatte natürlich die gruseligen Geschichten gehört: von Grizzlys, die Schlittengespanne attackierten, die Hunde aus dem Geschirr rissen, ihnen das Rückgrat brachen und die Köpfe zerquetschten. Und sich den Musher bis zum Schluss aufhoben. Glenn hatte mir von dem grausigen Erlebnis eines Mushers erzählt, das in meinem Gedächtnis besonders hartnäckig haften geblieben war: Der Mann hatte das Pech gehabt, zu Beginn des Winters auf einen Grizzly zu stoßen. Der Bär griff sofort an und erledigte einen Hund nach dem anderen, während der Musher hilflos auf den Knien hinter seinem Schlitten kauerte, in den Händen seine einzige Waffe, den Schneeanker. Ausgerechnet an diesem Tag hatte er seine Flinte nicht mitgenommen. Als alle Hunde im Todeskampf röchelten, nahm sich der Grizzly sein letztes Opfer vor. Der Mann hatte mit seinem Leben abgeschlossen, und der Bär drückte ihm schon die vor Hundeblut triefende Schnauze auf die Brust, da bäumte sich einer der Hunde noch einmal auf und fiel den Bären von hinten an. Der machte natürlich auch mit diesem tapferen Husky kurzen Prozess – doch dann schien er den Mann ganz vergessen zu haben und verschwand im Wald, ohne sich noch einmal umzudrehen. Der Musher war dem Tod von der Schippe gesprungen. Aber auch nur so gerade eben.

All das raste mir jetzt im Schnelldurchgang durch den Kopf, und ich blieb erst mal ganz still stehen. Was sollte ich tun? Einfach den Fuß von der Bremse und los? Keine gute Idee, denn der Bär war mindestens so schnell wie wir, und seinen Jagdinstinkt wollte ich nun wirklich nicht wecken. Immerhin lag zwischen uns und dem Grizzly eine tiefe Schneewehe und außerdem dichtes Weidengestrüpp. Wenn er tatsächlich angreifen sollte, blieb mir eigentlich genug Zeit, die 45/70er zu schnappen und eine Patrone in den

Lauf zu schieben. Nur müsste ich dafür von den Kufen steigen und die Fußbremse loslassen, was leider zur Folge haben würde, dass die Hunde sofort losrannten. Also erst den Anker in den Schnee? Auch keine gute Lösung, denn dafür brauchte ich beide Hände – eine, um den Schlitten zu halten, und die andere, um den Anker in den Schnee zu drücken. Doch damit würde ich wertvolle Zeit verlieren und mit meinen Bewegungen möglicherweise auch noch den Bären nervös machen.

Es war ein Patt wie beim Schach, es gab keinen Zug, den ich machen konnte, ohne in Gefahr zu geraten, und mir blieb nichts weiter, als zu beten, dass der Bär uns nicht angriff. Sieben Hunde, ein Mann und ein Grizzly starrten einander an, und die Minuten vergingen. Ich hörte die heiseren Rufe der Raben über uns und sah, dass sie sich in den Ästen der Pappeln niederließen, wie Gäste in einem Restaurant, die sich an den gedeckten Tisch setzen. Plötzlich wandte sich der Bär ab, er ließ sich auf alle vier Pfoten fallen, und mit katzenartiger Geschmeidigkeit war er im Wald verschwunden. Trotz meiner Erleichterung spürte ich, wie meine Knie zitterten, und ich blieb noch einen Moment stehen, um mich zu sammeln. Dann erst nahm ich den Fuß von der Bremse, und wir fuhren weiter.

Die Begegnung mit dem Grizzly hatte mich nervös gemacht. Von meinem langsam auftauenden Lager stiegen viele Gerüche auf, die auf hungrige Bären wie ein Magnet wirken mussten. So schnell wie möglich brauchte ich jetzt einen effektiven Schutz für meine Hütte, sonst würden die Räuber bald bei mir auf der Türschwelle stehen. Überhaupt blieb mir nur wenig Zeit, bis das Eis auf dem Fluss unpassierbar sein würde, und das für mehrere Wochen. Wenn ich nach Galena wollte, musste ich rechtzeitig los.

Die Lösung der Einheimischen: »bear boards«, Bretter, durch die Dutzende von Nägeln getrieben sind. Mit den Nägeln nach außen werden sie vor Fenstern und Türen montiert, damit Bären gar nicht erst auf die Idee kommen, in das Haus einzubrechen. Einen schlimmeren Gast kann man sich nämlich nicht vorstellen: Wenn der Bär erst mal drinnen ist, macht er sich zuerst über alles her, was irgendwie fressbar erscheint, vom Zucker im Vorratsschrank bis zur Seife neben dem Waschbecken, bevor er alles mit seinen Exkrementen bekleckert. Und zum Schluss schlägt er alles kurz und klein, wobei das größte Problem aber der Gestank ist, den die ungebetenen Gäste hinterlassen: Den widerwärtigen Geruch eines Bären wird man so schnell nicht wieder los, und manchmal hat man keine andere Wahl, als die Hütte komplett aufzugeben und neu anzufangen.

Ich nagelte die Bretter fest und trat ein paar Schritte zurück, um mein Werk zu begutachten. So viel stand fest: Eine deutlichere Art, sich von seinem Zuhause zu verabschieden, gab es wohl kaum. Meine letzte Nacht in der Wildnis wollte ich nicht mehr in den vier Wänden meiner Hütte verbringen, sondern unter freiem Himmel, und ich wusste auch schon wo. Ich schnallte die Schneeschuhe an und stapfte über den See und weiter den Berg hoch, bis ich im dichten Fichtenwald an eine Lichtung kam. Ich suchte mir zwei dünne Bäume, die dicht genug beieinanderstanden, und sägte einen Stamm in einer Höhe von etwas mehr als einem Meter so weit durch, dass ich ihn um 90 Grad knicken und an dem anderen Bäumchen festbinden konnte – das war mein Dachfirst. Als Nächstes trampelte ich den Schnee fest und legte den Boden mit Fichtenzweigen aus. Jetzt brauchte ich kräftige Äste als Sparren und dünnere Zweige als Dachbelag. Noch eine Lage Schnee drüber, und fertig war meine gemütliche Notbehausung, in der es wunderbar nach Fichtenharz duftete.

Ich machte ein Feuer, um Schnee zu schmelzen und mir einen Kaffee zu kochen. Als Kanne diente eine ausgediente Konservendose, die ich an einem Ast über dem Feuer aufhängte. Obwohl die Temperatur in dieser Nacht wieder auf fast minus 30 Grad fiel, fühlte ich mich sehr behaglich in meiner Fichtenhöhle – ich verzichtete sogar auf meinen dicken Schlafsack und hüllte mich nur in meinen Biwaksack. Ein gelber Mond hing tief am Himmel, und als ich meine Kerze ausblies, hörte ich den Wind durch die Bäume säuseln und die Uhus heulen. In diesem Augenblick war ich so glücklich und zufrieden wie selten in den vergangenen Monaten und schlief mit dem Gedanken ein, wie privilegiert ich doch war, dies alles zu erleben.

Am nächsten Morgen wachte ich früh auf und sah der aufgehenden Sonne zu, wie sie einen wolkenlosen Himmel eroberte. Haferbrei und ein kräftiger schwarzer Kaffee sorgten dafür, dass meine Batterien wieder vollgeladen waren.

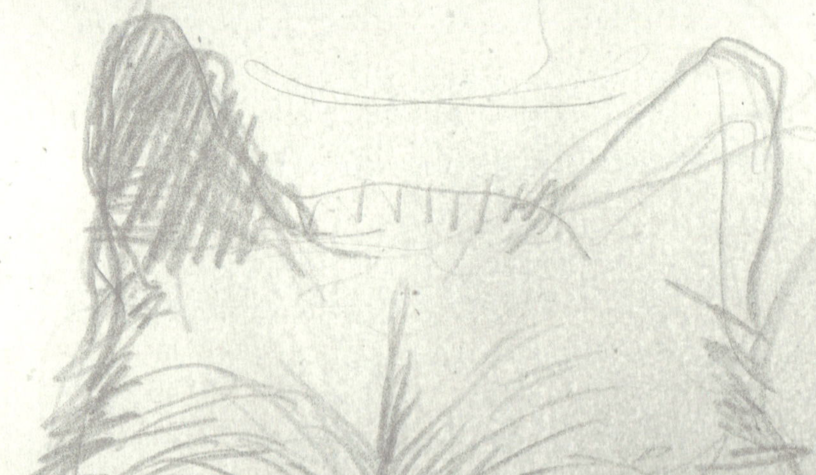
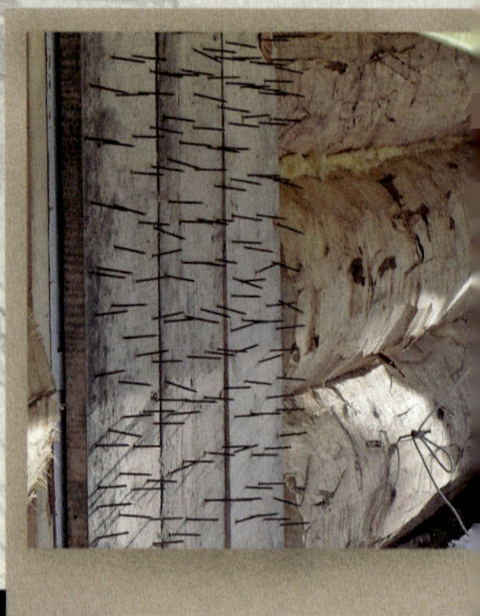

linke Seite
Das Nagelbrett soll die Hütte vor unliebsamen pelzigen Gästen schützen. Ob sich die Bären davon abhalten lassen? Guy stärkt sich vor der Fahrt ins Dorf.

oben
Wie in der Wüste: eine Fata Morgana auf dem zugefrorenen Yukon. Das Gepäck für die letzte Reise ins Dorf steht bereit. Guy kehrt in die Zivilisation zurück.

Ich packte meinen Rucksack und marschierte los in Richtung Fluss. Ich musste unbedingt ins Dorf zurück, bevor der über Nacht gefrorene Schneematsch unter meinen Füßen wegschmolz, denn in dem Morast, mit dem ab Mittag zu rechnen war, würde ich kaum noch vorwärtskommen. Trotzdem hielt ich zweimal an, um Abschied zu nehmen. Am See, wo mein Blick noch eine Weile an der Biberburg hängenblieb, und schließlich an meiner Hütte. Die Sonne ließ die Nagelspitzen meiner Bärenbretter glänzen, doch insgesamt machte mein verrammeltes Blockhaus schon einen verlorenen, trostlosen Eindruck. Mein Blick schweifte noch einmal über die honiggelben Balken: Ich wusste zu jedem dieser Stämme eine Geschichte zu erzählen, jede Kerbe stand für eine witzige Anekdote oder eine schmerzhafte Erfahrung. Was hatte ich geschuftet und gelitten, um diese Hütte zu bauen. Und wie groß war die Freude gewesen, als ich endlich einziehen konnte: Meine Abenteuerlust hatte mich ans Ziel gebracht, meine Seele hatte ihr ideales Zuhause gefunden, und ich hatte es tatsächlich geschafft – den Winter in der Wildnis Alaskas überlebt.

Langsam fuhr ich ein letztes Mal zum Fluss runter, auf dem Weg, den ich selbst geschlagen hatte. Es war, als ob meine Augen sich noch einmal sattsehen und meine Ohren noch einmal jedes Geräusch aufnehmen mussten, damit ich diese Eindrücke für immer gespeichert hatte. Einer meiner Lieblingsdichter, Robert Frost*, hat über die Entscheidung, welchen Weg man nehmen soll, geschrieben:

Dies alles sage ich, mit einem Ach darin, dereinst
und irgendwo nach Jahr und Jahr und Jahr:
Im Wald, da war ein Weg, der Weg lief auseinander,
und ich – ich schlug den einen ein, den weniger begangnen,
und dieses war der ganze Unterschied.

Als ich einige Stunden später die Ausläufer von Galena erreichte, war mein Gesicht nass vor Tränen. Okay, ein bisschen geschmolzener Schnee war vielleicht auch dabei.

* ROBERT LEE FROST, *amerikanischer Dichter mit schottischer Abstammung, schrieb als Titel über sein Gedicht: »The Road Not Taken« – Der unbegangene Weg. Die Übersetzung stammt von Paul Celan.*

Kapitel 46

NOCH NIE EINEN SCHOTTEN IM ROCK GESEHEN?

Es war Ende April, und mir blieb noch eine Woche in Alaska, die ich damit verbrachte, von Haus zu Haus zu ziehen und alle Freunde und Bekannten noch einmal zu besuchen. Ich fand es aber auch einfach schön, neben Dons Räucherschuppen in der Sonne zu sitzen und die heimkehrenden Zugvögel zu beobachten, die mit ihrem Gesang die eisige Stille des Winters endgültig vertrieben. Wenn ich bei meiner Familie anrief, waren wir alle sehr fröhlich und aufgeregt. Die Monate der Angst und Sorgen waren vorbei; jetzt kam ich nach Hause.

Ein paar Tage vor meiner Abreise fragte mich Chris, ob ich auf ein Dorffest mitkommen wollte, in ein Kaff, das Ruby hieß, etwa 70 Kilometer von Galena entfernt. Wir machten uns abends auf den Weg, mit ein paar seiner Kumpels zusammen, jeder auf seinem eigenen Schneemobil, und dieses Mal bekam auch ich eine Maschine, die richtig Power hatte, nicht einen Oldtimer wie Dons Tundra. Die Spur auf dem Eis war hart gefroren und sehr zerklüftet, und die Einheimischen legten sofort ein mörderisches Tempo vor, sodass ich bald nur noch ihre Rücklichter am Horizont sah. Ich jagte ihnen hinterher, so gut es ging auf der buckligen Piste. Mit diesen Jungs unterwegs zu sein, war jedenfalls eine ganz andere Nummer als meine bisherigen, eher beschaulichen Ausflüge auf einem Schneemobil. Nach einer Weile legten sie eine kurze Pause ein, um Rum zu trinken.* Ich nahm einen kräftigen Schluck und beichtete, dass ich kaum mit ihnen mithalten konnte und dass es mich ziemlich schnell zerlegen würde, wenn wir so weiterrasten. Ein bulliger Verwandter von Chris lachte nur: »Du musst einfach schneller fahren. Dann spürst du die Buckel nicht mehr.«

* Alkohol am Lenker *ist eine der Hauptursachen dafür, dass so viele junge Leute in Alaska mit dem Schneemobil zu Tode kommen. Klar, es gibt eine Promillegrenze, aber da Ordnungshüter wie Kontrollen rar sind, wird ungestört weitergetrunken.*

Ich folgte seinem Rat und hatte ein regelrechtes Aha-Erlebnis: Jetzt kam auch ich auf ein Tempo von 70 bis 80 Meilen, also an die 130 km/h, was immer noch nicht fix genug war, um mit den anderen mitzuhalten, aber so schnell immerhin, dass ich die Buckel und Senken nicht mehr spürte. Eigentlich hatte ich kaum noch Kontakt mit dem Untergrund, ich war wie ein flacher Kiesel, der übers Wasser geflitscht wird, und in großen Sprüngen raste ich über das Eis. Ein rauschartiger Genuss, eine Überdosis Adrenalin war das.

Zwei Stunden später tauchten die Lichter von Ruby in der Dunkelheit vor uns auf, und es fühlte sich genauso an, als würden wir von See in den Hafen von Tobermory einlaufen, dem Hauptort auf der Insel Mull. Wir hielten noch einmal an, um einen Schluck Rum zu kippen, bevor wir auf unseren Maschinen in die Stadt einfuhren. Ruby lag auf einer Hügelkuppe und bestand fast ausschließlich aus Blockhäusern. Zu Zeiten des großen Goldrauschs zählte der Ort mehr als 20000 Einwohner, doch nachdem die Vorkommen erschöpft waren, verschwanden sie schneller, als sie gekommen waren; heute leben vielleicht noch 300 Menschen in Ruby. Chris und ich trennten uns von den anderen und tuckerten eine steile Seitenstraße hoch zu den Leuten, bei denen wir übernachten würden. Wir wurden an der Tür von einem korpulenten Typen empfangen, den Chris als seinen Freund Jay vorstellte. Er war in einem Goldgräbercamp* an einem Flüsschen in den Bergen aufgewachsen – und war eine echte Spaßkanone. Auch seine Frau Ginger war eine schillernde Figur, sehr witzig und wie Jay von einem scharfen Verstand, wie man ihn bei den beiden nicht vermutet hätte, wenn man sie nur nach dem Äußeren beurteilte. Raue Schale, cleverer Kern, so ungefähr. Ehe ich mich's versah, drückte mir Jay schon ein Glas in die Hand, Whisky, und zwar mehr als der übliche Schluck unter Genießern. An einem Mangel an Alkohol dürfte der Abend jedenfalls nicht scheitern, Ginger gehörte der Schnapsladen vor Ort.

An den Flüssen und Bächen im Binnenland Alaskas wird noch immer nach Gold gesucht – nur wird man damit nicht mehr schnell reich. Der GOLDSUCHER *von heute findet keine dicken Nuggets, er siebt Goldstaub aus dem Wasser. Der Job ist eher mit dem eines Farmers zu vergleichen: Wer viel Arbeit reinsteckt, hat ein zuverlässiges Auskommen.*

»Also, Leute – heute wird getanzt!«, sagte Jay und ließ sich mit einem breiten Grinsen aufs Sofa sacken.

»Und wie«, erwiderte Ginger, die mit beiden Händen eine Magnumflasche umklammerte, die bestimmt eine hochgefährliche Flüssigkeit enthielt. »Du hast doch hoffentlich nichts dagegen, Guy? Du bist der Gast.«

»Nein, ich freu mich drauf, alles bestens«, gab ich zurück. »Und ich hab mir gedacht, dass ich zur Feier des Tages sogar meinen Kilt anziehe. Als echter Schotte und so.«

Alle waren plötzlich still, und Chris schaute mich besorgt an. »Ist das wirklich eine gute Idee? Ich weiß ja nicht.«

»Klar doch. Wenn ich bei uns in Schottland zu einer Cèilidh* gehe, trage ich immer meinen Kilt.«

Chris sah zu Jay hinüber, als wollte er weitere Einwände vorbringen, aber dann zuckte er nur mit den Schultern. »Ja, warum nicht.«

Ein paar Drinks später zog ich meinen Kilt im typischen Schottenkaro über, und wir brummten mit den Schneemobilen den Hügel runter zur Dorfhalle. Am Eingang stand eine Gruppe von Teenagern, die mich angafften wie eine Spezies von einem anderen Planeten. Ich hob meine Hand zum Gruß und wurde sofort von ein paar schwer alkoholisierten Jungs umringt. »Was soll'n das«, lallte einer. »Wieso trägst'n du'n Kleid, Mann?« Im ersten Augenblick war ich perplex: Ich war natürlich davon ausgegangen, dass jeder sofort erkennen konnte, dass es sich bei meinem Rock um einen Kilt handelte. Also erklärte ich den Jungs, dass ich aus Schottland stammte, wo Männer traditionell Kilt trugen. Und dass diese Art Rock nicht von Frauen getragen wurde, sondern von echten Kerlen. Eine merkwürdige, zähe Stille legte sich über die Menge, und ich fühlte mich als Gast plötzlich nicht mehr so willkommen.

»War echt nett, euch kennengelernt zu haben«, sagte ich und schritt über die Türschwelle in den eigentlichen Tanzsaal. Mein Auftritt ließ alle Gespräche verstummen, die Musiker auf der Bühne setzten mitten im Takt aus, und eine schreckliche Stille senkte sich über die Tanzfläche. Der Sänger der Band lehnte sich vor und knurrte ins Mikrofon: »Ein Hallo ... an den Mann im Kleid.« Zaghaft hob ich auch hier die Hand zum Gruß. So langsam wurde ich doch ein wenig nervös und suchte mir einen Platz neben zwei älteren

Der Begriff Cèilidh – ausgesprochen: Keylie – stammt aus dem Gälischen. In Schottland versteht man darunter einen traditionellen Tanz oder auch einfach nur eine Party.

Indianern. Wenigstens die beiden erkannten in meinem Rock einen Kilt; als Kinder waren sie gelegentlich schottischen Bergleuten begegnet und mit dem Anblick vertraut. Wir unterhielten uns, und ich war schon fast dabei, mich ein wenig zu entspannen, als sich ein ruppig aussehender Teenager vor mir aufbaute und mir seine Handschuhe in den Schoß warf.

»Halt das mal«, kommandierte er und zog sein Jackett an. Es dauerte einen Augenblick, bis ich kapierte, warum der Typ sich so grob aufführte: Er behandelte mich so herablassend, wie er es mit einer Frau machen würde – weil ich ein »Kleid« trug. Ich spürte, wie die Wut in mir aufstieg. »Halt deine verdammten Handschuhe doch selber«, sagte ich und stopfte sie ihm in die Tasche.

Der Kerl fixierte mich mit einem wirren Blick, der wohl bedrohlich wirken sollte. Ich stand auf; vielleicht war es doch besser zu gehen. Sah nicht so aus, als würde das ein schöner Abend werden.

Aber in dem Moment trat eine Frau auf mich zu. »Ich find's toll, dass du in deiner traditionellen Tracht gekommen bist«, sagte sie. »Für die Jungs hier ist es so wichtig zu lernen, dass es auch andere Kulturen und andere Bräuche gibt.« Ich dankte ihr höflich, konnte aber ein süffisantes Lächeln nicht vermeiden bei dem Gedanken, dass sich die Teenager hier auch nur annähernd dafür interessieren könnten. Tatsächlich war ich nur Minuten später wieder von einer Gruppe sehr besoffener junger Männer umringt, die mich umkreisten wie ein Rudel Wölfe ihre Beute. Einer von ihnen sprach mich an, was ich als gutes Zeichen deutete, doch wie der Kerl mit den Handschuhen versuchte auch er, mich mit seinem bösen Schulhofschlägerblick zu fixieren. Ich starrte zurück.

»Was glotzt du mich so an?«, zischte er.

»Na, wenn ich mit dir rede, muss ich dich ja wohl anschauen können«, sagte ich in einem Ton, der signalisieren sollte, dass mir an einer weiteren Eskalation nicht gelegen war.

Fasziniert beobachtete ich, wie sich sein Gesichtsausdruck veränderte: vom bösen Grinsen eines Totenkopfs über blinden Zorn zu einer totalen Leere. »Ich hätte nicht übel Lust, heute jemanden umzubringen«, kam durch seine zusammengebissenen Zähne.

»Ach ja? Warum fängst du dann nicht mit deinen Kumpels an, da drüben«, schlug ich ihm vor – und zu meiner Überraschung stakste er erst mal zu seiner Gang zurück. Sie steckten die Köpfe zusammen und schielten immer wieder zu mir hinüber, als würden sie sich beraten, was mit mir zu tun war. Jetzt war es wirklich höchste Zeit, hier zu verschwinden. Ich hatte nicht die Absicht, mich mit ein paar betrunkenen Typen anzulegen, die möglicherweise auch noch bewaffnet waren. Wo war eigentlich Chris abgeblieben? Als ich mich nach ihm umschaute, entdeckte ich einen extrem fetten Mann, der eine große Flasche Rum in den Armen hielt und mich anzüglich angrinste. Auch das noch: Der Kerl hatte keine Probleme mit einem Mann in Frauenkleidern, im Gegenteil, er schien sehr angetan von dem, was er sah. Vor meinem geistigen Auge flimmerten Szenen aus dem Film *Deliverance* auf, bei dem zwei Touristen aus der Großstadt auf ihrer Kanutour von durchgedrehten Hinterwäldlern überfallen und vergewaltigt werden. Ich musste weg hier, mit oder ohne Chris.

Auf dem Weg nach draußen stieß ich noch einmal mit dem Schulhofschläger zusammen, der mir irgendwelche Verwünschungen zuraunte. Ich schob ihn aus dem Weg und ging zu meinem Schneemobil, wo ich feststellte, dass der fette Mann mir offensichtlich gefolgt war. Er stand einfach da, noch immer mit diesem gespenstisch debilen Grinsen im Gesicht, bis ich mit dem Finger auf ihn zeigte und ihm unmissverständlich erklärte, dass er sich verziehen sollte. Zögernd wandte er sich ab und verschwand wieder nach drinnen, und plötzlich überkam mich fast schon etwas wie Mitleid für diese traurige Gestalt und die anderen dämlichen Typen, denen ich an diesem Abend begegnet war. Am nächsten Tag erzählte mir Chris, dass der Schulhofschläger tatsächlich eine Waffe dabeigehabt hatte, eine großkalibrige Pistole, neun Millimeter.

Was habe ich aus dieser Episode gelernt? Dass für mich in Alaska die Begegnungen mit anderen Menschen in der Regel gefährlicher waren als die großen Tiere draußen im Wald. Der sicherste Ort war für mich tatsächlich die Wildnis gewesen.

Kapitel 47

WIE EIN TRAUM

»So, und was machst du jetzt mit ihm?« Don nickte in Richtung Fuzzy, der mit heraushängender Zunge auf Anweisungen wartete. Ich kraulte ihn am Ohr, was ihn zufrieden knurren ließ.

»Kann ich ihn denn bei dir lassen?«

Don nickte. »Aber sicher. Er kann erst mal Panchos alte Hundehütte haben, bis ich ihm eine neue besorge.« Wir schauten beide zu meinem treuen Gefährten runter. »Fuzzy hatte jedenfalls eine tolle Zeit mit dir, so viel ist sicher«, sagte Don lächelnd. »Und er hat sich da draußen seine Sporen verdient, oder?«

Traurig schaute ich Fuzzy an. Ich wünschte, ich könnte ihn mitnehmen, aber dann müsste er in Großbritannien sechs Monate in Quarantäne absitzen, bevor man ihn offiziell ins Land ließ, und das mochte ich ihm nicht zumuten. »Meinst du, ich kann später wiederkommen und noch mal mit ihm losziehen?«

»Aber sicher doch. Du weißt ja, dass wir immer hier sein werden. Und wenn bei dir irgendwie alles schiefgeht, hast du bei uns jederzeit einen Platz, wo du bleiben kannst.«

Ich schaute Don an, dieses graubärtige, liebenswerte Raubein, von dem ich mehr gelernt hatte, als er sich vorstellen konnte, und fühlte schon jetzt eine tiefe Trauer bei der Vorstellung, dass ich ihn und seine Familie, die ich so ins Herz geschlossen hatte, verlassen würde. Aber natürlich sah ich die Angelegenheit mit einem weinenden und einem lachenden Auge: Schon bald würde ich meine eigene Familie in die Arme schließen können. Und trotzdem wünschte ich in diesem Augenblick, dass die Welt kleiner, dass Alaska nicht so weit weg wäre. Ich rief Fuzzy zu Panchos Hundehütte, und er kam sofort angeschossen. Er hob eine Pfote und blickte mich erwartungsvoll an. *Okay, Boss,* sollte das wohl heißen. *Und was machen wir jetzt? Geht's wieder flussabwärts zu unserer Hütte?*

»Sorry, diesmal leider nicht, Fuzzy«, sagte ich und kniete mich neben ihm nieder, um die Kette an seinem Halsband zu befestigen. Ein letztes Mal noch fuhr ich mit meinen Händen durch sein dichtes blondes Fell. »Also, Buddy, ich muss jetzt los«, sagte ich. »Mach keinen Blödsinn, und wenn alles gut läuft, sehen wir uns vielleicht wieder.« Ich stand langsam auf, guckte ihm tief in die Augen und trat einen Schritt zurück. Sofort fing er an, auf und ab zu springen und mit einem schrillen Ton zu bellen; er wusste instinktiv, was Sache war. Mir schossen die Tränen in die Augen, und ich wandte mich schnell ab, um meine Taschen auf die Ladefläche von Dons Pick-up zu wuchten.

Fuzzy sitzen zu lassen, fühlte sich an wie ein Verrat – nach all dem, was wir zusammen erlebt hatten. Als ich vom Hof fuhr, hatte ich noch immer sein schrilles, empörtes Kläffen in den Ohren. Ich konnte mich nur zu gut daran erinnern, wie es mich genervt hatte zu Beginn und dass ich ihn eigentlich schon als hoffnungslosen Fall abgehakt hatte. Doch dann war der Wendepunkt gekommen, im Wald, als wir auf uns allein gestellt waren; da hatte er mir seinen wahren Charakter gezeigt. Ein Bild von ihm werde ich nie vergessen: wie er mit der enormen Elchkeule quer im Maul angetrottet kam. Immer hatte er zuverlässig unser Camp bewacht, und unermüdlich war er hinter meinem Schlitten hergerannt, mein treuer Begleiter. Wir hatten beide erst lernen müssen, dass wir uns aufeinander verlassen können. Fuzzy hatte mich nie enttäuscht – und jetzt ließ ich ihn hier allein zurück. Ein schreckliches Gefühl.

Am Flugfeld traf ich Charlie, der meine Hand schüttelte, was offenbar als Gratulation gemeint war: »Glückwunsch«, sagte er tatsächlich. »Du hast es wirklich geschafft, ohne dich kurz vor Schluss von einem besoffenen Indianer abknallen zu lassen. Das ist doch was.« Wir mussten beide lachen, und auch er bekam meine Dankeshymne zu hören für all das, was er für mich getan hatte. Don und seine Familie würde ich am nächsten Tag noch einmal treffen; sie waren auf dem Weg zu einer Hochzeit im Süden Alaskas und würden durch den Flughafen von Anchorage kommen, während ich auf meinen Anschlussflug nach New York wartete.

Das Flugzeug, das mir auf dem Hinflug so winzig vorgekommen war, wirkte im Vergleich zu Brads klapprigem Buschflieger nun geradezu riesig. Wir hoben ab, und über dem großen braunen Fluss gewann die Maschine schnell an

Höhe. Ich schaute auf den Yukon hinab und auf die Abertausenden Quadratkilometer Wildnis, die mir bei meiner Ankunft so fremd erschienen waren; inzwischen waren die Wälder für mich so etwas wie eine zweite Heimat geworden. Ich dachte daran, wie ich mir einmal auf einer weiten Schneefläche einen Unterschlupf gebaut hatte, Siwash-Style. Ich saß morgens bei einer Tasse Kaffee am Lagerfeuer, als ein Privatflugzeug über mich hinwegflog. Der Pilot drehte ein paar Kreise, während sich seine Passagiere an den Fenstern die Nase plattdrückten. Es muss für sie ein sonderbarer Anblick gewesen sein: Da hockte ein Mann, ganz allein, und trank aus einer silber glänzenden Tasse, und rund um ihn herum meilenweit nichts als Schnee, Wälder, Wildnis. Aber mir war sehr bewusst, dass es auch ganz anders hätte kommen können.

Don hatte mir von einem Mann erzählt, der sich zur gleichen Zeit wie ich vorgenommen hatte, in den Wäldern zu überwintern, nur war er offenbar schlecht vorbereitet und hatte sich geweigert, von den Einheimischen Ratschläge anzunehmen. Ein paar Monate später entdeckte ein Buschflieger sein improvisiertes SOS, das er mit Fichtenzweigen in den Schnee gelegt hatte. Als die Rettungskräfte ihn fanden, lag er bis auf die Knochen abgemagert und frierend in einem Zelt aus simplem Segeltuch. Der Mann hatte seine Notlage selbst verschuldet, keine Frage, aber seine Geschichte bewegte mich trotzdem. Ich hatte einfach extrem viel Glück gehabt bei meinem Abenteuer und verspürte eine tiefe Dankbarkeit, dass alles so gut gelaufen war.

Am nächsten Morgen checkte ich für den Flug nach New York ein und machte mich im Terminal auf die Suche nach Don und seiner Familie. Sie warteten in einer auf Hochglanz polierten Abflughalle, die so ziemlich das Gegenteil ihrer gewohnten Umgebung war. Don ohne den Fluss und die Wälder im Hintergrund? Das passte irgendwie nicht, das war kein stimmiges Bild. Erst als ich auf die Familie zuging, wurde mir klar, wie schwer es sein würde, Abschied zu nehmen. Ich umarmte Claudette und Jenny, von denen ich wünschte, sie könnten meine Schwestern sein, und dann Carol, die immer so ernst und streng wirkte, in Wahrheit aber ein Herz aus Gold hatte. Ich verabschiedete mich von den Kindern, und mit jedem Goodbye wuchs der Schmerz, bis schließlich Don an der Reihe war.

»Alles Gute«, sagte er nur und drückte mir einen Jadestein in die Hand, den der Yukon rund und glatt geschliffen hatte. Auch er bekam eine Umarmung, aber mir fehlten die Worte, meinen Dank zu sagen. Dieser Mann hatte mich aufgenommen, er war in der Wildnis wie ein Vater für mich gewesen und auf jeden Fall ein guter Freund geworden. Geduldig, immer freundlich und manchmal geradezu nachsichtig war er diesem irren Fremden aus Schottland begegnet, der mit null Ahnung gekommen war und alles lernen wollte. Und jetzt wusste ich nicht einmal, wie ich mich angemessen dafür bedanken sollte. Ich wandte mich ab, sehr plötzlich, denn ich wollte nicht, dass sie sahen, wie ich mit den Tränen kämpfte, und steuerte mit schnellem Schritt auf die Sicherheitskontrolle zu. Als ich meine Sachen eingesammelt hatte, schaute ich noch einmal zurück. Don, der alte Waldläufer, war mir gefolgt; von einer höher gelegenen Ebene des Flughafens hatte er beobachtet, wie mich das Gewimmel in der Abflughalle verschluckte. Als das Flugzeug abhob, schloss ich die Augen und dachte an mein Zuhause und meine Familie. Doch meine Gedanken wanderten zurück zu der gigantischen und wilden Landschaft, die ich jetzt hinter mir gelassen hatte. Ich musste es ein paarmal sagen, bis es endlich angekommen war: Es war vorbei. Vorbei. Endgültig vorbei.

Am Flughafen von New York machte ich eine überraschende Erfahrung: Hektik und chaotisches Durcheinander stießen mich nicht ab, im Gegenteil, es war ein wahrer Genuss, die Menschenmassen zu beobachten. Sieben Stunden lang saß ich auf meinem Stuhl in einem der vielen Airport-Cafés und lächelte jeden an, der in meine Richtung schaute. In der Toilette drehte ich den Wasserhahn auf, als hätte ich so ein Ding noch nie benutzt, und freute mich, dass warmes Wasser herauskam, ohne dass ich erst Holz hacken und Feuer machen musste. Ich starrte in den Spiegel und sah, dass ich immer noch derselbe war, alles noch dran, nichts verloren gegangen – außer vielleicht der Teil von mir, der einmal von sich dachte, immer zu wissen, wo es langging. Wenn die Wildnis mich eines gelehrt hatte, dann war es Demut. Sie hatte mir den letzten Rest des Glaubens ausgetrieben, dass es unverrückbare Gewissheiten gibt. Die Wildnis hatte mir diesen vermeintlichen

Halt genommen – aber der Verlust hatte mich nur stärker gemacht. Und das fühlte sich gut an.

Im Treiben des Flughafens, unter den vielen Menschen, die zu ihren Gates hasteten, entdeckte ich eine Koreanerin mittleren Alters, die mit einem Mopp den Boden wischte. Kurz lächelte sie mir zu, dann machte sie sich wieder an die Arbeit. Während sie mit ihrem Mopp über die Marmorfliesen fuhr, schaute sie in die Schaufenster der Geschäfte, an denen sie vorbeikam. Welcher Traum sie wohl nach Amerika verschlagen hatte? Wahrscheinlich war es ihr wie mir ergangen: Sie hatte nicht die Spur einer Ahnung, was sie hier erwarten würde. Ich konnte von Glück sagen, dass die Ankunft in der Wirklichkeit für mich so gut ausgegangen war – Alaska war für mich mehr gewesen, als ich zu träumen gewagt hatte.

Meine Aufmerksamkeit wandte sich zwei älteren Männern zu, die wie gebannt auf einen Fernseher starrten, ein Baseballspiel. Mit großen Augen und einem fast schon kindlichen Erstaunen verfolgten sie, wie ein paar Männer in Schlafanzügen um die vier Ecken eines quadratischen Spielfelds wetzten. Für mich enthielt dieser Anblick alles, was sich über die Schwächen und Stärken Amerikas sagen ließ: Zum einen eine Naivität und Unschuld, die nur entstehen kann, wenn man abgekoppelt vom Rest der Welt lebt – was leider dazu führen kann, dass man mitunter nicht versteht, was eben diesen Rest der Welt umtreibt, und entsprechend rücksichtslos agiert. Zum anderen verleiht einem diese kindliche Unschuld aber auch die Gabe, Träume ernstzunehmen und Träumer nicht gleich bei der ersten Gelegenheit niederzumachen. Für mich war das ein großes Glück gewesen: Dass ich meinen ersten zaghaften Vorstoß in die Wildnis in einem Land unternommen hatte, das den Mut zum Abenteuer feiert. Und dass ich dabei gleich den größten Amerikaner von allen kennengelernt hatte – das Land selbst. John Muir* hat die wildesten Landschaften des nordamerikanischen Kontinents durchwandert und einen wahren Schatz an Geschichten zurück in seine schottische Heimat gebracht. Und wie seine Berichte verdanken

*

John Muir (1838–1914), Universalgelehrter aus dem schottischen Dunbar, zählt zu den Begründern des Naturschutzes. 1903 ging er mit US-Präsident Theodore Roosevelt auf eine dreitägige Campingtour ins Yosemite-Tal, um ihn zu überzeugen, die Wildnis dort zum Nationaldenkmal zu erklären. Roosevelt schrieb nachher: »Es war, als hätten wir in einer Kathedrale gelegen, nur noch größer und schöner, als der Mensch sie je zu bauen imstande gewesen wäre.«

ungezählte Bücher und überhaupt Kunstwerke ihre Magie ihrer großartigen Hauptfigur: Amerika.

Selbst wenn ich nur diese eine Gelegenheit gehabt haben sollte, konnte ich meine Erfahrungen als Glück und großes Privileg betrachten: Für eine Weile hatte ich ein einfaches Leben führen können, ohne den Ballast, den wir in unserem Alltag mitschleppen, ohne die vermeintlichen Zwänge, denen wir uns täglich fügen, und war so der verschütteten Essenz unserer Existenz nähergekommen. Viele unserer natürlichen Instinkte werden von der Gesellschaft unterdrückt, wir verfolgen Ziele, die uns von anderen vorgegeben werden, falsche Ziele. Umso wichtiger ist es, dass wir unserer durchorganisierten und hochtechnologisierten Welt gelegentlich entkommen, und sei es nur auf Zeit, um einen unberührten Ort zu finden, wo die Stimme der Tiere lauter ist als die des Menschen und wo Sonne, Mond und Sterne den Rhythmus unseres Daseins bestimmen. Sonst vergessen wir irgendwann, wo unser Platz ist im großen Ganzen, wo wir stehen in der wahren Ordnung der Dinge.

Als ich in dieser Nacht den amerikanischen Kontinent hinter mir ließ, fuhr Juliet mit den Jungs durch die Highlands nach Glasgow, wo mein Flieger am nächsten Morgen um sieben Uhr in der Frühe landen sollte. Ich saß am Fenster, aber ich blickte nicht nach draußen, sondern nach innen: Die wichtigsten Momente meines Abenteuers liefen vor meinem geistigen Auge noch einmal ab – mit verblüffender Klarheit sah ich alles vor mir, die Höhepunkte der Reise wie die absoluten Tiefpunkte. Einmal reichte mir die Stewardess einen Kaffee, aber ich war weit weg. Da stand ich unter einer mit Eis überzogenen Birke und lauschte dem Klirren der Äste, die sich sachte mit dem Wind bewegten. Später wurden die Lichter in der Kabine gedimmt, und ich erlebte gerade einen entsetzlichen Blizzard. Mit letzter Kraft klammerte ich mich an die Griffe meines Schlittens und betete, dass Bubbles den Weg zurück zu unserem Camp fand. Die Gesichter von Don und seiner Familie sah ich wieder vor mir und Fuzzy natürlich, und ich fragte mich, ob ich sie jemals wiedersehen würde. Ich erinnerte mich daran, wie Don mir einen Atlas mit Nachtbildern der Erde gezeigt hatte, von einem Satelliten aufgenommen. Wie er mit seinen schwieligen Händen die Seiten glattgestrichen hatte und auf den Linien entlanggefahren war, die einem grell aus dem Dunkel entgegenleuchteten. Großbritannien strahlte wie ein einziger heller Stern, überall war Licht, überall Bevölkerung, alles bebaut, kein einziger dunkler Fleck zu sehen aus der Entfernung, kein Ort der Stille. Mit einem Gefühl der Beklemmung, ja fast schon Klaustrophobie, war mir klargeworden, wie eng es in meiner Heimat zuging, wie wenig Freiraum es gab. Im hohen Norden hingegen herrschte eine allumfassende Dunkelheit, von dem einen oder anderen Lichtpunkt abgesehen, der wahrscheinlich von einem Waldbrand ausging. Ich dachte an den Wind, wie er mit seinem wunderbaren Flüstern durch die Fichten säuselte. Ich hatte einen der letzten wahrhaft heiligen Orte auf dem Planeten besucht und schwor mir, dass ich meine Zeit dort niemals vergessen würde.

»Guten Morgen, liebe Fluggäste. Wir befinden uns im Anflug auf Schottland. Diejenigen mit einem Platz an der linken Flugzeugseite haben jetzt eine gute Sicht auf die Inselgruppe der Inneren Hebriden, insbesondere Mull, über das wir just in diesem Moment hinwegfliegen.« Kaum zu glauben – ich war wieder zu Hause. Ich verrenkte mir den Hals, um die Insel direkt unter mir zu sehen, und erkannte die Halbinsel Ross of Mull, ein purpurfarbener Felsblock, der im sanften Morgenlicht in das schimmernde Meer hinausragte. Nur wenige Minuten später setzten wir in Glasgow auf, und ich lief wie benebelt durch die Gänge in Richtung Ankunftshalle, und tatsächlich – da standen sie und warteten bereits auf mich.

Oscar hatte seine Arme um Juliets Beine geschlungen und konnte es kaum erwarten, dass ich endlich auftauchte. Luke saß bei ihr auf dem Arm, pausbäckig und neugierig auf diesen Mann, von dem Oscar immer als seinem »Papa« sprach. Ich blieb einen Augenblick stehen, um sie mir anzuschauen: Die drei wirkten aufgeregt, glücklich, aber vielleicht auch ein wenig nervös, wie dieses Wiedersehen verlaufen würde. Für mich gaben sie in diesem Moment das schönste Bild ab, das ich mir vorstellen konnte. Als wir uns endlich in den Armen lagen und Oscar und Luke sich mit ihrer ganzen Kraft an mich klammerten, wusste ich, dass uns von jetzt an nichts mehr passieren konnte. Meine Zeiten als Einzelgänger waren vorbei, ich war genau da, wo ich hingehörte. Die Leute um uns herum guckten ein wenig irritiert: Was war los mit dem Mann, der diese seltsamen Schneeschuhe an seinen Rucksack geschnallt hatte? Er schien seine Familie überhaupt nicht wieder loslassen zu können, die Tränen liefen ihm nur so übers Gesicht, er war offensichtlich emotional absolut überwältigt. Für den unbeteiligten Beobachter muss es ausgesehen haben, als wäre ich der Überlebende einer Katastrophe, was ja irgendwie gar nicht so weit von der Wahrheit entfernt war.

Wir stiegen ins Auto und fuhren in Richtung der Highlands, dabei mussten wir uns erst einmal durch den Verkehr der Pendler rund um Glasgow quälen, der mich prompt wieder an die Welt erinnerte, der ich entflohen war. Doch wir hatten die Stadt bald hinter uns gelassen und fuhren durch eine Landschaft, die immer wilder und schöner wurde, je weiter wir nach Westen kamen. Auf der Fähre von Oban nach Mull hielt ich meine Jungs schweigend in den Armen, immer wieder die Nase in ihren Haaren vergrabend, weil ich von diesem Geruch nicht genug kriegen konnte, von dieser Wärme. Jetzt war ich wieder der Vater, der ich sein wollte, befreit von dem Gedanken, dass ich als Mann unbedingt ein wildes, ungebändigtes Leben führen musste. Abgehakt.

Ich schaute Juliet an und sah etwas Neues, sie strahlte eine Zuversicht und Stärke aus, die ich so von ihr noch nicht kannte. Auch für sie waren die vergangenen Monate eine lange und harte Prüfung gewesen - und sie hatte sie mit Bravour bestanden. Wie ich später herausfinden sollte, war sie dabei zu ganz ähnlichen Ideen gekommen, wie unser weiteres gemeinsames Leben aussehen konnte.

Die Fähre dampfte am Leuchtturm von Lismore vorbei und zog eine weiße Spur durch das Blau des Meeres, und ich musste unwillkürlich daran denken, wie ich in den dunkelsten Tagen des Winters genau dieses Bild vor Augen gehabt hatte. Es fühlte sich gut an, die Seeluft zu schmecken und zu atmen. Hier war jetzt unser Zuhause, und ich wusste, dass sich die Mühen und Entbehrungen gelohnt hatten. Wir würden nach dieser Erfahrung nicht in unser altes Leben zurückkehren können, weil sich unser Blick auf die Welt verändert hatte. Vorbei war die Zeit, da wir unser Dasein komplett auf das berufliche Fortkommen reduziert hatten, da die Interessen anderer irgendwie immer wichtiger schienen als die eigenen. Wir hatten Werte entdeckt, die uns viel reicher machten als ein hohes Gehalt und sozialer Status. Manchmal, ganz selten nur, macht es tatsächlich Sinn, alle Vernunft fahren zu lassen und nicht den Regeln zu folgen, die uns die Gesellschaft vorgibt. Ob die Erfüllung jetzt auf der anderen Seite des Planeten liegt oder nur im Zimmer nebenan: Wir haben nur ein Leben, und das gehört uns.

Später saßen wir in der Küche von Juliets Eltern, und es kam uns fast schon komisch vor, dass wir uns einfach so unterhalten konnten, ohne Angst, dass im nächsten Augenblick die Verbindung abbricht, weil die Batterien den Geist aufgeben, ohne dass es knarzt und rauscht. Juliet sah mir tief in die Augen, als wollte sie ganz sichergehen, dass es wirklich ihr Ehemann war, der da vor ihr saß, und nicht irgendein Hochstapler. »Mir kommt es jetzt schon so vor, als wäre das alles nur ein Traum gewesen«, sagte sie, »als ob du niemals weggewesen wärst. Weißt du, was ich meine? Guck doch nur, wie wir hier sitzen!«

Sie hatte recht: Wir wälzten uns nicht nackt auf einem Bett aus Rosen, wir schrien nicht in Ekstase den Namen des anderen, und wir brauchten weder Kaviar noch Champagner. Wir saßen einfach nur am Küchentisch, Tee schlürfend, und redeten miteinander, während die Jungs ihre Spielzeugautos über den Fußboden schoben.

Es fühlte sich natürlich an, wie eine Selbstverständlichkeit. Einfach eigentlich. Und genau richtig.

YUKON
PILOT MOUNTAIN SLOUGH
GUY'S CAMP
GUY'S LAKE